古代歷史文化 研究輯刊

三一編

王明蓀 主編

第 20 冊

曖昧的歷程
——中國古代性別亞文化研究
（第三冊）

張 杰 著

國家圖書館出版品預行編目資料

曖昧的歷程——中國古代性別亞文化研究（第三冊）／張杰
著 -- 初版 -- 新北市：花木蘭文化事業有限公司，2024〔民
113〕
目 6+288 面；19×26 公分
（古代歷史文化研究輯刊 三一編；第 20 冊）
ISBN 978-626-344-672-4（精裝）
1.CST：同性戀 2.CST：性別研究 3.CST：社會生活
4.CST：歷史 5.CST：中國
618 112022534

ISBN-978-626-344-672-4

9 786263 446724

古代歷史文化研究輯刊
三一編 第二十冊 ISBN：978-626-344-672-4

曖昧的歷程
——中國古代性別亞文化研究（第三冊）

作　　者 張杰
主　　編 王明蓀
總 編 輯 杜潔祥
副總編輯 楊嘉樂
編輯主任 許郁翎
編　　輯 潘玟靜、蔡正宣　美術編輯 陳逸婷
出　　版 花木蘭文化事業有限公司
發 行 人 高小娟
聯絡地址 235 新北市中和區中安街七二號十三樓
　　　　 電話：02-2923-1455 ／傳真：02-2923-1452
網　　址 http://www.huamulan.tw 信箱 service@huamulans.com
印　　刷 普羅文化出版廣告事業
初　　版 2024 年 3 月
定　　價 三一編 37 冊（精裝）新台幣 110,000 元

曖昧的歷程
——中國古代性別亞文化研究
（第三冊）

張杰　著

目次

第六冊

第七冊

第三章　專題述論

第一節　優伶同性戀

　　中國古代同性戀的特點之一是同性戀雙方較易形成主動─被動關係，並且差距明顯。這在主僕、主奴同性戀中表現突出，優伶同性戀亦是。古代優伶有多種稱呼，如：優、伶、倡優、倡俳、俳優、俳官、優人、樂人、樂工、伶人、伶工、伶官、路歧、子弟、小唱、相公等。他們的表演包括歌舞、音樂、滑稽等形式。在原始社會，初民已經具有了良好的歌舞表現力，但作為職業人群，專門的優伶尚未出現。進入奴隸社會，社會分層導致了貴族、平民和奴隸的區分，奴隸以及平民中的一部分人開始把習音演舞、優笑戲弄作為謀生的一種手段，優伶因之產生。夏朝的末王桀就曾「收倡優、侏儒、狎徒能為奇偉戲者，聚之於旁，造爛漫之樂」[註1]。商朝末王紂也「好酒淫樂，使師涓作新淫聲，北里之舞，靡靡之樂」[註2]。就優伶的活動範圍而言，從先秦到隋唐，社會貴族化程度較高，倡優以服事於宮廷官府、士族豪門為主。宋元以降，一方面他們繼續以豪貴為重要服務對象，另一方面則開始注重為平民百姓演出，衝州撞府，沿村轉莊。這一時期將歌舞、音樂、滑稽等多種表演形式融會於一體的戲劇逐漸成熟，並且是以平民性文藝的形式出現在世人面前。就優伶的性別構成而言，他們當中專業性較強的是以男優為主。古代從事歌舞的女子本來並不少於男性，但她們往往還具有其他身份：或者作為家樂，因而還有義務為

〔註1〕《古列女傳》卷七。
〔註2〕《史記·卷三·殷本紀》。

主人提供性服務，實際等同於妾媵；或者作為娼妓，歌舞只是藉以擡高身價、假媚取憐的一種手段。因此，完全或主要以優藝本業為生的職業女伶是比較少的。男優則不然，一方面，他們的表演內容更加廣泛，如滑稽、調戲就通常多是為男子所擅長；同時，在異性戀占主導地位的社會裏，男優靠賣身而取財的機會又比女優要少得多。因此，他們總體上是以賣藝為生的。

不過現在所要討論的恰恰卻是賣身問題較為明顯的男性優伶中的男色現象。剛剛講完不明顯，為什麼立刻又講比較明顯？這是因為所謂男優以身取財的機會較少，這是相對於女優而言的。而如果相對於一般男性，那麼男優的賣身問題立刻便顯得比較突出了。在所有的男性當中，優伶男子較多地具有為人龍陽的傾向和可能。第一，他們因職業關係而總體上比較嬌柔美麗，具有娛人的較強媚力。第二，他們的社會地位低下。娼優下賤，作為欣賞者的看客向來比作為被欣賞者的優伶高出一等，對他們具有地位和財富上的優勢。這樣就形成了一種買賣關係，與主僕之間的買賣關係近似。主人以對僕人的優勢導致了主僕同性戀的較多存在，看客以對優人〔註3〕的優勢也導致了優伶同性戀的較多存在。優伶既然較易於為人男寵，優伶男色便成了中國古代同性戀的一個重要組成部分，很能體現古代男色的特點。

一、先秦至宋元時期

有關優伶男色的較早記載，還需強調《戰國策》中的一段文字。《戰國策‧秦策一》：「晉獻公欲伐郭，而憚舟之僑存。荀息曰：『《周書》有言：美女破舌。』乃遺之女樂，以亂其政。舟之僑諫而不聽，遂去。因而伐郭，遂破之。又欲伐虞，而憚宮之奇存。荀息曰：『《周書》有言：美男破老。』乃遺之美男，教之惡宮之奇。宮之奇以諫而不聽，遂亡。因而伐虞，遂取之。」這裡晉臣荀息做了性質相同的兩件事，一件，他獻美女計從而晉國伐郭成功，另一件，他獻美男計從而晉國伐虞成功。美女已被明確是指女樂，那麼相對應的，美男也當只有低級的身份，最大的可能應當就是男優。尤其再有一點，「美男破老，美女破舌」在《周書》中是作為一句俗語出現的，這就反映出了先秦社會中「美女」、「美男」們的存在的普遍性．美女普遍不足為奇，美男廣有看來在當時也是平常的事情。那麼，優伶男風考其來歷就可謂源遠而流長了。

〔註3〕 如果優人是家優的話，那麼他們的主人作為欣賞者就不好被稱為看客了，家優更有充當龍陽角色的可能性。另外還有宮廷優人，他們可以看成是服務於君主的家優。

　　由於文獻記載的具體特點，明清以前倡優同性戀的確切事例比較少，可知的有李延年與漢武帝、鄭櫻桃與石虎、稱心與李承乾等。除此之外，就多是一些相關資料，其中包括對優伶人員數量、干寵能力、受寵程度等情況的反映，它們作為參考可從不同的側面說明一些問題。

　　下面依時代順序加以列舉：

（一）先秦時期

　　《國語・鄭語》中史伯對鄭桓公講：「今王惡角犀豐盈，而近頑童窮固，去和取同。夫和實生物，同則不繼。夫棄聘后而立內妾，好窮固也；侏儒戚施，實御在側，近頑童也。」

　　《管子・小匡》記齊桓公曰：「昔先君襄公，倡優侏儒在前，而賢大夫在後。是以國家不日益，不用長。」

　　《晏子春秋》卷一晏子對齊景公講：「今君左為倡，右為優，讒人在前，諛人在後，又焉可逮桓公之後者乎？」

　　《論語・衛靈公》中孔子曰：「放鄭聲，遠佞人──鄭聲淫，佞人殆。」

　　《禮記・樂記》中孔子弟子子夏與魏文侯有一段對話。子夏曰：「今夫新樂，進俯退俯，奸聲以濫，溺而不止。及優侏儒，獶雜子女，不知父子。樂終不可以語，不可以道古，此新樂之發也。……今君之所好者，其溺音乎？」文侯曰：「敢問溺音何從出也？」子夏對曰：「鄭音好濫淫志，宋音燕女溺志，衛音趨數煩志，齊音敖辟喬志。此四者，皆淫於色而害於德，是以祭祀弗用也。」

　　《史記・趙世家》：「烈侯好音，謂相國公仲連曰：『寡人有愛，可以貴之乎？』公仲曰：『富之可，貴之則否。』列侯曰：『然。夫鄭歌者槍、石二人，吾賜之田，人萬畝。』」

　　《史記・滑稽列傳》：「齊威王好為淫樂長夜之飲，沉湎不治，委政卿大夫。」

　　《桓子新論・琴道》：「雍門周以琴見，孟嘗君〔註4〕曰：『先生鼓琴，亦能令文悲乎？』對曰：『今若足下，居則廣廈高堂，連闥洞房，下羅帷，來清風。倡優在前，諂諛侍側，揚激楚，舞鄭妾，流聲以娛耳，練色以淫目。置酒娛樂，沉醉忘歸。方此之時，視天地曾不若一指，雖有善鼓琴，未能動足下也。』」

〔註4〕戰國四公子之一，田齊貴族，姓田名文，以善士好客著稱。

《韓非子・八奸》：「優笑侏儒，左右近習，此人主未命而唯唯，未使而諾諾，先意承旨，觀貌察色，以先主心者也。此皆俱進俱退，皆應皆對，一辭同軌以移主心者也。」

（二）秦漢時期

《史記》卷一百二十九：「中山地薄人眾，猶有沙丘紂淫地餘民。民俗憪急，仰機利而食。丈夫相聚遊戲，悲歌慷慨。多美物，為倡優。〔註5〕女子則鼓鳴瑟，跕屣，遊媚貴富，入後宮，遍諸侯。」

《史記》卷一百一十二中趙人徐樂上書於漢武帝曰：「賢主獨觀萬化之原，明於安危之機。其要，期使天下無土崩之勢而已矣。故雖有強國勁兵，陛下弘遊燕之囿，淫縱恣之觀，自若也。金石絲竹之聲不絕於耳，帷帳之私、俳優侏儒之笑不乏於前，而天下無宿憂。」

《史記》卷一百一十七中司馬相如《上林賦》描寫天子遊樂的景象：「於是置酒乎昊天之臺，張樂乎轇輵之宇。荊吳鄭衛之聲，韶濩武象之樂，陰淫案衍之音。鄢郢繽紛，激楚結風，俳優侏儒，狄鞮之倡，所以娛耳目而樂心意者，麗靡爛漫於前，靡曼美色於後。」

《漢書・廣川惠王劉越傳附》記廣川王劉去「好文辭、方技、博弈、倡優」。「令倡俳裸戲坐中，以為樂。」

《鹽鐵論・散不足》：「往者，民間酒會，各以黨俗，彈箏鼓缶而已。無要妙之音，變羽之轉。今富者仲鼓五樂，歌兒數曹。中者鳴竽調瑟，鄭舞趙謳。」

《鹽鐵論・崇禮》：「飾几杖，修樽俎，為賓，非為主也。夫家人有客，尚有倡優奇變之樂，而況縣官乎？」

《漢書・張禹傳》：「禹性習知音聲，內奢淫，身居大第，後堂理絲竹筦弦。〔學生戴崇〕常責師宜置酒設樂與弟子相娛，禹將崇入後堂飲食，婦女相對，優人筦弦鏗鏘極樂，昏夜乃罷。」（圖232）

《漢書・禮樂志》載漢成帝時，「鄭聲尤甚，黃門名倡丙強、景武之屬富顯於世」。據《漢書・谷永傳》，谷永曾諫成帝，請「放去淫溺之樂，罷歸倡優之笑」。

《後漢書・桓譚傳》：「桓譚性嗜倡樂，簡易不修威儀。」

《六臣注文選・卷第四・南都賦》：「齊僮唱兮列趙女，坐南歌兮起鄭舞，

〔註5〕漢武帝之幸倡李延年即是中山人。

白鶴飛兮繭曳緒。」

（三）三國兩晉南北朝時期

《三國志・齊王芳紀》記魏・齊王曹芳「日延倡優，縱其醜謔」。

《三國志・張既傳》注謂遊楚「性好遊遨音樂，乃畜歌者、琵琶、箏、簫，每行來將以自隨。所在樗蒲、投壺，歡欣自娛」。

《晉書・賈充傳附賈謐傳》：「賈謐負其驕寵，奢侈逾度。室宇崇僭，器服珍麗。歌僮舞女，選極一時。」

《宋書・少帝本紀》記宋少帝劉義符「徵召樂府，鳩集伶官，優倡管絃，靡不具奏。日夜媟狎，群小慢戲」。

《宋書・徐湛之傳》：「湛之貴戚豪家，產業甚厚。室宇園池，貴遊莫及。伎樂之妙，冠絕一時。」

《玉臺新詠・卷九・代白紵歌辭》：「朱唇動，素腕舉，洛陽少童邯鄲女。古稱綠水今白紵，催弦急管為君舞。窮秋九月荷葉黃，北風驅雁天雨霜，夜長酒多樂未央。」

《南齊書・東昏侯本紀》記東昏侯蕭寶卷「日夜於後堂戲馬，與親近閹人、倡伎鼓叫」。

《建康實錄》卷二十記陳人孫瑒「家庭穿築，極林泉之致。歌童舞女，當世罕儔。賓客填門，軒車不絕」。

《隋書・音樂中》記北齊後主高緯「唯賞胡戎樂，耽愛無已。於是繁手淫聲，爭新哀怨。故曹妙達、安未弱、安馬駒之徒，至有封王開府者，遂服簪纓而為伶人之事」。

（四）隋唐五代宋元時期

《唐會要》卷三十四：「自有隋頹靡，庶政凋弊，徵聲遍於鄭衛，炫色矜於燕趙。廣場角牴，長袖從風，聚而觀之，浸以成俗。」又：「天寶十載敕：『五品以上正員清官、諸道節度使及太守等，並聽當家畜絲竹，以展歡娛，行樂盛時，覃及中外。』」

《舊唐書・滕王元嬰傳》：「趙孝文趨走小人，張四又倡優賤隸。王親與博戲，極為輕脫。」

《明皇雜錄・補遺》載唐玄宗「或命壯士舉一榻，馬舞於榻上。樂工數人立左右前後，皆衣淡黃衫，文玉帶，必求少年而姿貌美秀者」。

《蜀檮杌》卷之下：「老子即長安富家子。開元中，落拓不事生業，好與梨園樂工遊。一旦家資蕩盡，窮悴而卒。」

《全唐詩·卷二百二·戲贈歌者》：「白皙歌童子，哀音絕又連。楚妃臨扇學，盧女隔簾傳。曉燕喧喉裏，春鶯囀舌邊。若逢漢武帝，還是李延年。」

《新唐書·高適傳》載安史之亂時，唐將哥舒翰軍中「監軍諸將不恤軍務，以倡優蒲簺相娛樂」。

《舊唐書·段文昌傳》：「文昌出入將相泊二十年，其服飾玩好、歌童妓女，苟悅於心，無所愛惜。乃至奢侈過度，物議貶之。」

《樂府雜錄·補遺考辨》：「開成末，有樂人崇胡子能軟舞，其腰支不異女郎也。」

《新唐書·張廷範傳》：「廷範者，以優人為〔朱〕全忠所愛。」

《南漢記》卷三載南漢殤帝劉玢即位之後，「大恣荒淫。召伶人作樂，飲酒宮中，裸男女以為樂。東西兩教坊伶官千餘人，常晝夜出入宮中。內常侍吳懷恩屢言於漢主曰：『禁中簫韶府內樂百餘人皆善音律，夜宴用此足矣，焉用教坊？』漢主不聽」。

《東京夢華錄》卷之七載北宋時，「清明節，都城人出郊，四野如市。歌兒舞女，遍滿園亭，抵暮而歸」。

古代優伶的人員數量較多，存在範圍較廣，而且干寵能力較強，受寵程度較深，這些都為他們男色活動的較多存在創造了條件。到明清時期，有關優伶男色的直接反映大量增多起來，個中情形就變得更加清晰了。

二、明代

自明代開始，優伶男色進入了一個新的階段。明清兩朝，不但有關的直接反映大量增多，而且由於官妓制度的廢除、男旦體制的確立等原因，優伶同性戀在發生規模上確也較前有所擴展，顯得更加引人注目。

唐宋元時期，無論京城還是地方都存在著官妓承應制度，官員們在宴飲尋娛之時可以合法公開地招妓陪飲。像唐代白居易、宋代蘇東坡，他們都是個中的風頭老手。清·趙翼《戲題白香山集》云：「風流太守愛魂消，到處春遊有翠翹。想見當時疏禁網，尚無官吏宿娼條。」〔註6〕明代，太祖朱元璋於洪武三十年頒布《大明律》，嚴禁官員挾妓宿娼，律文曰：「凡官吏宿娼者，杖六

─────────────

〔註6〕《趙翼詩編年全集》卷四十一。

十，媒合人減一等。若官員子孫宿娼者，罪亦如之。」〔註7〕但雖如此，一般的，獻藝不獻身的官妓承應在明初還是存在過一段時間的。大名士祝允明曾謂：「本朝初不禁官妓，唯挾娼飲宿者有律耳。永樂末〔註8〕，都御史顧公佐始奏革之。國初於京師建官妓館六樓於聚寶門外以安遠人，故名曰來賓、曰重譯、曰輕煙、曰淡粉、曰梅妍、曰柳翠。其時雖憲法嚴肅，諸司每朝退，相率飲於妓樓。群婢歌侑，暢飲逾時，以朝無禁令故也。後乃浸淫放肆，解帶盤礴，喧呶竟日。樓窗懸繫，牙牌累累，相比日昃，歸署半已沾醉，曹多廢務。朝廷知之，遂從顧公之言。顧公太康人，剛嚴為朝紳冠，時謂明之包公。（圖233）每待漏朝房，諸僚無一人與同坐。比連壁三五室，內皆寂然，畏其聞。或過門見有雙藤外立，知是公也，趨而辟之。」〔註9〕據此，官妓之革是因於都御史顧佐的疏奏，萬曆間沈德符也是這樣記載，只是所言的具體細節和祝允明不甚相同。他在《野獲編》中指出：「洪武二十七年，上以海內太平，思與民偕樂，命工部建十酒樓於江東門外，有鶴鳴、醉仙、謳歌、鼓腹、來賓、重譯等名。既而又增作五樓，至是皆成，詔賜文武百官鈔，命宴於醉仙樓。而五樓則專以處侑酒歌妓者，蓋仿宋世故事，但不設官醞以收榷課，最為清朝佳事。」〔註10〕又：「太祖所建十樓，尚有清江、石城、樂民、集賢四名，而五樓則云輕煙、淡粉、梅妍、柳翠，而遺其一。此史所未載者，皆歌妓之藪也。國初臨川人揭軌以舉明經至京，宴南市樓，有詩云：『詔出金錢送酒壚，綺樓勝會集文儒。江頭魚藻新開宴，苑外鶯花又賜酺。趙女酒翻歌扇濕，燕姬香襲舞裙紆。繡筵莫道知音少，司馬能琴絕代無。』則知不第儒臣錫宴，即舉子亦叨聖賜，高會其中矣。至宣德中，以百僚日醉狹邪，不修職業，為左都御史顧佐奏禁。廷臣有犯者至褫職，迄今不改。』〔註11〕明太祖所建諸酒樓一直被後世當作明初聲色的象徵，具體數目，沈德符以為是十五座，萬曆間周暉謂是十六座，《金陵瑣事》卷之一：「《藝林學山》云：永樂中，晏振之《金陵春夕》詩『花月春江十四樓』，人多不知其事。蓋洪武中建來賓、重譯、清江、石城、鶴鳴、醉仙、樂民、集賢、謳歌、鼓腹、輕煙、淡粉、梅妍、翠柳十四樓於南京以處官妓，蓋時未禁縉紳用妓也。按：金陵本十六樓，今稱十四樓而遺南

〔註7〕《大明律集解附例》卷第二十五。
〔註8〕據《明史》之《劉觀傳》、《顧佐傳》等，其時當為宣德初。
〔註9〕《野記》卷三。
〔註10〕《萬曆野獲編‧補遺卷三‧建酒樓》。
〔註11〕《萬曆野獲編‧補遺卷三‧禁歌妓》。

市、北市二樓，何也？諸樓盡廢，獨南市樓尚在。」

不論具體數目，這十幾座酒樓隨著官妓之革或遭廢棄或改變服務的對象，舊日風光遂成陳跡了。而此時都城也已由南京遷至北京，新都作為國家的政治中心，百官雲集，豪商輻輳，很快就迅速地繁榮起來。有官、商就要有娛樂，商人平民尚還便利，可朝廷百僚官箴懼玷，由於禁止官吏狎娼、廢除官妓承應的規條煌然在目，所以難以再像先前那樣去陶醉於醇酒美婦之間。於是，他們只好調變方式，把目光更多地投注在優伶身上，去體會醇酒美男的情味。在這樣的背景之下，小唱就日逢其時地興盛起來。

小唱可以指演唱的一種方式，也可以用來指演唱之人。他們所唱時曲總的特徵，大致一是文詞較短，不同於長篇大套的戲曲，二是內容通俗，不同於嚴肅的廟堂音樂。宋代已經出現，《都城紀勝·瓦舍眾伎》載：「唱叫小唱，謂執板唱慢曲、曲破，大率重起輕殺，故曰淺斟低唱，與四十大曲舞旋為一體。」這是解釋的演唱方法，指人的，《三朝北盟會編·靖康中帙五十三》記金人於宋欽宗靖康二年（1127）攻陷汴京後，「取教坊四百人，簾前小唱二十人」。元代，《青樓集》記優娼小娥秀「姓邿氏，善小唱，能慢詞」，李芝儀「維揚名妓也，工小唱，尤善慢詞」，李心心、于心心、吳女燕雪梅諸人「皆國初京師小唱也」。明代小唱最為出名，直到清代，《揚州畫舫錄》尚載：「小唱以琵琶、弦子、月琴、檀板合動而歌，最先有《銀鈕絲》、《四大景》、《倒扳槳》、《剪靛花》、《吉祥草》、《倒花籃》諸調，以《劈破玉》為最佳。」「劉天祿小唱出身，為名老生，其彈詞一齣稱最。」〔註12〕明代，由於律例禁止官吏狎妓宿娼，而這一規定在京城又被執行得最為嚴格，於是那裏的男性小唱便日益受到了文武百官們的賞愛，乃至發展得可與娼妓爭勝。晚明史玄曾記：「唐宋有官妓侑觴，本朝惟許歌童答應，名為小唱。而京師又有小唱不唱曲之諺，每一行酒止，傳唱上盞及諸菜，小唱伎倆盡此焉。小唱在蓮子胡同〔註13〕，倚門與倡無異，其姝好者，或乃過於倡。有耽之者，往往與託合歡之夢矣。倡家見客，初叩頭

〔註12〕《揚州畫舫錄》卷十一、五。

〔註13〕據萬曆年間著名學者焦竑所言，隆慶、嘉靖之前蓮子胡同已是男色淵藪：「隆嘉以前，京師士大夫除老成當國者，「治」之一字不理會也多矣。但見其蚤朝一退，則逐隊而升堂。散衙一回，則乘騎而拜客。坐下則呼圍棋擺酒，小唱則呼蓮子何人。……士風到此，如國家何耶？今日士大夫固無此風，然風流易趨也，習俗易染也。一洗此弊，而理會治國之工夫，以致天下之太平者，必有其人矣。」（《焦氏四書講錄》卷之一）

惟謹，今惟小唱叩頭，然非朝士亦否也。小唱出身，山東臨清、浙江之寧紹。朝士多有提挈者，或至州縣佐貳，次則為伶人。」〔註14〕（圖 234）沈德符講得更是詳細，謂：「京師自宣德顧佐疏後，嚴禁官妓。縉紳無以為娛，於是小唱盛行，至今日幾如西晉太康矣。此輩狡猾解人意，每遇會客，酒榼十百計盡以付之，席散納完無一遺漏，僮奴輩藉手以免訶責。然訶察時情，傳佈秘語。至緝事衙門亦藉以為耳目，則起於近年，人始畏惡之。其豔而慧者，類為要津所據，斷袖分桃之際，實以酒資仕牒，即充功曹，加納候選，突而弁兮，旋拜丞簿而辭所歡矣。以予目睹，已不下數十輩。甲辰乙巳間，小唱吳秀者最負名，首揆沈四明胄君名泰鴻者，以重賂納之邸第，嬖愛專房，非親狎不得接席。時同邑陳中允最稱入幕，後為御史宋燾所劾，云：『與八十金贖身之吳秀，傾跌於火樹銀花之下。』仕紳笑之。大抵此輩俱浙之寧波人，近日又有臨清、汴城以至真定、保定兒童，無聊賴亦承乏充歌兒，然必偽稱浙人。一日遇一北童，問：『汝生何方？』應聲曰：『浙之慈谿。』又問：『汝為慈谿府慈谿州乎？』又對曰：「慈谿州。」再問：『汝曾渡錢塘江乎？曰：『必經之途。』又問：『用何物以過來？』則曰：『騎頭口過來。』蓋習聞儕輩浙東語，而未曾親到，遂墮一時笑海。」〔註15〕

　　小唱們的居所集中於大時雍坊的新、舊簾子（或作蓮子）胡同。《檮杌閑評》第七回，侯一娘帶著兒子魏進忠在京尋找一蘇州戲班，「到了前門，見棋盤街上衣冠齊楚，人物喧鬧，諸般貨物擺得十分鬧熱，比別處氣象大不相同。看了一會，走到西江水巷口，見估衣鋪內一個老者獨坐櫃外，進忠上前拱手問道：『借問爺，子弟們下處在那裏？』老者說：『一直往西去，到大街往北轉，西邊有兩條小胡同，喚做新簾子胡同、舊簾子胡同，（圖 235）都是子弟們寓所。』進忠謝了，同一娘往舊簾子胡同口走進去。只見兩邊門內都坐著些小官，一個個打扮得粉妝玉琢，如女子一般，總在那裏或談笑或歌唱，一街皆是。又到新簾子胡同來，也是如此。進忠揀個年長的問道：『這可是戲班子下處麼？』那人道：『不是。這都是小唱絃索，若要大班，到椿樹胡同去。』」小唱是唱曲，戲優是唱戲；小唱有比較固定的居所，戲優則流動性較強。兩者不能相混。另外，若與娼妓進行比較，小唱至少在名義上是以賣藝為生，並且他們年齡漸長後還往往可以脫離本業去另謀它就，甚至能夠做成下級官吏。而妓女本職就是

〔註14〕　《舊京遺事》。
〔註15〕　《萬曆野獲編・卷二十四・小唱》。

賣身，結局好的無非從良做妾，始終不能掌握自己的命運。因此，不必把小唱完全和妓女相比同而直稱他們為男妓。但是，這類優伶畢竟賣身取財的傾向比較明顯，演唱實際上經常只是他們娛客的輔助性手段。因此，在認識到與女妓的區別的前提下，視小唱為男妓也並非就不可以，無非男妓一般不會像女妓那樣處境過於被動罷了。由於小唱們是集中於新、舊簾子胡同，這兩條南北緊挨的小巷便因他們的存在而聲名昭著起來。《開卷一笑》所載《開男風曉喻》即曾戲謔性地講道：「凡京外教坊蓮子胡同，奉欽點男色長天下風齋都總管，為選報小唱以便宦遊支應事。……」《陶庵夢憶》的作者張岱也曾把「以姣童實之」的紹興一座城隍廟比為「簾子胡同」〔註16〕。這些都說明明人是把簾子胡同看成為男色淵藪的。

　　京中小唱當甲申之變李自成軍隊攻入北京時遭到了嚴重的打擊，具體情形可見前面第二章六節第三部分的相關記述。他們在大難面前有的四處逃奔，有的曲事新主，而還有的則性情剛烈，不順而遭殺戮，即如孔四郎其人：「勳衛常守經，鳳陽人，善恢諧，與一小唱孔四郎極相得。四郎紹興人，因父選四川主簿，未任歿於京，遂失身為小唱。後感常勳衛德己，遂託身常所，為刎頸交。常每出入縉紳家，必攜之同往。常雖居武職，然專以打點為事，二年間積累萬金，京師人無不慕之。常聞城破，與四郎計議，將金銀窖於他所。賊將官撫民訪知長班招稱，守經有銀二萬。隨差賊兵拿常夾三夾，完銀四千。又拿四郎，四郎不得已，指示所窖之物，乃得免。仍以常守經解闖賊發落，數日後，同諸勳戚皆斬。官撫民見四郎眉目俊秀，語言聰慧，心甚愛之，遂留於帳下。四郎心憶常某，快快不樂。次日，撫民別營醉歸，又呼酒酌，命四郎謳歌侑酒。四郎憤極，至夜深，乘撫民睡熟，潛起取刀砍賊。誤中其股，賊驚喊。四郎自知不免，乃提刀罵曰：『我與常守經恩渝骨肉，誓同生死。你既取其財，又傷其命。我〔為〕常守經報仇，恨未遂願。死必為厲，且將扼爾之喉，食爾之心矣。』遂自刎。」〔註17〕孔四郎表現得就像是一位不懼強暴殺身殉節的烈婦，清初鄒漪讚道：「優以身事人者也，而獨不肯事賊，且為守經報仇身死，壯矣哉！予謂巾幗懷貞猶稱士行，況四郎實男子耶？名之義士，誰曰不誼？況傅粉鑷須，泣魚嚭被，今日舉世人盡婦女矣，即謂四郎為從一而終之淑媛可也。」〔註18〕

〔註16〕《陶庵夢憶·卷八·龍山放燈》。
〔註17〕《剿闖通俗小說》第五回。
〔註18〕《啟禎野乘》卷十三。

　　明代小唱以北京城裏的最為出名，他們主業反成副業，演技輕於色身。在外地，小唱的組織不如簾子胡同裏的「規範」，賣身現象並不是那麼特別明顯，不過有則是一定會有的。《宜春香質》風集，小官孫宜之因受光棍虤里蛆的騙誘而處境困窘，亟求一條出路。虤介紹他去唱曲楊花，「虤里蛆道：『如今柴荒米貴，不是大老官，那有閒飯養人？你如今進退無路，莫若暫退一步，答了楊花套中，權且寄食。』小孫弄得沒法，只得應承道：『不知可做得來麼？』虤道：『曲子是你會唱的，有甚做不來？』小孫道：『這到差不多。』到一店中，有兩個楊花的在那裏，進去相見了。虤里蛆扯到傍邊，說了一會。見小孫道：『要面唱幾句。』小孫乘著些酒興，就是一套《三年曾結盟》，甚是好聽。二人大喜，拿了一張紙，一枝筆，一個硯臺，一錠墨，大吉利市的寫起來。小孫問虤里蛆道：『寫甚麼？』虤道：『他們貴行中，要寫個投〔名〕文書。』小孫是飢寒怕了的，提起筆，一筆寫完，遞與二人。二人你推我遜，一姓寧的收了，拜了兩拜。次早收往餘杭，從金華、蘭溪一竟到南京去了。日裏同孫去楊花，又有錢趁，晚上又當得老婆。人要替小孫睡一夜，定要一兩銀子，回來還要問小孫討私房錢」。關於楊花的含義，《新刻江湖切要·娼優類》：「小唱：楊花。」〔註19〕《大明天下春》卷之八：「楊花孫：唱曲的人。」可見楊花就是小唱的意思，虤里蛆在打發掉孫宜之之後即曾對人講：「我說個計較，賣他去做了小唱，才斷了這條根。」〔註20〕在孫宜之成為這種優伶的過程中，手續是比較簡單的，一入是道，兼業賣身在他是很自然的一件事。

　　《繡榻野史》是以揚州為故事發生地，其中也有對小唱的反映。

　　卷之一：

　　　　餘桃是北京舊簾子衚衕學小唱出身，東門生見他生得好，新討在家裏炒茹茹〔註21〕的。

　　卷之二：

　　　　金氏道：「不瞞你說，家中新討這餘桃，是京中慣做小官的，我前問他，因得明白。」

　　卷之四：

　　　　金氏指東門生說：「三年前他不在家，我在門上看看，見兩個頭

〔註19〕見《中國秘語行話詞典》，第 860 頁。
〔註20〕《宜春香質》風集第四回。
〔註21〕方言，指進行同性性行為。

髮披肩的小官坐地。我因他模樣生得就像女兒一般，開口問說：『你兩個是那裏來的小官，怎麼坐在這裡？』他回說：『我們是浙江寧波人，進北京去的。』我又問：『小小年紀，進京去做甚麼？』他說：『趁這年紀進京去做小唱，把屁股去賺錢哩。』就把祖傳的家數說了一遍。」

如果把簾子胡同裏的小唱比成坐商的話，那麼衝州撞府，四處流蕩的戲優就是遊商。明代戲班中也存在著一個促進男風的因素，這就是男旦體制。男旦即扮演女性角色的男性戲曲演員，他們傅粉施朱，男身女相，自會引起觀者別樣的興味，導致分桃斷袖之事的較易發生。

為能更好地對男旦男色進行說明，首先需要談一談男旦，而在談男旦之前，又需首先談一談他們的前身。

早在先秦秦漢時期，倡優侏儒裏面就多有善於滑稽談笑者，可以想見，他們為了增強表演的戲謔效果，有時免不了是會採取男扮女裝的形式的。到了三國時期，進行明確女裝行為的具體倡優人物開始出現。郭懷、袁信都是魏·齊王曹芳的嬖幸，曹芳君儀不立，嬉遊無度，據《三國志》，他「日延倡優，縱其醜謔」，裴松之注曰：「曹芳日延小優郭懷、袁信等於建始芙蓉殿前裸袒遊戲，使與保林、女尚等為亂，親將後宮觀瞻。又於廣望觀上，使懷、信等於觀下作遼東妖婦，嬉褻過度，道路行人掩目。」〔註22〕

南北朝的時候，「北齊有人姓蘇，皰鼻。實不仕，而自號為郎中。嗜飲，酗酒，每醉輒毆其妻。妻銜怨，訴於鄰里。時人弄之：丈夫著婦人衣，徐步入場行歌。每一疊，旁人齊聲和之，云：『踏搖，和來，踏謠娘苦，和來。』以其且步且歌，故謂之『踏搖』，以其稱冤，故言『苦』。及其夫至，則作毆鬥之狀，以為笑樂」〔註23〕。

隋代，隋煬帝之時，「每歲正月，萬國來朝，留至十五日。於端門外，建國門內，綿亘八里，列為戲場。百官起棚夾路，從昏達旦，以縱觀之，至晦而罷。伎人皆衣錦繡繒綵，其歌舞者，多為婦人服。鳴環佩，飾以花髦者，殆三萬人」〔註24〕，

唐代有弄假婦之戲。《樂府雜錄·俳優》：「弄假婦人。大中以來有孫干飯、

〔註22〕《三國志·卷四·齊王芳紀》。
〔註23〕《教坊記》。
〔註24〕《隋書·卷十五·音樂下》。

劉璃瓶，近有郭外春、孫有熊，善為此戲。僖宗幸蜀時，戲中有劉真者尤能，後乃隨駕入京，籍於教坊。」《玉泉子真錄》：「崔公鉉之在淮南，嘗俾樂工習其家僮以諸戲。一日，其樂工告以成就，且請試焉。鉉命閱於堂下，與妻李氏坐觀之。僮以李氏妒忌，即以數僮衣婦人衣曰妻曰妾，列於旁側，一僮則執簡束帶旋辟唯諾。其間張樂命酒，笑語不能無囑意者，李氏未之悟也。久之，戲愈甚，悉類李氏平昔所嘗為。李氏雖少悟，以其戲偶合，私謂不敢爾然，且觀之。僮志在於發悟，愈益戲之。李果怒罵之曰：『奴敢無禮，吾何嘗如此？』僮指之且出曰：『呱呱，赤眼而作白眼諱乎？』鉉大笑，幾至絕倒。」

　　宋元時期，瓦舍勾欄等處的市民生活豐富多彩，雜劇、說唱、樂舞、雜技諸伎藝均甚受歡迎。其中，宋雜劇、金院本的出現標誌著中國古代戲劇的大致形成，而元雜劇則在古代形成了我國戲劇史上的第一個高峰。同時，產生於南方民間的南戲由宋至元也有了一定程度的發展。這一時期的男優扮女現象，一方面是在沿襲先前的傳統，是為了增強滑稽的效果。《武林舊事》乾淳教坊樂部條記有南宋一位雜劇演員孫子貴，講明他所扮演的角色是「裝旦」，可想此人的表演一定是很能把觀眾逗笑的。另一方面也是由於班社優伶人數的限制。當時每一個戲班中的演員人數大致都在 10 人以內，少的也就三四人。結果，具體某一部戲裏的故事人物時常是多於扮演他們的戲優，如此一來，就難免會出現以一扮多的情況。除去專演主要人物的主要演員，其他次要演員時需趕扮多人。南戲戲文《張協狀元》中有這樣一個情節：貧女（旦）將上京往尋張協，拜辭過山神（淨）和李大公（末）後還想去與李大婆辭行。這時淨謂：「不須去，我便是亞婆。」末：「休說破。」原來淨、末是在打諢，淨不但扮山神，李大婆也是由他扮的，所以他才會講「不須去」。在《張協狀元》裏，淨所扮演的人物實在不少，除了山神和李大婆，還要扮張協之友、張協之母、客商、店主婆、門子、腳夫、柳屯田、譚節使等，丑則要扮演圓夢先生、張協之妹、強人、小鬼、李小二、王德用、應舉秀才、腳夫等。所以演員需要根據劇情進展不時地扮來改去，男子忽然之間就可能會變成為女人。

　　入明，隨著時間的推移，雜劇由於體制欠靈活、內容乏新意等原因而日漸式微，南戲則由村坊民間到社會上層，由南方到北方取得了長足的發展，海鹽、餘姚、弋陽、崑山諸聲腔競放異彩。特別是嘉萬年間，魏良輔、梁伯龍等人改革崑山腔，新的崑腔、崑曲的形成更是標誌著南曲、南戲進入了它的鼎盛時代。相關記載，弘正年間祝允明曾記：「數十年來，所謂南戲盛行。南戲出

於宣和之後，南渡之際謂之溫州雜劇。以後日增，今遍滿四方。」〔註25〕嘉靖年間，楊慎記：「近日多尚海鹽南曲，士夫稟心房之精，從婉變之習者，風靡如一。甚者北土亦移而耽之，乃其後北曲亦失傳矣。」〔註26〕徐渭記：「今唱家稱弋陽腔，則出於江西，兩京、湖南、閩、廣用之；稱餘姚腔者，出於會稽，常、潤、池、太、揚、徐用之；稱海鹽腔者，嘉、湖、溫、臺用之。惟崑山腔止行於吳中，流麗悠遠，出乎三腔之上。」〔註27〕萬曆年間，呂天成謂：「傳奇既盛，雜劇浸衰。北里之管絃播而不遠，南方之鼓吹簇而彌喧。」〔註28〕（圖236）王驥德謂：「邇年以來，燕趙之歌童舞女，咸棄其捍撥（指絃索北曲），盡效南聲，而北詞幾廢。」〔註29〕沈德符謂：「自吳人重南曲，皆祖崑山魏良輔，而北調幾廢。」〔註30〕

在南戲日漸成熟興盛的過程中，社會上正值理學影響日益加深的時期，男女之防、理欲之辨至少在表面上越來越受到公眾的強調和重視。這種背景下，為能顯著比較「規矩」，南戲的班社組織形式和舞臺演出形式都相應地發生了一些變化：戲班逐漸形成了男班和女班的劃分，商業性質的戲班裏面男班占明顯優勢，男女不再合演。〔註31〕從而舞臺上消失了真男真女之間的目挑眉招，男旦體制逐漸得到了確立。這裡必須強調一下男旦體制與以前男優扮女現象的區別。在宋元南戲和元雜劇裏面，以男裝女的情形不能說少，但裝者通常都是扮演淨、丑等次要角色的次要演員，而作為主角的旦色則基本還是女裝女的。明代發生了變化，由於男女不合演等原因，因此旦色便制度性地需要由男優來扮演，這是與宋元時期的明顯區別。旦角不同於淨、丑、外、末，在南戲傳奇裏面，它和生角一起是劇中的主要角色。旦色男扮標誌著男旦體制的形成，這種新的表演形式使觀眾所獲得的自是一種新異特別的感受。

〔註25〕《猥談》。

〔註26〕《丹鉛總錄·卷之十四·北曲》。

〔註27〕《南詞敘錄》。

〔註28〕《曲品》卷上。

〔註29〕《曲律·卷第一·論曲源》。

〔註30〕《萬曆野獲編·卷二十五·北詞傳授》。

〔註31〕當然，情況只能是大致如此，結論不能下得過於絕對。在明代，男女合演等現象雖說談不上多見，但也並非罕見。《雲間據目抄》卷二：「蘇人齊身學戲者甚眾，又有女旦、女生，插班射利。」《魯庵隨筆》卷四：「萬曆年間，優人演出一齣，止一兩零八分，漸加至三四兩、五六兩。今選上班，價至十二兩。若插入女優幾人，則有纏頭之費，供給必羅水陸。」

這方面情況的較早反映，《都公譚纂》曾載：「吳優有為南戲於京師者，錦衣門達奏其以男裝女，惑亂風俗，英宗親逮問之，優具陳勸化風俗狀。上命解縛，面令演之。一優前云：『國正天心順，官清民自安』云云。上大悅，曰：『此格言也，奈何罪之。』遂籍群優於教坊，群優恥之。駕崩，遁歸於吳。」〔註32〕這條記載反映出「以男裝女」的南戲表演當時在北方還不大多見，而在南方，成化─弘治間陸容曾記：「嘉興之海鹽，紹興之餘姚，寧波之慈谿，台州之黃巖，溫州之永嘉。皆有習為倡優者，名曰戲文子弟，雖良家子不恥為之。其扮演傳奇〔註33〕，無一事無婦人，無一事不哭，令人聞之，易生淒慘，此蓋南宋亡國之音也。其贋為婦人者名妝旦，柔聲緩步，作夾拜態，往往逼真。士大夫有志於正家者，宜峻拒而痛絕之。」〔註34〕陸容對已經繁榮到了一定程度的南戲持批評態度，可時間愈是靠後，他這樣的觀點愈是不合時宜，士大夫們「峻拒而痛絕之」者漸少，性命以之者漸多。嘉靖─萬曆間張瀚曾記杭州戲業之盛，曰：「東坡謂：『其民老死不識兵革，四時嬉遊，歌舞之聲，至今不衰。』夫古稱吳歌，所從來久遠。至今遊惰之人，樂為優俳。二三十年間，富貴家出金帛，制服飾器具，列笙歌鼓吹，招至十餘人為隊，搬演傳奇。好事者竟為淫麗之詞，轉相唱和，一郡城之內，衣食於此者不知幾千人矣。人情以放蕩為快，世風以侈靡相高，雖逾制犯禁，不知忌也。」〔註35〕杭城如此，它處可知。

總的講，南戲特別是其中崑曲的表演風格是柔曼媚靡，屬於紅牙拍板的類型，內容上則多是描摹風花雪月之事，生旦風情戲是它的主體。徐渭《南詞敘錄》曾經指出：「南曲紆徐綿眇，流麗婉轉，使人飄飄然喪其所守而不自覺，信南方之柔媚也，所謂『亡國之音哀以思』是已。」舞臺上的柔男弱女欲與還拒、欲喜還悲，卿卿我我的一種情態能不引得臺下觀眾對他們產生憐愛之意？（圖237）尤其是弱女，她們既為女子所以會受到特別的關注，可同時「她們」卻又是男身。結果，男旦男色就有了它較多的發生機會，伴隨南戲的繁榮而日

〔註32〕《都公譚纂》卷下。此段記述並未明確指出是什麼角色在「以男裝女」，想來旦色的可能性應是最大的。

〔註33〕傳奇是以南戲戲文為前身，與雜劇相對應的戲曲文學體裁。典型的北雜劇一本四折，一人主唱，一宮到底。而傳奇則經常一本數十齣，各行腳色皆可演唱，一齣之內的曲牌可換宮調。

〔註34〕《菽園雜記》卷十。

〔註35〕《松窗夢語·卷之七·風俗記》。

漸繁榮起來。《檮杌閒評》裏，蘇州旦優魏雲卿隨所在的崑腔班來到山東臨清賣藝，好不嫵媚嬌柔：

> 丰姿秀麗，骨格清奇。豔如秋水湛芙蓉，麗若海棠籠曉日。歌喉宛轉，李延年浪占漢宮春。舞態妖嬈，陳子高枉作梁家后。碎玉般兩行皓齒，梅花似一段幽香。果然秀色可為餐，誰道龍陽不傾國？

同班的人都知道魏小官的底細，時會和他開一些玩笑。一天早上，他有事上街，回來後，「見班里人都在那裏鬥牌，一個道：『蚤辰尋你燒子利市，只道你上廁去了來，何以這樣齊整？上街做甚子？這樣早獨自一個行走。這臨清碼頭是烏豆換眼睛的地方，不要被人粘了去。』雲卿道：『不妨，他只好粘我去做阿爺。』一個道：『不是做阿爺，轉是要你去做阿媽哩！』雲卿笑將那人背上打了一拳」〔註36〕。（圖238）同班的取笑並非信口開河，魏雲卿確實是不拒「阿媽」（龍陽）行為的。他不久之後隨班去王公子家唱戲，戲畢被留在了王宅，公子先是讓他陪著飲酒，接著便是讓他陪著歇宿。其間魏雲卿就未曾做過任何拒絕的表示，連假裝的難以為情都沒有。

《博笑記》是著名戲曲作家沈璟的一部傳奇劇作，其中寫了一個染火囤〔註37〕的故事。第十五出，老宰相（淨）、小火囤（丑）、能盡情（小丑）三人商量，想找一串戲旦優男扮女裝去道觀「借宿」，從而通過「捉姦」來詐取道士的銀錢。計定之後，三人去找小旦。第十六齣：

> （小旦扮男子上）【仙呂過曲·醉扶歸】此生幸在繁華地，吾家又喜郡城西。暮管朝弦鎮追隨，珠歌翠舞偏妍麗。本是梨園風月舊傳習，今做了蘇臺俠少新行藝。（笑介）誰為此屬階，將男妝作女，半生不長揖，可笑可憐許。自家被人哄誘，做了串戲營生。幸然處處稱揚，其實人人憐愛。今日尚早，且在家少坐片時。（閉門介）少停又有人來尋了。（打盹介）（淨、丑、小丑上）
>
> 【打棗杆】小官每第一來不要跟人串戲。（二丑）小官每第一來須是跟人串戲。（淨）有三兄和四弟，費盡酒和食。（二丑）與三兄和四弟，輪辦酒和食。（淨）擔不得輕，負不得重，一生狼狽。（二丑）擔什麼輕，負什麼重，怕什麼狼狽。（淨）從他學到老，終是小官每劣氣質。（二丑）從前學到老，終成得小官每好氣質。（淨）打

〔註36〕《檮杌閒評》第二回。
〔註37〕參見本書第 351 頁。

壞了那蓬蓬也，且不要說他起。（二丑）打慣了那蓬蓬也，都是學串戲時節起。（二丑）呸，我每正近那妝小旦的門首，你卻句句說那串戲不好，不湊趣。（淨）你每不曉得，頭裏說的，須是一柔一硬。這般一個做歹，一個做好。（二丑）有理。（丑）這裡是了，開門開門。（小旦驚白）誰？（淨、小丑）倒是婦人聲音。（丑）就是他。是我在此。（小旦開門出）呀，小囤那裏來？（丑）與這老字相、能盡情特來尋你。（小旦）請坐。（坐介）（淨、小丑）請問足下記得多少戲文？

【北仙呂・寄生草】（小旦）我記得殺狗和白兔。（眾）孫華與咬臍郎。（小旦）荊釵、拜月亭。（眾）都好。（小旦）伯喈、蘇武和金印。（眾）妙。（小旦）雙忠、八義分邪正。（眾）是了。（小旦）尋爹尋母皆獨行。（淨）尋爹的是周瑞龍。（二丑）尋娘的是黃覺經。（小旦）精忠岳武、孝休徵。（眾）精忠記是岳傳。（小旦笑白）休徵是誰呢？（小丑）嗅經廢，是我爛熟的。（小旦）又來打諢。（小丑）這是花臉的本等。（淨、丑）這個想不起，（小丑）王祥表字休徵。（眾）是了，臥冰記。再呢？（小旦）還記得彩樓、躍鯉和孫臏。（眾）都是妙的，卻怎麼沒有新戲文呢？（小旦）新戲文好的雖多，都容易串，我只在戲房裏看一齣就上一齣，數不得許多。（眾）博笑記到有興？（小旦）還不曾見。（丑）你也遲貨寶器了。（小旦）啐！（圖239）（淨、小丑）你方才數的都是南戲，怎麼倒把北曲唱他？（丑）你每說差了，他雖是男，如今要他去扮女，正該北曲。（小旦）列位要往那裏串戲麼？（眾各把小旦附耳低語介，小旦笑點頭白）幾時去呢？（眾）就請你去，有生意的。（小旦）是了，吃了茶去。（眾）他那邊的茶好少阿。（淨）只要你帶了丫髻夾圈，（丑）尋了女鞋膝褲，（小丑）戲箱裏取一副女衣去。（小旦）曉得，徑到道院左近相約，陸續進去便了。（眾）正是。

（小旦）偶爾一時戲耍，（淨）取些歡喜錢兒。

（丑）明人點頭會意，（小丑）愚人棒打不知。

（淨、小丑）請了。（小旦）請了，取了行頭就來。（下）（眾）有興。（渾笑下）。

此齣戲文裏面出現了數處對男旦的男色戲謔，如謂「打壞了那蓬蓬也，且

不要說他起」等。〔註38〕這樣的內容集中反映了當時人們的一種傾向性想法，即男旦是比較容易去做龍陽營生的。而如果不想如此的話，潔身自好者為了保持自身的清白有時就必須要付出一定的代價。《弁而釵·情烈記》，流落南京的文雅全心地純淨，並無做人龍陽之念，可他的優伶經歷卻同樣能夠反映旦優男色的普遍性。文生是到南京避難，日久資囊漸空，只好請店主人幫找事做。「主人道：『這裡新合一班崑腔子弟，少一正旦，足下若肯入班，便有幾十兩班錢到手，日有進益，不強似清坐無聊麼？』文生聽了，滿臉通紅，半晌無言。若不應承，衣食難措；若要應承，又恐招侮。對店主道：『承主人作成，便如此也罷。只恐入了班，便要招他們的輕薄。』主人道：『否。弋陽有輕薄之事，崑腔先□□□□入班。況有戲你去做，無戲你依然到老漢店中住便是。』文生道：『也要說得明白。』正是：明知不是伴，事急且相隨。」文生所擔心的「輕薄」，說明白了就是男色之侮。未曾入班就已經開始擔心，可見這類事情是人所共知的。雖然店主人安慰他說比起弋陽班來，崑腔班的風氣尚正，可等他一做了戲班正旦，侮辱便立刻來到了眼前。文生扮相甚美：

> 額裹包頭，霏霏墨霧。面搽鉛粉，點點新霜。脂添唇豔，引商
> 刻羽，啟口處香滿人前。黛染眉修，鎖恨含愁，雙瞳時翠迎人面。
> 正是壓倒粉黛三千女，不數金釵十二行。

因而深為看客所賞。「文生一日到崔衙唱戲，座有俗客石敢當，取笑文生。文生直言拒絕，他便用強，摟抱作呆。文生惡言唐突，那石敢當乃極好生事的，便發怒道：『娼優隸卒，至賤之流，何敢衝撞士君子！』就是一掌，文生嚎啕大哭，眾人勸散。」文雅全當眾受辱，第二天反被告以毆辱斯文，被逮至縣。這時俠義書生雲天章趕來相救，文生又被石敢當污稱為雲天章的變童，好像優伶只要與人相得，關係當中就必有不明不白之處似的。

由於職業的卑賤性質，倡優一直倍受社會歧視，備嘗人世的辛酸。龍陽一業，當然不是他們人人願意從事的，但在許多事件當中，做與不做卻難由他們自己來做出決定，如果強要自守，悲劇往往就會發生。還是文雅全，他不久之後和雲天章一起來至揚州，依舊搭班唱戲。「因生得人才出眾，唱作俱高，引動了山西一個宦客的眼睛。他是王府儀賓，富有千萬，在揚州行鹽，慣交官府，好拐小官。因看戲中意文生，便約日子，叫到家中去做。戲完俱各放回，單留

〔註38〕劇中的小旦在身份上是一個串客，串客尚且不羞於以身取財，職業男旦自然是有過之而無不及的。

文生佐酒。文生不肯，他便大怒道：『我這裡是甚麼所在，敢如此撒野？誰敢去，敲折他腳骨！』文生道：『魔頭又來了。』只得含羞忍恥，老著臉皮，奉他幾鍾。那儀賓便快活要死，便來調戲。文生道：『老爺尊重些。』他皮著笑臉道：『你不要太做作，跟了我受用不盡，強似你做戲子多矣。』文生道：『只是小的命該如此，薄命人怎受得老爺擡舉。』儀賓道：『憑你怎麼說，你會得飛？只是不放你去。』文生聽得這話，驚得三魂飄蕩，七魄飛揚，號泣道：『寓有親兄，望老爺今日放小的回去，明日再來。』儀賓道：『我能生人，能殺人，順則不難與以富貴，逆則必定斷其手足。你肯哩，好好順從；不肯，我令人捆起來蠻弄，你有何法推託？我這裡要放你，你去得；不放你，有翅也難飛。你當死心塌地跟我，我當以另眼看你。』文生仔細思量道：『好苦也！』」強逼之下，文雅全只好自殺以明志。

到外地流動演出的戲班甚感頭痛的問題是地頭蛇的騷擾勒索。他們新至一處，人地生疏，要想打開場子立住腳跟就要把地方上的人物維持好。《檮杌閒評》裏魏雲卿甚得王尚書之子王公子的歡心，他所在的戲班因而得到了不少照顧。可地方上並不止有一路神仙，一天潑皮頭牛三偶然碰見了魏雲卿，心中立生佔有之念，在與自己手下一班人喝酒時便對小魏進行品評。「牛三道：『那個小官又好，不像是我們北邊人，我們這裡沒有這樣好男子。』傍邊桌上一個跳過來道：『那小官我認得，他是崑腔班裏的小旦，若要他時何難，三爺叫他做兩本戲就來了。』一個道：『做戲要費得多哩，三爺可是個浪費的？』一個道：『那小郎還專會揀孤老哩！如今又倚著王家的勢，再沒人敢惹他，恐弄他不來到沒趣；就弄得來，王家份上也不雅相。如今到是弋腔班的小王，著實不醜，與他不相上下，只消用幾兩銀子在他身上，到也有趣。與人合甚麼氣。』牛三道：『也是。』只見傍邊桌上跑過個人來，氣噴噴的拍著桌子道：『怎麼說這不長進的話？為人也要有些血氣，王家有勢便怎麼樣人？他欺遍一州裏人，也不敢欺壓三爺。子弟們他頑得，三爺也頑得，怕他怎麼！一個戲子都不來，除非再莫在臨清為人。我們晚間多著幾個人，訪得在誰家做戲，回來時攛他到家裏頑耍。那蠻子依從便以禮待，若不肯，便拿條索子鎖他在書房裏，怕那奴才跑到那裏去！眾人齊聲道：『好計，好計。』」〔註39〕當晚牛三指令一群潑皮對做戲回來的魏雲卿當路行劫，魏小官和班里人奮力抵抗，跑到王公子家躲避。還是公子更有勢力，第二天知會捕衙，結果牛三一夥人受到了狠狠的一番

〔註39〕《檮杌閒評》第四回。

懲治。而如果是牛三勢大呢？魏雲卿等大概就將必遭一劫了。他們若在劫後還堅執不順，唯一的出路只能是走往他鄉，再尋碼頭，可新碼頭與原先能有什麼區別呢？

優伶既可以做商業表演，服務於非特定的看客；也可以隸屬於特定的主人，去做專門的服務。在後一種情況下，優伶即為家優，他們所組成的戲班即為家班。明代家優之盛是與南戲的繁榮相伴隨的，主要存在於江南的官宦豪貴之家。陳龍正《幾亭全書》卷之二十二：「每見士大夫居家無樂事，搜買兒童，教習謳歌，稱為家樂。」以蓄優而聞名者，李開先、申時行、王錫爵、錢岱、包涵所、張岱、徐沂、阮大鋮、侯方域等皆是。（圖240）如包涵所，《西湖夢尋》記謂：「西湖之船有樓，實包副使涵所創為之。大小三號，頭號置歌筵，儲歌童，次載書畫，再次侍美人。涵老以聲伎非侍妾比，仿石季倫、宋子京家法，都令見客。常靚妝走馬，嫯珊勃窣，穿柳過之，以為笑樂。明檻綺疏，曼謳其下，摵鈿彈箏，聲如鷟試。客至，則歌童演劇，隊舞鼓吹，無不絕倫。」〔註40〕《柳南隨筆》卷二記常熟徐錫允「家蓄優童，親自按樂句指授，演劇之妙，遂冠一邑。詩人程孟陽為作《徐君按曲歌》，所謂『九齡十齡解音律，本事家門俱第一』，蓋紀實也。時同邑瞿稼軒先生以給諫家居，為園於東皋，水石臺榭之勝，亦擅絕一時。邑人有『徐家戲子瞿家園』之語，目為虞山二絕云」。《壯悔堂文集·侯朝宗公子傳》記明末四公子之一侯方域「雅嗜聲技，解音律，買童子吳閶，延名師教之，身自按譜，不使有一字訛錯。脫或白雪偶乖，紅牙稍越，曲有誤，周郎顧，聞聲先覺，雖梨園老弟子莫不畏服其神也。初，司徒公〔註41〕亦留意於此，蓄家樂務使窮態極工。至是投老寂寞，公子乃教成諸童，挈供堂上歡，司徒公為色喜。而里中樂部，因推侯氏為第一也」。

家班依家優的性別大致可分成男班和女班。女班優伶在身份上是屬於主人的姬婢，為主人在提供演藝娛樂的同時也提供性的娛樂那是分內之事。至於男優，他們提供後一種服務的普遍性雖然比不上女優，但由於他們總體上總是以柔雅嫵媚的形象出現，同時對服務對象（家主）的依賴性又比較強。因此，在所有男性裏面，家班中的男性是最易為人龍陽的人群之一。著名文學家張岱曾自記他家聲伎，謂：「我家聲伎，前世無之，自大父於萬曆年間與范長白、

〔註40〕《西湖夢尋·西湖南路·包衙莊》。
〔註41〕侯方域之父侯恂，曾官戶部尚書。

鄒愚公、黃貞父、包涵所諸先生講究此道，遂破天荒為之。有可餐班，以張彩、王可餐、何閏、張福壽名；次則武陵班，以何韻士、傅吉甫、夏清之名；再次則梯仙班，以高眉生、李芥生、馬蘭生名；再次則吳郡班，以王畹生、夏汝開、楊嘯生名；再次則蘇小小班，以馬小卿、潘小妃名；再次則平子茂苑班，以李含香、顧岕竹、應楚煙、楊騄駬名。主人解事日精一日，而侯僮技藝亦愈出愈奇。余歷年半百，自小而老、老而復小、小而復老者凡五易之。」〔註42〕前面已經提到，張岱是有孌童之好的，〔註43〕那麼，他家家樂既然如此地人多伎妙，他從其中選取幾個做孌寵自是容易的事情。

　　山陰祁豸佳（字止祥）是張岱的朋友，與張氏趣同道和，亦甚嬖喜孌童。《陶庵夢憶》卷四記有祁氏與其家優阿寶之間的斷袖之誼，依照文中的敘述，此誼是超過了夫妻之情的：

> 人無癖不可與交，以其無深情也；人無疵不可與交，以其無真氣也。余友祁止祥，有書畫癖，有蹴踘癖，有鼓鈸癖，有鬼戲癖，有梨園癖。壬午至南都，止祥出阿寶示余。余謂：「此西方迦陵鳥，何處得來？」阿寶妖冶如蕋女，而嬌辣無賴，故作澀勒，不肯著人。如食橄欖，咽澀無味，而韻在回甘；如吃煙酒，鯁噎無奈，而軟同沾醉。初如可厭，而過即思之。止祥精音律，咬釘嚼鐵，一字百磨，口口親授，阿寶輩皆能曲通主意。乙酉，南郡失守，止祥奔歸。遇土賊，刀劍加頸，性命可頃，阿寶是寶。丙戌，以監軍駐台州，亂民鹵掠，止祥囊篋都盡，阿寶沿途唱曲，以膳主人。及歸，剛半月，又挾之遠去。止祥去妻子如脫屣耳，獨以孌童崽子為性命，其癖如此。（圖241）

　　祁止祥是把他的家優當作珍寶看待的，再如《豆棚閒話》裏的大老官劉公。此人「平素極好男風，那幾個要教唱小子就是龍陽君」。而且此公防範之心極重，想讓清客顧清之來教唱卻又覺得不太踏實，善於察顏觀色的顧清之以委婉的方式表示他「近來得了痿症，人道俱絕」。劉公信以為真，方才許他去教那幾個小龍陽。豈知顧幫閒其實人道非常旺壯，「極要吃醋的」劉公很快就聽到了風言，感到有究察的必要。「那日也是清之合當敗露。當著劉公午睡，不聽見小子唱響，悄地窺他。只見清之正當興發，挺著那件海狗腎的東西相

〔註42〕《陶庵夢憶‧卷四‧張氏聲伎》。
〔註43〕見本書第 183 頁。

似，頗稱雄猛，與小子幹那勾當。卻被劉公看見，即時喚出，將小子打了三十。把清之去了衣巾，一條草繩牽著脖子，只說偷盜銀盃，發張名帖送在縣裏。血比監追，打得伶伶仃仃。直待把自己十五六歲青秀兒子送進宅內，方准問了刺徒，發配京口驛攞站去迄。」〔註44〕

　　像顧清之這樣的幫閒人物，地位比他們所奉承的大老官要低出不少。所以，若敢偷用主家寶器，肯定是會受懲的。而如果欲用者位高名顯，可以給優之主人提供某些幫扶呢？這時，他們的欲求可能很容易就會得到滿足。《金瓶梅》裏，面如傅粉、齒白唇紅的書童善能歌唱南曲，既是西門慶的侍僕，也是他的男寵，還是他的家樂。一天，兩位貴客：蔡狀元蔡蘊和安進士安忱前來西門慶家拜訪。不久前剛從蔡蘊假父蔡京那裏賄得金吾衛副千戶、貫會取巧逢迎的西門慶深知自己遇上了一個開拓門路的機會，對二位來客絲毫也不敢慢待。盛宴早已備好，還要以聲歌相娛：（圖242）

　　　　西門慶令後邊取女衣釵梳，叫書童妝扮起來。飲酒中間，安進士看見書童兒裝小旦，便道：「這個戲子是那裏的？」西門慶道：「此是小价書童。」安進士叫上去賞他酒去，說道：「此子絕妙，而無以加矣。」原來安進士杭州人，喜尚南風。見書童兒唱的好，拉著他的手兒，兩個一遞一口吃酒。（圖243）良久，酒闌上來，西門慶陪他復遊花園。……從新復飲，書童在旁歌唱。蔡狀元問道：「大官，你會唱《紅入仙桃》？」書童道：「小的記得。」蔡狀元道：「既是記得，大官你唱。」於是把酒都斟，那書童拿住南腔，拍手唱道：（圖244）

　　　　紅入仙桃，青歸御柳，鶯啼上林春早。簾捲東風，羅襟曉寒尤峭。喜仙姑，書付青鸞。念慈母，恩同烏鳥。合風光好，但願人景長景，醉遊蓬島。

　　　　安進士聽了，喜之不勝，向西門慶稱道：「此子可敬。」將杯中之酒一吸而飲之。那書童席前穿著翠袖紅裙，勒著銷金箍兒，高擎玉斝，捧上酒去。又唱道：

　　　　難報母氏劬勞。親恩罔極，只願壽比松喬。定省晨昏，連枝上有兄嫂。喜春風，棠棣聯芳。娛晚景，松柏同操。

　　　　當日飲至夜分方才歇息。西門慶藏春塢、翡翠軒兩處俱設床帳，

〔註44〕《豆棚閒話》第十則。

　　鋪陳綾錦被褥，就要派書童、玳安兩個小廝答應。〔註45〕

　　安進士既然對書童特加垂賞，是晚一定會選書童來服侍自己。他本人好尚南風，而書童恰又為南風中人，則兩人同寢一室時想必是會做出一些事情的。對此，西門慶表現得並無所謂。顯然，他是在做一樁交易，付出是為了獲得，將來他若有事相求，安進士能不樂於相幫嗎？（圖245）

　　順便把清代家優的情況也在這裡進行說明。

　　清代家樂，乾隆及以前承晚明遺緒依然可謂繁榮，以後由於朝廷禁限等原因則顯得日漸衰落。在繁榮階段，冒襄、查繼佐、李漁、泰興季氏、畢沅、王文治等之所蓄均稱精妙。冒襄，字辟疆，號巢民，江蘇如皋人，為明末四公子之一。入清後不仕，「閉戶不出，日坐水繪園中，聚十數童子，親授以聲歌之技」〔註46〕。冒氏家伎在清初甚負盛名，所謂：

　　　　江南江北聚優伶，聒耳淫哇幾耐聽。

　　　　不遇冒家諸子弟，梨園空自說娉婷。〔註47〕

　　諸子弟中前期包括紫雲、楊枝、秦簫、靈雛等，後期包括徐雛、大菊、二菊、小楊枝等。近人冒廣生《雲郎小史》集諸家所記：「陳確庵《得全堂夜宴記》云：『客有稱《燕子箋》樂府，因遂命歌。回風舞雪，落塵遏雲。』又《蘭陵美人歌》句云：『徐郎窈窕十五六，覆額青絲顏如玉。昔之紫雲恐不如，滿座猖狂學杜牧。』瞿有仲《觀劇斷句》云：『歌聲宛轉落珠璣，放誕風流試舞衣。可道楊枝都占盡，半妝早已讓徐妃。』又：『漢宮若得徐郎入，不把河山禪董賢。』王周臣《冒巢民五十壽序》云：『確庵陳子為余言，水繪庵之勝，樹木掩映，亭榭參差。嘗於其中高會名流，開尊張樂。其所教之童子，無不按拍中節，盡臻極妍。紫雲善舞，楊枝善歌，秦簫雋爽，吐音激越。』」〔註48〕（圖246）

　　《觚剩》續編卷三記泰興季氏「以富聞於天下。季自滄葦〔註49〕以御史回籍後，尤稱豪侈。家有女樂三部，悉稱音姿妙選。閣讌賓筵，更番佐酒。珠冠象笏，繡袍錦靴。及笄而後，散配僮僕與民家子，而嬌憨之態未能盡除。故凡娶季家姬者，絕無聲色之娛，但有伺候之煩，經營之瘁也」。

〔註45〕《金瓶梅詞話》第三十六回。
〔註46〕《同人集》卷之二。
〔註47〕《同人集》卷之十。
〔註48〕見《清代燕都梨園史料》，第961頁。
〔註49〕季振宜，號滄葦，曾官河東巡鹽御史。

　　《履園叢話》卷六記畢沅「家蓄梨園一部，公餘之暇，便令演唱。余[註50]少負戇直，一日同坐觀劇，謂先生曰：『公得毋奢乎？』先生笑曰：『吾嘗題文文山遺像，有云「自有文章留正氣，何曾聲妓累忠忱」。所謂「大德不逾閒，小德出入可也」』。」卷二十三記王文治（號夢樓）曾蓄五雲：「五雲者，丹徒王夢樓太守所蓄素雲、寶雲、輕雲、綠雲、鮮雲也。年俱十二三，垂髫纖足，善歌舞。（圖247）越數年，五雲漸長成矣，太守惟以輕雲、綠雲、鮮雲遣嫁，攜素雲、寶雲至湖北送畢秋帆制府[註51]。審視之，則男子也。制府大笑，乃謂兩雲曰：『吾為汝開釋之。』乃薙其頭，放其足，為僮僕云。」

　　家主─家優的同性戀明清無異。前面明代的事例如祁豸佳與阿寶之間的關係是實際的同性戀，這裡以清代小說《繪芳錄》中陳小儒與齡官的關係為例再來看一看精神同性戀。有些家主於自家優俳並無性的慾念，可對他們又確實昵愛，這時便會產生一種曖昧的精神相戀。《繪芳錄》中描寫道：

　　　　小儒即向後樓來看齡官。剛走到明間裏，聽得房內有人說話。探身一望，見齡官倚在床上，下身搭著一條大紅錦被，玉兒[註52]光著頭，坐在床沿上代齡官拍打著兩腿，口內喊喊喳喳的與齡官說話。齡官面朝外睡，見房外人影一幌，即推玉兒說：「你看誰來了？」玉兒忙跳下床沿走出來，見是小儒，笑道：「陳大人來了。因何輕悄悄的走來，聽我們說話？幸而沒有說出你們什麼來。」

　　　　小儒笑著，走進道：「我因玉兒素來嘴壞，怕的背後議論我們長短，特地來聽著的，偏生又被你看見了。」齡官亦一翻身坐起，意在下床。小儒急上前按住道：「聞得你身子不爽，別要起來涼著，倒是睡著說話很好的。」齡官笑著，告了罪，仍然躺下。小儒親自代他蓋上了被，即一蹲身在玉兒的地方坐下。早有跟齡官的人，送上茶來。小儒即問齡官有何不爽？齡官道：「昨晚脫去大衣，在樓口與玉兒多站了一刻，似覺得身上寒噤起來。今早兩腿酸痛，四肢無力，想是受了點風。適才有累玉兒代我拍打了一回，覺得鬆快了些。」小儒道：「現在天氣雖日漸溫和，究竟是春初的時候，或寒或暖，最宜保重。何況你們身體生來柔脆，又初到南方，水土向沒

〔註50〕《叢話》作者錢泳。
〔註51〕當時畢沅官任湖廣總督。
〔註52〕陳小儒的另一家優。

有服得慣，更易生病。你可要醫家來診看？我吩咐人請去。」齡官忙搖手道：「我最怕吃那苦水兒，準備多餓這麼兩頓，明天自會好的。」〔後來玉兒離開，齡官想喝茶〕。即便掀開被，欲自己起來。小儒道：「你睡著罷。」便在桌上倒了一盞茶，送到床前。齡官忙欠身接過，笑著瞅了小儒一眼道：「別要把我折煞了，現在我病病痛痛的。」小儒笑道：「這又算什麼呢？」將茶杯接過，仍放在桌上。轉身見齡官上身只穿著薄棉鸚哥綠緊身小襖，外罩珍珠皮玄色比甲，腰內束了一條淡紅色絛兒，下穿月白底衣。臉上略略黃瘦了一層，加以眉黛微顰，眼波斜溜，分外姣楚可人。小儒看到情濃，不覺神馳道：「你身上薄薄的兩件衣裳，又不蓋被，若再涼著，更外難受。」便代齡官將被往上提了一提，又握住他雙手道：「你手尖兒多凍涼了，還要掙扎著起來。晚間須要多蓋著一層，出身汗，可好了。」齡官見小儒握住他雙手，又低聲悄語的和他說話，不禁臉暈紅潮，回眸一笑，忙灑脫了小儒的手。便道：「若被玉兒那促狹小蹄子看見，又要說多少話兒。」小儒聽說，反不好意思起來，亦隨著齡官笑了一笑。〔註53〕

這日小儒早起，方走過紅香院前，見齡官坐在一叢芙蓉花前石凳上，癡癡出神。小儒走近道：「你早在這露地上坐著想什麼呢？」齡官擡頭見是小儒，便笑吟吟將身子向旁邊挪了一挪道：「你坐下來，我正有件事和你商量。」小儒亦笑著坐下。齡官道：「適才我與玉兒一同來看這芙蓉花的。他到祝大人那邊去了，我懶得過去，在此坐一會兒。正欲尋你去說話，恰好你又來了，可不是怪巧的？前日五官代我畫了一個小照，琴官兒〔註54〕他們見了，總說很相像。他們也高興請他畫了，又說什麼我們皆畫在一塊紙上。我也沒有理他們，特地來問你聲，還是單畫的好？還是畫在一起的好？別要將我畫成的臉，糟掉了。」小儒見齡官語言宛轉，眉目含情，不由得心內又動了一動，笑道：「自然是合畫的好。一則人多，畫上去倒不熱鬧些；再則也見得你們義氣。如果你定要單畫一軸兒，也使得，就是一個人，沒甚情趣；將我畫在一旁陪伴著你，免得你寂寞，可

〔註53〕《繪芳錄》第七十四回。
〔註54〕陳小儒家優。

好麼？」齡官抿著嘴笑道：「你說的可希奇！我要你陪伴什麼呢？你同你們太太、姨太太畫在一起，才合宜呢。」小儒搖頭道：「我最怕畫在一起。上年畫了一軸，至今我總沒有叫掛著。」又挨近身低低的笑道：「我想和你畫在一起，不是一般的麼？」

齡官聽說，臉一紅，斜溜了小儒一眼，雙手推開小儒，故作怒容道：「叫我清早的時候，啐著你罷。人家好意請問著你，卻惹出你這些混話來！下次你再和我說這些混話，可是不依的！」說著，便在小儒腿上使勁的擰了一把，又撲嗤的一聲笑了起來。小儒自前番去看齡官的病以後，卻深愛他姣媚可人。齡官亦知小儒待他甚厚，即有心日後依棲小儒，可以得所。今日故意的生氣，試探小儒性格。此時小儒不覺心蕩神馳，攜住齡官的手笑道：「你好意思認真啐我麼？我這個腿上，被你擰了這一下兒，現在尚怪痛的。我恨不得也要擰你一把，不過你同我生氣罷咧！」便伸手故意來擰他的腿。齡官見小儒全不介意，仍是低言悄語的和他說話，即趁勢反閃躲小儒懷內笑道：「我最怕癢的，你若碰我一下兒，那我可真要和你翻臉的！」小儒亦順手將他摟住，正欲再同他戲謔，聞得花外一群人說笑而來，急忙鬆手起身走開。〔註55〕

陳小儒對齡官的舉動已涉褻狎，但他並未再繼續深入。其實我們固然可以把這種關係看成是精神同性戀，而以之為實際同性戀的準備也是可以的，有些家主是會比陳小儒更進一步的。

三、清代的北京

清代，順康年間有關優伶男色的記載相對較少。以一般的推斷，清初世風比明末嚴肅許多，男色也應隨之有所收斂。當然，這只是程度問題，賣色優伶一定會有的。康熙間蔣楛《京師太平園觀劇戲題竹枝》先寫京城演劇情景：

老人無計遣愁懷，賈酒長安十字街。

應制優伶名內聚，太平園裏唱《荊釵》。

梨園大抵是吳儂，妙舞清歌入九重。

多少書生頭白盡，笑啼無處肯相容。

悲歡離合演來真，優孟衣冠絕有神。

喉囀盡如絲竹脆，聲聲飛出繞梁塵。

接著，蔣氏又以三首竹枝詞來專門描寫小旦葉四官的迷人情態：

班頭聲價動長安，眾裏先尋葉四官。

可奈《荊釵》無腳色，開簾止許剎那看。

遏雲絕技勝秦青，何日清歌洗耳聽。

水噴桃花瓜子面，暫時含笑立娉婷。

知情鼓板說風騷，同鋪雙雙霸佔牢。

此處無銀三十兩，如何妄想吃餘桃？

詩注：「欲通葉者，先商之點鼓板，略同鋪者三十金。」〔註56〕

自雍正進入乾隆時期，清朝在各方面都發展到全盛，社會中的享樂之風在皇帝帶領下復起。這時，作為盛世繁華的重要組成部分，觀劇狎優的活動又發展繁榮了起來。在北京，皇家設有南府、景山諸機構，宮廷的戲曲演出異常豐富精彩，而宮外同樣也不會冷淡。相伴隨的，對戲曲優伶中賣色現象的反映便逐漸增多起來。著名詩人蔣士銓在乾隆二十五年（1760）曾經作有一組《京師樂府詞》，其中的《戲旦》云：

朝為俳優暮狎客，行酒鐙筵逞顏色。

士夫嗜好誠未知，風氣妖邪此為極。

古之嬖幸今主賓，風流相尚如情親。

人前狎昵千萬狀，一客自持眾客嗔。

酒闌客散壺簽促，笑伴官人花底宿。

誰家稱貸買珠衫，幾處迷留貯金屋？

蛣蜣轉丸含異香，燕鶯蜂蝶爭輕狂。

金夫作俑愧形穢，儒雅傚尤慚色莊。

覰然相對生歡喜，江河日下將奚止？

不道衣冠樂貴遊，官妓居然是男子。〔註57〕

京中「官妓」俳優漸漸有了一個通用名稱：相公。相公所指起初是極高貴的，清初大儒顧炎武考究它的歷史，指出：「前代拜相者，必封公，故稱之曰相公。」〔註58〕不過名詞的含義經常是處於變化當中，晚於顧炎武的王應奎就

〔註56〕《天涯詩鈔》卷三。
〔註57〕《忠雅堂詩集》卷八。
〔註58〕《日知錄·卷之二十四·相公》。

曾慨歎「相公」的被濫用，先謂：「古稱秀才曰措大，謂其能措大事也。而天下之能措大事者惟相，故又呼秀才為相公。」在王應奎看來，現時的秀才大半皆為腐儒陋儒，以相公相呼已經有些過譽，而還有更甚者：「至於吏胥之稱相公也，不知起於何時。惟名與器，古人不以假人，況相公為燮理陰陽之尊稱，豈可加之胥吏？予觀《洪武實錄》，二十六年十二月，命禮部申禁軍民人等，不得用太孫、太師、太保、侍詔、大官、郎中等字為名稱。推而言之，則『相公』之稱不在所當禁乎！」〔註59〕

王氏的個人想法未能實現，相公不但被用於指稱胥吏，而且還被用於優伶。乾隆年間江蘇人龔煒曾記：「『相公』二字，宰輔之稱。近來郡中至以相公稱優人，將毋以登場搬演，亦有為相之時歟？吳人取笑天下，往往有此。」〔註60〕而吳優、吳童是京中優伶的重要來源，於是相公新意隨著吳優進京又被帶到了都城。相對來看，吳中相公重藝，都城相公重色，結果相公在北京又發生了意指的改變，所指集中於賣色優伶。此新意在京中逐漸為人廣泛接受，以致原先被稱作相公的官僚、士夫們反而對這一名詞產生了忌諱，作為敬詞的「相公」慢慢倒成了地位卑下的某些優伶、優童的專有名稱。這就是《燕京雜記》中所謂：「呼優童為相公，故大家子弟其隸僕無稱相公者。」《側帽餘譚》亦謂：「此名古惟宰相得而稱之，今竟加之至賤之伶，致京官子弟，其僕轉不敢以此相稱。」〔註61〕

京中相公和小唱的相同之點是都有固定的居所，不在各地之間輾轉賣藝；不同之處，小唱是以唱曲，而相公則是以唱戲為本業。《紅樓夢》（《石頭記》）創作於乾隆中前期，其中已經寫有類似相公的優伶。第四十七回，呆霸王薛蟠對年青貌美的柳湘蓮心懷覬覦，不斷以言詞挑逗，湘蓮大為不快，便設計騙薛蟠道：「既如此，這裡不便。等坐一坐，我先走，你隨後出來，跟到我下處，咱們索性喝一夜酒。我那裏還有兩個絕好的孩子，從沒出門。你可連一個跟的人也不用帶，到了那裏，伏侍的人都是現成的。」薛蟠信以為真，興沖沖趕到城外，卻被柳湘蓮狠狠懲治了一番。在柳湘蓮所說的那一段話當中，「兩個絕好的孩子」既有師傅又有下處還會侑酒，因此看起來是符合相公的基本特徵的。只不過原文沒有特別明確「下處」到底是戲班的所在地還是私寓，而乾

〔註59〕《柳南隨筆》卷一。
〔註60〕《巢林筆談》卷五。
〔註61〕見《清代燕都梨園史料》，第 603 頁。

隆後期，秦腔名優魏長生的高徒陳銀兒（字渼碧）的一段遭遇則確切無疑地表明他是以戲優身份在自己私人居處招客賣身。魏長生有野狐教主之稱，由川入京，曾經傾倒一時的觀眾，陳銀兒紹續乃師，豔旗高揚。《秋坪新語》載：

> 蜀伶陳渼碧在宜慶部，色藝傾都下。日久，纏頭所入資累鉅萬，遂於孫公園置產造屋，廊廡器具靡不華好，一時士夫巨賈靡然從風，以不得入其室為恥。一日演劇梨園，既卸裝，豐貂玉佩，素面朱唇，登樓酬應所素識。忽一日，客藍頂腰金，僕侍赫奕，出座執其手曰：「睹子聲容，殊堪絕世，真色真香，覺天下婦人可廢矣。盍共往酒樓一酌耶？」陳以素昧平生，辭弗往，客強拉之去。陳心豔其貴，未能過卻，遂造金陵樓。珍錯畢陳，歡謔盡醉，臨別命僕攜二元寶贈之。叩其寓不告，但云：「某粵省太守，來京補觀察，不日出京，毋庸還往也。」越日，陳在別園，貴客亦至。既曾相識，歡洽倍常，爰復招飲贈銀如前。瀕去，陳握手請曰：「荷公傾蓋，垂愛逾格，即行李勿匆，寧不少盡斯須歡？蓬蓽雖陋，某午當備粗酌，幸車騎惠臨也。」其人力辭，陳請益堅。沈唫再四，囑以毋多費，只一二肴品敘譚可也。至日，華車耀目，俊僕屯雲，蹴踏而來，復持千金為贈。陳喜躍靡極，亦盛列酒饌，自歌侑觴，歡宴至暮。起欲去，陳固留宿，不得已乃遣僕返曰：「詰朝來，勿須早也。」遂攜手入臥室中，絳蠟雙然，翠帷低掩，於是並坐紗櫥中，交股接唇，諧謔無度。已而弛衣登床，致其繾綣。漏三下，舉家皆寢，猶隔壁聞床戛戛作聲，二人笑語呢呢不休。翊晨，家人起，則門窗洞闢，入室啟帷，見陳偎枕擁被，沉沉臥榻上。喚之不醒，亟以水解之乃覺。忽披衣起視，囊篋俱空，方知為盜席捲而去。陳慚憤切齒，鳴之官，無從蹤跡矣。〔註62〕

在陳銀兒的遭遇中，他是在自家寓所侑酒媚客，本身又是戲劇優伶，因

〔註62〕《北京梨園掌故長編》，見《梨園史料》，第 891～892 頁。陳銀兒遇盜事《夢廠雜著》卷一亦載，內容與《秋坪新語》有異：「次日，陳銀設盛筵，並出其妻妾，豔妝侑酒，履舄交錯，杯盤狼籍。客令群僕返寓，而屏諸侍席者於重門之外。夜分人寂，潛以迷藥入甌中，遍饁諸人，少選皆昏仆。客一聲呼嘯，群僕從屋上躍下，陳銀數年所蓄，侑觴媚寢之資，傾筐倒篋而去。」依《夢廠雜著》，陳銀兒侑觴媚寢時出其妻妾，筆者認為，這樣做不符合優伶媚人的常例，還是《秋坪新語》所記可能性更大。

此，陳銀兒已經很像是一個相公。不過典型的相公還必須具備另一特徵，即他並不是一人獨居，而是一個師傅之下有幾個徒弟，師徒共同在相公堂內向豪客賣歡。陳銀兒只是和家人住在一起，大致當時名伶名角因饒有資財故能夠離開戲班自己有一住處，而一般優伶還是要以戲班為單位在一起生活的，相公堂性質的伶居下處還不多見。所以在記述乾隆三十九至五十年（1774～1785）間包括陳銀兒在內的北京花雅諸伶情況的《燕蘭小譜》中就沒有對堂名的反映，介紹某一戲優時只能講他是屬何班、何部，如：「張蓮官，太和部。柔情逸態，宛如吳下女郎。」「戈蕙官，餘慶部。姿態明豔，徒事妖冶以趨時好。」〔註63〕再過幾年，以乾隆五十五年（1790）祝皇帝八旬萬壽為契機，徽班進京，北京戲業的繁盛達到了一個新的高度。以此為推動，優伶與達官富賈的交際日密，特意招買幼童加以訓練，以為漁利之具者漸多。當師傅帶著他的幾個徒弟，在戲班之外把自家居處裝飾得美奐迷蕩，名之以某某堂時，典型的相公也就產生了。相公堂在嘉慶年間肯定已經存在，成於嘉慶十五年（1810）的《聽春新詠》曾載：「小慶齡，三慶部。色秀貌妍，音調體俊，寓居櫻桃斜街之貴和堂。」「桂寶，四喜部。芳姿獨絕，秀骨天成，寓八角琉璃井之春福堂。」兩堂都雅致誘人，在貴和堂，「座無俗客，地絕纖塵。玉軸牙籤，瑤琴錦瑟。或茶熟香清，或燈紅酒綠。盈盈入室，脈脈含情。花氣撩人，香風扇坐。即見慣司空，總為惱亂。擬諸巧笑之章，尚嫌未盡」。在春福堂，「迴廊曲欄，籌馬丁東。庭栽盆樹兩株，修竹十數竿。室名金粟仙館，一塵不染，萬景俱清，與廣寒不異焉」〔註64〕。

相公堂（下處、私寓）、相公（像姑、兔子、私房、老闆）、老斗（乾爹）等合在一起，構成了一個完整的買賣體系。

下處是相公堂的又一種說法。《燕京雜記》：「優童自稱其居曰下處，到下處者謂之打茶圍。置酒其中，歌舞達旦，酣嬉淋漓，其耗費不知伊于胡底。」該書還具體描述了下處裏的情景：「優童之居，擬於豪門貴宅。其廳事陳設，光耀奪目，錦幕紗廚，瓊筵玉几，周彝漢鼎，衣鏡壁鐘，半是豪貴所未有者。至寢室一區，結翠凝珠，如臨春閣，如結綺樓，神仙至此當亦迷矣。」《側帽餘譚》載：「明僮稱其居曰下處，一如南人之稱考寓。門外掛小牌，鏤金為字，曰某某堂，或署姓其下。門內懸大門燈籠一，金烏西墜，絳臘高燃，燈用明角，

〔註63〕見《梨園史料》，第21頁。
〔註64〕見《梨園史料》，第160～161頁。

以別妓館。過其門者無須問訊，望而知為姝子之廬矣。」〔註65〕

不過，下處並不僅指相公堂寓。明代，它已經指優伶所居。《檮杌閒評》第七回：「進忠揀個年長的問道：『這可是戲班子下處嗎？』」而對於一般人，他們同樣可以把自己的客居、暫居之所稱為下處。《金瓶梅詞話》第一回：「武二新充了都頭，逐日答應上司。別處住不方便，胡亂在縣前尋了個下處。」

私寓是優伶公寓、總寓的對稱。《夢華瑣簿》謂：「樂部各有總寓，俗稱大下處。生旦別立下處，自稱曰堂名中人。」〔註66〕《齊如山回憶錄》：「私寓又名相公堂子。在光緒年間，這種私寓前後總有一百餘處。光緒二十六年以前四五年中，就有五六十家之多。韓家潭一帶，沒有妓館，可以說都是私寓。」〔註67〕

像姑是相公的音轉。可《側帽餘譚》的作者苕溪藝蘭生則認為：「雛伶本曰像姑，言其貌似好女子也，今訛為相公。」〔註68〕藝蘭生身處其地，人在其時，他的說法似有一些道理，但筆者還是認為他所言不妥。乾嘉年間，戲曲舞臺上盛行的是生旦風情戲，旦角在演出時要經常對生角以相公相呼。相公與像姑音近，有的觀劇者偶然間會發現兩者之間的聯繫，而戲優中又確實多見相貌如女者，於是相公就以其諧音而易於被人接受為對優伶特別是其中旦角的稱謂。更有人覺得相公含義終究不太直接，索性便直稱為像姑了。所以，在「相公」和「像姑」作為特定名詞的產生、推廣過程中，前者發揮著首要的作用。相公在指稱優伶之前就已經廣泛使用，人們對它非常熟悉，容易衍生出新的含義，而像姑前無此詞，因此必須借助於相公。

兔子是相公的俗稱，只是在出現的時間上，它並不晚於相公。在以 12 地支配 12 生肖時，卯代表兔，故而明代稱呼孌童龍陽的「卯孫」就已經可以和兔相關聯；清代，康雍間《姑妄言》多次稱龍陽為兔子，如第七回：「如今手頭短促，不能相〔與〕那時興的兔子了。」第十二回：「好大膽，要死的忘八，原來弄幾個兔羔子小廝在這裡頑。我家清門淨戶，是開巢窩的嗎？」可見兔子很早就可以用來指稱同性戀者了，它作為一個具有特定含義的名詞在產生上與相公並無直接關係，只是當京中流行「相公」之後，前者才具有了後者的含

〔註65〕見《梨園史料》，第 603～604 頁。
〔註66〕見《梨園史料》，第 351 頁。
〔註67〕《齊如山回憶錄》，第 179～180 頁。
〔註68〕見《梨園史料》，第 603 頁。

義。相關聯地，相公身邊的跟隨就被稱為「跟兔」，雖有侍候之責，實際也起著監視作用，以使相公能更好地為師傅掙錢，防止他們把在外侑酒陪歡的所得私入己囊，《側帽餘譚》謂：「〔相公〕所惡於跟兔者，為其拘束之，使不得盡歡也。『跟兔』，即若輩隨人之號。名為隨人，實其師之羽翼，若輩畏之如虎。侍坐稍久，其人揕衣微嗽，即聞聲而出。或互相口角，以致用武。一經知覺，面斥不少假借，甚且告於其師而夏楚之。」〔註69〕當然，師傅自身說起來也是相公，他們的跟兔就沒有監視之用了。

至於兔子被用來稱呼同性戀者特別其中被動者的原因，這與它們的特性有關。兔在傳統上被認為是一種陰性動物：（1）兔代表月，月則性陰。（2）傳說中雄兔對於兔種的繁殖作用不大，乃至兔子被認為不存在性別之分。《博物志·物性》：「兔舐毫望月而孕，口中吐子。」《識小錄》卷之一：「兔尻有九孔，舐毫而孕，生子從口中出。」（3）兔雌雄難辨。《木蘭詩》：「雄兔腳撲朔，雌兔眼迷離。雙兔傍地走，安能辨我是雄雌？」〔註70〕可見，兔性屬陰，而變童一流在社會上也未被認為有多少陽性，雖男而似女。這樣，在變童龍陽和兔子之間就有了一個相關之點，偶然間被人以後代前，逐漸則便流傳開來。

私房的字面含義與私寓相同，但它卻可指人。《道咸以來朝野雜記》：「道光時，京城所稱四大徽班，曰三慶，曰四喜，曰春臺，曰和春。四喜班專工崑曲，其中旦腳最好。直至光緒時，此班為私房薈萃地。規矩太不嚴肅，每演至中場，臺上私坊站滿，專為招座客之目。」《永慶昇平全傳》前傳第四十九回：「他像個唱花旦戲的，必是一個私房。」本來私房主要是指婦女的私蓄，而用以指相公優伶，使人聯想到的恐怕是他們不大光明的生財方式。

私房亦作司坊。《梨園軼聞》：「唱小旦者謂之司坊，品格最次，凡戲場中之謝賞及抱牙笏、請點戲諸事，皆以旦角為之，以其可以陪酒侍座也。司坊中習老生者絕少，後亦漸漸有之。」〔註71〕司坊的本意是城市里巷弄街區的管理機關〔註72〕，司坊官也就指的是管理者。如《北京梨園掌故長編》曾經載有兩

〔註69〕 見《梨園史料》，第617～618頁。

〔註70〕 《樂府詩集》卷第二十五。

〔註71〕 見《梨園史料》，第842頁。據對佚名著《情天外史》的統計，所記10位司坊中，旦角6人，鬚生2人，黑淨1人，生兼丑1人，這從一個側面可以說明旦角在司坊中的數量優勢。見《梨園史料》，第685～689頁。

〔註72〕 清代北京在行政區劃上分為東西南北中五城，每城都設有兵馬司，每司下轄兩坊。司坊官在五城巡城御史的督率下負責地方治安、賑恤、教化諸事。

條相關則例，一條定於康熙十年（1671），規定：「京師內城永行禁止開設戲館。其城外戲館如有惡棍藉端生事，該司坊官查拿治罪。」一條定於道光四年（1824），規定：「凡太監等毋許在戲園、酒肆飲酒聽戲，如有犯者，即責成該管營泛員弁及司坊官查拿，送交內務府辦理。」〔註73〕為整風化俗，官府對於相公私寓裏的活動是做了許多禁限的，例如官員不許在堂內遊宴，客人不許在夜間歇宿等。雖然很明顯的，這些規定經常只是具文，但雖是具文，規定畢竟存在。司坊官的任務於是實際上只能是不讓犯禁之事做得過於放肆無忌，而如果他們願意深查，相公堂子裏的問題實際是隨處可見的。相公們對於坊官因而甚為憚憚，要處處討好，以幕後交易買得平安無事。在司坊官這一方面，相公堂的聚集之地大概是他們最能嘗到甜頭的坊區了。以司坊指稱相公，會使人想到相公堂確是易起是非之地，這在一定意義上也是對清代吏制的一種諷刺。

相公還有老闆、少老闆、小老闆之稱。《梨園外史》第二回：「堂號裏的徒弟，俗名叫作像姑。這堂號裏的主人，喚作老闆，他花錢買的徒弟在外邊陪人吃酒，往家里弄錢，便喚作小老闆。若是自己的兒子，便喚作少老闆。這個營生，總是旦角才吃香。」

相公且有黑、紅之分。黑相公指紅時已過而門前冷落鞍馬稀或一直就是重財而輕藝的相公，賣身傾向比較明顯；紅相公則指色藝正健者，他們受眾人注目，在私人行為上可能表現得比較節制。《品花寶鑒》第八回：「窮老斗見了黑相公，便害怕道：『老虎來了，逢人就要吃的。』」第二回：「聘才問道：『比京裏那些紅相公怎樣？』子玉道：『車裏那兩個，我皆目所未見。那個琴官，更為難得。』」

老斗是相公的對應名詞，指相公的恩客。有一首竹枝詞對他們曾這樣進行描述：

> 揮霍金錢不厭奢，撩人鶯蝶是京華。
>
> 名傳老斗渾難解，喚向花間兀自誇。〔註74〕

又一首：

> 面目何分黑與麻，衣裳總是要豪華。
>
> 身無百萬黃金鋌，老斗名難買到家。〔註75〕

〔註73〕見《梨園史料》，第883、885頁。
〔註74〕《宣南雜俎》，見《梨園史料》，第513頁。
〔註75〕《都門紀略·都門雜詠·詞場門·老斗》。

再如：

老斗從來體貼周，雛伶偏自解風流。

不知果是朱衣未，上座居然也點頭。〔註 76〕

老斗的由來，時人有幾種說法。有的追究歷史，道光朝張際亮認為：「余憶唐樂部稱天子為崖公、蜆斗，殆豪客稱『斗』之濫觴邪？」〔註 77〕有的著眼現實，同光間苕溪藝蘭生謂：「司坊稱所愛者曰老斗，未詳所釋。或強作解人曰：『老者，尊稱，如元老、大老之類；斗者，望如泰山、北斗之意也。』細譯其意，似非寒郊、瘦島所能堪此。嘗質之琴香，琴香曰：『不然，俗傳我輩賺人纏頭，必以斗受之，名曰金斗。富者輸予多金，其斗當如綽楔上之大；貧者竭其綿薄，其斗如薙髮擔上之小；至若清貴名流，則如魁星所踢之斗；碩腹賈人，又如粟米所量之斗。此乃通稱，非專指也。』琴香從事樂坊久，諒非妄言，姑記之。」〔註 78〕

乾爹是相公對年紀較大的老斗的昵敬之稱。嘉慶《都門竹枝詞・觀劇》：

乾爹愛吃南邊菜，請到兒家仔細嘗。

每味上來誇不絕，那知依舊慶雲堂。

自嘉道以迄同光，京中各色人等對相公的迷戀直可謂舉城若狂。明僮之迷媚，《清代燕都梨園史料》裏有充分的反映，在此從 3 個方面進行總結。

（一）形容相貌

榮官，姓陳，字榮珍。玉指圓瑩，而甲長寸許。

雙保，姓許，字蓮生。環垂左耳，徐妃半面之妝；響入行雲，子野一聲之笛。

集芳部習小生者，曰王奇元，年才弱冠，媚如好女。

慶齡能彈琵琶，名琵琶慶，男子中夏姬也。嘉慶間即擅名，至今幾三十年。年過不惑，而韶顏稚態，猶似婉孌。為男子裝，視之才如弱冠。至若垂鬟擁髻，撲朔迷離，真乃如盧家少婦，春日凝妝。

福齡，字春波。桃花靧面，光豔照人。尤不可及者，長眉入鬢，時露異彩，如春雨初霽，遠山新沐，濃翠欲滴。

〔註 76〕 《增補都門紀略・都門彙纂・雜詠・詞場・老斗》。

〔註 77〕 《金臺殘淚記》，見《梨園史料》，第 250 頁。張氏所憶見唐人崔令欽所著《教坊記》，原文：「諸家散樂呼天子為崖公，以歡喜為蜆鬥。」

〔註 78〕 《側帽餘譚》，見《梨園史料》，第 622 頁。琴香是與藝蘭生相知的一位相公。

張芷荃，字湘航。常結束作內家裝，意態嫻幽，儼然閨秀。

張金蘭，字倚香。有弟子妝花旦者，人目之曰狐狸精。豔不免俗，亦傾動一時。〔註79〕

相公多面貌白皙，異於常人，這裡面還有後天養成的因素，並不是他們個個都生來豔美。時人曾記：「相君之面，雖不能盡似六郎，然白皙翩翩，鮮見黝黑。孟如秋言：『凡新進一伶，靜閉密室，令恒饑，旋以粗糲和草頭相飼，不設油鹽，格難下嚥。如是半月，黝黑漸退，轉而黃，旋用鵝油香胰勤加洗擦。又如是月餘，面首轉白，且加潤焉。此法梨園子弟都以之。』余笑曰：『卿之得有今日，亦正洗伐功深耳。』」〔註80〕（圖248）民初徐珂在其所編《清稗類鈔》中指出的則是另外方法，謂：「同光間，京師曲部每畜幼伶十餘人，人習戲二三折，務求其精。其眉目美好，皮色潔白，則別有術焉。蓋幼童皆買自地方，而蘇、杭、皖、鄂為最。擇五官端正者，令其學語、學視、學步。晨興，以淡肉汁鹽面，飲以蛋清湯，肴饌亦極醲粹。夜則敷藥遍體，惟留手足不塗，云泄火毒。三四月後，婉孌如好女，回眸一顧，百媚橫生。」〔註81〕

（二）舉止應接

桂寶，字秋卿。丹唇外朗，皓齒內鮮，意有所得，則嫣然一笑，令人緒亂心迷，不自知情之何以忽蕩也。

才林，字琴舫。歌音清美，姿態溫柔。飲量甚洪，每遇歌筵，謔浪詼諧，憨情可掬。

鴻喜，字雨香。姿首清灑，而意趣穠郁如茉莉花。每當夏夜，湘簾不捲，碧紗四垂，柳梢晴碧，捧出圓月。美人浴罷，攜小蒲葵扇子，著西洋夏布衫，就曲欄花下，設麋鹿竹小榻，八尺紅藤簟。開奩對鏡，重理晚妝。以豆青瓷合裝茉莉蕊，攢結大蝴蝶二支，次第安戴鬢旁，補插魚子蘭一叢，烏雲堆雪，微摻金粟。頃之媚香四溢，真乃竟體蘭芳矣。坐對雨香，有此風味。

徐如雲，字蓉秋。飲興甚豪，國色朝酣，益饒嫵媚。

范主人芷湘，字亦秋。迨鳳陽公子招來佐酒，細視雙眸，略具

〔註79〕見《梨園史料》，第82〜83、181、241、298、335、466、582頁。

〔註80〕《側帽餘譚》，見《梨園史料》，第624頁。「相君」即相公。孟如秋名金喜，曾寓近信堂，隸春臺部。「余」為《側帽餘譚》的作者藝蘭生。

〔註81〕《清稗類鈔・優伶類・伶人蓄徒》。

雌雄，而妖冶之態，蕩婦弗當也。

夏天喜，字秋芙。長身玉立，回眸一笑，觀者惝怳不能自持。王蕊仙與秋芙美豔相匹，蕊仙固是好女，秋芙則近於蕩姬矣。

胡小金，字語山。一笑百媚，光采動人。當之者莫不神魂失據，甘為之死。

劉二元，字青如。與之周旋廣席，氣味則蘭芷同芬，品格則圭璋比潤，其蘊藉處，固非皮相者所能知也。擬之溫柔鄉，夫何愧焉？〔註82〕

同光間蘿摩庵老人曾總結京優「勝」出外省的原因。有人問：「此輩北產固不如南產。顧常至蘇州，見歌者率凡猥無可愛，則何也？」老人認為：「北人俊，病在生硬；南人婉，病在暗弱。必以南產置之北地，濬其性靈而振其骨采，則精神發越，不同奄奄無氣者矣。且都中歌伶之教子弟，雅步媚行，綽有矩度；掉頭擲眼，各具精神。雖雅俗不同，而一顰一笑，皆非苟作。蘇州則但知度曲而已，於語言笑貌，絕無修飾，故不能致人愛也。」〔註83〕

嘉慶初年南湖漁者所著《夢華外錄》未被收於《梨園史料》，該書記述當時北京旦角優伶的情況，他們當中的有些人是以侑觴應酬為能事，取財有道，賣色輕藝。

李福林，安慶人，小伶中之有做手者。京師諸伶中聲價略高者，皆以賣笑為恥。而福林之父以為非此不能驟富，故妝濃抹豔，色授魂與，雖交多市井，亦未見遂能令人大解腰纏也。

潘福林，和秀部，安慶人。方面皙潤，貌居中上。惜以病齒久不做劇，故無人識之。然衣服甚麗，和秀部皆善於應接，或亦取之有道耶？

雙壽，安慶人，以武戲見長。眼角微斜，稍有風致，大都非妙品，然竟有寵之專房者。此部掌班潘姓，採擇不計精粗，技藝更所不論，專督責其修眉掠鬢。故旦色約十餘人，午後皆分道而出，晚間收其侑酒之資，每不下數十金，以此致富。惟雙壽因有所屬，故在寓之日尚多。

響林，三慶部，安慶人。始為大腹賈所據，不復求人，故訪之

〔註82〕見《梨園史料》，第161、202、340、461、549、583、585、1022頁。
〔註83〕《懷芳記》，見《梨園史料》，第594頁。

者，無論文人輒遭搶白。近因解散，始接士夫。然貌既不佳，技又草草，故知交終於寥落。

張福林，吳人。科白清順，居前門外絲行中，無求於人，故外人希得面。今夏忽有人高冠雄服，自稱富賈，與福林綢繆。僅半日，取其金釧、洋表，玩弄後即置腰腕間。福林為其所薰，亦不敢問，明早已不知去向，亦是探囊胠篋之別才矣。

增祿，富華部，吳人。身長善謳，作《夜怨》諸劇工甚。蘇州諸部以技不以色，若京都則全相反矣。用違其地，惜哉！

五福，姓陳氏，吳人。初頗有名，後年長色衰，又不善治生，故貧困日甚。與之談往事，感盛年之不再，歎知己之無人，真有「夢啼妝淚紅闌干」之恨。近聞與文士同居，且作歸計，不至流落矣。

以上見《夢華外錄》丙部。

祿官，京都人，初見之疑為小部出身。貌肥澤，不知作戲，蓋專供佐酒者。

小翠，安慶人。不知作戲，且鹵莽太甚，又與本班人私交為酒食計，故不為人所齒。

以上見《夢華外錄》丁部。

（三）舞臺表演

雙鳳，字星環，雙和部。自李香葉回籍後，咸謂《香山》一劇已成廣陵散矣。而星環繼起，楊枝一搦，玉藕雙彎，與李郎悉敵。蓋西部《香山》與徽部稍異，徽部服飾莊嚴，西部則止穿背甲，非雪膚玉骨者不輕為此，故必星環登場，始足令人情蕩也。

〔范〕珊珊演《山歌》一齣，恒卸袒服以自矜衒。

小天喜，字秋芙。近年以《賣胭脂》、《小寡婦上墳》二齣得名。謔浪笑傲，冶容誨淫。浮梁子弟靡然從風，一倡百和，幾有若狂之歎。

孟金喜，字如秋。風流蘊藉，宜喜宜嗔。登場以濃豔勝，演蕩婦尤神肖。眄睞生姿，足令觀者心醉。

王長貴，字蕊卿。十四五扮花旦，傾動一時。三十許後，結束登場，丰姿如故。長貴蓄弟子，皆學其師，以冶蕩悅車子市兒，無一知名者。

有十三旦者，登場如驚風蛺蝶，所扮演皆淫佚之劇。廣庭屬目，
如陳秘戲。江河日下，遂至於此。

朵仙以演蕩婦擅名，觀者識與不識，僉謂無出其右也。〔註84〕

齊如山先生曾談清代淫戲，指出：「舊有言情的戲本不少，當初編演的時
候，也不會像後來那樣猥褻。後來所以那樣不堪者，也有它的原因。一因鄉間
的腦思都粗浮，演員們為迎合觀眾的眼光，就越演越往猥褻裏變化，所以演成
這個樣子。二是因為北京城內，自乾隆年間禁止婦女入戲園後，則觀劇者只
是男人，於是演員便更肆無忌憚，遇有言情戲，則都競爭著往猥褻裏演，一
個比著一個粉。（圖249）鄉間演戲，演的太粉嘍，還有人干涉。北京則倘官
場不管，便無人干涉，於是各演員更是為所欲為，鬧的真是不堪入目，豈止有
傷風化而已。」〔註85〕（圖250）而有的淫戲是直接描摹男色，周明泰（字志
輔）先生曾記：「觀《雙沙河》一戲中，有兩公主與丑角魏小生幾句對白，其
時魏小生俯身高聳其臀，兩公主以次用手撫其臀曰：『這是甚麼東西呀？』魏
答：『這叫屁屁。』公主曰：『怎麼還有個窟窿呀？』魏答：『你望那眼兒裏頭
瞧，那裏邊兒有房子有地兒。』在當年唱兩公主者，多為稚伶，故有此調侃之
詞。」〔註86〕

優伶在日常活動和舞臺演出中有如此表現，豪客中就會有重人輕戲，別有
用心者。如他們會給優伶取綽號為軟棚子、小表嫂、山楂糕等，可見欣賞興趣
之所在。老斗與相公的接觸主要在四種地點。

（一）戲樓茶園

戲樓裏因有茶點供應所以亦稱茶園。有身份的看客都坐樓上官座，好狎優
者又特願選擇下場門的位置，以便與臺上相公眼目相接。《金臺殘淚記》：「凡
茶園皆有樓，樓皆有几，几皆曰官座。右樓官座曰上場門，左樓官座曰下場
門，狎旦色者爭坐下場門。」〔註87〕《夢華瑣簿》：「戲園客座分樓上、樓下。
樓上最近臨戲臺者，左右各以屏風隔為三四間，曰官座，豪客所集也。官座以
下場門第二座為最貴，以其搴簾將入時便於擲心賣眼。」〔註88〕在相公一方，

〔註84〕見《梨園史料》，第 186、266、322、462～463、588、595、616 頁。
〔註85〕《齊如山回憶錄》，第 119 頁。
〔註86〕《幾禮居雜著·卷六·老斗名稱考源》。
〔註87〕見《梨園史料》，第 249 頁。
〔註88〕見《梨園史料》，第 353 頁。

他們不但演出時會向所識頻傳目語，而且還專門有「站臺」的慣習。《側帽餘譚》講他們「日日進園，立於戲臺之東西房，謂之站臺」。〔註89〕一旦在臺上看到相識的老斗，他們就會眉眼傳情，作姿作態，並且還會直接下臺前去侍候。《品花寶鑒》第三回，魏聘才在三樂園（圖251）樓下看戲，他就看到了相公對樓上豪客的趨奉：

> 不多一回開了戲，重場戲是沒有什麼好看的。望著那邊樓上，有一班像些京官模樣，背後站著許多跟班。又見戲房門口簾子裏，有幾個小旦，露著雪白的半個臉兒，望著那一起人笑，不一會就攢三聚五的上去請安。遠遠看那些小旦時，也有斯文的，也有伶俐的，也有淘氣的。身上的衣裳，卻極華美：有海龍，有狐腿，有水獺，有紫貂，都是玉琢粉妝的腦袋，花嬌柳媚的神情。一會兒靠在人身邊，一會兒坐在人身旁，一會兒扶在人肩上。這些人說說笑笑，像是應接不暇光景，聘才已經看出了神。又見一個閒空雅座內，來了一個人。這個人好個高大身材，一個青黑的臉，穿著銀針海龍裘，氣概軒昂，威風凜烈，年紀也不過三十來歲。跟著三四個家人，都也穿得體面，自備了大錫茶壺、蓋碗、水煙袋等物，擺了一桌子，那人方才坐下。只見一群小旦，蜂擁而至，把這一個大官座也擠得滿滿的了。見那人的神氣，好不飛揚跋扈，顧盼自豪，叫家人買這樣買那樣，茶果點心擺了無數，不好的摔得一地，還把那家人大罵。聘才聽得怪聲怪氣的，也不能曉得他是那一處人。

當然，樓下的看客對於相公來說也是主顧，《品花寶鑒》接著寫道：

> 正在看他們時，覺得自己身旁又來了兩個人。回頭一看，一個是胖子，一個生得黑瘦，有了微鬚，身上也穿得華麗，都是三十來歲年紀。也有兩個小旦跟著說閒話，小廝鋪上坐褥，一齊擠著坐下。聘才聽他們說話，又看看那兩個相公，也覺得平常，不算什麼上好的。忽見那個熱鬧的官座裏，有一個相公望著這邊，少頃走了過來，對胖子與那一位，都請了安。這張桌子連聘才已經是五個人，況兼那人生得肥胖，又佔了好多地方，那相公來時，已擠不進去。因見聘才同桌，只道是一起的人，便向聘才彎了彎腰。聘才是個知趣的人，忙把身子一挪，空出個坐兒，這相公便坐下了。即問了聘才的

姓，聘才連忙答應。也要問他名氏，忽見那胖子扭轉的手來，在那相公膀子上一把抓住。那相公道：「你做什麼，使這樣勁兒？」便側轉身向胖子坐了，一隻手搭在胖子肩上。那先坐的兩個相公，便跳將下去，摔著袖子走了。只聽得那胖子說道：「蓉官，怎麼兩三月不見你的影兒？你也總不進城來瞧我，好個紅相公。我前日在四香堂等你半天，你竟不來，是什麼緣故呢？」那蓉官臉上一紅，即一手拉著那胖子的手道：「三老爺今日有氣。前日四香堂叫我，我本要來的，實在騰不出這個空兒，天也遲了，一進城就出不得城。在你書房裏住原很好，三奶奶也很疼我；就聽不得青姨奶奶，罵小子，打丫頭，摔這樣，砸那樣；再和白姨奶奶打起架來，教你兩邊張羅不開。明兒早上，好曬我在書房裏，你躲著不出來。」蓉官沒有說完，把那胖子笑得眼皮裏著眼睛，沒了縫，把蓉官嘴上一撺，罵道：「好個貧嘴的小么兒，這是偶然的事情，那裏是常打架嗎？」聘才聽得這話，說得尖酸有趣，一面細看他的相貌，也十分可愛，年紀不過十五六歲。一個瓜子臉兒，秀眉橫黛，美目流波，兩腮露著酒四，耳上穿著一隻小金環，衣裳華美，香氣襲人。

（二）酒樓飯莊

北京禁演夜戲，演出都是在白天進行，其間又分數個場次。《金臺殘淚記》：「京師樂部登場，先散演三四折，始接演三四折，曰中軸子。又散演一二折，復接演三四折，曰大軸子，而忽忽日暮矣。」〔註90〕《夢華瑣簿》：「梨園登場，日例有三軸子。早軸子，客皆未集，草草開場。繼則三折散套，皆佳伶也。中軸子後一折曰壓軸子，以最佳者一人當之。後此則大軸子矣。」〔註91〕老斗們通常大軸子之前就已離開戲樓轉赴酒樓，他們或者當時就攜相公前往，或者到酒樓後「叫條子」把相公召來。《金臺殘相記》和《夢華瑣簿》分別又記：「貴人於交中軸子始來，豪客未交大軸子已去。」「每日將開大軸子，則鬼門換簾，豪客多於此時起身徑去。此時散套已畢，諸伶無事，各歸家梳掠薰衣，或假寐片時，以待豪客之召。故每至開大軸子時，車騎蹴踏，人語騰沸，所謂『軸子剛開便套車，車中載得幾枝花』者是也。貴遊來者皆在中軸子之前聽三折散套，以中軸子片刻為應酬之候。有相識者，彼此互入座周旋，至壓軸

〔註90〕見《梨園史料》，第 250 頁。
〔註91〕見《梨園史料》，第 354 頁。

子畢，鮮有留者。」〔註92〕

　　斗、相麇至，酒樓裏開始熱鬧起來。《清稗類鈔》記其中大致情形，謂：「客飲於旗亭，召伶侑酒曰叫條子，伶之應召曰趕條子。光緒中葉之例賞，為京錢十千，就其中先付二千，曰車資，八千則後付。來時，面客而點頭，就案取酒壺，遍向座客斟之，眾必謙言曰：『勿客氣。』斟已，乃依老斗而坐，唱一曲以侑酒，亦有不唱者。猜拳飲酒，亦為老斗代之。」〔註93〕飲酒者性情趣好不同，酒席上的場面也就各異。有的比較雅致，有的卻相當放肆。僅言後一種情形，李慈銘在同治三年的一則日記裏曾記：「丁蘭如邀晚飲福興居，畏寒不欲去。蘭如再請，強應之。同坐者心泉及丁士彬、崔某三人。予招芷秋，心泉招心蘭，蘭如招小福，崔某招秀蘭。丁士彬醜媚之狀不可堪，至與心蘭互脫其袴，相為以手出精。地獄變相，乃至於此！夜分後歸。」〔註94〕（圖252）有李慈銘這樣的名士加潔士在，還有人不忌與相公「互脫其袴」，而如果幾個老斗都像丁士彬那樣的話，場面將會怎樣？類似描述如鳴晦廬主人也即王立承在《聞歌述憶》中曾記他有一次看完戲後和吉老二、梅弟等人在醉瓊林喝酒，「梅弟招群童優至，粉白黛綠，無一佳者。余坐而俯略一窺，視見一小伶，方撫吉二之臀，而吉親其口。予面徐紅，漸布頷下，及而復升諸額間，滿面咸赤，汗下涔涔。心中自度，彼童也，予亦去童年未遠，使人視我若是者，彼頰腫矣！況視男為女，且猶過之，是背違理，無此辦法。何物吉二，狗豕性成，墮家聲竟致此乎？」〔註95〕

　　吉二之流實繁有其徒，有的酒店甚至可能還建有專為這類人提供方便的暗間密室。《側帽餘譚》曾載：「都門酒肆，向推四大居。近年煤市橋頭，新起泰豐樓，地甫三弓，室近十座，皆精雅有致。顧客常滿，座非豫訂不得焉。中有小樓甚湫隘，說者謂鄂君覆被處也。」〔註96〕在小樓裏買歡賣歡還算有些避諱，更甚者，有的刻薄笑話乃至講相公為了討老斗歡心竟會不拒當宴獻身。程世爵《笑林廣記·老斗》：「一鄉下老力田致富，酷慕城中人看戲、下館子、叫相公。惟恐其不在行，逢人便領教。或告之曰：『你要叫相公，先去下館子，須要極貴之菜。至於如何看戲，怎樣叫相公，他必一一告之。』鄉下老如其

〔註92〕見《梨園史料》，第250、354頁。
〔註93〕《清稗類鈔·優伶類·像姑》。
〔註94〕《越縵堂日記》同治三年十一月二十四日。
〔註95〕見《梨園史料》，第1122頁。
〔註96〕見《梨園史料》，第601頁。

言，先下館子。堂官問：『用何菜？』鄉下老說：『什麼貴拿什麼。』堂官揀一極貴之菜與之。又問如何看戲，怎樣叫相公。堂官一聞此言，即知是個中老斗，誆之曰：『你要看戲，我去占座；你要叫相公，快跟我來。』把個老斗帶至僻靜之處，扒其褲，玩了一個不亦樂乎。鄉下老甚覺高興，說想不到叫相公如此舒服。會了鈔，忙去看戲。看到下午，見人帶相公去吃飯，他也帶相公下館了。覓一雅座，先要極貴之菜，後說要叫相公。相公在旁，甚覺詫異，說我就是相公，因何又叫？想必因我不應酬之故，忙脫褲以臀就之。鄉下老大怒，說：『你別來哄我，你當是我沒叫過相公呢？我花錢不能叫你舒服！』」有竹枝詞寫道：「飯館俱將雅座添，間間獨屋掛湘簾。人非斷袖休來此，博士無言已暗嫌。」〔註97〕雅座里正在進行的看來是不雅的事情。

（三）園寺郊野

在白天，老斗除去帶相公去酒館，也還有其他的去處。每當天氣晴好，那便是他們同去出遊的時候。相公下處集中在外城韓家潭一帶，由此向南有陶然亭、三官廟等處可遊。《金臺殘淚記》載：「右安門俗曰南西門，陶然亭在門內一里許，康熙間江某所建尺五莊在門外一里許。秋前春後，莊角亭頭，水碧衣香，花酣馬醉，殆無虛日。莊外宴遊之地，即小有餘芳。水榭竹籬，頗似江南村落。每於東風三月，遊絲送燕，碧荷一雨，返照傳蟬，使人渺然有天涯之感。去小有餘芳一里而近，三官廟在焉。海棠十四五株，高四五丈，花時移尊，半士大夫。若乃香車載至，絳雲墮衣，風燕亦雙，洞蕭不獨，爛醉司空，固亦閑事。」〔註98〕

西面有天寧寺。《側帽餘譚》：「出西便門里許，有天寧寺。（圖253）浮圖高畫，梵宇深沉。禪房花木亦饒明瑟，而塔射山房尤勝。入寺者鮮事隨喜，惟野眺以滌煩襟。春秋佳日，姝子集焉。老僧烹調肴菽，亦多適口。若飲酒茹葷，須挈行廚。」〔註99〕李慈銘是這裡的常客，曾作詩以記：

> 夏曉雨後偕霞芬出城入天寧寺
> 油壁同時出，花隨載酒行。
> 埤多知近寺，塔回不依城。
> 遠岫猶雲勢，低塍足水聲。

〔註97〕《草珠一串·商賈》。
〔註98〕見《梨園史料》，第247頁。
〔註99〕見《梨園史料》，第612頁。「姝子」是指美貌的相公。

客來林鵲喜，與佛報新晴。

偕霞芬坐天寧看山院

紅壇松外午煙霏，一院蒼苔客到稀。

戶近花香通藥篝，鈎簾山色趁羅衣。

高梁夾隴芧茨隱，遠磬穿林野鶻飛。

惆悵鬢絲禪榻側，夕陽何事苦催歸？〔註100〕

　　北面有隆福寺、護國寺。《側帽餘譚》：「東、西四牌樓之隆福、護國兩寺，月各得六日為趁會期。屆時商賈麋集，珠玉錦繡，充牣其中。遊人如入五都之市，目不暇接。豪富常攜小史往，謂之逛廟。值當意之物，一諾千金，不吝其價。」〔註101〕

　　東面最引人的是大運河。《側帽餘譚》尚載：「都門鮮作泛舟遊。惟暮春之際，競傳逛二閘。二閘在安定門外二里許，運河之通道也。小舟三兩，艤岸相待。遊人投之錢，即款乃行，至三閘而止。好事者攜花載酒，駕言出遊。維彼舟子，視擲果之車一至，爭招招焉。」〔註102〕

　　出遊者的行為表現因人而異。《品花寶鑑》第二十二回，梅子玉和琴言、素蘭；潘三和玉美、春林、鳳林恰巧都去運河遊玩。兩種情形，判然有別：

　　　　當下船已走了三四里，三人靜悄悄的清飲了一回。子玉一面把著酒，一面看那琴言，如薔薇濯露，芍藥籠煙，真是王子喬、石公子一派人物。就與他同坐一坐，也覺大有仙緣，不同庸福。又看素蘭另有一種丰神可愛，芳姿綽約，舉止雅馴，也就稱得上珠聯璧合。今日這一會，倒覺得絕世難逢的。便就歡樂頓出，憂愁漸解。琴言看子玉是瑤柯棋樹，秋月冰壺，其一段柔情密意，沒有一樣與人同處。正是傅粉何郎，薰香荀令。休說那王謝風流，一班烏衣子弟，也未必趕得上他。若能與他結個香火因緣，花月知己，只怕也幾生修不到的。雖只有這一面兩面的交情，也可稱心足意了。漸漸的雙波流盼，暖到冰心。這素蘭看他二人相對忘言，情周意匝，眉無言而欲語，眼估合而又離。正是一雙佳偶，綰就同心，倒像把普天下

〔註100〕　《越縵堂日記》，光緒八年六月三十日。

〔註101〕　見《梨園史料》，第618頁。「小史」是對相公的又一種稱呼。

〔註102〕　見《梨園史料》，第610頁。「安定門」不確，當時人們一般是從東便門出城去逛二閘。「二里」也不確，不要說安定門，即使東便門，距二閘也不止二里。「花」指相公。

的才子佳人，都壓將下來。難怪這邊是暮想朝思，那邊是忘餐廢寢。既然大家都生得如此，自然天要妒忌的，只有離多會少了。若使他們天天常在一處，也不顯得天所珍惜，秘而不露的意了。心上十分羨慕，即走過來坐在子玉肩下，溫溫存存、婉婉轉轉的敬了三杯，又讓了琴言一杯。此時三人的恩情美滿，卻作了極樂國無量天尊。只求那魯陽公揮戈酣戰，把那一輪紅日倒退下去，不許過來。

　　正在暢滿之時，忽見前面一隻船來，遠遠的聽得絲竹之聲，再聽時是急管繁絃，淫哇豔曲，不一時搖將過來。子玉從船艙簾子裏一望，見有三個人在船中，大吹大擂的，都是袒裼露身，有一個懷中抱著小旦，在那裏一人一口的喝酒。又有兩個小旦坐在旁邊，一彈一唱，止覺得歡聲如迅雷出地，狂笑似奔流下灘，驚得琴言欲躲進後艙。子玉便把船窗下了，卻不曉得是什麼人？素蘭從窗縫裏看時，對琴言道：「過來瞧。」琴言過來也從窗縫裏瞧了一瞧，便道：「這些蠢人看他作什麼？」素蘭指著那下手坐的那一個道：「這就是與媚香〔註103〕纏擾的潘三。」琴言道：「哎喲，這個樣子。虧媚香認識他，倒又怎麼能哄得他？」素蘭道：「你沒有見昨日那兩個，比他還要兇惡十倍呢。」琴言歎了一口氣，走轉來坐了。子玉道：「潘三是何等樣人？」素蘭也把他們的事，說了一遍。子玉連聲道：「可惡！可惡！這潘三竟敢如此妄想！幸虧是蘇媚香，若是別人，只怕也被他糟蹋了。」又問琴言道：「你可認得那些相公麼？」琴言道：「我竟一個都不相識，不知是那一班的？」素蘭道：「我都認識。坐在懷裏的是登春班的玉美，那彈弦子的叫春林，唱的是叫鳳林，皆是鳳臺班的。」子玉道：「看他們如此作樂，其實有何樂處？他若見了我們這番光景，自然倒說寂寥無味了。」素蘭笑道：「各人有各人的樂處，他們不如此就不算樂。」

（四）堂寓下處

　　這裡才是老斗們最想去的地方。諸種活動，《清稗類鈔》言之甚詳：

　　　　伶人所居曰下處，懸牌於門曰某某堂，並懸一燈。客入其門，門房之僕起而侍立，有所問，垂手低聲，厥狀至謹。俄而導客入，

────────────

〔註103〕蘇蕙芳字媚香，與琴言、素蘭同流。

庭中之花木池石，室中之鼎彝書畫，皆陳列井井。至此者，俗念為
之一清。

老斗飲於下處曰喝酒。酒可恣飲，無熱肴，陳於案者皆碟，所
盛為水果、乾果、糖食、冷葷之類。酒罷，啜雙弓米以充饑。光緒
中葉，酒資當十錢四十緡，賞資十八緡，凡五十八緡耳。其後銀價
低，易以銀五兩。銀幣盛行，又易五金為七圓或八圓，數倍增矣，
然猶有請益者。

老斗與伶相識，若已數數叫條子矣，則必喝酒於其家。或為詩
以紀之，中四語云：「得意一聲拿紙片，傷心三字點燈籠。資格深時
鈔漸短，年光逼處興偏濃。」拿紙片者，老斗至下處，即書箋，召其
他下處之伶以侑酒也。點燈籠者，酒闌歸去時之情景也。（圖254）

老斗之飯於下處也，曰擺飯。則肆筵設席，珍錯雜陳，賢主嘉
賓，既醉且飽。一席之費，輒數十金，更益以庖人、僕從之犒賞，
殊為不貲。非富有多金者，雖屢為伶所嬲，不一應也。

老斗之豪者，遇伶生日，必擺飯。主賓入門，伶之僕奉紅氍毹
而出，伶即跪而叩首。是日，於席費犒金外，必更以多金為伶壽。

筵座之客，且贈賀儀，至少亦人各二金，伶亦向之叩首也。〔註104〕

老斗在相公下處的活動和在酒樓、郊野一樣有時也是猥褻不堪的。《品花
寶鑑》第二十七回，大紈絝奚十一帶著幕客姬亮軒和跟班春蘭、巴英官來到杜
琴言的師傅曹長慶開的秋水堂，長慶請奚、姬吸抽鴉片。「替他脫了衫子，疊
好了，交與春蘭，即請他到吃煙去處，亮軒也隨了進去。長慶陪了，給他燒了
幾口，心上又起了壞主意，陪著笑道：『小的還有兩個徒弟，一個叫天福，一
個叫天壽，今日先叫他們伺候，不知大老爺可肯賞臉？』奚十一便也點點頭，
說：『叫來看看。』長慶著人叫了天福、天壽回來，走近炕邊。奚十一舉目看
時，一個是團臉，一個是尖臉，眉目也還清秀潔白，一樣的湖色羅衫，粉底小
靴。請過了安，又見亮軒。長慶叫他們來陪著燒煙，自己抽空走了。天福就在
奚十一對面躺下，天壽坐在炕沿上。春蘭、巴英官在房門口簾子邊望著，只見
天壽爬在奚十一身上，看他手上的翡翠鐲子。天福也斜著身子，隔著燈盤拉了
奚十一的手，兩人同看。亮軒也來炕上躺了，兩個相公就在炕沿輪流燒煙。天
福挨了奚十一，天壽靠了姬亮軒，兩邊唧唧噥噥的講話。奚十一把一條腿壓

〔註104〕 《清稗類鈔・優伶類・像姑》。

在天福身上，一口煙一人半口的吹。春蘭、巴英官看不入眼，便走出去各處閒逛。」（圖 255）春蘭、巴英官這兩位跟班兼男寵看不入眼，可見斗、相們的舉動很不像個樣子。更有甚者，如在《寶鑑》五十一回，黑相公二喜就不忌大白天在自己寓處招客賣淫。

其他處所，老斗還可以在自己家裏、堂會上與相公相見。而如果真是迷戀甚至，也有出錢把相公從私寓買出做跟班家人的，真正做到了無時不在一處。只是這種情況並不普遍，老斗和相公之間更主要的是一種有時限的買賣關係，不管當時如何如何，終有分手的一日。

有一段《歌樓一字訣》，形象描述了老斗和相公從相交到相離的全過程：

> 曰「瞧」，翔而後集也。曰「好」，兼所愛也。曰「要」，定於一也。曰「叫」，來何暮也。曰「鬧」，情所鍾也。曰「溺」，憐生畏也。曰「戳」，及於亂也。曰「跳」，見異思遷也。曰「漂」，難為繼也。〔註 105〕

上述過程中，老斗從相公那裏曾經得到過性的服務。

有兩類文學作品曾對北京優伶面貌做過詳細反映，它們就是竹枝詞和小說。

竹枝詞以描寫方俗民風見長，優伶是北京社會生活中不可缺少的組成部分，從而成了竹枝詞刻意摹述的對象。

（一）嘉慶《草珠一串》

> 茶園樓上最消魂，老斗錢多氣象渾。
> 但得隔簾微獻笑，千金難買下場門。
> 班中昆弋兩嗟嗟，新到秦腔粉戲多。
> 男女傳情真惡態，野田草露竟如何？
> 猛聽樓頭唱一聲，迷離眼色認多情。
> 夜來說盡溫柔趣，豈止蘭陵解宿醒？

（二）嘉慶《都門竹枝詞》

> 園中官座列西東，坐褥半鋪一片紅。
> 雙表對時交未刻，到來恰已過三通。
> 坐時雙腳一齊盤，紅紙開來窄戲單。

〔註 105〕《夢華瑣簿》，見《梨園史料》，第 366 頁。

左右並肩人似玉，滿園不向戲臺看。

簾子才掀未出臺，齊聲唱采震如雷。

樓頭飛上迷離眼，訂下今宵晚飯來。

軸子剛開便套車，車中裝得幾花枝。

前門一帶都該賬，恒德堂中尚可賒。

典到無衣興未衰，三分九扣借將來。

可憐短票都花盡，暫向今宵漂一回。

（三）道光《都門雜詠》

捐班新到快嬉遊，戲館長宵醉不休。

博得黃金買歌舞，終歸潛夜渡蘆溝。

（四）咸豐《都門新竹枝詞》

車邊人跨面如桃，公子王孫興致高。

川馬串鈴相配合，韓家潭內走周遭。

門前小立鬢婆娑，縱費青銅卻不多。

但得今宵能盡興，何拘曲巷是私窩。

（五）咸豐《蝶花吟館詩鈔》

斜街曲巷騁香車，隱約雛伶貌似花。

應怕路人爭看煞，簾垂一幅子兒紗。

（六）同治《都門雜詠》

信口狂歌亦太癡，青衫正旦卻應時。

滿街喊叫聲嬌嫩，陰勝陽衰理可知。

（七）光緒《都門贅語》

門前燈火徹宵紅，逐隊尋幽曲徑通。

老闆呼聲傳見客，花枝擁出一叢叢。〔註106〕

（八）光緒《梨園竹枝詞》

像姑

脂柔粉膩近仙妹，兩字馳名是像姑。

〔註106〕《北平梨園竹枝詞薈編》，見《梨園史料》，第 1172～1176 頁。

不信頭銜臻絕貴，聲聲贏得相公呼。

出臺

一聲唱采打簾開，小鳳誰家新出臺。

喉似貫珠人似玉，芳名有客費疑猜。

站臺

隱約簾櫳半面窺，亭亭玉立雁行隨。

秋波最是傳情處，一笑瓠犀微露時。

趕條

天街轆轆鬥香車，蝶使分傳四大居。

最是鶯花撩亂處，如松館裏上燈初。

生日

先期密約去兒家，共賞芳辰醉碧霞。

嫌煞門庭春黯淡，故從星斗氣光華。

擺飯

日食萬錢詎便奢，天臺一飯貴胡麻。

酒能解渴充腸未？畢竟今番果腹誇。

吃醋

花鳥相依兩兩歡，一枝別戀太無端。

鳥聲怡悅花容妒，風送香來也帶酸。

逛天寧寺

古寺天寧好景開，晚秋黃菊早春梅。

看花到此銷魂定，有客攜樽赴約來。

逛琉璃廠

新春相約踏琉璃，古玩琳琅列整齊。

但是玉人心愛物，解囊那計值高低。

師父

日責纏頭俗老伶，夜來風雨不堪聽。

種花人作摧花暴，誰向花間好繫鈴？

跟班

劇飲酣呼興未闌，嗽聲簾外促情歡。

　　問卿何畏花奴甚，香國渠居耳目官。〔註107〕

　　小說中以《品花寶鑒》最為出名，其他還有：

（一）《官場現形記》

　　清末李伯元著。卷二十四寫有賈大少爺、黃胖姑等人狎優的經過，依照文意，相公有時會留客夜宿。

　　　〔賈大少爺等在便宜坊飯店吃飯，席間他〕坐著無味，便做眉
　　眼與黃胖姑。黃胖姑會意，曉得他要叫條子，遂把這話問眾人，眾
　　人都願意。黃胖姑便吩咐堂倌拿紙片。當下紙筆拿齊，溥四爺頭一
　　個搶著要寫，先問：「王老爺叫那一個？」王老爺說：「二麗。」無
　　奈溥四爺提筆在手，欲寫而力不從心，半天畫了二畫，一個「麗」
　　字寫死寫不對，後來還是王老爺提過筆來自己寫好。當下檢熟人先
　　寫，於是劉厚守叫了一個景芬堂的小芬。黑伯果叫了一個老相公，
　　名字叫綺雲。白韜光說：「我沒有熟人，我免了罷。」主人黃胖姑倒
　　也隨隨便便。不料溥四爺反不答應，拉著他一定要叫。白韜光道：
　　「如要我破例叫條子，對不住，我只好失陪了。」大家見他要走，
　　只得隨他。錢運通說：「老前輩在這裡，不敢放肆。」王老爺不去理
　　他，早已替他寫好了。溥四爺最高興，叫了兩個：一個叫順泉，一
　　個叫順利。末後輪到賈大少爺。王老爺因為他是捐班，瞧他不起，
　　不同他說話，只問得黃胖姑一聲說：「你這位朋友叫誰？」賈大少爺
　　叫黃胖姑薦個條子。黃胖姑想了一回，忽然想到韓家潭喜春堂有個
　　相公名叫奎官。他雖不叫這相公的條子，然而見面總請安，說：「老
　　爺有什麼朋友，求你老賞薦賞薦。」因此常常記在心上。當時就把
　　這人薦與賈大少爺。主人見在臺的人都已寫好，然後自己叫了一個
　　小相公紅喜作陪。霎時條子發齊，主人讓菜敬酒。

　　　不多一會，跑堂的把門簾一掀，走了進來，低著頭回了一聲道：
　　「老爺們條子到了。」眾人留心觀看，倒是錢太史的相好頭一個來。
　　這小子長的雪白粉嫩，見了人叫爺請安，在席的人倒有一大半不認
　　得他。問起名字，王老爺代說：「他是莊兒的徒弟，今年六月才來的。
　　頭一個條子就是我們這位錢運翁破的例。你們沒瞧見，運翁新近送

──────────

〔註107〕《宣南雜俎》，見《梨園史料》，第513～517頁。

他八張泥金炕屏，都是楷書，足足寫了兩天工夫。另外還有一副對子，都是他一手報效的。送去之後，齊巧第二天徐尚書在他家請客。他寫的八張屏掛在屋裏，不曉得被那位王爺瞧見了，很賞識。」說至此，錢太史連連自謙道：「晚生寫的字，何足以污大人先生之目。不過積習未除，玩玩罷了。」王占科道：「這是他師傅莊兒親口對我講的，並不假。照莊兒說起來，運翁明年放差大有可望。」大眾又一齊向錢太史說「恭喜」。

正鬧著，在席的條子都絡續來到，只差得賈大少爺的奎官沒來。這時候賈大少爺見人家的條子都已到齊，瞧著眼熱，自己一個人坐在那裏，甚覺沒精打采。黃胖姑看出苗頭，便說：「奎官的條子並不忙，怎麼還不來？」正待叫人去催，奎官已進來了。黃胖姑便把賈大少爺指給他。奎官過來請安坐下，說：「今日是我媽過生日，在家裏陪客，所以來的遲了些，求老爺不要動氣。」溥四爺說道：「你再不來，可把他急死了。」一頭說話，一頭喝酒。

叫來的相公搳拳打通關，五魁、八馬，早已鬧的煙霧塵天。賈大少爺便趁空同奎官咬耳朵，問他：「現在多大年紀？唱的甚麼角色？出師沒有？住在那一條胡同裏？家裏有甚麼人？」奎官一一的告訴他：「今年二十歲了，一直是唱大花臉的，十八歲上出的師，現在自己住家。家裏止有一個老娘，去年臘月娶的媳婦，今年上春三死了。住在韓家潭，同小叫天譚老闆斜對過。老爺吃完飯，就請過去坐坐。」賈大少爺滿口答應。奎官從腰裏摸出鼻煙壺來請老爺聞，又在懷裏掏出一杆「京八寸」，裝上蘭花煙，自己抽著了，從嘴裏掏出來，遞給賈大少爺抽。賈大少爺又要聞鼻煙，又要抽旱煙，一張嘴來不及，把他忙的了不得。一頭吃煙，舉目四下一看，只見合席叫來的條子，都沒有像奎官如此親熱巴結的，自己便覺著得意，更把他興頭的了不得。黃胖姑都看在眼中，朝著賈大少爺點點頭，又朝著奎官擠擠眼。奎官會意，等到大家散的時候，他偏落後遲走一步。黃胖姑連忙幫腔道：「大爺，怎麼樣？可對勁？」賈大少爺笑而不答。溥四爺嚷著，一定要賈大少爺請他吃酒：「齊巧今兒是奎官媽的生日，你倆如此要好，你不看朋友情分，你看他面上，今兒這一局還好意思不去應酬他嗎？」白韜光道：「潤翁賞酒吃，兄弟一定奉

陪。」黑伯果拍他一下道：「不害臊的，條子不叫，酒倒會要著吃。」說的大家都笑了。賈大少爺卻不過情，只得答應同到奎官家去。又託黃胖姑代邀在席諸公。……

這裡大家席散，約摸已有八點多鐘。等到主人看過帳，大眾作過揖，然後一齊坐了車，同往韓家潭而來。便宜坊到韓家潭有限的路，不多一會就到了。下車之後，賈大少爺留心觀看。門口釘著一塊黑漆底子金字的小牌子，上寫著「喜春堂」三個字，大門底下懸了一盞門燈。有幾個跟兔，一個個垂手侍立，口稱「大爺來啦」。走進門來，雖是夜裏，還看得清爽，彷彿是座四合廳的房子。沿大門一並排三間，便是客座書房。院子裏隔著一道竹籬，地下擺著大大小小的花盆，種了若干的花。這一天是奎官媽的生日，隔著籬笆，瞧見裏面設了壽堂，點了一對蠟燭，卻不甚亮。有幾個穿紅著綠的女人，想是奎官的親戚，此外並無別的客人，甚是冷冷清清。當下奎官出來，把眾人讓進客堂。賈大少爺舉目四看，字畫雖然掛了幾條，但是破舊不堪；煙榻床鋪一切陳設，有雖有，然亦不甚漂亮。一面看，一面坐下。溥四爺、白韜光兩個先吵著：「快擺，讓我們吃了好走。」主人無奈，只得吩咐預備酒。一聲令下，把幾個跟兔樂不可支，連爬帶滾的，嚷到後面廚房裏去了。霎時檯面擺齊，主人讓坐，拿紙片叫條子，以及條子到，搳拳敬酒，照例文章，不用細述。

這時候賈大少爺酒入歡腸，漸漸的興致發作，先同朋友搳通關，又自己擺了十大碗的莊。不知不覺，有了酒意，渾身燥熱起來，頭上的汗珠子有綠豆大小。奎官讓他脫去上身衣服，打赤了膊，又把辮子盤了兩盤。誰知這位大爺有個毛病，是有狐騷氣的，而且很利害，人家聞了都要嘔的。當下在席的人都漸漸覺得，於是聞鼻煙的聞鼻煙，吃旱煙的吃旱煙。奎官更點了一把安息香，想要解解臭氣。不料賈大少爺汗出多了，那股臭味格外難聞。在席的人被薰不過，不等席散，相率告辭，轉眼間只剩得黃胖姑一個。奎官怕近賈大少爺的身旁，賈大少爺一定要奎官靠著他坐，奎官不肯。賈大少爺伸出手去拖他，奎官無法，只得一隻手拿袖子掩著鼻子。

賈大少爺是懂得相公堂子規矩的，此時倚酒三分醉，竟握住了奎官的手，拿自己的手指頭在奎官手心裏一連掐了兩下。奎官為他

騷味難聞，心上不高興。然而又要顧黃胖姑的面子，不好直絕回覆
他不留他，只好裝作不知，同他說別的閒話。賈大少爺一時心上抓
拿不定。黃胖姑都已明白，只得起身告別，賈大少爺並不挽留。

奎官一見黃老爺要走，怕他走掉，賈大少爺更要纏繞不清。便
說：「求黃老爺等一等。我們大爺吃醉了，還是把車套好，一塊兒把
他送回家去的好。」賈大少爺聽說套車，這一氣非同小可！他手裏
正拿著一把酒壺，還在那裏讓黃胖姑吃酒，忽聽這話，但聽得「拍
禿」一聲，一個酒壺已朝奎官打來。雖然沒有打著，已經灑了渾身
的酒。又聽得「拍」的一聲，桌子上的菜碗，乒乒乓乓，把吃剩的
殘羹冷炙翻的各處都是，幸虧檯面沒有翻轉。（圖256）奎官一看情
形不對，便說道：「大爺，你可醉啦？」賈大少爺氣的臉紅筋漲，指
著奎官大罵道：「我毀你這小王八羔子！我大爺那一樣不如人！你叫
套車，你要趕著我走！還虧是黃老爺的面子，你不看僧面看佛面。
如果不是黃老爺薦的，你們這起王八羔子，沒良心的東西，還要吃
掉我呢！」一頭罵，一頭在屋裏踱來踱去。黃胖姑竭力的相勸，他
也不聽。奎官只得坐在底下不做聲。歇了半天，熬不住，只得說道：
「黃老爺，你想這是那裏來的話。我怕的大爺吃醉，所以才叫人套
車，想送大爺回去，睡得安穩些，為的是好意。」賈大少爺道：「你
這個好意我不領情！」奎官又道：「不是我說句不害臊的話，就是有
甚麼意思，也得兩相情願才好。」賈大少爺聽到這裡，越發生氣道：
「放你媽的狗臭大驢屁！你拿鏡子照照你的腦袋！一個冬瓜臉，一
片大麻子，這副模樣還要拿腔做勢，我不稀罕！」奎官道：「老爺叫
條子，原是老爺自己情願，我總不能挨上門來。」賈大少爺氣的要
動手打他。

黃胖姑因怕鬧的不得下臺，只得奔過來，雙手把賈大少爺捺住。
說道：「我的老弟！你凡事總看老哥哥臉上。他算得什麼？你自己氣
著了倒不值得！你我一塊兒走。」賈大少爺道：「時候還早得很，我
回去了沒有事情做。」黃胖姑道：「我們去打個茶圍好不好？」賈大
少爺無奈，只得把小褂、大褂一齊穿好。奎官拗不過黃胖姑的面子，
也只得親自過來幫著張羅。又讓大爺同黃老爺吃了稀飯再去。賈大
少爺不理，黃胖姑說：「吃不下。」因為路近，黃胖姑說：「不用坐

車，我們走了去。」於是奎官又叫跟兔點了一盞燈籠，親自送出大門，照例敷衍了兩句，方才回去。

（二）《負曝閒談》

清末遽園著。第二十八至二十九回寫紈絝汪老二等人在相公順林家抽鴉片、喝酒、賭博的情況，行為當中有猥褻之處。（圖257至圖260）

（三）《九尾龜》

清末張春帆著。第一百一十七回寫紅相公佩芳的情況：

這個少年是京師裏頭數一數二的紅相公。什麼叫紅相公呢？就是那戲班子裏頭唱戲的。這少年便是四喜班裏頭唱花旦的佩芳。京城裏頭的風氣，一班王公大人專逛相公，不逛妓女。這些相公也和上海的倌人[註108]一樣，可以寫條子叫他的局，可以在他堂子裏頭擺酒。無論再是什麼王侯大老，只要見了這些相公，就說也有，笑也有，好像是自己的同胞兄弟一般，成日成夜的都在相公堂子裏混攪。（圖261）只見一個六十多歲的老頭兒，穿著一身半新不舊的衣服，方面大耳，一部花白鬍鬚，正摟著佩芳坐在身上說笑。原來這個老頭就是現任吏部堂官白禮仁白大人。這位白尚書別的都沒有什麼，只有個愛玩相公的毛病，見了相公們就如性命一般，一天不和相公在一起也是過不去的。這個佩芳更是他向日最得意的人，天天完結了公事，一定要到佩芳寓裏來玩的。

第一百五十二至一百五十三回，寫相公小蘭、小菊陪姚觀察、章秋谷等人在一起飲酒娛樂，其中談到了光緒庚子年（1900）八國聯軍入侵北京之後京中相業漸衰、妓業漸盛的情形。

〔姚觀察請章秋谷、鄭侍御等人在自己家吃飯〕。大家寒喧了一回，姚觀察便拱請眾人入席。鄭侍御便要姚觀察去叫小蘭，姚觀察便問眾人怎樣，陸太史也點頭說好，只有章秋谷沒有相識的人，姚觀察便薦了一個小蘭的師弟小菊給他。一會兒小蘭同著小菊一起到來。秋谷舉目看時，只見他們兩個人一色的都穿著蟬翼紗衫，手中拿著雕翎扇，腳下踏著薄底靴。小蘭是長長的一個鵝蛋臉兒，長眉俊目，白面朱唇，很有些顧影翩翩的姿態。小菊卻是一個圓圓的

〔註108〕妓女。

臉兒，骨格嬌柔，風情流動，很有些天然憨媚的樣兒。小菊一走進來，便問姚觀察那一位是章老爺，姚觀察和他說了，小菊看了秋谷一眼，走過來就對秋谷請了一個安。秋谷一把拉住，細細的看了一看，小菊笑了一笑，回過身來，招呼了席上眾人，方才坐下。接著眾人叫的也都來了，秋谷一個一個的打量一番，覺得雖然也有好的在裏頭，卻都不及小蘭的身段玲瓏，丰神婀娜，就是小菊也比小蘭差些。秋谷看著，都放在心上，也不言語。大家吃了幾杯酒，家人們送上菜來，做得甚是精美。席間大家談起北京人的鬧相公來，秋谷便問姚觀察道：「我聽人說，以前的時候，那班京城裏頭的大老，每逢宴會，一定要叫幾個相公陪酒，方才高興。那班窯子裏頭的妓女，卻從沒有人去叫他陪酒的，偶爾有個人叫了妓女陪酒，大家就都要笑他是個下流社會裏頭的人。自從庚子那一年聯軍進京以後，京城裏頭卻改了一個樣兒，叫相公的很少，叫妓女的卻漸漸的多起來，究竟是怎麼一個道理？我記得前幾年在京城裏的時候，鬧相公的人還很多，為什麼如今丟掉了旱路，忽然又去走起水路來呢？」

姚觀察聽了秋谷的話，便對他說道：「你的話兒卻是不錯，京城裏頭自從庚子以後，果然變了一個風氣，但是這個裏頭也有一個道理，你聽我慢慢的和你講就是了。你可知道以前的時候，他們那班大老，大家都叫相公，不叫妓女，是個什麼道理？」秋谷道：「大約是為著那班相公，究竟是個男人，應酬很是圓融，談吐又很漂亮，而且猜拳行令，樣樣事情都來得。既沒有一些兒扭捏的神情，又沒有一些兒蹀狎的姿態，大大方方的，陪著吃幾杯酒，說說話兒，偎肩攜手，促膝聯襟，覺得別有一種飛燕依人的情味。不比那些窯子裏頭的妓女，一味的老著臉皮，醜態百出。大庭廣眾之地，他也不顧一些兒廉恥，別人講不出來的話兒，他會講得出來，別人做不出來的樣兒，他會做得出來。若是面貌生得好些，或者身段談吐漂亮些兒，也還罷了，偏偏的一個個都是生得個牛頭馬面，蠢笨非常，竟沒有一個好的，那班大老，那裏看得中意？妓女既然是這個樣兒，自然是萬萬叫不得的了。那班大老，卻又覺得不叫一個陪酒的人，席上又十分寂寞，提不起興趣來，所以每逢宴會，一定要

叫個相公陪酒。這就是大家都叫相公，不叫妓女的原因了。」姚觀察聽了道：「你的話兒雖然不錯，卻還有一層道理在裏頭。京城裏頭的妓女，自然斷斷叫不得，就是和上海的倌人一般，百倍妖柔，十分漂亮，這個裏頭也到底有些窒礙。為什麼呢？做妓女的究竟是個女子，比不得當相公的是個男人。憑你叫到席上的時候，怎樣的矜持，那般的留意，免不得總有些兒淫情冶態，在無心中流露出來。這班當大老的人，一個個都是國家的柱石、朝廷的大臣，萬一個叫了個妓女陪酒，在席上露了些馬腳出來，體統攸關，不是玩的。倒不如叫個相公，大大方方的，沒有什麼奇形怪狀的醜態發現出來。你想我的這一席話，可是不是？」秋谷拍手道：「是極是極！你的一番說話，正和我心上的意見相同，不過我放在心上沒有講出來就是了。」姚觀察又道：「庚子以前，京城裏頭的妓女，都是些本地方人，梳著個乾嘉以前的頭，穿著件宋元以後的衣服，扎著個褲腿，挺著個胸脯，我們南邊人見了他這個樣兒，那一個敢去親近他，那一個見了不要退避三舍？如今的妓女，卻比那庚子以前大大的不同了。那些下等的妓女，依舊是本地人，不必去說他。那班上等的妓女，卻大半都是南邊人了，雖然揚州、鎮江的人多，蘇州、上海的人少，卻究竟比本地人高了好些。所以已前不叫妓女的，如今也漸漸叫起妓女來。但是那班大人先生宴會的時候，叫了個妓女在席上，拉拉扯扯的，畢竟有些不雅。所以到了如今，叫妓女的人固然很多，叫相公的人卻也不少。但是像以前那般的實事求是，要想中阿行雨，陸地操舟的，卻是絕無僅有的了。」〔註109〕秋谷聽了，低頭想了一想道：「據這樣的看起來，大約妓女里頭是優長的佔了勝點，劣陋的居於敗點；相公里頭卻是上流的天演競存，下流的就漸漸入於天然淘汰之列了。」姚觀察聽了笑道：「不錯不錯。妓女里頭雖然給外路人佔了勝點，那班本地人究竟還不至於到天然淘汰的地位；那班相公里頭的下流，如今卻當真沒有一個人去請教的了。雖然是社會上風俗的遷移，卻究竟逐膻的人多，附臭的人少，這也不是人力可以挽回的。」秋谷道：「既然如此，以前那些

〔註109〕「絕無僅有」太絕對，不大恰當。

專做這個生意，肉身布施的人，如今又怎麼樣呢？」秋谷說到這裡，只見那幾個相公的臉上都不覺紅一紅。小菊卻拉了秋谷一把道：「章老爺，這些事情還去提他做什麼，我們來猜拳罷。」說著把眼睛微微的向秋谷斜了一斜，伸出一個粉團一般的拳頭來，和秋谷猜了五拳，秋谷倒輸了三拳。小菊直打了一個通關，也吃了七八杯酒，吃得個兩頰生紅，星眸斜睨，覺得越添了幾分風韻。秋谷趁著他們大家猜拳的時候，細細的打量這幾個叫來的相公，覺得他們的一舉一動，一言一語，都很有些娟娟動人之處。暗想怪不得他們那班人，一個個都只叫相公，不叫妓女，原來相公也有相公的好處在裏頭。

(四)《無恥奴》

清末蘇同著。第十二回曾寫北京相業、妓業的變遷。

京城裏頭的風氣，只逛相公，不嫖窯子。無論什麼王公大臣，上館子吃飯，叫的都是相公，頑耍的地方，也是相公堂子。還有一班愛走旱路的，把相公就當作自家的妻妾一般。那琉璃廠、西廠，以及什麼南順胡同，這些地方的土窯子，都是那一班挑煤的腳子、趕車的車夫在那邊頑耍，沒有一個上流社會的人，肯到窯子裏去鬧頑意兒。只有南順胡同的堂子，還略略覺得好些，也有幾個體面些兒的人物在那邊走動，但也是絕無僅有的事兒。若要在賓客宴會之地、大庭廣眾之中，叫了個班子裏的姑娘，憑你再好些兒的面貌，再高些兒的身份，也沒有人去理他。還要說這個人脾氣下作，放著好好的相公不叫，卻去叫那窯子裏的下流。甚至有一班性格古怪的人，曉得這個人是愛逛窯子的，從此竟不肯與他同席，好像怕他身上有什麼窯子的氣味兒沾在他的身上一般。這些風氣起於乾嘉之前，盛於乾嘉之後。到得近十年來，有些南中名妓，到京城裏去做這個生意，卻一個個都是豔幟高標，香名遠噪。列公試想：那京城裏頭的窯子，都是些本地婦人，挺著個胸脯子，扎著個褲腿兒。雲髻高盤，有如燕尾；金蓮低蹴，全似驢蹄。更兼一身的狐騷臭兒，一嘴的蔥蒜氣味，那裏有什麼溫柔情致、旖旎丰神？真是那裴談家裏的鳩盤荼，夜叉國中的羅剎鬼。這樣的一個樣兒，那有什麼上流

社會的人敢去請教？如今忽然來了個吳中名妓，談吐既工，應酬又好。那一種的穠豔丰姿，妖嬈態度，羅衫薄薄，蓮步輕輕，鬟鳳低垂，髻雲高聳。夜深私語，暗傳雀舌之香；曉起凝妝，自惜傾城之貌。這班人生長在北邊，眼中何曾見過這般的人物，心上何曾受過這樣的溫存。自然就把這個人當作個合浦明珠、藍田暖玉。一傳十，十傳百，大家都曉得他的名氣，慢慢的車馬盈門起來。久而久之，便也漸漸的把這個貴優賤娼的風俗，暗中移轉過來。這都是庚子之前，聯軍還沒有入京的時候，已經是這個樣兒。後來聯軍據了京城，差不多有一年光景，仍舊讓還中國，皇太后、皇上也在西安起駕回鑾。就是這麼的一來，京城裏頭大變了當時的風氣，把那貴優賤娼的條例，竟翻了一個過兒。從前的王侯大臣是專逛相公，不嫖窰子，如今卻是專嫖窰子，不逛相公。這也是風俗遷移、人心變換的證據。

　　時論有的對相公業持批評態度，由此，優伶男色會受到明確的揭露，如綿愷《靈臺小補》中的兩首詩就曾慨歎：

徵班卑鄙歎成群，更有邪淫不忍聞。

清夜捫心當自愧，迂言逆耳勸諸君。

徵歌選舞示昇平，既樂昇平放鄭聲。

淫亂奸邪真惡態，壽筵開處尚稱觥。

　　該書的一篇序言以主客問答形式進行勸誡，典型的勸善書口氣：

客曰：「爾詩中所賦『更有邪淫不忍聞』、『清夜捫心當自愧』諸句，此何意也？」余曰：「足下果不知乎？或有心故問耶？《書》曰：『頑人喪德。』又曰：『比頑童，實為亂風。』注云：『比，昵也，倒置悖理曰亂。』夫《詩》載《牆有茨》〔註110〕三章，其首章云：『牆有茨，不可帚也。中冓之言，不可道也。所可道也，言之醜也。』今姑言其概，亦不必撰文套話。大都好男風者，居此梨園多半。只此一言而盡，尚待余饒舌耶？余竊料今之貴家公子觀諸《感應篇》、《丹桂籍》、《配命錄》、《敬信錄》等勸善戒淫諸書，能不搖頭吐舌、通身汗下者能有幾人哉？況亦未必觀也，今足下誠能自許衾影無愧

〔註110〕在《詩經‧鄘風》。

乎？且孰無子弟，能保身前恐難保身後耳，再出乎爾者，反乎爾者也。《悅心集》所載無名氏仿邵康節先生《醒世詩》曰『各自回頭看後頭』之句，善哉！斯言意味深長也。今之時不犯此戒者幾希，況難姦幼童，律應斬，此實傷天害理，喪德敗度之惡習。且彼此俱損，人我何益？只圖片刻之歡娛，誤盡平生之品行，孰輕孰重，孰暫孰長，敢請足下細酌。夫萬惡淫為首，吾竊恐無間地獄有待斯人也。」

《柔橋文鈔》的語氣比較平實，但它是從人情風俗關乎國家興亡的角度立論，比起《靈臺小補》來更有深度。作者王棻據其親身見聞曰：

始余讀《商書·伊訓》之篇，竊怪卿士邦君之尊必不至下與頑童比。及年稍長，聞京師士大夫頗狎優，雖甚惑之，然尚未之信也。逮逾強仕計偕入都，時見盛筵廣坐中或招三數幼伶，與之並坐共酌。偓僽姚佚，藐其坐人。甚則呼長者之字，或以物擊其頭。遭其侮者，或反快然意得。然後知先王制刑，若逆知有後世之變而預為之防者，抑何其慮之周而法之備耶？夫頑童既比，則耆德不親，聖言必為所侮，忠直必不見容。恒舞酣歌，游畋貨色，無所不至。是有一愆而十愆成，有一風而三風備，欲國家之無喪亡也，得乎？粵賊之變，回捻交訌，已然之明效也。及今不禁，後且不救。何則？風俗者，天下安危之本也；京師者，又天下風俗之本也。天下有達尊三，爵、齒、德是已。今以倡優下賤之人，泰然與士大夫相晉接。以齒則乳臭之童，以爵則廝役之賤，以德則宣寺之污。而搢紳先生忘分忘年，屈己下交，果何為者耶？非病狂喪心，奚以至於此極也。然後習俗相沿，歷有年所，大臣不以為言，國人不以為非，四海觀光之士靡然向風，不以為恥，是豈天下之細故哉！董子〔註111〕有言：「為人君者，正心以正朝廷，正朝廷以正百官，正百官以正萬民，正萬民以正四方。」夫百官不正，而欲四方之克正，難已。是所望於用商之刑以變今之俗者。同治戊辰四月壬午書於楊梅竹斜街之寓齋。〔註112〕

由上述各種資料，有人會因而得出結論：相公就是男妓。筆者認為，這樣講不甚符合實際情況。

〔註111〕漢儒董仲舒。
〔註112〕《柔橋文鈔·卷十·書〈伊訓〉後》。

　　首先需要說明一點，上述資料都是專門選取的，多有利於證明相公賣身現象的存在。數量固然不少，但量的累積並不能起決定作用，相反的例證也是具有說服力的。

　　然後，應當辨明賣身相公與相公整體的關係，這其中涉及到的是相公的流品問題。

　　所謂流品就是類型，王韜《瑤臺小錄》中分得相當詳細，謂：「公子褧裘，佳人修竹。手玉同色，智珠孕胸。琪花照世，眾芳皆歇。桃李成蹊，不言自馨。此一流也。清詞霏屑，吹氣勝蘭。鳴琴在床，睛波生指。桓伊三弄，柳公雙鎖。文楸響答，時出疏簾。更或寫黃筌之折枝，靜女分香；學茂漪之筆法，仙娥顧影。此一流也。靡顏膩理，敷粉凝脂。望若璧人，宛如處子。夷媿自喜，昳麗可鑒。濯濯春柳，深色蕩魂；娟娟秋荷，微波通款。此一流也。奏陽阿發激楚，唱曹子於兜鈴。效少年為拍彈薛仿之聲，潛氣內轉韓娥之謳。餘音繞梁，不抗不幽，亦雅亦鄭。此一流也。英姿颯爽，對酒當歌。星眸善窺，風氣日上。作皮裏之陽秋，笑目論之下士。羞同兒女徒解人颦，別具肺肝兼知援手。又一流也。借吹噓以生翅，經盼睞而成飾，愛則加膝，口所偏肥。芙蓉鏡下居然及第，櫻桃宴中推為上賓。傳觀千佛之經，壓倒群芳之譜。喜《霓裳》之同奏，異名紙之生毛。又一流也。至如柔曼傾意，尋梁契集。曷來城北，偷嫁汝南。靈狸之體，惆悵東平。共枕之樹，託生上界，風斯下矣。亦一流也。」〔註113〕不難看出，優伶雖被細分為七流，而實際上最末流與前面幾流有明顯區別，即前六流或者藝高或者貌美或者善於酬應，但他們都把行為限定在了一個度內，而第七流卻要「柔曼傾意」，也就是做起了男妓勾當。在諸流當中，這個最末流是只占一個小比例的。《懷芳記》作者蘿摩庵老人認為：「歌伶雖賤技，而品格不同。其為賢士大夫所親近者，必皆能自愛好，不作諂容，不出褻語，其令人服媚，殆無形跡之可指。愛身如玉，尤如白鶴朱霞，不可即也；別有一派，但以容貌為工，譴浪媒嬻，無所不至。且如柳種章臺，任人攀折。此則我輩所惡，而流俗所深喜者。」〔註114〕《懷芳記》中的第二派相近於《瑤臺小錄》中的第七流，他們都只是相公整體的一部分而非全部。因此前面相而亦妓的優伶只是體現了一部分相公的面貌，相而非妓者實是多有人在的。

　　接下來就應具體看一些謹言慎行、力避嫌疑的相公人物，《丁年玉筍志》

〔註113〕見《梨園史料》，第 666 頁，原載《淞濱瑣話》卷十二。
〔註114〕見《梨園史料》，第 595 頁。

所記的愛齡即是其中的一位。他「字小香，後來之秀也。演《邯鄲夢》為打番兒漢，緋繻繡袍，結束為急裝，舞雙槍如梨花因風而起，觀者光搖銀海，萬目萬口嘖嘖稱歎。雖習武小生，而對人宛轉如意，無介冑容，亦無脂粉態。大抵柔媚是吳兒本色，小香則別饒清致，秀外慧中。茶筵酒座，薌澤微聞，其風味如佛手柑。清夜靜對妙香，可以忘言。紗廚窀地，桃笙膩滑，執㼐瓠罍，品梅花雪水，但覺清氣襲人，不知身在瑤臺第幾層矣。古稱可人，又曰可兒，小香有焉。曾有傖父（粗鄙之夫）以多金啗小香，屢逼之。小香如墨翟守宋，不窮於應。最後且恚且脅，不勝其嬲，痛哭而罷」。《玉筍》作者楊懋建讚歎道：「後來之秀，守身如玉，豈尋常疊被鋪床者所敢望其肩背哉！」〔註115〕

胡喜祿是咸同間旦角名伶，他唱青衫，出敬義堂，自主安義堂，曾掌春臺部。「長身俊眼，別具嫵媚。工於黃調，具能為西音。但扮《血手印》，則觀者如堵。」〔註116〕「喜祿以態度作派勝，其所飾之人，必體其心思，肖其身份，而行腔又宛轉抑揚，恰到好處。『美人細意熨貼平，裁縫滅盡針線跡』，其妙處殆有難以形容者。當時堂會戲若無喜祿登場，同人咸以為歉。」〔註117〕胡喜祿不但藝高，而且據民國《梨園外史》所寫，他還是一位能夠自守的「清旦」。

第十二回，胡喜祿承認旦角需色藝雙全。

> 喜祿沉吟一會道：「我說句上當的話，我們唱旦的，跟窰姐也差不了多少。雖說是賣唱，賣玩藝兒，也搭一大半賣的臉袋核兒。」

第十三回，胡喜祿自歎窘遇。

> 喜祿道：「本來我們唱旦的最不可同人親近，只要沾一點邊兒，就有閒話。就拿我說罷，本來前後臺人緣都不錯，和我好的太多。只是到了別人嘴裏，便要編派我，我也不知做過多少人的媳婦了。」

第十三至十四回，胡喜祿被街坊污辱。

> 〔票友孫春山〕命車夫奔安義堂，到了門首，忙忙的下車，走了進去。見喜祿緊蹙蛾眉，在那裏吞聲飲泣，只那手絹上已有好幾點的淚痕。春山問是何故，喜祿道：「我也不知怎麼得罪了街坊，縱著小孩子十分的欺負我。」春山道：「怎麼欺負你？」喜祿哽咽

〔註115〕見《梨園史料》，第336～337頁。
〔註116〕《懷芳記》，見《梨園史料》，第586頁。
〔註117〕《梨園舊話》，見《梨園史料》，第824頁。

道：「十爺請到門外牆上看一看，就曉得了。」孫春山走出安義堂門首，擡起頭來一看，只見牆上寫著許多污穢言語，都嵌入喜祿的姓名。又畫了一個不堪入目的物件，旁邊有行小注是「胡喜祿家常便飯」。字寫的如同蚯蚓一般，七歪八斜十分難看。春山由不得發笑，猛回頭見喜祿也出來了，忙把笑聲斂住，同喜祿仍進去坐下。春山道：「胡老闆不消生氣，這也不是街坊同你有岔兒，不過是小孩子鬧著玩罷了。自古道見怪不怪其怪自敗，大可以不必理它。」有個跟包的在旁道：「十爺不知道，這條街上住的內行很多，怎麼單往我們門口胡畫？總得想法子把它壓下去，要不然，叫別的老闆瞧著笑話。」春山道：「這全是小孩做的，你到各家知會他們家的大人一聲，就算完了。」喜祿道：「不行，這宗辦法已經試過，簡直沒用。」跟包道：「這兒左右鄰的外行，不多幾家，我都去遍了，他們都佯佯不睬，還有不講理的說：『怕這些就別唱旦。』」春山道：「他能寫難道我們不能洗嗎？」跟包道：「不是一次了，洗了再寫，有十幾次了。」

由於具有相公身份的優伶容易被人說閒話，這就使他們中不欲「柔曼傾意」者言行特別謹慎，生怕無意間惹出是非。所以當對胡喜祿很關心的延四爺告戒他以後少拿自己開玩笑時，喜祿趕緊連忙答應了幾個「是」字。

對於相公的品別，《梨園外史》第八回借清軍軍官孫甲與曾在北京做過相公的小玉的一段對話也說得比較清楚：「孫甲道：『我聽得人說，京裏戲子有一種堂子裏頭出身的，到處陪人吃酒，只要給錢，便可以和人家睡覺，比窰姐差不多，可是有的嗎？』小玉紅了臉道：『堂子裏的人，也是賢愚不等，不能一概而論。』」雖說我們難以具體地量化兩類相公的比例，但至少是「不能一概而論」的。有一種傾向，越是外省遠人，越是道聽途說，越就會把相公等同男妓，而一旦深入其中，卻會發現事情並非那麼簡單。《側帽餘譚》的作者藝蘭生曾講他的朋友香溪漁隱「向疑招邀小史者皆具斷袖癖」，然而漁隱入都後，經過親身的觀察，則「知〔此〕為村學究見解，不盡其然」〔註118〕。

但有一點，「男妓」作為一個名詞概念會因人而有不同的理解。以賣身為標準是把它的內涵限定得最嚴格的，而有人則願意把標準放得寬泛一些，如

〔註118〕見《梨園史料》，第614頁。

此，「男妓」的數量就會大大增多起來。

精神同性戀夥伴之間沒有發生性行為的欲望，而感情上又超乎一般。這個問題本書第一章中已經談到，並有針對相公的實例，在此不妨再舉一例，當事者是《鳳城品花記》的作者香溪漁隱和相公姚妙珊。漁隱在書中自記客京經歷，文字有些賣弄，但基本情節是真切的，情緒表達是具體的，文曰：

　　辛未〔註119〕秋九月，余偕諸君子被辟入都。從公之餘，尚多暇日。都門素尚梨園，韻事頗多。藝蘭生為余言之津津，余耳熟已久。竊疑秦宮鄂渚，未必真有神仙。斷袖分桃，亦姑妄聽之耳。然亦不可不一領略。因與披沙子同往觀三慶班，遍閱諸伶，無一妙人。惟一貂冠豔服者，演《秋胡子戲妻》一劇，作丈夫裝，意態似佳，亦未甚愜懷也。歸述諸藝蘭生，並斥其言之妄，生笑置之。後復與同人至四喜部，見佳麗滿前，似較三慶勝。中有雛伶，年可十二三，服飾不華，而顧盼生姿，娟好如美女。心竊愛之，而亦不知其為誰何也。越翌日，復同藝蘭生聽三慶，遇長白山人、泛月客兩人攜一伶在焉。睨之頗端好，詢其名，知為麗雲，隸四喜部者，因與俱座。須臾，復有一童來就坐，即前日貂冠而豔服者也。私叩泛月客，悉其姓夏名鴻福字雪舫，以演劇雄於時，人無不知者。戲散後，長白山人力邀入酒肆小飲，且招麗雲輩數人侑酒。余及藝蘭生未折束也，因恐不及入城，且在席諸伶一無當意，遂與藝蘭生逃席歸。時正陽門方闔，僅容一身逡巡而入，竊笑諸君之嗜痂焉。一日偕藝蘭生出城，復遇山人、泛月客於途，拉往壚頭小飲。未幾，諸伶畢至，藝蘭生為麗雲慫恿，遂招梅卿，復強余。余以未識廬山真面為辭。山人固薦鴻福，余未首肯。而朱箋數行，已作青鳥使矣。無何，雪舫來，言論詼諧，颯爽不群，差強人意。嗣後遂屢屢招之。每值公退，輒造飲其廬。余非雪舫不醉，而坐客亦非雪舫不歡也。值冬至日，同人均聽四喜。見二童演《雙湖船》，頗極天冶之致。一齒稍長，一即日前所見者。或告余曰：「長者名芷蓀，少者名芷湘，皆屬春華堂。」時誘春子方與芷荃善，蓀、湘皆其師弟也，余始恍然。是日誘春子即招飲春華，至則窗明几淨，壁上皆名人書畫，案頭設綠萼梅一盆，清芬撲人，無絲毫塵俗氣。談次適芷湘歸，遇於屏間，因招之來，

一見如故。湘字亦仙，年十三，柔情豔骨，盡得風流。第年太稚，
罕有知之者。時余方與雪舫密，雖甚憐愛，而形跡頗疏。次年，以
其有蕭宏之癖，誅求無厭，不甚器之。因專意於亦仙一人。亦仙情
致纏綿，宛轉可人，意甚相得。自是尊酒聯歡，殆無虛夕。即荃、
蓀輩亦以亦仙故，數招致之。不數月，都人士頗聞亦仙名，長者車
轍，時盈門外。顧亦仙天性孤僻，目無下塵，苟有不合，輒作白眼
忤座客。群焉置喙，譖言盈耳，強余割愛。余誠不能忘情於亦仙，
第重違友人請，稍稍疏之。而亦仙誤會余意，頗有懟言，甚至路遇
若秦越然。余亦不便以我本憐卿，卿其諒我之說告亦仙也，徒付諸
一歎而已！自是與亦仙絕。萬慮俱消，杜門枯坐，而都門積習，文
宴往來，往往不能無此輩，未能免俗，聊復爾爾。然從此用情不能
專矣。每預宴集，隨意擘箋，妍媸不計，長安春色領略殆遍。豔仙、
如秋、蓉秋、楞仙、紉仙、秋芬、梅卿等皆名重一時，咸經予品題
焉。其中為余所最賞識者，惟豔仙、如秋、蓉秋三人而已。豔仙隸
三慶部，天真爛縵，秀外慧中，耽書史，喜讀《三國志》，與論蜀魏
吳事，輒鑿鑿道之。能書楷，工整有法，畫寫意人物，躍躍有生氣，
同輩中罕有其四。如秋柳眉香頰，玉質仙姿，為群芳之冠耳。吐屬
清朗，絕無浮囂習，故時譽咸歸之。若蓉秋則風流秀逸，雅俗共賞，
性善飲，用情尤摯。不以貧富區厚薄，軒冕韋布，款接如一。三人
皆與余最善，而余亦樂與之遊，故半年來相偕良多。

　詎知珊瑚鐵網，尚遺滄海之明珠；桃李春山，猶有芝蘭空谷。
至年餘，而又識妙珊其人。妙珊姚姓，寶香名，小字鎖兒，十五齡
童子也。父母皆燕人，操賤業，貧無依。鬻諸瑞春堂，隸四喜、春
臺籍。初習花旦，以性非所近，改青衫。時都下不尚崑曲，故所演
多雜劇。歌群舞袖，名動一時。其神靜，其音清，藝蘭生品為瑤天
笙鶴，不具塵俗氣者。性簡默，若不屑角逐歌場，尤為町畦獨闢。
先是泛月客與之遊，不甚洽。余一見即奇之，而妙珊亦頗屬意於
余。會其父姚叟向瑞春主人索負不遂，復遭詬誶，且送官重笞焉。
歸而述諸姚媼，媼痛夫之受刑也，遽於昏夜潛縊於瑞春之門。主人
覺，大窘，陰啗姚叟及鄰右重金，得罷訟。妙珊自母死後，嬌啼宛
轉，痛不欲生，幸乃父力挽始止。然身隸樂籍，雖抱戴天之痛，亦

惟吞聲飲泣，無可奈何。從此玉容慘淡，笑渦頓收。每侍客飲，輒復向隅。雖豔如桃李，而冷如冰雪。余彌憐其情，益敬愛之。或笑余癡，余亦不復置辨焉。

時披沙子已南下，忽貽余書曰：「聞足下與湘君忽爾參商，心竊怪焉。然以足下雅度，何遽薄倖若此，豈其中有故耶？刻下必當別選名花，以供清賞。梨園物色，定有知音。第酣紅醉綠之場，非獨具雙眼，不能得其人。我輩素有雅癖，苟於若輩中得一知己，亦可以無憾。不當執流俗見，徒以粉桃鬱李雜投也。愚意鞠部中，惟妙珊頗具清骨，似不食人間煙火者。然非足下與僕，鮮能識之深。若得與此君交，必能氣味相投。未知足下已先得我心否？」余得書大喜曰：披沙子知我！而招致之念遂決。翌日，即邀同人出城，至肆頭，呼筆疾書一柬，付酒傭去。竊喜半載神交，至此始償宿願。然猶恨相見晚矣！比妙珊來，相視無言，一笑而已。由此三五日輒與妙珊敘，顧於豔仙、如秋、蓉秋輩未敢冷落，每飲除妙珊外必更致一以副之。深以寒士品評，黃金無色，未能兼顧為慮。一日，偶會雲間古香居士於友人處，談論甚歡。居士富於學，且深於情。聞其與如秋最相善，久而彌篤。我知如秋之遇居士，他日得有所託，固其幸也，而余亦從此可以息肩矣。適同時，蓉秋名噪甚，騷人墨客，日接於門。余度其閱人既多，不難得一知音，因並從割愛。而厥後所常偕者，惟妙珊、豔仙二人焉。自余得雙璧，意願良足。而妙珊與余用情尤渥，蓋以神不以跡者。其為人也，莊重不佻，或入以遊詞，則面頳不置一語。每與談論，輒肅然相對，不自知其所以然。余嘗謂落花無言，人淡如菊，於妙珊庶幾近之。余豪於飲，每飲必醉，醉後輒病。妙珊恒勸余勿與麴生近，余不忍拂其意，故友人招飲，雖未能力戒酒，而自是總不作醉鄉遊矣。

猶記壬申之十一月十一日，始與妙珊款洽，至除夕迄未一過其廬。新正四日，乃與同人往訪於櫻桃斜街。時妙珊方患嗽，扶病而出。春山帶蹙，秋波欲流。一種嬌怯之態，令人可愛可憐。不數語，珍重而別。歸後思念頗切，或告余曰：「海南新會橙可治嗽，惜都中少此物耳。」余百計求之不得，適聞人生自南粵來，攜有佳果數種，橙亦與焉，亟往乞分惠。生故作難色，余笑揖之，且告之故，遂見

贈。疾馳啖妙珊，嗽果漸瘳。於今思之，良可哂也。

　　先是藝蘭生曾著《評花新譜》一卷，略加品題，未定甲乙。蓋以花之中穠豔如桃李，幽雅如蘭蕙，富麗如牡丹，灼潔如芙蕖，芬芳如桂，清高如梅，要皆爭奇競秀，各擅勝場，有未可軒此而輕彼者。至是，藝蘭生堅欲定一花榜，余不以為然。而生即與泛月客逐一編次，以如秋弁冕，楞仙次之，麗雲、妙珊、梅卿又次之。強余序名，拉出城，即席召如秋輩，出榜示之。群豔咸屈一膝道謝，獨妙珊默不發聲，似有悲戚意。余疑其屈居第四故，因慰解之。妙珊蹙然曰：「余詎以是為榮辱哉！獨念我輩淪落風塵，已屬人生不幸事，即使聲價頓增，亦猶是梨園子弟耳，何計名次之高下為？」余聞之愀然動容，竊歎其志向之高，遂不歡而散。嗟乎！蹭蹬名場，頭顱漸老，天涯落落，知己難逢。於我且然，獨妙珊也乎哉！特是妙珊抱出世之姿，孤芳自賞，宜其門庭寂寞，問津者鮮矣。然士大夫往往急欲見之，車馬之跡日益喧闐，蓋其色藝之足以動人，而皮相者流，未必知余取妙珊之旨也。妙珊不解酬應，多脫略，以是不甚得人歡。蓋自喪母后，無心於此也久矣！

　　時惟仲夏，炎暑逼人。尋芳韻事，極覺闌珊。會居易齋主、賦豔詞人奉檄入都，披沙子亦來京謁選，同鄉赴北闈者，又復絡繹萃集。勝友如雲，又添一番雅興。披沙子知余與妙珊遊，促作東道主，遂與諸君會飲於瑞春堂，並招豔仙焉。居易齋主素迂謹，一見妙珊，即嘖嘖稱羨，許為群芳領袖。賦豔詞人則別垂青眼，獨賞豔仙。初，詞人於燕，桌間意有所屬。時如秋有狀頭之目，因僉以如秋先容，且代擘箋焉。經數四招致，而不甚愜意。至此，頗許豔仙可愛，不欲奪余所好。余會其意，因笑曰：「實不相欺，昔余一睹其丰姿，甚惜其磊落聰明，而遭逢不偶，故特羅而致之，留待憐才者之真鑒耳。況僕既得隴，又安敢望蜀？」因力舉之。甫數日，聞詞人已招豔仙，兩人情好，一如余與妙珊然。余心慰甚，竊喜我輩胸襟，可謂不謀而合。自是用情益專於妙珊焉。七月中旬，偶與藝蘭生訪妙珊。言談之閒，妙珊牽余袂至靜處，移坐近前，悄謂其師性貪，日責纏頭。不滿慾壑，輒以指掐腕膚，不堪凌虐。因示之臂，爪痕宛然，且曰：「局促轅下，火坑不可以久居。而所交多紈袴，難

與吐肺肝。感君誠篤，能以千金脫籍否？」余曰：「寒素之士，惟有一縷情絲堪獻知己。年來所費，已竭綿薄。睹子荏弱，扼腕良深，其如力不逮心何！」妙珊聞之悽然不樂，相對欷歔。時闈期已近，余因慰之曰：「僕何吝千金之贈，只以世情炎涼，無從呼將伯耳。無已，倘今科得捷，必能措置數百金，竭力報子何如？」妙珊曰：「誠然，則余且旦夕焚香，祝朱衣神暗點君頭耳。」相與一笑而罷。入闈後，三藝頗極經營，二三場亦不草草。錄示同人，皆許以可售。心竊自幸，冀有以對妙珊也。揭曉日，中心彷徨，腸如轆轤。日暮，泛月客倉皇入曰：「香溪君下第矣！」時方蒙被臥，聞言驚起，泫然流涕。同人多方慰藉，始稍解。由是嗒焉若喪，愧不欲見妙珊，蓋不出戶庭者月餘。或述諸妙珊，妙珊寄意勸慰，託友人強余出城見之。對坐默然，殊不可堪。妙珊解之曰：「功名自有前定，君文不得售，余志亦莫能遂，命也。且君既有此心，徐徐待之又奚害？」遂各釋然。

妙珊有師弟二，一名寶雲字月珊，一名寶玉字碧珊。各擅妙技，登場合演，名盛一時，人呼為「瑞春三寶」。余每登其堂，咸出款客，三五日輒止宿其廬，歡然相接如家人。妙珊喜觀劇，余時攜往聽他班。玉樹亭亭，人皆稱羨。尤嗜圍棋，常與聞人生角勝負，旗鼓相當，而生故下之。余雅不善手談，楸枰之間，但為之數黑論白而已。余與妙珊相處三年，其中韻事頗多，筆不勝述，惟擇其可錄者錄之焉。

嗟呼！游子天涯，情人遙夜。方謂客途岑寂，無計澆愁；不圖香國繁華，引人入勝。拋江南之鶴夢，戀冀北之鶯花。縱彼美可慕，未許真個銷魂；而余情信芳，但喜別開生面。是蓋三生靈石，舊是因緣；遂使十丈情波，都成魔障。惜乎！琅嬛地方誇豔福，離恨天又惹新愁。行將遠別，知何年再踏軟紅？何以為情，聊此日共浮大白。蓋余明春將著歸鞭矣。〔註120〕

《鳳城品花記》詳細記述了香溪漁隱由對相公一知半解到與相公深刻交往的全過程。他與雪舫、豔仙等的關係尚屬一般，等結識了姚妙珊，則就產生了一種異乎尋常的「情」，「情」字開始在文中不時出現。由發生在兩人之間的

〔註120〕見《梨園史料》，第568～575頁。

一些具體事實來看，作者對姚妙珊的用情使他神魂牽繞，如醉如夢。顯然作者若只是欣賞妙珊的演藝，這種情形是不可能出現的。他臨出京時曾給自己的姚郎賦詩一首：

> 莫道歸家喜氣隨，客途也怕說分離。
>
> 明知此別為時短，總覺將來見面遲。
>
> 兩載賴君消旅況，一生證我是情癡。
>
> 阮囊愧乏千金贈，握手臨歧只有詩。

自謂「情癡」，可又不想去搞有形的同性相戀，香溪漁隱在《題姚郎小影》中寫道：

> 何須鄂被暗生春，解得相思便是真。
>
> 最好含情相對處，畫中愛寵意中人。〔註121〕

香溪漁隱對姚妙珊只願「含情相對」，不想「鄂被生春」，這就是精神同性戀者的「意淫」。

除去精神相戀，即便在泛泛之交當中，相公陪歡特別是侑酒時，調笑戲謔是難免的，這也會給豪客帶來一些一般朋友相聚時體會不出的心理愉悅。

如果廣義地把侑酒陪笑、精神戀愛都看成是男妓行為，那麼相公中的多數就都可副其稱了。

順便把相公和妓女形式上的相同之處做一比較。妓女方面主要依據道光年間邗上蒙人所著反映揚州情形的《風月夢》一書。

（一）娼妓也可被稱為相公

《風月夢》第二回：「你言我語，總是談的花柳場中。這個說是那個堂名裏某相公人品好，那個說是那個巢子裏某相公酬應好，那個又說是某相公大曲唱得好，某相公小曲唱得好，某相公西皮二黃唱得好，某相公戲串得好，某相公酒量好，某相公檯面好，某相公拳滑的好，某相公床鋪好。」（圖262）第五回：「那大腳婦人喊了一聲：『月相公，這邊房裏有客，過來走走。』少停一刻，只見一個男裝女子，右手揭起門簾，走進房來。眾人各轉問芳名、年歲、住居，答道：『賤字月香，癡長十六，敝地鹽城。』」

（二）妓院也可以堂命名

第一回：「揚州俗尚繁華，花街柳巷、楚館秦樓，不亞蘇杭、江寧也。任

〔註121〕《宣南雜俎》，見《梨園史料》，第519頁。

憑官府如何嚴辦，這些開清渾堂名的人，他們有這手段，可以將衙門內幕友、官親、門印，外面書差，打通關鍵。」第二十六回：「但凡衙門一切事件，皆係虎頭蛇尾。那禁娼之事，各家堂名花些使費，強大家〔註122〕復又開門。」

（三）妓女的名字有時與相公相同、相近

可分兩種情況。一是妓取男名，這可以說是娼妓的一種傳統。明末，據《金陵妓品》，南京名妓有楊超、衛朝、鍾留、崔六、鄭妥、楊元、蔣西等人。清乾隆間，據《揚州畫舫錄》卷九，揚州妓女有錢三官、楊小寶、梁桂林、陳銀官、吳新官、佟鳳官等人。尤其需要注意「某某官」，當時在優伶裏這樣的名字也很常見，如《燕蘭小譜》就記有陳銀官、王桂官、劉鳳官等。《風月夢》裏的妓女有叫桂林、雙林者，同是道光年間，據《丁年玉筍志》，北京相公也有名桂林、三林者。二是優取女名。相公把自己名字取得柔媚一些是他們吸引老斗的一種手段，而對於旦角相公，由於角色關係他們就更傾向於取用女名，同治間《增補菊部群英》就記有蓮芬、桂枝、素蘭、素香等人名，這樣的名字妓女當然也是可以用的。

（四）打茶圍、擺酒、叫條子、割靴子等名詞可以通用

打茶圍。在相公，《燕京雜記》載：「優童自稱其居曰下處，到下處者謂之打茶圍。」《夢華瑣簿》載：「赴諸伶家閒話者，曰打茶圍。」〔註123〕在妓女，《風月夢》第一回：「最怕內中偶有一人，認得這些門戶，引著他們一進了門，打一兩回茶圍，漸漸熟識，擺酒住鑲。不怕你平昔十分鄙吝，那些煙花寨裏粉頭，他有那些花言巧語，將你的銀錢騙哄到他腰裏。」

擺酒。在相公，《梨園竹枝詞·擺酒》：「何必珍羞列滿筵，玉壺但送酒如泉。生生幾味蔬和果，飛來京蚨四十千。」〔註124〕在妓女，《風月夢》第二十二回：「袁猷遂邀約眾人，同到飯館裏吃了午飯，至晚又約到強大家擺酒。」

叫條子。在相公，《清稗類鈔·優伶類·像姑》：「客飲於旗亭，召伶侑酒，曰叫條子，伶之應召，曰趕條子。」在妓女，《民社北平指南》：「客在酒樓飯館或妓院打牌吃酒，喚妓伴坐或代打麻雀曰叫條子，妓應招曰出條子。」

〔註122〕指由強大其人開的妓院，男相公堂由開辦者的姓名也可以被稱為「某某家」。《負曝閒談》第三十回：「汪老二在順林兒家擺飯，飯後約了三人打了一場麻雀，直到天明。」

〔註123〕見《梨園史料》，第365頁。

〔註124〕《宣南雜俎》，見《梨園史料》，第515頁。

灌米湯。在相公，《側帽餘譚》：「諺以若輩媚人，賺取纏頭為灌米湯。」
〔註125〕在妓女，《風月夢》第二十五回：「賈銘道：『你不必說捨不得離我，灌這些米湯。』」

割靴、同靴。在相公，《側帽餘譚》：「割友人所愛曰割靴頁，其義未詳。意以京師偷兒，常割人靴頁，以靴頁喻歌僮，以偷兒戲竊玉者。因是，二人同招一僮曰同靴。竟有形之草扎，類於同年同寅，一何可哂。」〔註126〕在妓女，《民社北平指南》：「結識友人所交之妓曰割靴子，兩客同識一妓，同時偕往曰會靴子。」〔註127〕

另外，清代以前已經出現的用於娼妓的名詞如纏頭、花榜、脫籍等也可用於相公。

（五）陪酒、陪遊、唱戲、唱曲等娛客方式，相公和妓女皆予採用

所不同的，陪宿在妓女是一種本業，在相公是一種因人而或有或無的兼職。

相公業總的講自嘉道至同光一直都可謂繁盛，其間較衰的時候包括：（1）如遇帝后崩逝，則需「八音遏密」，各種娛樂活動皆需節制。（2）如果發生戰亂，相業也會受到影響。如太平天國—捻軍時期，南方甚至山東、直隸一帶都戰火連天，京中士宦就不便過分地沉溺於聲色之娛。戰亂裏還有外患，咸豐十年（1860），英法聯軍攻入北京，火燒圓明園，咸豐帝倉皇「北狩」熱河。在聯軍攻佔北京的這一段時間裏，相公們必定是整日恓恓惶惶，外逃出京的當亦也有。

但咸豐末年的蕭條並不持久，等聯軍退出北京，乃至髮、捻依次平定之後，「同治中興」的「治世」出現，都中又是一派歌舞昇平的場面，絲竹盈耳，八音競鳴，相公們又大行其時起來。僅舉一種表現：同光間評花榜的活動就極活躍。花榜本為娼妓而設，而此時京中卻為優伶，並且是與科考相勾聯。每次舉行會試的時候，伴隨新科進士的產生過程，相公中的狀元、榜眼、探花乃至第四、第五、第六等便也會被熱衷者評出，粉墨登場，同樣名傳一時。折取蟾宮第一桂枝的名相有：

李豔儂，同治七年（戊辰 1868）；

〔註125〕見《梨園史料》，第 604 頁。
〔註126〕見《梨園史料》，第 619 頁。
〔註127〕見《北平風俗類徵‧語言》。《民社北平指南》反映的是民國北京妓業的情況，有不少方面與先前的相業相同或相近。

周素芳，同治十三年（甲戌 1874）；

朱霞芬，光緒二年（丙子 1876）；

顧曜曜，光緒六年（庚辰 1880）；

陳祿祿，光緒九年（癸未 1883）〔註 128〕；

朱素雲，光緒十二年（丙戌 1886）；

胡順奎，光緒十八年（壬辰 1892）；

王瑤卿，光緒二十年（甲午 1894）〔註 129〕；

孟小如，光緒二十四年（戊戌 1898）；

朱小芬，戊戌武榜狀元；等。〔註 130〕

光緒二十六年（庚子 1900），義和團事起，英、法、德、日等八國聯軍侵佔北京，慈禧、光緒「西狩」西安。這一次就與咸豐十年的情形大不相同了。以庚子之變為起始，北京相公業進入了它的衰落時期。關於這一點，《九尾龜》、《無恥奴》等已經寫到。民國間陳彥衡《舊劇叢談》亦謂：「梨園出身，有科班，有私坊。私坊者私立教坊，亦梨園中人。自立堂名，蓄弟子，教以戲曲，與科班無別。但出局侑酒，遂為同行所輕鄙。庚子以來，此風已革。」〔註 131〕「已革」過於絕對，「漸革」則比較恰當。即便是「漸革」，庚子年終究在相公史上是一個重要轉折的時間標誌。

其實，庚子以前的二三十年內，相公業就已經隱現出一種頹勢，這與當時戲劇界的某些變化有關。第一，科班逐漸興起。作為培養優伶的一種專門機構，科班要求藝徒專事學戲，原則上不允許他們侑酒陪客。嘉道之間，優伶多是相公出身，道咸以後，科班的勢力則漸強，到光緒時已可與私寓爭勝，得勝奎、小榮椿、小吉利等紛紛出現。京城中優伶的數量總有一個限度，科班增勢就意味著私坊相對減勢。並且科班出身的優伶會感覺自己清白無染，無形中對相公們便形成了一種心理壓力。

第二，老生漸受重視。與科班的發展過程相似，嘉道間，戲劇舞臺上是生旦風情戲占優，而道咸以還，隨著徽漢合流，京劇漸已形成，老生戲的分量變

〔註 128〕花榜又分文、武榜，文花榜評旦角，武花榜評生角。癸未年武榜狀元為王蓉蓉。

〔註 129〕此據《新刊鞠臺集秀錄》，而據《燕都名伶傳》，甲午花榜狀元為時慧寶。

〔註 130〕以上據《懷芳記》、《側帽餘譚》、《新刊鞠臺集秀錄》、《瑤臺小錄》、《鞠部叢譚》，見《梨園史料》。

〔註 131〕見《梨園史料》，第 864 頁。

得越來越重，老生演員也越來越受到了觀眾的歡迎。《梨園軼聞》載：「京班最重老生，向以老生為臺柱。道咸間分三派，一為奎派，即張二奎，實大聲宏，專工袍帶王帽戲，如《打金枝》、《探母》、《滎陽》之類。一為余派，即余三勝，蒼涼悲壯，專工《桑園寄子》、《碰碑》之類。一為程派，即程長庚，清剛雋上，力爭上游，專工《魚腸劍》、《捉放》、《昭關》之類。後起諸伶，大約均不出此三派之外。」〔註132〕張、余、程在戲曲史上被稱為京劇老生「前三傑」，尤其大老闆程長庚更是聲名赫赫的著名藝術家，對京劇的形成發揮了相當關鍵的作用。前三傑之後，譚鑫培、孫菊仙、汪桂芬等「後三傑」以及楊月樓、俞菊笙、黃月山等競放豪聲，一直是晚清戲曲舞臺上的頂梁人物。老生及武生戲內容上多有歷史正劇，主角是中老年的英雄豪傑，唱腔則慷慨激越，所有這些都與生旦戲存在著明顯區別，觀眾觀劇時不易產生別的想法。如果說生旦戲講究「看」，老生戲則是注重「聽」。相公業倚重旦角，旦角吃香一分，其勢力就增加一分；反之，老生愈受重視，旦優就會相形受到冷落，環境氛圍就會變得不大有利於相業的發展。

不過，庚子以前雖然出現了上述變化，但慣風相沿，在總體境遇上，相公還是深受士宦歡迎的。《孽海花》曾寫在戊戌維新時期，「京師的風氣還是盛行男妓，名為相公。士大夫懍於狎妓飲酒的官箴，帽影鞭絲，常出沒於韓家潭畔。至於妓女，只有那三等茶室，上流人不能去」〔註133〕。而庚子之亂後，相業的衰落就變得明顯了。表面原因是相公們因為戰亂而元氣受損，但咸豐末年也曾有過類似情形，亂後相業很快就恢復起來，這一次為什麼卻再也難能呢？考其究竟，是大的社會環境發生了變化，相公受到了娼妓的衝擊。

本來清代律例有禁止狎娼的規定〔註134〕在北京一直都能夠比較嚴格地得到執行，可庚子事變後，雖然太后、皇帝於光緒二十七年年底（1902年年初）返回了京城，朝廷表面還是原來的朝廷，但威信權力實際上卻已經大大降低了。政府對官員、士人的控御之力漸弱，士、宦們的放縱膽量則漸升。到了光緒三十四年（1908），光緒、慈禧又相繼去世，繼位的小皇帝童蒙無知，攝政王彷徨猶豫，八旗子弟只知敗家，於是世風之蕩逸愈發不可收拾，娼妓漸趨走

〔註132〕見《梨園史料》，第841頁。

〔註133〕《孽海花》第三十五回。

〔註134〕《大清律例》卷三十三載：「凡官吏宿娼者，杖六十。若官員之子孫宿娼者，罪亦如之。」又：「監生、生員挾妓賭博、出入官府者，問發為民，各治以應得之罪。」

紅也就在情理之中了。

對北京相業和妓業進行比較，嘉慶至光緒中期，相公一直優於娼妓。《燕京雜記》載：「京師娼妓雖多，較之吳門、白下，邈然莫逮。豪商富官多蠱惑於優童，鮮有暇及者。至金魚池、青草廠等處，連居比屋，當戶倚門，過而狎者尤為下流無恥。」《燕臺評春錄》載：「嘉道中，六街禁令嚴，歌郎比戶，而平康錄事不敢僑居。士大夫亦恐罹不測，少昵妓者。」〔註135〕《金壺七墨》：「京師宴集，非優伶不歡而甚鄙女妓。士有出入妓館者，眾皆訕之。結納雛伶，徵歌侑酒，則揚揚得意，自鳴於人，以為某郎負盛名，乃獨厚我。」〔註136〕《燕臺花事錄》：「明人有言：窮措大抱床頭黃面婆子，自云好色，豈不羞死？此言固也，而義未盡。人間真色，要不當於巾幗中求之。不則歷遍青樓，亦只得贋物耳。京師女閭，視臨淄奚啻十倍。薈騰過眼，尤覺無花。而選笑徵歌，必推菊部。」〔註137〕

庚子之後，娼妓與相公爭勝，逐漸佔據了優勢。時有自署南腔北調人者曾作多首竹枝詞，描寫京中高等妓寮清吟小班裏的面貌。

南班：

> 長林富貴松瀛墅，為訪名花鎮日過。
>
> 個個大人充都少，韓家潭畔馬車多。
>
> 辰光蠻好是新年，恩客來哉開果盤。
>
> 喜聽阿姨解頤語，果然蜜蜜又甜甜。
>
> 檀香瓜子碟裝來，敬客香煙三炮臺。
>
> 自撥琵琶自家唱，一聲聲是呀都歪。
>
> ……

北班：

> 佳人燕趙古來多，餘韻流風今若何？
>
> 八大胡同閒走遍，幾回慷慨發悲歌。
>
> 坎肩馬褂套長袍，二尺橫拖白扎腰。
>
> 小小坤鞋尖又瘦，行來一步一魂消。

〔註135〕《淞濱瑣話》卷十一。

〔註136〕《金壺七墨·遁墨卷二·伶人》。

〔註137〕見《梨園史料》，第545頁。

跑廳喊到幾爺來，款步相迎笑靨開。

打罵真成見面禮，暗中上勁要人猜。

……〔註138〕

　　清朝最末這十幾年妓業興盛的表現，一是南妓增多。南班妓者來自江南蘇浙一帶，與北京本妓相比，南妓娛客的手段要顯著精緻嫵媚。《清稗類鈔》謂：「妓寮向分南北幫。（圖263）大抵南幫活潑而不免浮滑，北幫誠實而不免固執。南幫儀態萬方，酬應周至。若北幫則床第外無技能，偎抱外無酬酢。顧亭林論社會情況，以『閒居終日，言不及義，好行小慧』評南人，以『飽食終日，無所用心』評北人。觀南北兩幫之妓女，亦猶是也。」〔註139〕由於身懷長技，南妓批量入京後自然大受歡迎。這一方面本身就提高了北京妓業的招客能力，另一方面又會促使北妓去做出一些改進。南北兩幫女妓合力獻媚，逐漸在性商業中也就成為了主力。（圖264）例如在酒樓當中，那裏的陪歡者就改變了性別。作於宣統年的《京華百二竹枝詞》寫道：

飯館倡窰次第排，萬家燈火耀花街。

從知世界崇商戰，八大胡同生意佳。

　　注：「八大胡同為京師名花淵藪，（圖265）飯館多設其左近，生意遂發達異常。燈火樓臺，萬家繁盛，金錢如水，洋溢是鄉。」

　　二是相公私寓的所在地被娼妓侵居。「八大胡同」是一個盡人皆知的名詞，包括琉璃廠南虎坊橋北的韓家潭、陝西巷、胭脂胡同等。民國間為妓院密集之地，而在清代，那裏則長時期是為相公所據。作於道光八年的《金臺殘淚記》曾載，當時優伶「盡在櫻桃斜街、胭脂胡同、玉皇廟、韓家潭、石頭胡同、豬毛胡同、李鐵拐斜街、李紗帽胡同、飯子廟、陝西巷、北順胡同、廣福斜街。每當華月照天，銀箏擁夜，家有愁春，巷無閒火。門外青驄嗚咽，正城頭畫角將闌矣」〔註140〕。（圖266）以韓家潭為首，附近十數條胡同內的相公私寓不知吸引過多少豪客斗翁。（圖267至圖268）光宣之際情形一變，《京華百二竹枝詞》寫道：

像姑堂子久馳名，一旦滄桑有變更。

試看櫻桃斜巷裏，當門不見角燈明。

〔註138〕見《都門識小錄》。

〔註139〕《清稗類鈔·娼妓類·京師之妓》。

〔註140〕見《梨園史料》，第247頁。

注：「舊日像姑堂子，門內必懸角燈一盞。（圖269至圖270）櫻桃斜街素稱繁盛之區，今已寂無一家，即韓家潭、陝西巷等處，亦落落晨星矣。」

張肖傖《菊部叢譚・歌臺摭舊錄》曾謂：「百順胡同、石頭胡同等處，為伶人私寓最密之所，該地幾有一二百家之夥。余所知者，如武升對門為西安義堂主人胡喜祿所居，松瀛小班為桐華堂主人任小鳳所居，蘭仙小班為保身堂主人劉趕三所居。（圖271至圖273）此外如寶鳳、雙樹、春華、山泉、江蘇李寓、翠蘭、春豔、武升等處，皆有名私寓之所。自南妓入都，伶人利房租之值，遂移居，以宅稅於南妓。於是百順、韓家潭、石頭諸胡同，遂一變而為楚館秦樓矣。即伶人私寓滄桑之變，亦隨金錢為轉移。吁，金錢之力可畏哉！」

作為一個特定名詞，人們固然可以舉出八大胡同所包括的八條街巷名稱，但也不必過於拘泥。實際上只要知道它們的大致範圍即可，因為八大附近的胡同也不會截然就是淨土。時人蔣芷儕曾記：「八大胡同名稱最久，當時皆相公下處，豪客輒於此取樂。庚子拳亂後，南妓麇集，相公失權，於是八大胡同又為妓女所享有。酒食之費，征逐之多，較之昔年奚啻十倍。有人詠八大胡同詩一首，將胡同細名包括在內，詩云：

八大胡同自古名，

陝西百順石頭城〔註141〕。

韓家潭畔絃歌雜〔註142〕，

王廣斜街燈火明〔註143〕。

萬佛寺前車輻輳〔註144〕，

二條營外路縱橫〔註145〕。

貂裘豪客知多少，

簇簇胭脂坡上行〔註146〕。

按：八大胡同又名十條胡同，以該處大小巷計之，有十條也。」〔註147〕

〔註141〕陝西巷口、百順胡同、石頭胡同。──原注。
〔註142〕韓家潭。──原注。
〔註143〕王廣斜街。──原注。
〔註144〕萬佛寺灣。──原注。
〔註145〕大外郎營、小外郎營。──原注。
〔註146〕胭脂胡同。──原注。
〔註147〕《都門識小錄》。

　　光宣之際，北京妓業的興盛程度已經超過相業。宣統三年，辛亥革命爆發，清朝覆亡，民國肇造，隨之而來的是娼妓徹底勝過了相公。這裡必須提到一位著名的戲劇藝術家，他就是梆子戲演員田際雲。民國周明泰《道咸以來梨園繫年小錄》記其大致經歷：

　　　　藝名響九霄，小名田虎，直隸高陽人。年十二歲，入涿州雙順科班坐科，習秦腔花旦兼小生。（圖274）嗣後慈安太后大喪，班解散，隨班主趙某來京，在糧食店梨園公館演說白清唱。後至天津，名益彰，又應上海金桂園主之聘，往唱三年。京中瑞勝和班倩武得泉約其返京。二十四歲，組織小玉成班，所收徒弟，均「玉」字，如張玉峰、李玉奎等。復赴滬，先演於天成茶園，同班有汪桂芬、萬盞燈；後演於老丹桂，自排《佛門點元》、《錯中錯》、《斗牛宮》諸戲。（圖275）年餘又返京，時京中徽、秦各自分班演唱，際雲乃起大玉成班，約黃月山、楊娃子、夏月潤、李金茂、張黑等，徽秦同臺，始創「兩下鍋」之例。值戊戌維新，際雲以供奉內廷出入禁闈，時與黨人通消息，無何變作，逃避之滬。辛丑回京，重建天樂並起小吉祥班。宣統時以言官奏其勾通革黨、編演新戲、詆毀朝廷，捕入獄，百日始釋。入民國後，組織正樂育化會，又組崇雅女科班，授徒甚眾，曾一度為直隸議員。

　　田際雲為廢除相公私寓進行了不懈努力。據《伶史》，他在清末已有此志：「際雲生平最恨私寓，以為是伶界羞，常蓄志革之。宣統三年，遂決計呈請禁止私寓。呈未上，適為私寓中之有力者所聞，以錢買某御史，上奏伶人田際雲勾通革黨、時編新戲、辱罵官府，宜科以應得之罪。三月十九日被步兵統領衙門官兵鎖去，送交地方審判廳。查無實據，繫獄百日釋出。」〔註148〕時隔不久民國建立，國家開始有了一些新的氣象，田際雲遂於民元四月十五日遞呈於北京外城巡警總廳，請禁韓家潭一帶相公私寓，以重人道。總廳准呈，並於同月二十日發布告示，文曰：

　　　　外城巡警總廳為出示嚴禁事：照得韓家潭、外廊營等處諸堂寓，往往有以戲為名，引誘良家幼子，飾其色相，授以聲歌。其初由墨客騷人偶作文會宴遊之地，沿流既久，遂為納污藏垢之場。積習相仍，釀成一京師特別之風俗，玷污全國，貽笑外邦。名曰「像

─────────────────────────

〔註148〕《伶史·卷一·田際雲世家》。

姑」，實乖人道。須知改良社會，戲曲之鼓吹有功；操業優伶，於國
民之資格無損。若必以媚人為生活，效私倡之行為，則人格之卑，
乃達極點。現當共和民國初立之際，舊染污俗，允宜咸與維新。本
廳有整齊風俗、保障人權之責，斷不容此種頹風尚現於首善國都之
地。為此出示嚴禁，仰即痛改前非，各謀正業，尊重完全之人格，
同為高尚之國民。自示之後，如再有陽奉陰違，典買幼齡子弟，私
開堂寓者，國律具在，本廳不能為爾等寬也。切切特示，右諭通
知。〔註149〕

　　這篇告示是非常重要的文獻，它的發布標誌著私寓制度的正式結束。同
時，由於優伶男風是古代男風的重要組成部分，反映出了古代同性戀的許多
特點特徵，因此，也可以把這一布告看成是整個中國古代同性戀史的結束標
誌。以田際雲為代表的戲曲演員為廢除相公體制而奔走呼籲，並終於取得了成
功。這是在近代思潮影響下優伶榮譽意識提高的一種反映，他們在清末越來越
深切地體認到身為相公是優伶的一種人格不幸，是自甘下賤。因此，他們不但
自己不做像姑而專事演藝，而且還要竭力勸止同行為相。辛亥革命前夕，尚且
業相者在優伶當中已經難以擡頭，民國成立後，相公終於煙消雲散，曾經業此
者大都革面洗手，將早年的經歷深深掩藏，往事是生怕被別人提起的。

　　於是，民國年間的八大胡同就徹底地成為了娼妓的領地。民國吏制在諸多
方面還不如前清，腐敗導致了妓業更加的繁榮。《中華全國風俗志·下編·京
兆》曾記：

　　　　當壬癸年〔註150〕議會極盛時期，胡同小班，供不敷求。於是
津、漢、蘇、滬等埠，連袂北來者，絡繹不絕，大都滿飽囊橐，如願
以償。自國會解散後，而娼僚妓館，亦無形中受莫大之打擊。及至
籌安會發生時期，又漸漸恢復二年前之盛況。乃盛會難常，衰狀又
現，洎乎護國軍起，而胡同冷落，不堪回首矣。既而國會恢復，胡
同之營業，亦無形中隨以恢復。要之，北京胡同之盛衰，亦一國安
危之所繫也。

　　　　北京妓女之香巢，大都在外城八大胡同內。八大胡同者，陝西
巷、石頭胡同、小李紗帽胡同、胭脂胡同、百順胡同、韓家潭、王

───────────────
〔註149〕《燕歸來簃隨筆》，見《梨園史料》，第1243頁。
〔註150〕民國元年（1912）至二年（1913）。

廣福斜街、皮條營是也。其實賣淫之胡同尚不止此，特以此數者為最著耳。時人有律詩四首，於妓院情景，歷歷如繪。茲特錄之，亦采風問俗之韻事也：

> 陝西巷裏覓溫柔，店過穿心向石頭。
> 紗帽至今猶姓李，胭脂終古不知愁。
> 皮條營有東西別，百順名曾大小留。
> 逛罷斜街王廣福，韓家潭去聽歌喉。

> 北地南都大不同，姑娘亦自別青紅。
> 高呼見客到前面，隨便挑人坐廠廳。
> 騰出房間打簾子，扣完衣服點燈籠。
> 臨行齊說明天見，轉過西來更往東。

> 沉迷酒醉與花天，大鼓書終又管絃。
> 要好客人先補缺，同來朋友慣鑲邊。
> 碰和只擾一餐飯，住夜須花八塊錢。
> 若作財神燒蠟燭，交情從此倍纏綿。

> 逢場擺酒現開銷，浪擲金錢媚阿嬌。
> 欲壑難填跳槽口，情天易補割靴腰。
> 茶圍偶為梳妝打，竹槓多因借補敲。
> 夥計持來紅紙片，是誰催出過班條？

清代北京的娛樂業，除去戲劇還有曲藝。唱曲優伶沿襲了前明小唱的傳統，賣藝之外也有兼事賣色、賣身者，名目有小唱、檔子、頓子等。關於小唱，《金吾事例》曾經指出：「梨園演戲，歌舞太平，誠盛事也。此外又有小唱，俱係年幼頑童，演成淫詞邪曲。墮其局中，揮金如土，傾家敗產，往往有之。至候選人員，至此者歡呼擲彩，爭認乾兒，因而七折八扣，負債累累，困頓旅邸而不能出京者，大半由此。且所典幼童，俱係民家子弟，始則隱瞞教曲，繼則借獲重利，因此爭贖涉訟，不一而足。」〔註151〕

檔子（花檔）和小唱都以唱曲為取悅客人的手段，是同一類優伶的不同稱呼。《百戲竹枝詞·花檔兒》寫道：

〔註151〕見《北平風俗類徵·遊樂》。

妙齡花檔十三春，聽到《邊關》最愴神。

卻怪老鸛飛四座，秦樓誰是意中人？

注謂：「歌童也，初名秦樓小唱，年以十三四為率。曲中《邊關調》至淒婉。好目挑坐客，以博纏頭，為飛老鸛云。」

乾隆間蔣士銓寫有一首《唱檔子》，云：

作使童男變童女，窄袖弓腰態容與。

暗回青眼柳窺人，活現紅妝花解語。

憨來低唱《想夫憐》，怨去微歌奈何許。

童心未解夢為雲，客恨無端淚成雨。

尊前一曲一魂銷，目成眉語師所教。

燈紅酒綠聲聲慢，促柱移弦節節高。

富兒估客逞豪俠，鑄銀作錢金縷屑。

一歌脫口一纏頭，買笑買嗔爭狎褻。

夜闌卸妝收眼波，明朝酒客誰金多？

孩提羞惡已無有，父兄貪忍終如何！

君不見鶯喉一變蛾眉蹙，斜抱琵琶定場屋。

不然去作執鞭人，車前自理當年曲。〔註152〕

這首詩寫到了檔子當紅時的得意和色藝漸衰後的結局。當他們當紅時，「富兒估客」「買笑買嗔爭狎褻」，可見賣藝並非他們娛客的唯一方式，據乾隆《水曹清暇錄》卷八：「曩年最行檔子，蓋選十一二齡清童，教以淫詞小曲，學本京婦人裝束，人家宴客，呼之即至。席前施一觝觝，聯臂踏歌，或溜秋波，或投纖指，人爭歡咲打彩，漫撒錢帛無算。」《夢華瑣簿》：「嘉慶初年，開戲甚遲，散戲甚早。大軸子散後，別有清音小隊，曰『檔子班』，登樓賣笑。浮梁子弟迷離若狂，金錢亂飛，所費不資。」〔註153〕而當檔子色藝漸衰之後，他們有些人的結局就甚是可憐了。《藤陰雜記》卷五曾謂：「花檔子散處前門左右，鮮衣美食，一無所能。色衰音變，則為彈手，教演幼童。若無資即執鞭趕車，否則入雞毛房矣。」雞毛房是為乞丐一類的赤貧所設，以防他們冬天因露宿街頭而成倒臥，花檔子到了宿入雞毛房的地步，也就是已經淪落為乞丐了。

〔註152〕《忠雅堂詩集》卷八。
〔註153〕見《梨園史料》，第355頁。

記載當中，北京的頓子〔註154〕也和男色有關聯。《燕京雜記》認為他們的行為相近於優童、剃頭仔：「京師優童甲於天下，妖態豔妝，逾於秦樓楚館。優童外又有剃頭仔，又有頓子房，惑人者不一而足。常言男盜女娼，今則男娼女盜。」《都門竹枝詞》裏的一首詩寫到：

> 聚賭嚴拿與宿娼，軟棚一律入彈章。
>
> 褲襠扯卻當堂驗，底事便宜頓子房。〔註155〕

這首詩把軟棚裏的剃頭徒弟等近於男娼，寫他們因姦被捉，而頓子則僥倖漏網。暗含之義，頓子們同樣是有賣淫情事的。《草珠一串·市井》裏也有一首詩：

> 徽班老闆鬻龍陽，傅粉熏香坐客傍。
>
> 多少冤家冤到底，為伊爭得一身瘡。

這首竹枝詞第一句寫徽班老闆把優童訓練成龍陽以漁利，第二句寫優童去陪客，三、四兩句寫豪客因與優童相交而身染瘡毒。在第二句後面有一小注，謂：「甚於當年囤子。」那麼囤子（頓子）即使賣身的程度不如優童，終究也是擺不脫龍陽干係的。

馬頭調曲本《逛頓子房》中，頓子也作洞子，窮困是這些少年走上此途的主因：

> 有一個鄉下的孩子，董村祖居。白蓮教的徒弟，不知他的名字。年方十四他母已死，剩下他父子。皆因家寒難度日，少穿又無吃。無奈何奔京師，一路兒要錢討飯吃。這一日來到了金魚池，遇見了個親戚。叫了聲「太爺」拉住衣，眼淚汪汪苦苦的央唧。「總得賞我們碗飯吃」，鬧的個撈毛的也無了主意。瞧他的眼皮兒雜，薦到洞子房裏。老頭子管賬，帶買東西。他兒子甚有出息，換他套華麗衣。打了條拋松的辮子，學了些哄人的話語。排就了見人的規矩，拾掇的粉堂花兒似的。真有趣！為的是崩銀子。百合園的大掌櫃的閒消遣，愛上了這個孩子。叫了桌酒席，猜拳行令，說話投機。筵席撤去，褪下褲子，緊緊摟著，小手兒擺弄東西。只覺得一陣疼起，不敢叫喚由他去。合了式就愛吃，不多時一連數次。〔註156〕

〔註154〕或作囤子、洞子，其實均係檔子的音轉。

〔註155〕《都門竹枝詞·街市》。

〔註156〕見《李家瑞先生通俗文學論文集·二十八·兔子考原》。

四、清代其他地區

在北京以外的全國其他地方，由於禁妓政策執行得不甚嚴格等原因，因而缺乏演劇業興盛的特殊背景，無論戲曲表演水平還是優伶存在體制都不比京城。不過從總體上講，清代隨著亂彈諸腔的發展，各種地方戲也都是繁榮的，無非與北京相比時才顯得存在著某些差距。至於優伶男色，京外各地一方面相對不甚明顯，另一方面則也是廣泛存在。

（一）天津

天津距離北京甚近，本來只是直隸天津府的治所。鴉片戰爭後，中西交往日廣，咸豐十年（1860）三口通商大臣立署津門，同治九年（1870）改設北洋通商大臣，由直隸總督兼任，天津作為北方最重要的通商城市而迅速繁榮起來。這裡的戲業面貌類似北京而又遜色一籌，同光間張燾《津門雜記》記述較詳。關於演出場所及流行劇種等情況，《雜記》謂：「天津戲園有四：一名慶芳園，一名金聲園，一名協盛園，一名襲勝園。所有戲班向係輪演，有京二簧，有梆子腔。生、旦、淨、丑，色藝俱佳，繞歌妙舞，響遏行雲，是足動人觀聽。」某些優伶也像京中一樣趁演出的機會去招呼看客：「每日賓朋滿座，嘗有雛伶三五成群，周旋座客。秋波流媚，粉膩衣香，旁觀者不覺延頸舉踵，目光灼灼。昔人有詠官座云：『左右並肩人似玉，滿園不向戲臺看。』概可想矣。《小伶上座》：『輕移玉趾步翩翩，數語寒喧對客前。一握柔黃無限喜，好花相映各爭妍。』《裝煙》：『莫負殷勤美意虔，纖纖親送幾筒煙。笑他老大生涯賤，慣向人旁脅兩肩。』」〔註157〕

相公、下處、叫條子（叫局）一類的名目，天津同樣存在：「優伶美其名曰相公，即像姑之訛音，言其男而像女也。向居侯家後，其寓所曰下處。主人曰老闆，多半亦梨園子弟出身。積有餘資，遂蓄雛伶，自立堂名。教之歌舞，或唱老生，或作花旦，後來之翹楚，為本色之生涯。凡張宴請客，有以清宴不歡者，必書小紅紙傳喚歌童來侑觴，曰叫局。童應命赴局，謂之趕條子。來則執壺勸酒，情致纏綿，大有翠袖殷勤捧玉鍾之概。或拇戰，或高歌，談笑詼諧，差強人意，令人如飲濃醪，醉不自覺。按：京都狎優，不過徵歌侑酒，逢場作戲，無傷風雅，彼此尚知自愛，不必實事求是。而天津私坊品格較低，供人狎昵，任所欲為，後庭一曲，真個魂消。其命薄無奈如此！」〔註158〕

〔註157〕《津門雜記》卷下。
〔註158〕《津門雜記》卷中。

　　而「供人狎昵」的優伶既有唱戲的也有唱曲的，天津落子的表演相似於北京檔子，他們的「品格」也是「較低」。地方士紳認為有傷風化，遂有呈請禁止之舉。《申報》第5331號：「夫淫詞穢曲，紅顏多蠱惑之緣；斷袖分桃，青史著龍陽之穢。凡此誨淫之事，尤為敗俗之端。津人士怒焉憂之，因由紳耆張小林、茂林、景源糾率同志多人，公稟琴堂，籲請頒發明示將男落子、女落子一律禁止。婆心苦口，有益於風俗人心者實非淺鮮。特恐一紙官符，虛行故事，徒令差役藉端需索，則於諸君遞稟之深意反致湮沒不彰耳。」〔註159〕果然，男落子並未因禁而絕，（圖276）《申報》第6692號：「北方無賴少年喬作女妝，登臺度曲，謂之男落子。前曾奉憲□逐，耳目為之一清。詎日久玩生，現復遁逃於法租界第一茶樓，早晚登場，引人入勝。茶樓地居偏僻，為領事所不見不聞；而地方官又以地在租界中，不便為之庖代。遂任若輩撲朔迷離，誨淫無忌。嚴而禁之，仍望於中西之南面者。」〔註160〕

（二）西安

　　西安流行秦腔，此地優伶的情況，乾隆間嚴長明等《秦雲擷英小譜》敘述較詳。前面曾經提到，畢沅撫陝時他的幕客多有龍陽之好，嚴長明即是畢氏幕府中人。袁枚曾記：「冬友侍讀昵伶人登元，將之陝西，未能攜去。路上見籠中賣相思鳥者，戲題云：『同眠復同食，何處號相思？』」〔註161〕冬友為長明之字，他赴陝前與登元大致是具有一種斷袖關係的，雖然未能攜元同行，不過到了陝西後恐怕也不會就自甘寂寞。《小譜》中的祥麟與他比較親近：「申生祥麟者，小字狗兒。乾隆乙未歲，余客長安。物色之時，年已二十餘，容貌中人耳。然至逢場角藝，姿態橫出，精彩相授。余學道且老，尚自覺瞿然失據，斯其服媚固有術哉！丙申南歸，欲挈以往，重利啗之，以親老固辭。歸後得舊遊書，具道祥麟感余意厚，每言及，必太息再四，至雙淚交睫。信乎！其至性有過人者。」祥麟服媚有術，嚴長明意欲挈歸，看來是把他視為了登元的替身。

　　許仲元《三異筆談》卷二載有楊花救主事：

　　　　江右孝廉徐某，以大挑試用長安。有雛伶楊花者，年十四，一
　　　　見目成，以三百金售焉。逾年教匪〔註162〕起，徐捧檄催趲糧運，楊

―――――――――

〔註159〕《津門瑣記》，光緒十四年正月十二日。

〔註160〕《津沽寒色》，光緒十七年十一月初六日。

〔註161〕《隨園詩話》卷十四。

〔註162〕指嘉慶年間的白蓮教教徒。

花能左右之。畜青驄，一日行二百餘里，常乘以從。丁巳，寇亂方熾，徐催運至邠陽驛，卒遇高均德股匪。楊乃教徐偽作賊探馬狀，持箭乘青驄逸去。楊乃下馬往館舍，賊目有識之者，謂：「楊掌班聞已跟官，何忽在此？」答曰：「吾代主催餉，俟此數日矣。」賊目顧其黨曰：「聆其言，似餉尚未來，且遇舊知，今晚當留此。」即置酒聚飲，令楊歌曲。楊略不抗拒，盡獻所長，且流目送媚，以醉賊目。度已沉酣，猝掣賊佩刀刺之，應手而中。賊黨驚，群起刃之。賊亦敗興，逡巡委去。居人重其義，築土葬之，樹碣曰：「義伶楊花救主處。」

　　予友孟九我廷烺于役過此，作記頗詳，復寫《楊花救主圖》示予。予為作長歌以紀云：「詩人孟浩然，示我《楊花傳》。為寫《楊花救主圖》，貞心俠骨千秋見。每從花底說秦宮，幕置青油變態工。自向梨園傳豔節，不教斷袖沒英雄。楊花舊隸華林部，小隊《梁州》按歌舞。垂楊婀娜不禁風，落花飄泊還無主。破鏡徐郎意氣豪，量珠攜得鄭櫻桃。當筵獨譜秦風壯，倚帳同看塞月高。一朝忽唱從軍樂，細馬馱來增綽約。射虎晨隨繡纛弛，飛鴻暮逐金丸落。那知記室走孤城，正值風高夜劫營。子弟八千人散盡，眼前惟見賊縱橫。可憐生小嬌無力，手挽徐郎出荒驛。牽到青驄讓主騎，幸郎得免儂何惜。戰場生縛獻訶摩，千隊樓羅一笑嘩。滿面怨愁雙雨淚，爭教掩得貌如花。軒眉嗔目呼狂賊，身墜污泥心白璧。只願魂依屬鬼雄，久拚血化萇宏碧。歎息無情渭水寒，弔花鴛冢淚闌干。憐他捍刀真情種，殉主還輸脫主難。君不見如荼如火軍千屯，望塵拜寇何殷勤！國殤獨有汪錡在，一片楊花氣薄雲。」此郎芳節，更勝丁期。

蒲松齡《聊齋誌異》裏發生在西安的一則優伶同性戀故事內容奇異，堪以警世：

　　韋公子，咸陽世家。放縱好淫，婢婦有色，無不私者。叔亦名宦，休致歸，怒其行，延明師，置別業，使與諸公子鍵戶讀。公子夜伺師寢，逾垣歸，遲明而返。一夜，失足折肱，師始知之。告公，公益施夏楚，俾不能起而始藥之。及愈，公與之約：能讀倍諸弟，文字佳，出勿禁；若私逸，撻如前。然公子最慧，讀常過程。數年，中鄉榜。欲自敗約，公箝制之。赴都，以老僕從，授日記籍，使志

其言動，故數年無過行。後成進士，公乃稍弛其禁。公子或將有作，
惟恐公聞，入曲巷中，輒託姓魏。

　　一日，過西安，見優僮羅惠卿，年十六七，秀麗如好女，悅之。
夜留繾綣，贈貽豐隆。聞其新娶婦尤韻妙，私示意惠卿。惠卿無難
色，夜果攜婦至，三人共一榻。留數日，眷愛臻至，謀與俱歸。問
其家口，答云：「母早喪，父存。某原非羅姓。母少服役於咸陽韋氏，
賣至羅家，四月即生余。倘得從公子去，亦可察其音耗。」公子驚
問母姓，曰：「姓呂。」生駭極，汗下浹體，蓋其母即生家婢也。生
無言。時天已明，厚贈之，勸令改業。偽託他適，約歸時召致之，
遂別去。

　　……以浮躁免官。歸家，年才三十八，頗悔前行。而妻妾五六
人，皆無子。欲繼公孫，公以門內無行，恐兒染習氣，雖許過嗣，必
待其老而後歸之。公子憤欲招惠卿，家人皆以為不可，乃止。又數年，
忽病，輒撾心曰：「淫婢宿妓者，非人也！」公聞而歎曰：「是殆將死
矣！」乃以次子之子，送詣其家，使定省之。月餘果死。〔註163〕

（三）開封

　　開封是河南省會，乾隆年間李綠園《歧路燈》對該城戲業進行了不少描
寫。當時崑腔在開封尚受歡迎，另外還有「隴西梆子腔、山東過來弦子戲、本
地土腔大笛翁、梆鑼卷」〔註164〕等。

　　優伶的嬌媚：

　　　　少爺看見兩個旦腳又年輕，又生得好看，去了包頭，還像女娃
　　　　一般。聲嗓又中聽，一笭笛兒相似。一定不肯放。〔註165〕

　　　　紹聞看兩個時，果然白雪團兒臉，泛出桃花瓣兒顏色，真乃吹
　　　　彈得破。說：「好標緻樣兒。」〔註166〕

　　　　這新來蘇旦，未到丁年，正際卯運，真正是蕊宮仙子一樣。把
　　　　一個盛公子喜的腮邊笑紋難再展，心窩癢處不能撓。〔註167〕

〔註163〕《聊齋誌異・卷十一・韋公子》。
〔註164〕《歧路燈》第九十四回。
〔註165〕《歧路燈》第七十七回。
〔註166〕《歧路燈》第七十七回。
〔註167〕《歧路燈》第七十八回。

優伶對官員的奉承：

> 這戲主原好伺候官席。非徒喜得重賞，全指望席終勸酒，把旦腳用皂丸肥胰洗的雪白，淡抹鉛粉，渾身上帶的京都成馥樓各種香串，口中含了花漢沖家雞舌香餅，豔妝喬飾，露出銀釧圍的雪腕，各位大老爺面前讓酒討彩。這大人們伯樂一顧，便聲價十倍。〔註168〕

《歧路燈》第二十一至二十四回寫了舊家公子譚紹聞與旦優九娃的同性戀。第二十一回，兩人初交，當時譚紹聞是應邀赴宴看戲：

> 須臾，肴核齊上，酒肉全來。戲班上討了點戲，先演了《指日高升》，奉承了席上老爺；次演了《八仙慶壽》，奉承了後宅壽母；又演了《天官賜福》，奉承了席上主人。然後開了正本。先說關目，次扮腳色，唱的乃是《十美圖》全部。那個唱貼旦的，果然如花似玉。紹聞看到眼裏，不覺失口向夏逢若道：「真正一個好旦腳兒！」那戲主聽的有人誇他的旦腳，心窩裏也是喜的，還自謙道：「不成樣子，見笑，見笑。既然譚兄見賞，這孩子就是有福的。」一聲叫班上人。班上的老生見戲主呼喚，還帶著網巾，急到跟前，聽戲主吩咐。茅拔茹道：「叫九娃兒來奉酒。」紹聞還不知就是奉他的酒，也不推託。其實就是推託，也推託不過了。只見九娃兒向茶酒桌前，討了一杯暖酒，放在黑漆描金盤兒裏，還是原妝的頭面，色衣羅裙，嫋嫋娜娜走向戲主席前。戲主把嘴一挑，早已粉腕玉筍，露出銀鐲子，雙手奉酒與譚紹聞。嬌聲說道：「明日去磕頭罷。」紹聞羞的滿面通紅。站起來，不覺雙手接住，卻又無言可答。逢若接口道：「九娃，你下去罷，將次該你出腳了。明日少不了你一領皮襖穿哩。」九娃下去。紹聞臉上起紅暈，心頭撞小鹿，只是滿席上都注目私語。

此後譚紹聞和九娃日漸稔熟，九娃「居然斷袖之寵」〔註169〕。

《歧路燈》中還寫豪貴子弟盛希僑「公子性兒，鬧戲旦子如冉蛇吞象一般，恨不的吃到肚裏」〔註170〕。某河道「素性好鬧戲旦，是個不避割袖之嫌的」〔註171〕。

〔註168〕《歧路燈》第九十五回。

〔註169〕《歧路燈》第二十四回。

〔註170〕《歧路燈》第七十七回。

〔註171〕《歧路燈》第九十五回。

（四）南京

　　在上海興起之前，南京是南方的娛樂文化中心。這裡的妓業明顯盛於北京，戲業雖不如京城但其實也很興盛。並且南京的某些優伶和京中一樣也是自立下處，即如《畫舫餘譚》中的朱雙壽，他「韶顏稚齒，弁而釵者也。早馳聲於梨園菊部間，所演《絮閣》、《藏舟》、《打番兒》、《雪夜琵琶》諸齣，觀者莫不心醉。本隸金閶〔註172〕籍，近亦河湄傲屋，輪奐一新。間與小酌，清譚足令櫻桃減色」。在自己家中招客侑酒，行為實近京城相公。對此現象，《儒林外史》的描寫更加具體真切。在該書第四十二回，貴公子湯大爺、湯二爺招優演戲，領戲班的鮑廷璽座上相陪：

　　　　鑼鼓響處，開場唱了四齣賞湯戲。天色已晚，點起十幾副明角燈來，照耀的滿堂雪亮。足足唱到三更鼓，整本已完。鮑廷璽道：「門下這幾個小孩子跑的馬倒也還看得，叫他跑一出馬，替兩位老爺醒酒。」那小戲子一個個戴了貂裘，簪了雉羽，穿極新鮮的靠子，跑上場來，串了一個五花八門。大爺、二爺看了大喜。鮑廷璽道：「兩位老爺若不見棄，這孩子裏面揀兩個留在這裡伺候〔註173〕？」大爺道：「他們這樣小孩子，曉得伺候甚麼東西。有別的好頑的去處，帶我去走走。」鮑廷璽道：「這個容易。老爺，這對河就是葛來官家，他也是我掛名的徒弟，那年天長杜十七老爺在這裡湖亭大會，都是考過，榜上有名的。老爺明日到水襪巷，看著外科周先生的招牌，對門一個黑搶籬裏，就是他家了。」

　　　　次日，大爺備了八把點銅壺、兩瓶山羊血、四端苗錦、六簍茶，叫人挑著，一直來到葛來官家。敲開了門，一個大腳三帶了進去。前面一進兩破三的廳，上頭左邊一個門，一條小巷子進去，河房倒在貼後。那葛來官身穿著夾紗的玉色長衫子，手裏拿著燕翎扇，一雙十指尖尖的手，憑在欄杆上乘涼。看見大爺進來，說道：「請坐。老爺是那裏來的？」大爺道：「昨日鮑師父說，來官你家最好看水，今日特來望望你。還有幾色菲人事，你權且收下。」家人挑了進來。來官看了，喜逐顏開，說道：「怎麼領老爺這些東西？」忙叫大腳三：「收了進去。你向相公娘說，擺酒出來。」大爺道：「我是教門，不

〔註172〕蘇州西城門閶門內古有金閶亭，後因以金閶為蘇州的別名。
〔註173〕意思很可能就是侍寢。

用大葷。」來官道：「有新買的極大的揚州螃蟹，不知老爺用不用？」大爺道：「這是我們本地的東西，我是最歡喜。我家伯伯大老爺在高要帶了家信來，想的要不的，也不得一隻吃吃。」來官道：「大老爺是朝裏出仕的？」大爺道：「我家大老爺做著貴州的都督府。」說著，擺上酒來。對著那河裏煙霧迷離，兩岸人家都點上了燈火，行船的人往來不絕。

這葛來官吃了幾杯酒，紅紅的臉，在燈燭影裏，擎著那纖纖玉手，只管勸湯大爺吃酒。大爺道：「我酒是夠了，倒用杯茶罷。」葛來官叫那大腳三把螃蟹殼同果碟都收了去，揩了桌子，拿出一把紫砂壺，烹了一壺梅片茶。兩人正吃到好處，忽聽見門外嚷成一片。葛來官走出大門，只見那外科周先生紅著臉，腆著肚子，在那裏嚷大腳三，說他倒了他家一門口的螃蟹殼子。（圖 277）葛來官才待上前和他講說，被他劈面一頓臭罵道：「你家住的是海市蜃樓，合該把螃蟹殼倒在你門口，為甚麼送在我家來？難道你上頭兩隻眼睛也撐大了？」彼此吵鬧，還是湯家的管家勸了進去。

周先生罵葛來官：「你家住的是海市蜃樓。」意思是說來官做的是黯昧營生，若隱若現，有羞於示人的地方。

（五）揚州

一些竹枝詞描寫了此地風尚。

《揚州竹枝詞》：

> 嬌歌連像動人心，流水高山沒賞音。
>
> 寄語生兒工傅粉，不須古調學彈琴。

林蘇門《續揚州竹枝詞》：

> 亂彈誰道不邀名，四喜齊稱步太平。
>
> 每到彩觴賓客滿，石牌串法雜秦毀。

臧穀《續揚州竹枝詞》：

> 倡優　樣有名傳，等戲開臺望眼穿。
>
> 旦角喜看春狗子，《面缸》打過又《湖船》。

《邗江竹枝詞》：

> 走班小旦寔風騷，打扮穿衣媚且嬌。
>
> 裝出百般流動戲，鹽台焉得不魂消？

在下面趙翼的這首詩中，揚州郝郎具有坑死人的本事：

> 孔雀東南飛，共愛毛羽好。
>
> 其雌但虓虓，五采必雄鳥。
>
> 乃知男色佳，本勝女色姣。
>
> 揚州曲部魁江南，郝郎更賽古何戡。
>
> 出水菡蓮初日映，臨風緒柳淡煙含。
>
> 廣場一出光四射，歌喉未啟人先憨。
>
> 銅山傾頹玉山倒，春魂銷盡酒行三。
>
> 遂令天下父母心，不重生女重生男。
>
> 以是得佳號，「坑死人」滿城噪。
>
> 胭脂陣上倒馬關，花月場中陷虎窖。
>
> 坑縱不死死亦拼，深阱當前甘自蹈。
>
> 古來掘地作塹坑，或殺腐儒或降兵，
>
> 不謂煙花有長平！
>
> 以此類推之，妙悟觸緒生。
>
> 宋坑可作宋朝謚，秦坑應換秦宮名。
>
> 老夫老來怕把坑字說，況聞美男能破舌。
>
> 兢兢若將墜諸淵，惴惴惟恐臨其穴。
>
> 豈知一見也低迷，不許廣平心似鐵。
>
> 目成幾忘坎窞凶，有人從旁笑此翁。
>
> 驅而納之莫知避，教書人未讀《中庸》。〔註174〕

金兆燕《定郎小傳》值得我們仔細品讀：

> 徐郎定定，字雙畦，小名雙喜，吳趨人也。美姿容，有雅韻。五歲能歌，六歲按笛，八歲學簫鼓。暗誦唐人絕句，宋人小令數十首，皆粗曉文意。十五挾藝遊揚州。揚州沈君江門老於琴，自號夢琴生，無人能傳其指法。徐郎欲學之，江門曰：「欲學吾琴，當先定爾神。」因更其名曰定定，誨之琴。自是，人皆呼為定郎云。乾隆乙亥春，余至姑蘇，登虎邱，過山塘，見群少年聯臂而嬉。有曳淡碧衫者，風致嫣然。數顧之，流眄再三，穿柳陰去。

〔註174〕《趙翼詩編年全集‧卷三十‧坑死人歌為郝郎作》。

丙子〔註175〕秋，余客揚州。友人程君竹垣以所作《定定曲》示余，且曰：「此人雖歌者，然有翰墨癖。吾欲召之度曲以侑君觴，君當投以詩，勿靳也。」次夕招飲，余以事牽，獨後至。至則酒將闌，定郎已薄醉。倚簫而歌，聲纏綿如不勝情。紅潮暈頰，目睞睞與燭光相映。曲終，起視余曰：「郎君若曾相識者，何故？」余亦諦視之，曰：「此山塘柳陰下少年也。」詢之，果然。余狂喜曰：「自去春見汝後，意忽忽如有所失。自以為落花飛絮，定不再逢，乃今得聚於此！」即席步竹垣韻，作長歌貽之。余染翰，定郎歌臨川《尋夢》曲子。曲未終而詩成，擲筆拍其肩曰：「今日尋著夢矣。」乃停曲讀余詩，讀詩聲尤清圓可聽。讀畢謂余曰：「郎君詩我雖不甚解，然在吳中觀諸名士作詩，未有如此速者，郎君有異術乎？」旋以巨觥進曰：「乞更填一詞以賜。」余時已大酣，起步庭除，月色如晝，步三匝成長調一闋。自是友朋文酒之讌，無日無定郎。

吳君梅查將遊棲霞，集同人為詩贈行。吾宗錢塘冬心先生〔註176〕聞座上之有定郎也，闖而入，同人皆大快。有一客不能詩而來獵酒，酒半誂定郎。定郎不能堪，反唇。客大怒，橫詈揎袖，座客皆愕眙。主人引怒者去，乃更酌。定郎泣下沾襟，取袖中便面摧燒之，蓋日者此客之所贈也。侍君鷺川睨而戲之曰：「傾所逐惡客，吾明日當頂禮謝之。不然，安得見此梨花帶雨狀？」徐以羅巾拭面，擱目而顧曰：「諸郎君亦知我儂為可憐人乎？」余慨然曰：「此子亦人耳，乃淪落如此！余窮於世久矣，舉世無知我者，而定郎愛我獨摯。我必有以傳定郎，使定郎不朽者，定郎其勿恨於是。」於是輾然大喜曰：「誠如是乎？」乃引滿以屬，脫指上金彄以贈曰：「持此為念，郎君其毋忘今夕之言！」

蓋是時定郎來揚州已數月矣，雖聲譽籍甚，而以不善夤緣，不能逢迎，故尚無託足地。僦居小巷中，室僅容膝，一榻一几。階下秋花數種，掩映簾箔，衾幬整潔，無點塵。非甚相愛，不得入其室。余寓居花園巷之祇園庵，鄰家笙歌徹旦。嘗與余坐月下，聽隔牆歌聲。遙為按拍，分刌不差。閱案上昔人詩，有「謝郎衣」三字，問何

〔註175〕乾隆二十一年，1756。
〔註176〕金農，號冬心。

典？余以《叙小志》謝耽、蘇紫勞事〔註177〕告之。次夕歸，著吾衫履去，曰：「此謝郎衣也。」余居揚不匝月，然無時離定郎。或無他友，則獨與余步出城，園亭蘭若，隨意所往。每夕陽將墜，晚煙橫樹，秋風淒然。輒對余侘傺斟愗，不怡者良久。詰之，終不肯言。一日謂余曰：「予不耐囂雜，揚州不可久居。如得為郎君詩弟子，常侍左右，則出泥塗而升青雲矣！郎君其有意乎？」余曰：「吾非不欲挈汝去，但勢不能耳。然吾豈忘汝者？吾自有挈汝之術。」

乃遍集同社，召畫者為定郎寫真。定郎對畫者坐，諸客環之，時時擘小鏡自照。畫者曰：「其形可似，其神光離合不能似也。」畫既成，指畫中人謂余曰：「吾命不如此人。此人能隨郎君去，吾不能。不如一也；吾轉眼憔悴，而此人終身少年。不如二也；吾風塵追逐，與潦倒伶工相伴，恨不能卻。而此人枕藉於清辭麗句中，與名詩人遊天下名山水。不如三也。」余曰：「彼亦有不如爾者。」曰：「何謂？」曰：「不如爾能吹簫度曲，推襟送抱耳。」

程君筠樹聞余為定郎寫真也，大治具，召客觀定郎容。定郎抱其容至，曰：「諸郎君各題一詩，當各獻一歌以報。」江君雲溪與筠樹不相識，招之欲勿赴。余曰定郎在，遂欣然往。陳君竹町、閔君玉井是日皆有他社會，皆先成詩去。薄暮，玉井復至，曰：「吾為定郎火迫成社中詩，來聽歌也。」筠樹編菊為屏，規其心以為牖。定郎立牖中，如彩霞之托明月。是夕也，燈影花光，歌情酒態，使人意消。余飲最樂，梅查招余浴，焦君五斗與焉。途遇定郎，紿之同行。婉轉推卻，不肯共浴。余固泥之，則曰：「浴罷即有詩，然後可。」余曰：「敢不如命！」五斗曰：「果爾，吾沽酒市蟹以待。」洪丈棕亭年七十矣，聞之趨而來，亦同浴。定郎解衣入浴，羞澀閃避，姿態橫生。梅查曰：「真所謂三尺寒潭浸明玉矣！」浴畢，肌膚暢悅，兩輔如初日芙蓉，見之者目不能瞬。余以犀梳為之理髮，作五絡辮。捧視之，不自知其魂越心蕩也，即成詩四章酬之。

〔註177〕（唐）朱揆《叙小志》：「蘇紫勞愛謝耽，咫尺萬里，靡由得親。遣侍兒假耽恒著小衫，晝則私服於內，夜則擁之而寢。耽知之，寄以詩曰：『蘇娘一別夢魂稀，來借青衫慰渴饑。若使閒情重作賦，也應願作謝郎衣。』謝亦取女袒服衷之。後為夫婦。」

> 解纜之夕，竹垣取酒以餞，命之歌，歌數聲而哽咽不能終曲。余
> 亦不復能舉觴，口占小詩為別。竹垣和之，命肩輿送余出城。定郎坐
> 余膝上，垂簾耳語，淚漬襟袖。至舟中，執手黯然而別。余開舸，望
> 束炬照定郎循河干入城去，忽忽復憶山塘柳陰下瞥見時也。〔註178〕

　　這篇傳記既寫實又抒情，從同性戀的角度看，其價值在於：京城的優伶同性戀表現為相公體制，師徒在私寓招客，形式上近於妓院。而在京外，賣色乃至賣身的優伶相對而言缺乏這種體制系統性，即便如前面提到的南京旦優朱雙壽、葛來官，也只是個人在家款客而已。那麼，京外尤其江南優伶是怎樣出賣的呢？定郎所為就是一個典型樣本。他與恩客的交往形式多樣，所受寵愛多樣，並非單純的金錢交易。傳記作者金兆燕一往情深，繾綣纏綿。雖然從敘述來來，他與定郎未及於「亂」，似乎是守住了最後一道防線。不過筆者推測，事實可能如此，也可能是金氏在有意回避。而即便未「亂」，這也代表不了別人在類似情境下的施為。對於此段感情經歷，金兆燕一直珍之重之，戀念不忘。八年之後，他「冬日飲筠樹齋中，憶丙子秋與諸同人挈定郎歡醉於此」，感歎光陰流逝，遂賦一闋《憶舊遊》，內云：

> 又到銷魂地，悵燈明酒釅，空負嘉招。幾番暗彈珠淚，斷腸灞
> 陵橋。只錦帳餘薰，夢中還似分醉桃。〔註179〕

　　請注意，「分醉桃」是「分桃」的擴寫。用此典故，其心意可知。

（六）蘇州

　　下轄崑山的蘇州是崑曲演藝的核心區域，吳歈名倡，柔曼傾意。乃至恃寵恃財，炫耀於人。孫原湘《吳趨吟十首·名優伶》寫道：

> 生不識布與粟，膏粱文繡金珠玉。
> 生不識耕與犢，樗蒲膈膊絲竹肉。
> 雛喉宛轉學出聲，嬌若處女清如鶯。
> 登場結束備妖態，春風一日馳歌名。
> 五陵年少誇遊冶，爭願結交致門下。
> 春花秋月賞宴同，入則連床出連馬。
> 堂堂使者持節來，高牙大纛城門開。
> 太守除道迎中丞，晉謁局促不自寧。

〔註178〕《棕亭古文鈔》卷之三。
〔註179〕《棕亭詞鈔》卷之三。

百官肅告退，使者坐鬱艴。

俳兒優子各以雜劇進，獨見此子大歡悅。

傳呼飭中廚，咄嗟辦果酒。

引吭發新聲，按拍妍素手。

此曲京師未曾有，吾願得子以為友。

明朝飭縣令，為制紫貂裘。

賜以款段馬，綠袴真珠轕。

出門導從滿街路，馬前行人爭卻步。

故人相遇金閶門，揮鞭掉頭不肯顧。〔註180〕

金兆燕《〈金閶曲〉贈楊郎》：

楊郎家住金閶門，金閶絲管何紛紛。

山塘七里柳陰下，孌童崽子如朝雲。

楊郎生小顏琢玉，道旁行人看不足。

總角梳頭到學堂，不讀詩書惟讀曲。

院本三年絕技成，聲似春林百囀鶯。

爺娘驚喜鄉里賀，豈宜塵土埋仙瓊？

揚州夜市人如蟻，選豔徵歌鬥奢綺。

一朵瑤花下玉京，千枝芍藥含羞死。

豐貂彩段歸裝新，十萬腰纏耀比鄰。

但解當場粉搓面，便堪隨處金繞身。

金閶自古佳麗地，今日楊郎尤絕世。

鄰巷書生昨夜歸，蕭條煙火門長閉。〔註181〕

（七）上海

鴉片戰爭後，上海開埠，成為全國的經濟中心，娛樂業隨之而迅速繁榮，名伶妙倡大受觀者歡迎。（圖278至圖281）《粉墨叢談》卷上載：「鄂伶月月紅者，初隸詠霓樂部，乙酉冬重來滬上。適六馬路新開鴻桂茶園，遂改籍焉。年已二十六七，雖風塵轉徙，馬齒漸增，而江上興奴，尤未致琵琶冷落。其演《貴妃醉酒》也，柔情憨態，婀娜無儔，頰暈嬌紅，眉凝慘綠，固應令李三郎魂消欲死，不復念宗祐安危矣。某巨公愛之甚，花晨月夕，座無紅不

〔註180〕《天真閣集》卷五。

〔註181〕《椶亭詩鈔》卷十六。

歡，紅亦肘後依依，繾綣備至。殆亦所謂真個魂消，願作鴛鴦常比翼；便因情死，化為蝴蝶也甘心者歟？」既到如此地步，某巨公與月月紅的關係就非同一般了。

（八）杭州

夢瑤館主《贈歌郎薛寶笙詩》之引云：

> 寶笙號瑤卿，年十八，隸武林金玉部。鹿臺麗質，鶯嶺遊蹤。淑氣吹花，柔肌削玉。梨渦淺暈，春酣芍藥之天。檀板微鳴，豔奪櫻桃之價。仿鷗陂之小筆，秀奪湘蘭。和燕市之新吟，韻添嚳粟。為問舞衫歌扇，知己伊誰。劇憐寵柳嬌花，妮人不少。僕湖山雅興，風月閒評。幸接蘭芬，彌諧蕙性。目成前度，認絛脫之雙雙。心賞當場，聽參差兮一一。看羊車之並載，潘果拋餘。喜螺盞之交傳，唐花開後。憐卿太弱，藥裏親緘。愧我多情，杏衫過訪。畫船蕩月，對倩影於初蓉。羅袖搴雲，試溫香於早桂。敢說比肩之好，真同把臂之遊。聊作小詩，兼疏短引。豈真別有懷抱耶？亦覺情見乎詞矣。

詩云：

> 側帽風標太俊生，唐雞點綴惹閒情。
>
> 纖腰未合施金縷，暖液初宜炙玉笙。
>
> 殢我幽蹤尋舞蝶，泥人芳氣醉雛鶯。
>
> 別來多少相思恨，並倚羅衾話舊盟。
>
> 吳越同舟卻二年，歌場回首總如煙。
>
> 紅燈綠酒懷人夜，稚柳雛花試暖天。
>
> 翠袖壓雲搜雨夢，青琴待月弄冰弦。
>
> 多卿讀曲陪清課，一串明珠顆顆圓。
>
> 年時憶逐璧人車，女酒春燈問那家。
>
> 密坐傳柑珠蠟豔，寒宵稱藥玉蟬斜。
>
> 燕臺舊譜柚蘭葉，吳苑新評績藕花。
>
> 我擬慢亭重啟宴，翩翩小隊夢賓霞。
>
> 垂手詞翻玉佩低，臨風恰恰嫩鶯啼。
>
> 櫻吹細粒波生酒，椒愛新香壁碾泥。

半闋紅雲迷彩鳳，一潭白月映靈犀。

歌塵縷縷誰收得，輕逐游絲漾處棲。〔註182〕

（九）餘姚（圖282）

（十）寧波

董沛《何春墅貳尹瑛招諸伶同飲月湖舟中》云：

綺窗繡榻沙棠舟，微波漾碧篙櫓柔。

美人娟娟好顏色，聯翩入座交勸酬。

紅橋一曲月一鉤，似與人比眉嫵修。

纖聲或恐管絃膩，弱體尚嫌羅縠揉。

水部款作清夜遊，明星錯落螢火流。

賭歌不買燕市酒，選伎亦笑秦淮樓。

涼花寂寞芙蓉洲，殘荷褪粉紅欲收。

湖亭水榭殊減色，眾芳一渡聊解羞。

贈以金縷心暗投，要之玉佩當少留。

淺斟低唱坐闌燭，東方未明樂未休。〔註183〕

（十一）南昌

章回小說《檮杌萃編》描寫了清末發生在江西南昌的一件奇特的同性戀故事：任職江西省城的王夢笙、章池客偶遇江西督銷葉勉湖，葉邀請兩人去他家看戲。「不多時客已來齊，五點鐘開鑼，唱了兩齣。只見一個留著全發的小旦走了進來，年紀約有十八九歲，生得眉清目媚，齒白唇紅，走到席面前遍請了安。葉勉湖拉著他手道：『豔香，你怎麼這時候才來？七姨太太等了你半天，快些進去妝扮罷。』豔香說：『我今天起來遲了些。』說著就走到上房裏去。」豔香妝扮整齊後，「走到花廳，真是一個婷婷嫋嫋的佳人，不知道的幾乎當作葉大人的姨太太出來了。這豔香先唱了一齣崑曲的《偷詩》，做到那潘必正掀開帳子，看他那杏眸嬌合、蓮瓣斜倚，潘必正輕輕抱起，腰軟肢慵，真令人心馳目眩。隔了兩齣，又唱《廟會》，解開襟扣，露出了紅紗兜肚，映著那雪白的胸膛，任著那王三公子摩挲。看的人皆羨這小生幾生修到。不一時豔香下臺，在葉大人身旁坐著。等到那笙歌歸別院，燈火下樓臺的時候，眾人都

〔註182〕《記聞類編》卷之十三。

〔註183〕《六一山房詩集》續集卷四。

已各歸府第，這豔香是否就住在葉大人的上房裏頭，那就不得而知」。過了幾個月，身為男子的豔香女裝到街上去看會，招搖過市，結果被警局裏不知他身價的副委捉去杖責了一頓。身受大辱的豔香一路啼哭趕到葉公館，「走進上房，就撲到葉大人懷裏嗚嗚咽咽的痛哭。說道：『我也是好人家的兒女，不幸我老子、哥哥死了，被人家騙了出來，賣在班子裏唱戲，今兒還要丟這個臉。要望大人救我出這個火炕，我死也不做這個行業了。』葉勉湖道：『救你不難，只是把你弄出來算個甚麼人呢？』豔香道：『那隨你，叫我做甚麼我就做甚麼。』葉勉湖想了一想，道：『這麼罷，我們家鄉〔註184〕風氣，常有娶小旦的。你就從此改了女妝，做我的八姨太太罷。』這豔香那有不願的道理？第二天午後，叫了他師傅來，葉勉湖當面吩咐了，與他二千身價，他師傅也不敢不從」。再過幾天，葉勉湖吹吹打打地把豔香「娶」到了家中，並且大擺筵席，廣邀賀客。「大家進了新房，一看收拾得十分齊整，壁上掛著一副泥金對聯。王夢笙走去，看是章池客送的，寫的一筆好王字。對句是：『鄂被新翻桃葉豔，寒簧應惹桂枝香。』王夢笙道：『我也做了一幅，因為太著色相，且是四個字的，所以沒送。』大家說：『請教，請教。』王夢笙道：『是魚熊兼美，龍鳳同翔。』章池客道：『其實也很工切。』那葉勉湖於文墨上不甚了了，也跟著謬讚了兩句。大家見已過四鼓，說：『未免耽誤了新人好夢，趕緊走罷。』一齊道謝上轎。這一夜，葉勉湖如何力搏玉兔，做書的生平未嘗此味，無從摹擬。」〔註185〕

這個故事的情節有其誇張之處，葉勉湖身為朝廷官員公然將男作女顯著過於放肆無忌。不過，江西地理位置較偏，天高皇帝遠，方面官吏為所欲為的膽量有時確是比較大的。《棲霞閣野乘·卷上·內務府某郎中妻之歷史》曾載：「德馨任江西巡撫，酷好聲劇，署中除忌辰日，無日不簫管氍毹也。時官新建縣者為汪以誠，汪故有能名，歷任優缺。至是，則益遣丁役，持重幣，走四方，聘名伶來贛，躬為戲提調，日在撫署中。任內一切大小事，悉倩同僚代之。是時贛中有一聯曰：『以酒為緣，以色為緣，十二時買笑追歡，水朝永夕酣太夢。誠心看戲，誠意聽戲，四九日登場奪錦，雙麟雙鳳共消魂。』額曰：『汪洋慾海。』四九旦、雙麟、雙鳳，皆伶名也。」《見聞瑣錄·後集卷三·觀劇》亦載：「德曉峰中丞撫吾省，最喜觀劇。章門無名優，由上海招二人至，

〔註184〕葉勉湖是四川人。
〔註185〕《梼杌萃編》第八、九回。

曰雙林、雙鳳，年輕而俊美。又有曰八斤旦者，中丞尤昵之，每日給錢九串為常，賞資在外，計一人一年所費何止三千串。而林、鳳二人，聞每日所給亦不下十四五串。餘稍次腳色甚多，每日又需數十串。大約中丞此款，每年不出二三萬串之間。南昌縣汪以誠亦以演劇為命，章門優伶中，略可人者曰四九，扮旦腳，汪極愛之。嗣是一撫一縣，嘗令四優遞演，不問民事。某日，為中丞生辰，汪以茉莉花扎一戲臺，費白金一千二百兩。四優寵極而橫，嘗在城外爭渡，打死二人，撫、縣置若罔聞。後經控發，汪以錢賄和寢事。人因撰詩三十章，譏刺其事。流入都中，經御史奏參，中丞委過於汪，汪遂褫職去矣。中丞貪極，賣缺多平分，缺可二萬金，每年分萬金；缺可萬金，每年分五千金；缺可五千金，每年分二千五百金，故囊橐甚富。」

德曉峰即德馨，光緒十至二十一年曾任江西巡撫。以他和汪以誠對八斤旦、四九等優伶的賞愛之深，其中難免會有暗昧的情事存在，而為了「培育」這種暗昧之情，德、汪等朝廷命官便不惜貪贓枉法、賣官肥私，地方吏制焉能不壞？

（十二）武漢

武漢素稱九省通衢，湖北漢調對京劇的形成曾發揮過重要影響。道光年間，葉調元在其《漢口竹枝詞》卷五中記述了當地演劇業的具體面貌。

名班：

> 梨園子弟眾交稱，祥發聯陞與福興。
> 比似三分吳蜀魏，一般臣子各般能。

表演：

> 月琴弦子與胡琴，三樣和成絕妙音。
> 啼笑巧隨歌舞變，十分悲切十分淫。

名優：

> 德官演戲總精良，活捉張三更擅場。
> 行走如風身不動，鬼魂不信是人裝。
> 德玉工於苦戲，掩袂嬌啼，動人心魄。《活捉》一齣，尤為出色。

誘客：

> 洋藍褂子白縑裙，楊柳腰枝歎十分。
> 一剪秋波飛座上，儂非老斗亦銷魂。
> 花旦張紅杜，俗呼「人參葉」，葉雙鳳俗呼「黃安」，皆能以媚

眼撩人。

侑酒：

> 座有歌郎酒易乾，應酬卻比上臺難。
>
> 風流蘊藉誰稱最，惟有湖南高十官。
>
> 嫣然一笑總胡盧，春筍尖尖捧玉壺。
>
> 長爪倘容搔背癢，蔡經何必羨麻姑。
>
> 湖南人和班高十名秀芝，美目巧笑，爪長六七寸。善飲不亂，
> 應酬酒席，雅靜宜人。

優伶既能誘客、侑觴，再進一步的事情也是能夠做出的。

（十三）長沙

葉德輝是近代史上的出名湘籍人物。他光緒十八年中進士，學問上博聞精知，政治上保守趨舊，私人生活上則是逾閒蕩檢。民國李肖聃曾記：「光緒中，長沙王運長、徐崇立、馬象雍，善化許崇熙、龔福燾、梁稚非，皆以諸生擅長文藝，與葉吏部德輝日夜豪遊，長沙市人相目為十二神。而稚非天才甚高，學使江標欲拔而貢之於朝，終以厄於學官，不舉優行，不能有成。稚非益自放於禮法之外，夏日常裸體居室中，不衫不褲。省城迎城隍神，雜陳百戲，稚非與妖童曼姬乘輿共席，遊行市中。於是學官弟子、縉紳先生交口非訕之，獨德輝時時左右之。」〔註186〕葉德輝之所以看得慣梁稚非與妖童曼姬遊行於市一類的行為，一個原因是他自己就有童姬之好。湖廣總督瑞澂曾謂：「葉德輝包庇倡優，行同無賴。為富不仁，猥鄙無恥。」〔註187〕葉氏是長沙權紳，豪富一方。既富則淫，《長沙搶米風潮竹枝詞》寫道：

> 春臺園主太猙獰，狎昵群優亦自輕。
>
> 可歎道南言氏子，一杯鏹水了殘生。
>
> 省垣春臺班自改名宜春茶園，葉售出積穀五百擔，添行頭，接
> 腳色，遂為園主。小生言道南品性敦篤，甫成名，為葉所逼，服鏹
> 水自盡，良可慘耳。〔註188〕

葉德輝狎優選錯了對象，結果鬧出了人命。但這是極端的情況，憑他的多

〔註186〕《星廬筆記》。

〔註187〕《署湖廣總督瑞澂奏特參籍紳挾私釀亂請分別懲懲摺》，見《國風報》宣統二年（1910）五月第十三期。

〔註188〕見《辛亥革命前後湖南史事》，第177頁。

才多金，任其狎昵的優伶一定是會有的。

同治四年進士王先謙是與葉德輝齊名的近代湘籍人物，在學術成就、政治態度、私人生活等方面二人都較相似。《國民日日報彙編》第二集《師範學堂之逐學生》曾謂：「王無子而多妾，又有斷袖之癖。終日在家演劇，嬌妾相與圍坐，過晚名角即留宿於其家。醜聲四播，聞者掩耳。」

（十四）成都

四川成都等地的戲曲聲腔劇種有崑曲、高腔、秦腔、胡琴戲、燈戲等，後來逐漸融匯成為川劇。名優嫵媚動人，誘客、侑觴時見。

名優：

> 見說高腔有苟蓮，萬頭攢看萬家傳。
>
> 生誇彭四旦雙彩，可惜斯文張士賢。
>
> 苟蓮官在鄉班中，每一進省，則擠牆踏壁，觀者如雲。曾雙彩
> 初出臺時，貌美如花，一時無兩，亦頗能畫山水花草。見者欲以八
> 百金買出之，班主不從。〔註189〕

誘客：

> 蛋青衫子疊香羅，紈扇輕搖氣度和。
>
> 左右玉人頻上座，不知宿債累如何？〔註190〕

侑酒：

> 公館衙門宴客庀，玉芳玉順總當時。
>
> 包頭〔註191〕略有三分色，便吃皮杯拜義兒。〔註192〕

《成都通覽》曾記成都各種不良之戲「日日夜夜演之，座客常滿，舉國若狂」。如淫戲的表現為：「生旦狎抱也，袒裼露體也，帳中淫聲也，花旦獨自思淫作諸醜態也。此外若目成眉語，手足勾挑，語言媟狎。」〔註193〕

《川劇雜識》謂川優「在前清時代，被人呼為『戲子』，目為玩物，與剃頭匠、修腳匠同視為下九流之一」。他們當中有的人視「宥酒伴宿」為「故常」，對此「恬不為怪」〔註194〕。《蜀伶雜志》曾記鄭少懷為川省漢州人，父

〔註189〕《錦城竹枝詞》。

〔註190〕《戲園竹枝詞》。

〔註191〕指男旦。

〔註192〕《成都竹枝詞》。

〔註193〕轉引自《中國川劇通史》，第326頁。

〔註194〕轉引自《中國川劇通史》，第577頁。

母亡故後家貧，僑居於綿竹。與玉成班周某友善而學戲登臺，後到成都尋師求友，博採眾長，聲名漸起。（圖283）「會川督之子誕辰，廣徵菊部名伶演劇作賀。是日，各外國領事暨各當道咸在。酒酣，主賓交相評定歌者優劣以競賞。少懷竟壓倒群伶，受上獎千金。自是，名噪蓉城，蓉城中諸伶無能及之者。某大吏之弟某與之遊，棄其髮妻不顧焉，少懷亦喬裝作命婦，為伶界別開生面。外此則欲一睹玉容，亦無處問津。故有縈思而喪業者，追蹤而遇害者，比比皆是。」〔註195〕

（十五）昆明

人們從光緒二十四年（1898）龍湖居士所作品評昆城名優的《蓮湖花榜》中可以看到評優花榜的具體內容和形式。移錄如下：

第一名，潘巧雲。

巧雲字倩儂，昆明人，隸福壽班。本舊家子而式微矣，癸巳大饑，淪入歌場，雅非所願。既樹豔幟，乃迎養其出母，復贖女弟以歸，信伶人中篤於內行者，不但色藝兼長也。每登場奏曲，明眸皓齒，秀外慧中。聽鶯聲嚦嚦，不啻秦淮二八女郎，度楊柳岸曉風殘月，令人魂消。尤工酬對，華筵侑酒，四座各得其歡。昔之解語花、如意君，一身擅之。定為大魁，足以領袖群芳，冠冕香國。持較曲臺花選元英，其在伯仲之間乎？贈以詩曰：

當筵曲奏玉玲瓏，舞態歌容巧笑中。

寄語周郎休枉顧，百花終讓牡丹紅。

哀絲毫竹逗瓊簫，初是《霓裳》後《六么》。

難得妝成兼二美，小青風韻小紅嬌。

詎無詩筆繼漁洋，安得名園借辟僵。

欲與迦陵分一席，花間捧硯倩雲郎。

蕭瑟江關兩鬢絲，風懷非復少年時。

願卿身化羅浮蝶，飛上梅花第一枝。

第二名，陳雙喜。

雙喜字媚卿，昆明人，隸榮華班。貌僅中姿，而聲則妙絕一時，各班中無其匹也。尤善演青衫諸劇，餘音繞梁，哀感頑豔，洵古所

〔註195〕轉引自《中國川劇通史》，第549頁。

謂如泣如訴、如怨如慕者歟？定為第二，王後盧前，鼎立菊部，可
云珠聯璧合矣。贈以詩曰：

金尊檀板侑紅牙，半醉城南小史家。

曾向燕臺觀樂部，嬌音合媲杏林花。

雲璈一曲曼聲多，靜按花陰紅雪歌。

何以海棠春睡足，昵人臨去轉秋波。

第三名，劉彩雲。

彩雲字佩秋，巧家人，隸榮華班。滇伶有時名者，多非綺歲。
倩儂、佩秋，則今之雛伶也，入明僮錄堪稱二妙，未惹碧玉期矣。
上妝身嬌而小，凌波微步，姍姍來遲，令人想見李香君歌玉茗時。
定為第三，或可充探花使耶？贈以詩曰：

小步登場百媚生，驚鴻顧影舞衣輕。

寫真今日無周昉，絕代風姿畫不成。

時世妝成水調新，宜嗔宜笑復宜顰。

春風省識傾城態，一樣簪花得意人。

第四名，楊雙蘭。

雙蘭字佩香，陸涼人，隸福升班，弓馬旦也。每戎裝奏技，玉
立亭亭，脂香粉膩中，時露英氣，令人想見紅線當年。能飲，拇戰
尤豪，在滇伶亦可謂鐵中錚錚，庸中佼佼者。定為傳臚，花榜有生
色矣。贈以詩曰：

窄袖戎裝戰半酣，蛾眉花樣月初三。

築城倘使逢天女，娘子軍應定日南。

日下徵歌願久違，蓮湖春色客中歸。

採香若化莊生蝶，合伴花陰小鳳飛。

以上共取四名。滇中各班時豔，不盡於此，而茲則就耳目所及
錄之，不敢謂一願空群，亦庶幾拔其尤矣。倘有遺珠，安知將來不
遇賞音，重羅珊網也。至於各班久負重名，如唐二喜、丁三鳳、金
蘭芳、鄭雲芳、張四鴻、周洪官、周桂芳諸伶，人所共知。先進之
英，不能與後起並列。別著有《梨園紀豔》一編，校刊期諸異日。

該榜前面還有一篇自序，後面有一篇他序以及幾首題詞。序文典故連出，

無足可觀。只是其中「《趙記》附書，櫻桃傳於史」、「《國策》志鄂君被，捧手以上莊辛」一類的文句，總能顯示出優伶與男色或實或虛、難分難解的某種聯繫。

（十六）貴陽（圖284）

（十七）桂林（圖285至圖286）

（十八）廣州

咸豐間倪鴻曾記：「廣州小優阿信者，姓洪氏，容色頗佳。向在怡園席上見之，捧觴侑客，釧擊花氣，當之者莫不魂與。余倣陳其年、徐紫雲故事，繪成一冊，名曰《冶春花影》，一時知名之士題贈盈卷。」無錫杜雋詩云：

洪郎名似章臺柳，梨園亦有閨房秀。

不信西方有美人，最憐南國多紅豆。

洪郎生小住榕城，月姊相依並有名。

油壁忽迎蘇小去，香桃瘦骨怨離情。

已無阿母憐婀娜，郎罷攜來乘一舸。

比似閨娘十八時，禿襟小袖情無那。

盛名尋遍媚川都，聲伎翻愁絕世無。

柳葉輕勻成八字，蓮花鑿出試雙跌。

含商咀徵紅牙按，一聲入破腸堪斷。

相見真憐太憨生，多情誰似風流旦。

聞道春風唱柘枝，廣場人靜笛聲遲。

雲鬟雪面嬌妝束，委靡便娟絕一時。

弓彎舞態凌波步，流睇含情更無數。

笑領纏頭一曲成，何戡忉悵秋娘妒。

經過趙李日如雲，軟玉香杯戲鄂君。

愁是五陵年少醉，花前笑把出金裙。

已知絕藝傾時世，顧曲有人憐擁髻。

只許雲林共冶遊，花田十里溪山麗。

芙蓉不續越人篇，香翰舟中幾度眠。

寫韻翻教勤子夜，定情正好是丁年。

情深轉惜花開早，廿四番風吹易老。

> 欲留金粉駐紅顏，頰上桃花不長好。
>
> 鷺手相逢亦有情，曲肩豐臉貌初成。
>
> 迷離錯認乘鷺畫，媒妮真愁顧兔形。
>
> 倪郎一見頻嗟賞，願把沉香熏小像。
>
> 羞將宮樣鬥何綏，肯學環肥笑周昉。
>
> 長紅小白稱丰裁，不似當筵羯鼓催。
>
> 想見玉簫低唱夜，斷人腸處為君來。
>
> 細視雙瞳秋水剪，流恨君懷情不淺。
>
> 為看楊柳影婆娑，更惜櫻桃歌宛轉。
>
> 香奩犀鈿重提攜，更掣紅箋索我題。
>
> 愁殺畫眉人不見，庾郎門外玉驄嘶。〔註196〕

（十九）福州（圖287）

（二十）營口（圖288）

通觀全國各地優伶的狀況，像北京那樣在固定場所裏賣色的不屬普遍，他們大多是生活在戲班當中，具有較強的流動性。不過演出時與看客眼目勾連，演出後陪客人喝酒吃飯等行為看來在各地都有存在，而這些往往是更進一步行為的前奏。

五、清代優伶同性戀人物

清代關涉到男風的優伶，為多種記載所反映、聲名尤著的有三位，他們是順康間的王紫稼和徐紫雲以及乾隆間的李桂官。

王紫稼名稼字紫稼，或作王子玠、王子嘉。他生於明末，善唱南曲，少年之時已為吳中士大夫所喜。明清之際的著名詩人，有江左三大家之譽的錢謙益（號牧齋）、吳偉業（號梅村）和龔鼎孳（號芝麓）都與他交深情厚，在詩文當中極力嗟揚。龔鼎孳曾口占以贈：

> 薊苑霜高舞柘枝，當年楊柳尚如絲。
>
> 酒闌卻唱梅村曲，腸斷王郎十五時。〔註197〕

王郎在他十五歲的時候已有斷人情腸的本事。其時大致是明崇禎十二年

〔註196〕《桐陰清話》卷三。

〔註197〕見孟森《心史叢刊·王紫稼考》。下面有關王紫稼的引文，未注明卷、回出處者皆引自是書。

左右。再過五六年，江山易代，明去清來。而紫稼則色藝依然，繼續做梨園氍毹上的花魁榜首。順治八年，他北上入都，年已七旬、風騷不減的錢謙益依依不捨，所作送別詩多達十數首，其中寫道：

> 紅旗曳掣倚青霄，鄴水繁花未寂寥。
>
> 如意館中春萬樹，一時齊讓鄭櫻桃。
>
> 春風作態楝花飛，清醑盈觴照別衣。
>
> 我欲覆巾施梵咒，要他才去便思歸。
>
> 左右風懷老旋輕，捉花留絮漫多情。
>
> 白頭歌叟今禪老，彌佛燈前詛汝行。

紫稼入都後是倚靠在龔芝麓、吳梅村諸名公的身下，（圖289）他帶來江南新曲，立刻紅透一時。尤侗《艮齋雜說》：「予幼所見王紫稼，妖豔絕世，舉國趨之若狂。年已三十，遊於長安，諸貴人猶惑之，吳梅村作《王郎曲》云云，而龔芝麓復題贈云云，其傾靡可知矣。」《王郎曲》後自跋：「王郎名稼，字紫稼。鬌而皙，明慧善歌。今秋遇於京師，風流儇巧，猶承平時故習。酒酣一出其伎，坐上為之傾靡。」

吳梅村的《王郎曲》是一首數百字的長詩，很能體現作者的詩才，王郎受人青睞的景象躍然紙上：

> 王郎十五吳趨坊，覆額青絲白皙長。
>
> 孝穆〔註198〕園亭常置酒，風流前輩醉人狂。
>
> 同伴李生柘枝鼓，結束新翻善財舞。（圖290）
>
> 鎖骨觀音變現身，反腰貼地蓮花吐。
>
> 蓮花婀娜不禁風，一斛珠傾宛轉中。
>
> 此際可憐明月夜，此時脆管出簾櫳。
>
> 王郎水調歌緩緩，新鶯嘹嚦茞枝暖。
>
> 慣拋斜袖韘長肩，眼看欲化愁應懶。
>
> 摧藏掩抑未分明，拍數移來發曼聲。
>
> 最是轉喉偷入破，鄰人腸斷臉波橫。
>
> 十年芳草長洲綠，主人池館惟喬木。
>
> 王郎三十長安城，老大傷心故園曲。

〔註198〕南朝詩人徐陵字孝穆，這裡指明末徐汧，王紫稼曾為其家優。

誰知顏色更美好，瞳神剪水清如玉。

五陵俠少豪華子，甘心欲為王郎死。

寧失尚書期，恐見王郎遲。

寧犯金吾夜，難得王郎暇。

坐中莫禁狂呼客，王郎一聲聲頓息。

移床歙坐看王郎，都似與郎不相識。

往昔京師推小宋，外戚田家舊供奉。

只今重聽王郎歌，不須再把昭文痛。

時世工彈白翎雀，婆羅門舞龜茲樂。

梨園子弟愛纏頭，請事王郎教絃索。

恥向王門作伎兒，博徒酒伴貪歡謔。

君不見康崑崙、黃旛綽，承恩白首華清閣。

古來絕藝當通都，盛名肯放優閒多。

王郎王郎可奈何！

在京中出盡風頭，滿懷名士大老們的贈別之作，王紫稼於順治十一年南返故里。狂易淫放，結果為巡按江南的御史李森先（字琳枝）杖殺。《堅瓠集》：「順治甲午，李按院森先訪拿三折和尚及優人王子嘉，立枷於閶門，三日而死。」〔註 199〕《茶餘客話》：「琳枝巡按下江，優人王紫稼及三遮和尚淫縱不法，皆杖斃之。紫稼即龔芝麓、吳梅村所歌王郎者也。」關於王郎和三遮和尚的死因，《研堂見聞雜記》所言更詳，謂：「優人王子玠，善為新聲，人皆愛之。其始不過供宴劇，而其後則諸豪胥奸吏席間非子玠不歡，縉紳貴人皆倒屣迎。後棄業不為，以夤緣關說刺人機事，為諸豪胥耳目腹心。遨遊當世，儼然名公矣。一旦走京師，通輦下諸君。後旋里，揚揚如舊。其所污良家婦女，所受饋遺，不可勝記。坐間談及子玠，無不咋舌。李公廉得之，杖數十，肉潰爛，乃押赴閶門立枷，頃刻死。有奸僧者，以吃菜事魔之術，煽致良民，居天平山中，前後姦淫無算。公微行至其所，盡得其狀，立收之，亦杖數十，同子玠相對枷死。」

紫稼已死，對這一事件的態度因人可以分為兩類，《研堂見聞雜記》、《茶餘客話》等的作者王家禎、阮葵生等拍手稱快，乾隆間顧公燮在《丹午筆記》

中也寫道：「小旦王子嘉，妖豔非常，名噪帝京。其在蘇也，與華山妖僧三折和尚，宣淫無忌。順治十年，巡按李公森先訪拿二人，重杖，用立枷，並枷於閶門月城而死。死後七日乃收屍，誠快事也。合肥尚書龔鼎孳聞之，痛哭幾絕，作悼亡三十首。龔之人品本不足道，此事尤為無恥。」〔註200〕

而另外一些人，例如為顧公燮所指責的龔鼎孳等則認為李森先杖殺王紫稼實在是大摧風情，不知愛護名花。為王郎之死，龔氏作有多首挽詩，哀痛淒切，不能自已：

> 江左煙花盛綺羅，青春對酒復當歌。
>
> 白門病死王郎殺，天寶風流已不多。
>
> 龍松寒月夜鐘分，慣醉當筵白練裙。
>
> 偏是江南好風景，落花時節不逢君。
>
> 綿纜橫塘係晚春，玉箏彈淚上羅巾。
>
> 只愁衛玠應看殺，那得焚琴汝輩人！

一脈相承，和龔鼎孳具有同樣情趣的袁枚也認為紫稼之死「有燒琴煮鶴之慘」〔註201〕。

明顯不同的兩種態度，反映了清代對明末世風的反思派和繼承派的不同觀點。反思派認為明人放縱柔靡，因而導致了國家的衰滅，新朝再也不能重蹈覆轍。比較起來，反思派的力量是佔有優勢的。

王紫稼的被刑而亡與他「淫縱不法」、「宣淫無忌」有關，男優而如此，一種可能就是他犯了男色上的罪錯。康乾間人岐山左臣《女開科傳》即做如是描寫，由於作者距離紫稼死時尚不太遠，他或是有一定事實根據的。當然，《女開科傳》是一部小說，具體情節我們也不必去過分考究。王紫稼事在書中第五、六等回，基本內容是：王子彌（即王紫稼）與宦家子弟梁思遠、張又張等人相好，這使他的舊交三苴和尚大吃其醋，對他半說半罵。子彌惱怒非常，遂去府衙告官，結果卻是自投羅網，自尋死路：

> 那和尚原與王子彌兩個，是莫逆深交，情同夫婦。那日在席上，見他替幾個朋友猜枚行令，勾腳熱手，已是心裏十二分不樂，原有些酸缸發作、醋甕將翻的光景。當時就要思量發作起來，只因在席的都是些相公，無可奈何，勉強含忍。滿肚皮只要等他到寺裏來的

〔註200〕《丹午筆記·小旦王子嘉》。
〔註201〕《隨園詩話》卷十六。

時節，當面與他廝鬧一場，也好戒訓他的下次。不料到了第二日，影也不見子彌。三苗甚是惱恨不過，只得跑到他家裏去尋他。家裏回報說道：「絕早有人來，同他出門去了。」問他到那裏去，卻又不肯說。三苗疑心道：「是了，畢竟被昨日這一干人相拉去花街柳巷，走腳通風去了。」氣得三苗跌天跌地，叫屈叫苦。好笑這個癡和尚，總是不明道理的說。這美少年原是天下的公器，天下之物當與天下共之。況且既不識羞做了小官，自然樂與文人尋花問柳，豈肯守著一個光頭？抑且要做小官的守著一個，萬萬不能，幾曾見貞節牌匾輪得著小官身上。就使覃恩特典，如有小官不濫此道者，一概准給貞節，也斷不許戀著和尚的小官濫叨貞節的劄付。就是和尚刮落的小官，被相公弄弄，於和尚的體面有甚損傷，何必惺凶懷忿，好像殺他的父母一般這等傷心。

一日，三苗正在闇門外婊子家裏踱將出來，劈頭撞著王子彌。一把扯住便開口罵道：「你終日同這班書呆走，有甚好處。他不過多得我幾根頭髮，卻趕不上我這一身風月。」

那和尚半說半罵，把王子彌搶白了這一番。那闇門外是個來往通衢，五方雜沓的所在。王子彌儀容一表，衣冠鮮麗，流名天下，舉國若狂。那些贈詩求謁的，門外接踵，求一睹面而不可得者不知多少。就如當初入李膺之室者號登龍門，今日想慕王子彌的鳳穴而入者，比那登龍門的更難十倍。故此子彌才交卯運的時候，正要結識朋友，相處名公。就是與三苗相交，不過是背地偷情來往，就如今日娼妓人家明公正氣開著兩扇大門，招接四方，獨有和尚也不兜攬。如何子彌肯把人曉得，作承那禿驢三苗。即有曉得的，無非是三尊大佛，五百尊阿羅漢，恰都是些不肯管閒事的好好先生，故此才不隱瞞他。今朝王子彌把這禿驢當街出醜，氣得他：

粉面通紅，柔腸百結。淚痕初落，宛如秋露滴新蕖。眉影微攢，卻似春山凝遠黛。

王子彌心中暗忖道：「這禿廝，直恁輕薄，可恨之極。不若早早開交，方出我心頭惡氣。」又想起道：「我當日薦舉進京的時節，那個司道官兒、鄉紳大老，不來送禮逢迎？就是各營頭將領，也都來祖道餞行。我如今雖則是做小官的，閒住在家，那些現任父母公祖，

都可以名帖往來。不如央個能事管家，送一個帖子到蘇州府去，講這和尚酗酒宿娼。他的不公不法，把柄甚多，我已曾都細開手摺，那裏還論他平日的交情？就是當日燈前月下設盟發誓，這不過是從古來的舊套子，實從脫空經上抄寫下來，何曾是我的當真心事？」商議停當，公然坐了一乘大轎，擡到本府太爺賓館坐下，著陰陽生投遞一個名帖，說要面見太爺的。要曉得從來做陰陽生的都是那些退氣的門子降點調用的，恰與王子彌比並來，都是舊日同僚。況且子彌又有常例送他，不過要他投得一個名帖，稟得一聲要見，如何不殷勤奉命。即忙走到轉門邊，替他傳了名帖。正值太爺要出堂公座，投文簽押事完，便叫陰陽生問道：「這位姓王的鄉紳是甚麼樣出身，為何我本府憲綱冊上不曾有他的名字？」陰陽生不敢隱諱，把他的腳色從頭念將出來，說道：「他是個有名的龍陽，出格的戲子。一向在京師裏行事，近被科道糾參趕逐出來，閒住回籍。為此各衙門老爺一向優禮他，俱用名帖相見。原不曾入在憲綱冊內。」太爺喝問：「如今這廝要見本府何用？」陰陽生道：「他現在寅賓館裏說，要面送什麼一箇舊相與新惡識的和尚。」太爺聽見這句話，便激得他怒形髮指，著令拿到堂上來。只見許多皂甲跑進賓館裏來，對王子彌說道：「太爺請堂上相見。」那呆小官不識起見，也不看個勢頭來歷，只道還是好意思，慢慢的裝出官腔，一搖一擺踱將過去，又手施禮。太爺高坐公堂，大喝道：「好個大膽的奴才，見了本府還如此放肆嗎！」子彌正要開口，卻被兩邊皂快齊聲吆喝起來。驚得他魂靈半不附體，縮做一堆。太爺道：「你將後庭獻媚，喪盡廉恥，輒敢在我法堂作怪。」把醒子在案桌上亂拍亂敲，丟下簽來，先打三十。兩班皂快，登時拖翻，捉頭捉腳，褪出妙臀。卻與那奉承大老慢慢脫褲溫存搭唾的光景大不相同。這些皂快見了子彌白嫩美臀，那裏便忍打將下去。〔子彌〕猶如小官們初破那種光景，哀哀的求道：「小的實是害痛，饒了這次吧。」太爺回想道：「這廝不經敲打，我若登時斃之杖下，反為他遮隱惡名。不若出幾角文書，申投院道，歷數他大膽無禮的所在，將身肆害的原由，把合郡做小官的看個樣子。庶使龍陽無種，狐媚除根，未必非仁人君子之用心也。」因叫左右將子彌暫時帶起，鎖在一邊，聽候發落。太爺又詰問道：「你這

奴才，今日到本府來有何話說？」子彌受嚇驚戰，一時答應不出，停了一會說道：「小的只為淫僧背恩反噬，當街羞辱，憤他不過，只得奔控臺前。不期冒犯爺爺，伏乞詳情恩釋。就是那假官假吏花案一宗，也都是這和尚挑唆撮合，生端起事的。」太爺便問道：「那和尚叫甚麼名字，如今住在那裏？」子彌又稟道：「那和尚叫名三苗，現寓虎丘寺中，是江湖野僧，不知籍貫居址。」太爺一面就出簽拿三苗，一面起角文書，要將和尚、小官兩個一同解到察院。這也是和尚拐小官的現報了，正叫做：

　　惡人自有惡人磨，磨到頭來沒奈何。

結果，王子彌和三苗在察院遭到嚴懲，王受杖而死。

清初色情小說《梧桐影》也寫有王紫稼之淫事。講淫僧三拙慕戲子王子嘉（即王紫稼）之貌，遂與相姦，並教以採戰之術，子嘉因四處鬼混。後他因私通人妾而被逐出戲班，便改做清客，出入大官府第。適李御史巡按至蘇州，有人告發三拙姦淫婦女，御史接狀後私訪，兼訪出子嘉之姦，便將二人逮捕，枷號處死云。

身為名優，王紫稼死於非命，多遭醜評，晚他 20 年左右的徐紫雲則不然。紫雲柔婉雅麗，專事一主，與清初詩詞大家陳維崧的情誼向為後來所稱羨。見本書第 904～959 頁。

陳維崧自己只是隱約地暗示與徐紫雲結有斷袖之好。在其他有些人的記述描寫當中，這種關係則是明確存在的，並且大多情況下是受到了讚賞。蔣大鴻為陳氏《悃悵詞二十首別雲郎》作序曰：「徐生紫雲者，蕭郢州〔註202〕尚幼之年，李侍郎〔註203〕未官之歲。技擅平陽，家鄰淮海，託身事主，得侍如皋。大夫極意憐才，遂遇穎川公子。分桃割袖，於今四年，雖相感微詞，不及於亂。若乃棄前魚而不泣，弊軒車而彌愛。真可謂寵深綠幘，歡逾絳樹者矣。」〔註204〕而在一片豔羨聲中，對陳—徐之誼從諷歎角度進行評論的就顯著很特出，雖少卻也不是沒有。尤侗曾謂：「其年詩詞古文甚富，而負才落魄，頹然自放。嘗客如皋冒辟疆所，嬖歌童紫雲，相好若夫婦，冒遂贈之。畫其小影，攜之出入，同人題詠甚多，予亦有一絕。其年以前魚之癖，坐是不得中

〔註202〕南朝梁・蕭韶，曾為郢州刺史。
〔註203〕李義府，唐高宗時曾為中書侍郎。
〔註204〕《湖海樓詩集》卷一。

壽，則所謂『美男破老，美女破舌』也。」〔註205〕民初況周頤《餐櫻廡隨筆》
載有一則《婦人為夫失身而自刎》的故事：「徐容者，山陽陳某之孿童也，餘
桃之愛甚深，為之納婦。成婚未久，值徐婦歸寧，陳即蹜蹜乘間，往為墜歡之
拾。詎婦因忘攜奩具，折回，有所見，則恚憤填膺，竟取廚刀自刎死。」況周
頤感歎道：「此婦節烈，可以風矣。陳、徐故事，前有迦陵、雲郎，藝林播為
美談。迦陵亦為雲郎娶婦，為賦《賀新郎》詞，有句云：『只我羅衾渾似鐵，
擁桃笙難得紗窗亮。』當時雲郎之婦萬一解此，當復何如？」

　　乾隆年間的「狀元夫人」事亦廣為流傳。「狀元」指靈巖山人畢沅畢秋帆，
他於乾隆二十五年（1760）大魁天下，歷官陝西巡撫、河南巡撫、湖廣總督。
學識廣博、禮賢好士，著有《續資治通鑑》、《靈巖山人詩文集》等。（圖291）
「狀元夫人」指的是京城名優李桂官，袁枚記曰：「李桂官與畢秋帆尚書交
好。畢未第時，李服事最殷，病則秤藥量水，出則授轡隨車。畢中庚辰進士，
李為購素冊界烏絲，勸習殿試。卷下，果大魁天下。溧陽相公〔註206〕康熙前
庚辰進士也，重赴櫻桃之宴。聞桂郎在坐，笑曰：『我揩老眼，要一見狀元夫
人。』其名重如此。」〔註207〕袁枚和趙翼各以一首長詩對狀元夫人進行歎賞，
袁詩名《李郎歌》，云：

我聞李郎名十年，去年吳下才交言。

今年李郎來見訪，握手方知郎果賢。

李郎色藝梨園中，李郎行事梨園外。

不為李郎歌一篇，那知大有傳人在？

郎家舊住闔閭城，折取天香作小名。

攄笛不吹銀字管，歌唇時帶讀書聲。

受聘南州季姓家，纏頭教舞玉鴉叉。

只屢偶停游子足，三春羞殺此邦花。

鏡中自惜紅顏好，西施不肯西溪老。

直走長安隸太常，萬人如海知音早。

上公樂部正需人，選入仙班寵賜頻。

燕棲金屋難輕出，花傍高樓易得春。

〔註205〕《艮齋雜說》卷五。

〔註206〕史貽直，江蘇溧陽人，康熙三十九年（1700）進士。

〔註207〕《隨園詩話》卷四。

偶然城外笙歌集，天上人來地上立。

分得星眸一寸光，頓增酒面千燈色。

秋帆舍人〔註208〕二十餘，玉立長身未有須。

把盞喚郎郎不起，怒曳郎裾問所以。

郎言儂果博君歡，寸意丹心密裏傳。

底事當場為戲虐，竟作招搖過市看。

一言從此定心交，孤館寒燈伴寂寥。

為界烏絲教習字，為熏宮錦替焚椒。

延醫秤水春風冷，噓背分涼夜月高。

但願登科居上上，敢辭禮佛拜朝朝。

果然臚唱半天中，人在金鼇第一峰。

賀客盡攜郎手揖，泥箋翻向李家紅。

若從內助論勳伐，合使夫人讓誥封。

溧陽相公閒置酒，口稱欲見狀元婦。

揩眼將花霧裏看，白髮荷荷時點首。

君卿何處最勾留，畢蔣熊姜當五侯。〔註209〕

四子非為講德論，三生同上一鐘樓。

郎名此際雖風動，郎心鎮日如山重。

一諾從無隔宿期，千金只為多情用。

岳岳高冠士大夫，喬松都要女蘿扶。

日中原涉來營賻，千里史騊代送孝。

豈徒周雅稱將伯，直可東京喚八廚。

笑他兒輩持錢易，紛紛多作無名費。

誰肯如郎抱俠腸，散盡黃金偏市義。

再入長安萬事非，晨星零落酒徒稀。

惟有狀元官似故，鋒車又向隴西飛。

年華彈指將三十，身世蒼茫向誰說。

誓走天涯覓故人，拼將玉貌當風雪。

〔註208〕畢沅於乾隆二十年入京補授內閣中書，入值軍機處。舍人是對中書的別稱。

〔註209〕蔣御史用庵、熊比部蔗泉、姜明府某。——原注。蔣用庵名和寧、熊蔗泉名
學驥。

會遲別早我神傷，此後相思路阻長。

倘得令君香再接，定傾老耳聽伊涼。〔註210〕

趙詩名《李郎曲》，云：

李郎昔在長安見，高館張燈文酒燕。

烏雲斜綰出場來，滿堂動色驚絕豔。

得郎一盼眼波留，千人萬人共生羨。

人方愛看郎顏紅，郎亦看人廣座中。

一個狀元猶未遇，被郎瞥睹識英雄。

每當舞散歌闌後，來伴書幃琢句工。

畢卓甕頭扶醉起，鄂君被底把香烘。

但申齧臂盟言切，並解纏頭旅食供。

明年對策金門射，果然榜發魁天下。

從此雞鳴內助功，不屬中閨屬外舍。

五花官誥合移封，郎不言勞轉謙謝。

專恩肯作鄭櫻桃，盡許後房多粉黛。

狀元官貴擁高牙，匹馬相從萬里賒。

為聽甘涼邊曲好，〔註211〕當筵改學撥琵琶。

主人酬贈千金橐，幸客莊嚴七寶車。

送上雲程心事了，忽傷老大苦思家。

思家泣與東君別，歸到姑蘇百花宅。

舊時同伴見資多，誰不諮嗟眼光赤。

豈知遊興猶未已，盡倒囊金買瑤碧。

捆載巾箱過嶺來，昔是玉人今玉客。〔註212〕

謁儂恰趁放衙早，不覺相迎屣為倒。

通詞曾記託微波，欲即仍離郎太狡。

往日挑琴未目成，今朝擁楫偏人老。

西子重逢范大夫，非復當時浣紗好。

成陰樹已感司勳，轑釜聲兼記邱嫂。

〔註210〕《小倉山房詩集》卷二十一。

〔註211〕相從皋蘭官舍。——原注。

〔註212〕時販玉玩至粵。——原注。

　　回憶華年澹泊遭，褊衷那禁私相惱。

　　生平不吃懶殘殘，偏是人間禁臠難。

　　初日呆蓮雖已褪，晚風緒柳尚堪攀。

　　樽前軟語聊調笑，李下何妨一整冠。〔註213〕

至於比較短的詩詞描寫，張塤的兩首詞作於畢沅得中狀元之前。

　　畢舍人席上歸，遲桂郎不至

　　雪月正浸門，冷淡乾坤。獨逢仙李憶蟠根。安得樛枋連理好，松柏長春。　　酒盡六街昏，候馬蹄頻。他年築室萬峰鄰。別鄉高僧美女外，位置斯人。〔註214〕

　　書桂郎汗巾

　　殘局枯禪盡可憐，心芽意蕊忽新鮮。元宵前後見神仙。　　一品冠裳林下度，六朝裙屐晉人言。思量值得一千年。〔註215〕

　　其實雖稱「夫人」，桂官並非為畢沅所專有。乾隆二十八年，汪氏真夫人攜子至京，他便更需自食其力了。李調元《贈李桂官》作於乾隆三十年：

　　一曲當筵曳碧霞，《綠腰》按罷月初斜。

　　黃昏客散歸何處？米市街西第二家。

　　湘簾不捲坐敲棋，斜對疏櫳有所思。

　　門外輪蹄聲漸歇，錯疑人到叩鐶時。

　　霓裳罷舞駕輕輪，笑入紅樓索酒巡。

　　飲到玉山扶醉去，春光又屬別家人。

　　醉帶朱顏倚竹床，冰紋衫子透颸涼。

　　分明百尺銀河水，斜掛紅霞一縷長。〔註216〕

　　乾隆三十二年十月，畢沅由翰林院侍講外放為甘肅鞏秦階道。他於年底離京，來年年初回到蘇州省親，然後去甘肅赴任。路過南京時往訪袁枚，不遇，乃留詩而去。而據袁氏《李郎歌》及《隨園詩話》卷四，李桂官在乾隆三十二年已在江南，來年被袁枚「握手」，然後去甘肅往依畢沅。趙翼《李郎曲》作於乾隆三十五年廣州知府任上，其時桂官又已來到廣東，則其在畢沅身邊的時

〔註213〕《甌北詩鈔》七言古二。

〔註214〕《竹葉庵文集‧卷二十八‧浪淘沙》。

〔註215〕《竹葉庵文集‧卷二十八‧浣溪沙》。

〔註216〕《童山詩集》卷八。

間不能算長。按：乾隆三十四年夏四月，汪夫人卒於蘭州官舍，畢沅遣子念曾扶櫬歸葬，桂官或是幫扶同返。

乾隆四十六年，畢沅早已貴為陝西巡撫。這年春天，其友祝德麟在京寫有一首《贈李桂郎》：

> 榮戟笙歌笑語香，豪華爭說郭汾陽。
>
> 柳花如雪長安道，腸斷尊前遇李郎。〔註217〕

詩題注：「秋帆舊青衣也。」「青衣」是對婢僕的稱呼，詩中郭汾陽即唐代郭子儀是代指畢沅。按：乾隆三十一、二年前後，祝德麟在京中與畢沅頗多往還，寫有《丁香盛發，秋帆中允過亭上談吳中勝遊》、《秋帆庶子過亭上對奕，小飲待月作》等詩，對畢氏私人生活是比較熟悉的。但他將桂官說成是畢沅青衣，似乎還是有些過了。不過兩人曾經關係昵近這是可以肯定的，以至於再過十多年，在祝氏眼中李桂官的身份仍需依靠畢氏才能為人所知。

畢沅自己也是一位詩人，但在其按年編排的《靈巖山人詩集》中，寫給桂官的卻一首未見。其實他肯定曾經寫過，並且寫的應當不少，只是由於身份所關才未收於集中。那麼主題模糊的呢？也是在乾隆四十六年，畢沅在陝西曾經寫有兩首《有寄》詩：

> 隴頭流水斷人腸，西出蕭關古驛長。
>
> 清淚數行人萬里，怕聽玉笛按伊梁。
>
> 刀環何處寄相思，錦字重繙豔體詩。
>
> 珍重畫奩斑竹管，當年親為掃長眉。〔註218〕

這兩首詩在字面上是在懷戀一位女子，不過桂官不也是一位「夫人」嗎？當年「但申齧臂盟言切」、「孤館寒燈伴寂寥」，玉笛聲裏，長眉也曾親描。好不綢繆繾綣，能不相憶相思？

關於狀元夫人之事，道光間陳森在《品花寶鑒》中以文學形式進行了描寫，書中田春航和蘇蕙芳分別暗指畢秋帆和李桂官。大致情節是田春航來京應試，因狎優過甚而落魄。一次偶見蘇蕙芳，立刻神馳心移。蕙芳看出了他的才氣，遂親密過從，盡力相助，最終田春航得中狀元，蘇蕙芳馳名京師。下面是第十二回田、蘇初次見面的情景：

> 天又漾漾的下起細雨來，春航也無心再看，付了戲錢，出得門

〔註217〕《悅親樓詩集》卷十一。

〔註218〕《靈巖山人詩集》卷三十一。

來，地下已滑得似油一樣。不多幾步，只見全福班的翠寶，坐著車劈面過來，見了他，扭轉了頭，竟過去了。春航心裏頗為不樂，只得低著頭，慢慢找那乾的地方。誰料這街道窄小，車馬又多，那裏還有乾土？前面又有一個大騾車，下了簾子，車沿上坐著個人，與一個趕車的，如飛的衝過來。道路又窄，已到春航面前，那騾子把頭一昂，已碰著春航的肩。春航一閃，踏了個滑洪，站立不牢，栽了一交。這一交倒也栽得湊巧，就沾了一身爛泥，臉上卻沒有沾著。車內人見了，唬了一大跳，忙把簾子掀起，探出身子來，鶯聲嚦嚦道：「快拉住了牲口，挽起那人來。」趕車的早已跳下來，把牲口勒住了。跟班的也下來，扶起春航。春航又羞又怒，將要罵那車夫，只見那坐車的，陪著滿面笑，從車中探出身子說道：「受驚了，趕車的不好，照應不到，污了衣裳怎麼好？」即把趕車的罵了幾句。

春航一見，原來是個絕色的相公。就有一片靈光，從車內飛出來，把自己眼光罩住。那一腔怒氣，不知消到何處去了。只見那相公生得如冰雪揉成，瓊瑤琢就，韻中生韻，香外含香。正似明月梨花，一身縞素；恰稱蘭心蕙質，竟體清芬。春航看得呆了，安得有盧家鬱金堂，石家錦步幛，置此佳人。就把五百年的冤孽，三千劫的魔障，盡跌了出來。也忘了自己辱在泥塗，即笑盈盈的把兩隻泥手扶著車沿，說道：「不妨不妨！這是我自不小心，偶然失足。衣服都是舊的，污了不足惜，幸勿有擾尊意。」說罷在旁連連拱手道：「請罷，請罷。」那相公重又露出半個身子，陪了多少不是而去。春航只管立著，看這車去遠了，方轉過身來。行路人見了，掩口而笑。

這種情態，和男女之間的一見鍾情也沒有什麼不同。

明確認為畢沅和李桂官存在實際同性戀關係的權威記載似難找到。以畢沅聲名之重，旁人若進行推測，也不好過於肯定。《品花寶鑒》裏的田春航對相公就大致是持一種精神戀愛的態度，想必作者認為畢沅對李桂官也是這種感情吧。《寶鑒》第十二回：

春航道：「縱橫十萬里，上下五千年，那有比相公好的東西？不愛相公，這等人也不足比數了。若說愛相公有一分假處，此人便通身是假的。於此而不用吾真，惡乎用吾真？既愛相公有一分虛處，

此人便通身是虛的。於此而不用吾實，惡乎用吾實？況性即理，理即天，不安其性何處索理？不得其理，何處言天？造物既費大氣力，生了這些相公，是造物於相公不為不厚。造物尚於相公不辭勞苦，一一布置，如此面貌，如此眉目，如此肌膚身體，如此巧笑工顰，嬌柔宛轉。若不要人愛他，何不生於大荒之世、廣漠之間，與世隔絕？一任風煙磨滅，使人世不知有此等美人，不亦省了許多事麼？既不許他投閒置散，而必聚於京華冠蓋之地，是造物之心，必欲使縉紳先生及海內知名之士，品題品題，賞識賞識，庶不埋沒這片苦心。譬如時花美女，皎月纖雲，奇書名畫，一切極美的玩好，是無人不好的。往往不能聚在一處，得了一樣，已足快心。只有相公，如時花，卻非草木；如美玉，不假鉛華；如皎月纖雲，卻又可接而可玩；如奇書名畫，卻又能語而能言；如極精極美的玩好，卻又有千嬌百媚的變態出來。失一相公，得古今之美物，不足為奇；得一相公，失古今之美物，不必介意。《孟子》云：『人少則慕父母，知好色則慕少艾，仕則慕君。』我輩一介青衿，無從上聖主賢臣之頌，而吳天燕地，定省既虛，惟『少艾』二字，聖賢於數千載前，已派定我們思慕的了。就是聖賢亦何常不是過來人，不然那能說得如此精切？我最不解今人好女色則以為常，好男色則以為異。究竟色就是了，又何必分出男女來？好女而不好男，終是好淫而非好色。彼既好淫，便不論色；若既重色，自不敢淫。」

把好色和好淫對立，這是對美優的一種精神上的同性戀。不過考慮到畢沅所處時代的特點，他對李桂官「色」、「淫」兼好的可能性應是存在的。請看一個類似的實例，袁枚《隨園詩話》卷四載：「雍正間，京師伶人劉三色藝冠時，獨與翰林李玉洲（名重華，字實君，號玉洲，雍正二年進士，江南吳江人）先生交好。余丙辰入都，在先生處見劉，則已老矣。但聞先生未第時，甚貧，劉愛其才，以身事之。余疑而不信，偶過薙髮鋪，壁上無名氏題云：『欲得劉三一片心，明珠一斛萬黃金。一錢不費偏傾倒，妒殺江南李翰林。』方知果實事也。」李玉洲在窘迫之時獲劉三周濟，從而能金榜題名，得遂夙願。劉三對他不僅是一般地金錢資助，而且還以身相事。那麼，畢沅是否也可以像李玉洲那樣，從所歡那裏獲得金錢以外的東西呢？

名優在與名士交接時重情不重錢，甚至還倒貼錢，這是名士們風塵知己的

一種變相。在清代，身份體面者一般不敢彰示自己平康青樓裏的風流，但相對卻能以狎優尋相為韻事。因此，作為士優交往的一種特別境界，畢—李模式甚為不少清人所稱道。下面《柳崖外編》、《小豆棚》、《夢厂雜著》中的人物都和畢沅、李桂官屬於一類。

《柳崖外編·卷二·二伶》：

　　有王伶者，蘇人，色藝尤冠絕一時。雲南落第舉人某，寓京邸，一見傾心。然素謹厚，不能通款洽，每逢茶園酒樓演王伶部，生輒先往，往則擇臺前最近座坐焉。演畢，眾皆散，生立門外不去。候伶出，目矚登車尾之行，見車止處，立道旁候伶下，目送之。草草就食，候伶出，又尾出送諸寓，然後已。如是者約一載。王伶心識之，實未嘗通一語也。然生已金盡裘敝，面目黧黑，以季子愁而兼屈公病矣。王伶一日演畢，生又尾而送諸寓，伶屏左右，遽進握生手曰：「承君子青目久矣，姓氏里居，幸語我。」生形神恍惚，不能語。有頃，期期曰：「某地某人，孝廉也。」伶曰：「子之愛我，可謂深矣。然半載來，襟裙褸襤異昔日，諒為我故。不嫌辱，盍移而館諸我，我定報子。」生喜不自勝，遂就伶居。伶濯以香皂，更衣進食。款洽之餘，以身附焉。謂曰：「君不遠萬里，拋父母妻子博一官，乃日從事伶倫間。伶人輩豈有真心哉！君純篤過人，充以學，可以第。盍自黽勉，為見江東父老計？」生泫然泣下，曰：「敬受教。」於是伶晨出暮返，有所獲輒遺生，夜則翻曲譜伴生而課其讀。生益奮，次年成進士。選縣令，偕伶之任，弟呼之而不名。

《小豆棚》卷十三：

　　轟小玉，蜀人也。為優伶遊京師，豔絕，眉間有媚風，姣女子不及其冶。於是群噪一時，王孫貴戚，相與持贈，纏頭盈千累萬。蘇州翟秋山，以不第留滯京都，名士也。日者觀劇，見轟心喜。歸寓，馳想不置。由是戲上有轟，園中有轟，轟出而翟則昂首而盼，轟入而翟則掩面而臥，如是者非一日。轟於場上，未嘗不轉盼留神，異其鍾情之獨摯。某日演戲於翡翠園，日未昃，轟入，見翟已徘徊於眾几間。轟前致詞曰：「晨餐也未？何來恁早耶？」翟欣然答曰：「秀色可療人饑，恐遲一刻少見一刻耳。」遂告姓氏居址。

　　曲終人散，翟歸。晚聞剝啄聲，則一車在門，氈幃晶窗，駕以

駿騄。門焉者以為貴公子，及下車登堂，瞿始知其為聶。聶則貂冠狐裘，瞿頗形寒儉。聶曰：「郎君旅館亦寂寞否？」瞿曰：「客邸蕭條，大抵如是。」聶曰：「長安米不易索。我意屈駕過我屋，頗不僦；而飲食調護，自以為頗不粗糲。將請勵志攻苦，來春雷甲可乘也。」瞿起謝曰：「邂逅相逢，過蒙不棄，何敢居停坐擾？」聶再三致請。坐良久，囑以明辰來枉駕也，遂登輿去。

次早，車已在門，瞿即收拾書劍隨往。至大宅，聶出延入。書舍瀟灑精緻，鋪陳皆細軟。辰餐美饌，食罷，聶出門去，晚歸已帶微醺。烹苦茗夜談，細訴衷曲，彼此愛慕。深更人退，聶復晚妝如婦人，同瞿共寢。瞿偎抱溫柔，如懷至寶。聶之嬌容媚態，肌膚滑澤，更非脂粉裙釵所得方其萬一。從此二人廝守，如夫如婦。有人為聶言婚，聶笑曰：「我賦男形，寔有女心，乾道變化，將不知其已也。」悉卻之。

瞿於是往來聲氣，聶與有力焉。逾年成進士，臚唱第一人。後聶亦棄其業。瞿以觀察滇南，聶隨往。燕臺當道，祖餞相望，不知者以為為瞿也，其知者以為為聶耳。抵任後，內外事悉決於聶。會邊戍，聶隨之軍需。旁午時，野人居一帶土酋結連緬匪入寇，抵鐵門關。瞿率偏師襲之，深入重地，為酋所獲，聶亦被虜。緬酋女長也，悅聶美，因說聶降而釋瞿。聶大罵請死。女酋怒，二人遂與難。死之日，聶大呼曰：「吾得與秋山死，死得所矣！」

按：清代無瞿姓狀元。

《夢厂雜著·卷一·玉兒傳》：

李重華，江左諸生也，納雍赴北闈。時都下樂部中有李玉兒者，色藝雙絕，名冠梨園。生偶過歌樓，見之，神魂飛越不能制。思與握手道款曲，而客囊羞澀，莫盡綿薄。惟日攜杖頭錢，往院中觀演劇。久之資盡，典質亦空，不能作顧曲周郎矣。因訪其居址，日伺門外，俟登車，即先於其所往候之。如是半年，玉兒竊怪於中，欲詢之而未發也。

一日，大雪迷漫，赴顯者之約。玄陰晝晦，衢路人稀。而平日之蹢躅道周、眈望顏色者，又衝寒冒雪，侍立車側矣。玉兒問曰：「君何為者？」生淚涔涔下，嗚咽不能語。邀之入室，叩知其故。

　　玉兒笑曰：「君既讀書，當思奮跡雲路，以圖進取。不宜妄自菲薄，
　蹉落至此。雖然，士為知己者用，女為悅己者容，足下我之知己也。
　請為君作居停主人，勉供膏火，復理慧業，何如？」生唯唯。適某
　顯者誕日，玉兒屬生賦詩百韻以進。時祝嘏者聯幛累軸，而名作獨
　推生，顯者大悅。由是玉兒益愛敬生，聯床語夜，隔座銜杯，凡可
　以娛生意者，靡不盡。

　　　逾年，秋闈報捷，繼登進士，入翰苑。重華屬巵酒，撫玉兒肩
　曰：「余向者喪志落魄，幾墮泥塗，微卿何以有今日！敢敘雁行，用
　答高義。」玉兒因呼生為兄。凡平日相與往來之達官巨賈及紈袴兒，
　皆謝絕不復與通。後生出知某州，既典郡，自簿書外皆玉兒一人總
　持之。相從數十年，交情不替如一日。重華卒於官，復經紀其喪，
　撫其幼子若猶子焉。

　　按：《夢厂雜著》中李重華和李玉兒的人物原型應當就是《隨園詩話》中
的李玉洲和劉三。不過在現實當中，李重華於雍正十一年已因案落職，他後來
是輔佐其長子李治運在山東、陝西、湖北、安徽等地為官，而非受人輔助。

　　清代重狀元，幾年就產生一位。京師重優伶，士夫狎而忘返。於是狀元
夫人就成了京中特產，代有人出，非只李桂官獨擅其名。在他之前，方俊官亦
是。趙翼曾記：「京師梨園中有色藝者，士大夫往往與相狎。庚午、辛未間，
慶成班有方俊官，頗韶靚，為吾鄉莊本淳舍人所昵。本淳旋得大魁。後寶和
班有李桂官者，亦波峭可喜。畢秋帆舍人狎之，亦得修撰。故方、李皆有狀
元夫人之目，余皆識之。二人故不俗，亦不徒以色藝稱也。本淳歿後，方為之
服期年之喪。而秋帆未第時頗窘，李且時周其乏。以是二人皆有聲縉紳間。」
〔註219〕莊培因字本淳，他於乾隆十九年（1754）中狀元，比畢沅還早兩科。
只是莊氏後來的事業比不上畢沅，只以侍講學士出任過福建學政，37 歲就早
早去世。結果，方俊官和李桂官雖「皆有狀元夫人之目」，可俊官的事蹟卻不
像桂官那樣廣為人傳。他的大致經歷，紀昀曾記：「伶人方俊官，幼以色藝擅
場，為士大夫所賞。老而販鬻古器，時來往京師。嘗覽鏡自歎曰：『方俊官乃
作此狀！誰信曾舞衫歌扇，傾倒一時耶？』倪余疆《感舊》詩曰：『落拓江湖
鬢欲絲，紅牙按曲記當時。莊生蝴蝶歸何處？惆悵殘花剩一枝。』即為俊官
作也。俊官自言本儒家子，年十三四時，在鄉塾讀書。忽夢為笙歌花燭擁入

〔註219〕《簷曝雜記・卷二・梨園色藝》。

閨閫，自顧則繡裙錦帔，珠翠滿頭，俯視雙足，亦纖纖作弓彎樣，儼然一新婦矣。驚疑錯愕，莫知所為。然為眾手挾持，不能自主，竟被扶入幃中，與一男子並肩坐。且駭且愧，悸汗而寤。後為狂且所誘，竟失身歌舞之場，乃悟事皆前定也。」〔註220〕

在李桂官之後，嘉慶十九年（1814）甲戌科狀元龍汝言的「夫人」名欒卿。《嘯亭雜錄》續錄卷四：「春□部有花旦檀欒卿之馨者，姿容豔麗，性格柔婉。所演劇甚多，俱能體貼入妙，時有『花王』之稱。又善楷書，所臨《黃庭》、《洛神》，殊多丰韻。與龍殿撰汝言最善，殿撰非欒卿不能安寢。寓玉皇廟道院中，四壁紛披，皆詞林投贈之作。烹茶揮塵，談鋒敏捷，人皆為之傾倒。」

嘉慶年間還有一位佚名的狀元，年少時曾經寵愛旦優何郎。只可惜後來他折桂時兩人已經被迫分離，何郎也就痛失了「夫人」的香譽。《金臺殘淚記》卷三：「嘉慶初，四喜部旦色某郎，何姓，絕豔。長蘆鹽賈查友圻〔註221〕，歲予萬金。約以值查侑酒，毋許先客罷。時□□殿撰方年少，見而悅之。招之至再，何悵然曰：『君京朝士大夫子弟，安所得阿通銅山？此後毋庸，但見手書，來矣。』每在查所，□□招即去。查怪之。而兩人暇則相要致，出入飲食如家人焉。查轉輾諷□□父□□□□。一日何使人要□□，遇□□於門，始詢其實。怒甚，持其人徒步至何寓。何出見□□，瞪視不能言。乃歸痛笞□□。何使人探知，大慟。貽書自引咎，且勸學辭甚摯。□□感動，後竟及第。」

道光間的狀元夫人是春福堂主人陳長春，與他相善的是道光六年（1826）狀元朱昌頤（號朵山）。《辛壬癸甲錄》載：「長春，字紉香，春福堂主者。海鹽朱九朵山，以癸酉拔萃為戶部郎，眷長春甚，幾於非是食不飽、寢不安。於是長春長袖善舞，築室畜弟子教歌舞，賺遊狹兒金自娛樂。而朵山於乙酉、丙戌聯捷，廷對魁天下。世遂以狀元夫人目長春。」〔註222〕

咸同間的狀元夫人是朱蓮芬。《道咸以來梨園繫年小錄》載：「道光十六年，昆旦朱蓮芬生。名福壽，蘇州元和人，唱旦兼昆亂。出胞兄朱福喜之景春堂，自立紫陽堂，別號紫陽居士。常為張文達代繪，又常為潘文勤代書，故有狀元夫人之稱。」《繫年小錄》謂名旦朱蓮芬是為兩人所喜，其中張文達即張

〔註220〕《閱微草堂筆記》卷九。
〔註221〕當為查有圻。
〔註222〕見《梨園史料》，第 297 頁。

之萬，道光二十七年（1847）狀元，潘文勤即潘祖蔭，咸豐二年（1852）探花。據此，朱蓮芬狀元夫人之得名主要是因於張之萬。但從其他記載來看，他與潘祖蔭的關係倒顯著更為親近一些。《清稗類鈔》記潘氏因他而詞興常發：「潘文勤公少年鼎貴，悅歌童朱蓮芬而眷之，故其所作之詞多詠蓮華，託興綿邈。」〔註223〕（圖292至圖293）《懷芳記》記他因潘氏之賞而曾經不事演唱：「朱福壽，字蓮芬。亭亭物表，獨步一時，無與抗者。潘侍郎〔註224〕極賞之，蓮芬遂謝卻梨園，閉門種花臨帖。若舊相知招邀，堅令偶持歌扇，觀者益睗眙以為幸矣。」〔註225〕《鞠部叢譚》和《梨園舊話》都曾提到朱蓮芬為潘祖蔭代筆而未提為張之萬代繪：「朱蓮芬為潘伯寅尚書〔註226〕所賞，摹尚書甚肖，常作書署潘款，或不能辨也。」（圖294）「朱蓮芬之書勁挺有姿，吳縣潘文勤公時命其代筆，名噪都下。」〔註227〕張次溪《燕歸來簃隨筆》更是認為：「朱蓮芬為潘文勤所賞，故人以狀元夫人稱之。」〔註228〕所以，朱蓮芬的夫人之號主要是由潘祖蔭而來的。一方面潘氏畢竟探花出身，與狀元相距不遠，另一方面其祖父潘世恩是清代歷史上仕途最順暢、最享榮華富貴的狀元〔註229〕之一，曾歷事四朝，歷官工、戶、吏部尚書，左都御史，軍機大臣數十年。人們既羨乃祖，潘祖蔭雖為探花卻是被比同狀元的。

整個清代狀元才出一百多位，人數太少，因此，能夠和一般進士建立特別情誼的優伶如前面的劉三也是能為人稱羨的。他資佐李玉洲成進士，可以稱之為「進士夫人」，雖不如狀元夫人風光，當初一片望「夫」成龍的心情終究是有了一個基本滿意的著落。而再退一步，一般進士的考取實際如同登龍門一樣，也是非常不易的，多數進京會試的舉人考完之後還依然會是舉人，春闈的結果，不是報捷而是報罷。這其中還包括著運氣的因素，考中與否並不全由才氣高下所決定。優伶把握不准舉子們的前途，有的對他們寄予厚望，可自己最後卻連「進士夫人」都做不成，這時就只好去自歎命不如人了。道光間楊懋建《長安看花記》載有黃聯桂之事：「聯桂，黃姓，字小蟾，世俗所稱

〔註223〕《清稗類鈔・優伶類・朱蓮芬為潘文勤所賞》。
〔註224〕潘祖蔭曾官禮部、戶部侍郎。
〔註225〕見《梨園史料》，第588頁。
〔註226〕潘祖蔭字伯寅，曾官工部、刑部尚書，署兵部尚書。
〔註227〕見《梨園史料》，第796、830頁。
〔註228〕見《梨園史料》，第1250頁。
〔註229〕乾隆五十八年（1793）得中。

狀元夫人長春弟子也。吾鄉黃鏡生孝廉，丙申春試後，偕余及馮朗崖訪小蟾，一見如舊相識。至夜分，余輩散去，小蟾獨拉留鏡生，命酒更酌，燒燈相對，訴款曲。紅日上窗，猶言刺刺不休。自後友朋酒座，必相將俱來，二人無日不見面。或余輩故強鏡生他赴，則春元堂〔註230〕使者相錯於道。殆食息相隨，如形影然矣。榜發，鏡生報罷。小蟾固要，不令南歸，隱然以秋帆尚書相待。」〔註231〕黃小蟾是狀元夫人陳長春的徒弟，很希望老斗黃鏡生能取得和畢秋帆、朱朵山一樣的功名，可鏡生卻連三甲最末一名進士都未考上。這樣一來，不但桂官、長春，而且連劉三小蟾都是比不上的。優伶中還是他那樣的人在占著多數。

以北京的具體特點，那裏是清代優伶同性戀人物的聚集之地。除去已經介紹到的，還有：

（一）李修郎

康熙間孔尚任在其《燕臺雜興三十首》中曾經寫道：

> 朱門一出路茫茫，篋裏空藏斷袖香。
>
> 走上氍毹歌一曲，從新人看李修郎。
>
> 李修郎聲伎擅場，為貴人所寵，人難窺見。後被棄擲，仍到歌場，見者驚為絕藝。〔註232〕

（二）魏長生

「一時不得知交魏三者，無以為人。」《嘯亭雜錄》卷八里的這句話反映了魏長生（魏三）在乾隆年間當其走紅之時傾靡都下的情景。作為旦角男優，他很重視男旦裝扮表演形式的改進，發明了梳水頭，提高了採蹻術，從而舞臺上假扮的女性自此幾可以顯不出男相。魏三善演粉戲，與他同時的吳長元在《燕蘭小譜》中曾記：

> 魏三名長生，四川金堂人，伶中子都也。昔在雙慶部，以《滾樓》一折奔走，豪兒士大夫亦為心醉。其他雜劇子胄無非科諢誨淫之狀，使京腔舊本置之高閣。一時歌樓，觀者如堵。而六大班幾無人過問，或至散去。白香山云：「三千寵愛在一身，六宮粉黛無顏

〔註230〕黃聯桂脫籍離師後自居此堂。
〔註231〕見《梨園史料》，第318頁。
〔註232〕《孔尚任詩文集》卷四。

色。」真可為長歎息者。余謂魏三可稱野狐教主。

　　媚態綏綏別有姿，何郎朱粉總宜施。

　　自來海上人爭逐，笑爾翻成一世雌。

　　鏡殿春風作意描，阿翁瞥見也魂消。

　　十香詞好從兒唱，贏得羅裙幾度嬌。〔註233〕

　　對於吳長元的這後一首詩，華胥大夫張際亮解釋道：「魏長生於和珅有斷袖之寵，《燕蘭小譜》所詠『阿翁瞥見也魂消』是也。」〔註234〕和珅本書第二章第七節已經談到，他貌美性淫，權傾朝野；魏長生則是野狐教主，豔聲四布。兩人若有交接，自非平常的關係。

（三）陳銀兒

　　陳銀兒是魏長生的高徒。「明豔韶美，短小精敏，庚辛間〔註235〕與長生在雙慶部，觀者如飽飫醲鮮，得青子含酸，頗饒回味，一時有出藍之譽。」〔註236〕天漢浮槎散人（張景運）之《秋坪新語》曾載銀兒媚客遇盜事〔註237〕，該書還記有他與合浦李載園的交誼，兩人縱未「情逾斷袖」，也已經情近斷袖：

　　　　《西川海棠圖》，合浦孝廉李載園為優人銀兒作也。美人是花真
　　　　身，花是美人小影。圖意如此云。銀兒陳姓，籍蜀之成都，年十七，
　　　　利齒輕軀，面目光澤，來京師從雙慶部魏長生學秦腔。長生者，亦
　　　　蜀人，故曲中翕然推為「野狐教主魏三」者也。陳盡得其技，聲容
　　　　之外，兼通幻戲，遂以色藝傾都下。方是時，劉芸閣之峭、王湘雲
　　　　之媚、劉桐花之捷給，各擅其部，以相爭長。然以當陳，皆下駟矣。
　　　　故《燕蘭小譜》中稱其「如魚戲水，如蝶穿花」。湘皋《漢碧行》云：
　　　　「垂髫狐子比妖嬌，剪舌鸚哥遜□□。」蓋實錄也。乃入宜慶部，
　　　　拔戟自成一隊，遂以出藍譽奪其師之幟。載園之初入都門也，雖耳
　　　　陳名，固未之識，一旦友人偕造其寓，陳一見傾心，捉臂言歡，如
　　　　舊相識，咄嗟命酒，珍錯畢備。飲酣，自起侑觴，曼態嬌聲，淺斟
　　　　低唱，扇影燈光之下，掩映生姿。載園不禁為之心醉，自是往來莫

〔註233〕見《梨園史料》，第32～33頁。
〔註234〕《金臺殘淚記》，見《梨園史料》，第251頁。
〔註235〕乾隆四十五、四十六年。
〔註236〕《燕蘭小譜》，見《梨園史料》，第17頁。
〔註237〕見本書第505頁。

逆。每值梨園演劇，載園至，陳必為致肴核，數下場周旋，觀者萬目攢視，咸嘖嘖歎羨，望如天上人。或陳赴他召，聞載園來，亟脫身至，其相契殆有至深者焉。載園既數與余相過從，暇嘗叩之曰：「子與陳之淪浹，固知之矣。然傾倒何遽至是？」載園笑曰：「唉，是正如山谷無題詩，盡空中語耳。外人皆以吾情逾斷袖，實乃妄墮綺語障。子知我者，奚亦問為？」予曰：「是何也？」曰：「渠至吾寓惟茗話手談，往往夜分不去。予促之歸，則曈帷昵枕，宛轉相就，若飛鳥之依人，大動人可憐色。故交頸促膝，無所不至。雖觸體皆靡，而終不及亂。渠未嘗不詫予之忍，予初不易我之介，所交如是而已。」予笑不復問。先是有好事者為湘雲作圖，復有為芸閣作賦，都下一時傳誦。載園乃倩名手，為繪《西川海棠圖》，遍徵題詠。予為題二絕云：「細腰千載說橫陳，俗豔休爭別樣春。可是霓裳泥沉醉，華清宮外月如銀。」「翠拂修蛾霞點腮，錦官城畔幾經開。春風帝裏花如海，爭買胭脂學樣來。」亦可謂露華拂檻，彷彿聞香矣。歲丙午，載園試宰直省，向因揮霍，負欠累累，竟難出春明。陳為之廣張華筵，演劇於宜慶堂中，大招賓客，無不樂為解囊，遂獲千金。又出己資，代償債家數處。載園乃得脫。然去去之時，祖道廣渠門外，執手繾綣，語刺刺不休，西山翠色，如與眉間淺黛遙為結恨。已而夕陽在樹，風荻蕭蕭，暮色自遠而至，不得已而後行。自是陳聲名愈盛，日不暇給。梨園別部演劇，觀者恒寥落如曙星，往往不終劇而罷，眾深嫉之。有大力者譖之要津，謂其妖淫惑眾，且多狂誕不法。而陳又適以誤觸巡城御史車，因逮送秋曹，決三十，使荷校徇五城，將問遣。陳多方夤緣，乃得薄責，遞回原籍，然已狼狽如幼芳矣。載園時攝篆保定，再署滿城、清苑，聞其事，亟遣力致助，隱為周旋。及題授鹿城，陳以遞籍迂道至，一見握手，悲而喜，喜而復悲，不知啼笑之何從也。居數日，為治行李甚備，厚有贈貽，具輿馬，送之十里外，殷勤後期，痛哭而別。知其事者無不歎為兩情相與，各盡其義云。〔註238〕

按：李載園名符清，他對陳銀兒一直是念念不忘。其《植棠院海棠》之詩

〔註238〕《北京梨園掌故長編》，見《梨園史料》，第 892～894 頁。

序曰：「院內海棠一株，為余前宰鹿城時手植，五年未著花，今春盛開，而樹已尋丈。不勝江陵人木之感，因成四絕句。中及《海棠圖》，殆有所觸也。」聯繫《秋坪新語》所載，海棠實為銀兒的徵象。詩云：

前度劉郎手自栽，五年邀勒待重來。

捲簾相對還相識，故遣枝頭爛漫開。

輕紅一抹睡痕新，細雨冥冥小院春。

記得長安三月半，粉坊夜醉月如銀。

西蜀名花尚有圖，圖中花與此花殊。

花前試向圖中問，能似當年解語無？

一枝高出院牆南，刮目看時酒共酣。

轉似金城堤畔柳，樹猶如此我何堪。〔註239〕

李載園還寫有4首《憶海棠》，也是惆悵滿懷，戀念不置：

黃金聲價重當時，絕代風流絕代姿。

描得花神題小卷，都人齊唱海棠詞。

歌管飄零散豔妝，旗亭人去酒樽涼。

如何晚向空階立，不是秋風亦斷腸。

一簾花月暎雲屏，樓畔全非昨夜星。

休唱當年供奉曲，最難聽是《雨淋鈴》。

浣花何處訪荒溪，剩有黃鸝自在啼。

蠟淚蠶絲情未了，攤箋研墨寫無題。〔註240〕

（四）王桂官

《夢厂雜著》卷一載：「王桂，湖北沔陽人也，娟好若女子。入萃慶部，清歌妙舞，名冠梨園。施學濂侍御，與有斷袖之好，寢食必俱。以其楚產，字之曰湘雲。」王桂即王桂官，與陳銀兒同時，《燕蘭小譜》：「王桂官，名桂山，即湘雲也。身材彷彿銀兒，橫波流睇，柔媚動人，一時聲譽與之相埒。為少施氏（施學濂）所賞，贈書畫、玩好，千有餘金。故矯矯自愛，屢欲脫屣塵俗。知其契合不在形骸矣。」〔註241〕

〔註239〕《海門詩選》卷一。
〔註240〕《海門詩選》卷一。
〔註241〕見《梨園史料》，第18頁。

（五）韻蘭

道光間梁紹壬在《兩般秋雨盦隨筆》中曾對他進行記述讚歎，文謂：

> 韻蘭者，京師春臺部中名旦也。色藝冠絕一時，顧性傲睨，少所青眼。孝廉某君，極眷戀之，形相色授，頗見妒於同儕。而捉月盟言，誓同枯菀，蓋不僅被中之鄂、花底之秦焉。年十九，以瘵卒。某君哭之慟，賦《惜蘭詞》二十章，徵同人哀誄，而屬余為之序云：「桃開千歲，人間為短命之花；曇現剎那，天上乃長生之樹。從來朝露，本苦無多；況屬彩雲，尤其易散。然而水蓮泡幻，達觀久付虛空；泥絮沾濡，情種能無抑鬱也乎？如春臺部蘭郎者，泥巢乳燕，花苑靈狸。家住玉鈎斜，騎鶴下翩翩之影；善歌《金縷曲》，囀鶯聞嚦嚦之聲。芳名則雅愛蘭香，絕調已盛傳楊叛，固已蜚聲樂籍，馳譽燕臺矣。爰有浙西名士，久噪雕龍；日下寓公，新來鳴鶴。偶顧綠幺之曲，頓生紅豆之思。於是眾裏目成，暗中心許。赭白馬城頭蹀躞，公子相逢；金錯刀袖底鏗鏘，美人贈我。每見潘車擲果，攜手相將；保母鄂被薰香，銷魂真個。妒之者以為失身之鳳，愛之者以為比翼之鶼。而乃長樂難期，短緣已促。杏林深處，難探及第之花；芍藥開時，原是將離之草。於是數聲杜宇，一闋陽關。方期玉塊之分，以冀金鐶之合；孰意楊花命薄，桐樹生孤。蓮韵儂心，菖蒲郎面，此也秋雨臥相如之病，彼也春風作王粲之遊。既而長劍歸時，大刀唱後。不惜黃金似土，來作纏頭；豈知紫玉成煙，已傷委骨。用是愴懷珠璧，墮淚瓊瑰。猶思人約黃昏，去年元夜；依舊門臨碧水，今日桃花。早已平量恨海之波，待涸愛河之水矣。然而空誰非色，短豈殊修，使問天果屬有情，得知己死可不恨。向使郎果金臺終老，落拓梨園，玉籍長留，沉浮菊部。將春殘楊柳，飄零京兆之眉；秋後蓮花，憔悴昌宗之面。未必鬖鬖潘貌，能銷黯黯江魂。則與為彌子瑕之色衰，毋寧作衛叔寶之看殺。而況櫻桃一曲，芳名總在人間；霓羽千秋，舊譜已歸天上。以視桃笙秋老，斷袖先涼；蕭瑟風悲，買絲誰繡者，一則名花似草，一則弱絮留萍，如彼如斯，孰得孰失？乃我友憐香情重，破璧神傷，纏綿則玉藕牽絲，惆悵而金荃賦什。顧或者謂終宵角枕，空生秋士之悲；一集香盦，究損冬郎之德。既蜂腰之中斷，何雀腦之思深？豈知叙掛臣冠，宋玉原非

好色；酒黏郎袖，歐公亦自多情。而況書劍漂零，檀槽知遇，豈有
生前倚玉，曾留春帳之情；歿後沉珠，不弔秋墳之魄者乎？由是敷
陳麗藻，抒寫哀思，乞我弁言，題之卷首。化筆墨煙雲而如畫，請
看北苑春山；悟迷離撲朔之非真，試讀《南華‧秋水》。」〔註242〕

（六）盧勝奎

《燕歸來簃隨筆》：「盧勝奎，又名爐臺子。北平人謔為男寵者曰『爐子』，
爐色灰敗，而適姓盧，故以『爐臺』謔之。」〔註243〕《清稗類鈔》：「程長庚
性傲，而獨禮重讀書人。有爐臺子者，盧姓，因喜漁男色，人以其姓盧而呼
之。（圖295）或云為安徽舉人，流落京師，其人夙有戲癖，尤崇拜長庚。日必
至劇場，聆其戲，久之遂識長庚。長庚詢得其狀，頗憐之，遂留之寓中，供其
衣食。爐亦以功名坎坷，無志上進，願廁身伶界。長庚復為之延譽，凡演戲，
非爐為配角不唱，爐因是得有啖飯地矣。」〔註244〕

盧勝奎好男色及得到程長庚幫助之事，《清代佚聞》卷十及《立言畫刊》
1940 年總第 92 期亦載。不過據《梨園外史》第五回，盧勝奎喜好的是女色，
「最喜歡逛窯子」，為使他收心，程長庚後來幫他娶了一房妻子。

（七）何桂山

《清稗類鈔》載：「何桂山即何九，淨之名角，有鐵喉之目。曾與程長庚
配戲，長庚亦服之。其喉之高響寬洪，罕與倫比，隨用隨至，從無一時音閉或
唱久稍疲者。惟其人為登徒一流，男女色靡不篤好。（圖296）每日演劇畢，即
挾資為冶遊，或與同班旦貼之流，相期於南下窪之蘆中以卜晝。俗稱伶與伶
相偶者謂之『同單』。『單』者，北人呼衾之謂也。桂山之同單，多至不可紀
數。有財則散之，無則取諸其偶，人以其誠直，多樂就之。性又好酒，靡日不
醉。酒色戕伐至甚，而喉固不失其佳。至老，其好不衰，而其唱亦不衰，異材
也。」〔註245〕

（八）楊小朵

楊小朵，號棣儂，為光緒十八年（1892）花榜榜眼。《梵天廬叢錄》載：

〔註242〕《兩般秋雨盫隨筆‧卷四‧韻蘭》。
〔註243〕見《梨園史料》，第 1249～1250 頁。
〔註244〕《清稗類鈔‧優伶類‧爐臺子為程長庚配角》。
〔註245〕《清稗類鈔‧優伶類‧何桂山有鐵喉之目》。

「某福晉好以女作男，而小朵兒好以男作女。（圖 297）小朵兒者，北京著名之花旦也。幼即為人所誤，致有隱疾。及長，搔首弄姿，極盡婦女能事。其淫褻之狀至有筆墨不能道者，夜間亦如河間婦，非有十數健男當夕則不歡。有名連仲者，亦優人也，日與小朵兒遊，如夫婦。連仲瘦骨支離，至不能堪，乃避之上海。後與德珺如〔註246〕、想九宵〔註247〕契，二人至交也，以小朵故至以性命爭，亦可謂怪事矣。」〔註248〕

柴萼《梵天廬叢錄》好搜奇記異，危言聳聽，內容不足盡信。《伶史》有關楊小朵的記述顯著比較平實，謂：「楊小朵，桂雲長子也。幼時為德春〔堂〕少主人，豔名滿天下。小朵為人溫婉有嬌憨之態，承家學為花旦，所工劇為《盤絲洞》、《閨房樂》、《五彩輿》，有時演《雙鈴記》、《雙釘記》等戲，其淫狠之狀，亦復可畏，此則親炙於乃父者也。當其少艾時，京師士大夫莫不趨之若鶩，以一親藹澤為榮。有南客方候銓都門，偶見小朵，魂幾消。因百方夤緣，得入其室。數年資產蕩然，猶不忍去，日徘徊於小朵之門。會簽分江西某縣，友人為措資促其赴任。不聽，且高吟曰：『願為小朵門前狗，不作江西七品官。』時人傳為笑柄。又有某南客，雄於財，雅昵小朵。一日小朵告貸於客，客曰：「卿需錢，不敢靳。特爾我交最久，顧無跡足以表此情者，若能與我合拍一照，雖千金不惜也。」小朵許之。照成，為狀殊褻。客持遍示所知，小朵聞而大窘，卒以三千金贖還之。或曰：客江南巨騙也，知小朵富，故先誘以利而得其證，後乃以此獵取多金。為術雖工，然亦太毒矣。小朵自遭此創，遂不敢濫交。」〔註249〕

（九）田桂鳳

《清稗類鈔》載：「京伶之貼中鉅子曰田桂鳳者，負盛名，每唱，則舉國若狂，奔走恐後。貌清麗，微削，兩睛略露凶光，為美中不足。（圖298）其扮戲，以閨門有情致者為妙，如《拾玉鐲》、《鴻鸞喜》是也。田善裝束，每登場，必有數人伺應之，梳髮者、貼花者、著衣者、夏則揮扇者、冬則持爐者。且篤嗜阿芙蓉，臨演，非二人更迭裝置不可。其妙在身材嫋娜，穠纖修短，雅近婦人。而冠服釵鈿又全精絕華，蓋皆目出心裁，制從新式，故益動人目。扮

〔註246〕清末著名的生角演員。
〔註247〕即田際雲。
〔註248〕《梵天廬叢錄》卷十四。
〔註249〕《伶史・卷一・楊桂雲世家》。

時一釵一髮，加意安排，鬢若刀裁，眉經新畫，衣裙合度，珠翠盈頭，於一『容』字，備極工細。故好之者眾，雖姍姍遲至，眾頗耐之。田性驕，向例末劇皆演胄子，後則有老生作殿者，貼則僅在中劇。自田出，而貼乃為後勁焉。其睡起最遲，雖夏日，亦及暮。光緒癸巳、壬辰之際，與譚鑫培同主春臺部，故多與之配戲。譚到已晏，而有時猶須待田。及劇止場終，往往柳梢月上矣。田以多得貴人眷，頗致富。」〔註250〕《聞歌述憶》：「桂鳳身已秋娘，未忘搔首。習氣素大，經鉅騙誆貲後，仍不自束，以身媚客，技之慣者。（圖299）人恥之，而己弗覺也。聞故老言：譚〔鑫培〕在承慶時，桂鳳方在妙序，復嫻內媚。人多寵之，致唱壓軸戲。」〔註251〕

（十）秦稚芬

秦稚芬，小名五九，得寵於戶部侍郎張蔭桓。《清稗類鈔》載：「五九為光緒時京師之美伶，張樵野侍郎蔭桓嬖之甚。嘗招之至家，使改婦人妝，侍左右。日酬以五十金，令家人僕役呼之為少奶奶。（圖300）久之，亦遂視之為少主婦也。」〔註252〕戊戌政變後張蔭桓獲罪，遣戍新疆，稚芬相送至正定府，一時有義伶之譽。（圖301）而據另外的記載，張蔭桓之子亦寵稚芬。《梨園影事・鞠譚余沉》：「秦稚芬幼時，極為秀美，為張樵野侍郎之子仲宅所眷。」《鞠部叢談校補》上：仲宅與稚芬「晨夕不離，日以三金畀九和興飯館，為秦郎膳費」。

（十一）陸玉珊

陸玉珊，小名三寶，得寵於內務府大臣立山。義和團事起，立山因主和被殺，三寶往收其屍，一時亦有義伶之譽。（圖302）《國聞備乘》卷二：「路三寶妝束妖冶，善新聲，立山嬖之。拳匪之難，立山被戮，親故畏禍皆避匿。三寶攜酒祭西市，哭泣甚哀。取頭貯銅盤，吮其面血，聞者莫不義之。」

立山久官內務府大臣，家資無算，享用奢靡。（圖303）《近代筆記過眼錄》引《諫書稀庵筆記》，謂其「邸內園林之勝，甲於京師諸府。演劇之廳，可坐四五百人。時鴉片煙盛行，設榻兩側，可臥餐煙霞，靜聽詞曲。男伶如玉，女伶如花，迭相陪侍」。想來路三寶必是如玉男伶中的一位。

〔註250〕《清稗類鈔・優伶類・田桂鳳負盛名》。
〔註251〕見《梨園史料》，第1131頁。
〔註252〕《清稗類鈔・優伶類・五九為張樵野所眷》。

六、清代道德、法律與優伶男風

　　清人對於優伶男風的道德態度，私下的讚賞或同情並非罕見，但這類觀點不好明白地講出。因此，理直氣壯、四處宣揚的主要還是批評反對之言。這種批評，除去依據社會反對一般同性戀的一般理由外，還自有特殊的原因。也就是，由於與優伶進行同性戀交往需要付出物質代價，和嫖娼有相近之點，人們對優伶男風的反對因而就較多地考慮到了物質的因素，而不僅僅是認為優伶男風如何地有損家庭穩定、不合天理人情。《慾海回狂》曾多次講到諸如「妓女不許入門，梨園不許入門」、「不赴娼優席」、「親狎妓童者勿友」、「懺悔邪淫歌童妓女之罪」〔註253〕之類的勸誡，娼、優並列，勸誡者是在提醒迷戀於優伶美色的大老豪客們不要像嫖娼者那樣最終落得一個千金虛擲、破產敗家的結局。《柳崖外編》記有一事：

> 李伶者，燕人，色藝為時所豔賞。浪子某，年弱冠，以財雄都中，出則錦衣怒馬，從僕十數輩。一見悅之，脫貂裘乘馬雜以金珠贈焉，遂與狎。浪子父聞之怒，鞭箠而閉之室，所以杜將來也。浪子有祖母者，素溺愛，嗔其父曰：「汝少年時，不曾作狎邪遊乎？吾家雄於貲，今若傚汝，縱費千萬金何害？況若所愛止一伶，倘延而致諸家，遂若慾，又何求？不然，致若疾病，吾不汝甘也。」浪子父領焉。浪子遂款李伶於其家，出則同車，入則偕臥，一切簽片客環而趨其門。不數年，浪子祖母及父相繼殁，始而金盡，繼而產空，蕭條落寞，門可羅雀。而李伶者，亦渺乎不知所之矣。一日，浪子衣敝衣，踽踽徒步出前門外，適李伶乘安車，俊僕數輩隨後塵，自南來。浪子望塵立道旁，及至，攀轅欲與語，伶不垂一顧，揮車夫使速去。浪子曰：「數年交好，今不復相識耶？」伶翻白眼，叱之曰：「固然。然久不借君光寵矣，吾今遨遊貴冑間，汝衣貌若丐，幸遠我，勿辱我！」語罷，揮鞭疾驅去。浪子遂含恨而死。〔註254〕

　　以一般理由進行的反對，綿愉《愛日齋隨筆》曰：「演戲之事迷人，蓋有三道焉。……嗚呼！與小人居，傷天害理。損目痿痺，生瘡損資，尚報應之小者。促壽斬嗣，終不能由聖道，不可以為人，起橫禍於目前，遺淫風於身後，乃報應之大者也。以古聖人正人心、化風俗之樂，變之再三，而成此靡靡之

〔註253〕《慾海回狂》卷二。
〔註254〕《柳崖外編·卷二·二伶》。

音，又生出雄狐綏綏之事，誤盡多少聰明而未已也。可歎矣夫！」文中的「損目痿痺，生瘡損資」是指因與優伶「小人」發生同性性行為而得淫病，「雄狐綏綏之事」是指優伶與家內婦人的姦情。吳兆元所輯《勸孝戒淫錄》收有一篇《文昌帝君天戒錄》，由勸人勿作淫書而展開，謂：「淫書之為惡世人，不知其禍甚大。若夫巧作傳奇，嬖童當場演出，觀者熟視淫態，亂人清操，其罪尤重。〔注〕：傳奇，戲劇也，此淫書之尤著者。嬖童，優伶也。猶是童也，人皆有佛性，此童何獨無之？而乃教之使習，習而成之，違天害人，何罪如之。況士大夫見此妖姿，從而嬖幸，平日清操因之頓喪。以一身之亂而言，則精神耗散，志氣昏頹，所為於是乎顛倒。由是而亂及一家，則能文子弟從此效尤。甚且亂及閨闈，則艾豭婁豬，通功易事，此際尚可問哉！」按此文據題是由明代蓮池大師袾宏做注，不過其中的觀點顯然清人是會一樣接受的。

家中婦女與嬖伶私通，所謂「艾豭婁豬，通功易事」，這是由家主—優伶同性戀所導致的一個問題。而另外一個方面，如果丈夫因耽戀嬖伶——同時又厲禁艾豭與婁豬之間的交往——而致使妻妾床孤衾冷，這也是一個問題。《閨律·刑律》即從婦女的角度反對男子昵童狎優，並做出「罰懲」規定，文字詼諧：「凡孌童兔客以及年少優伶，概不准交接。違者照結納匪類例，杖一百，罰倒馬桶一個月。判曰：花陰解佩，私邀斷袖之歡；席畔飛觥，遽密分桃之愛。別有兔園可入，居然鳥道能攀。洞許尋源，不顧陰陽顛倒；戰誇背水，任教雲雨掀翻。只因戀彼後庭，遂至虛儂前席。事同胯辱，罪合肉刑。既喜納污，宜令滌廁。」

有的勸善書是通過一些具體事例來表明觀點，《戒淫文輯證》載有兩則。

　　　　蔣文恪公浦之父文肅公，常戒子孫不得近伶人。故終文肅之世，無演戲觴客之事。及歿後十餘年，文恪間或演戲，而不敢蓄伶人。老奴顧升，乘文恪燕坐，談及梨園，慫恿曰：「家中奴產子甚多，何不延教師，擇數奴演之，使便於傳喚？」文恪心動未答，忽見顧升驚怖，面色頓異，兩手如受桎梏，身倒地以頭闖入椅腳中，穿至第二第三椅腳，自手至足，如納於匣。公急召巫醫，百計解救。一日始蘇，曰：「怕殺，怕殺。方才言畢時，見一長人捽奴出，先老主人坐堂上，聲色俱厲，罵曰：『爾為我家世僕，吾之遺訓，爾豈不知，何得誘吾郎蓄戲子。著捆打四十，活掩棺中。』奴悶絕不知所為，最後聞遠遠呼喚奴聲，奴在棺中，欲應不能，後稍覺清快，亦不知何以得出。」脫其衣驗之，兩臂皆青黑。文恪悚然汗下，妄念頓止。

從此愈加修省，家政如文蕭之世。

　　許某性淫，喜挾優，悅一旦。某妻見旦美，私通之，生一子，酷似旦。鄰里譏笑，為取渾名曰戲郎。或題其門云：「分桃男有癖，贈芍女多情。傳得風流種，相將度玉笙。」許見之，慚而自縊。旦後流落，亦不知所之。〔註255〕

　　清代法律有關同性性犯罪的條例適用於優伶同性戀，同時又有針對性的規定。倡優所事為賤業，《大清律例彙輯便覽》卷三十三載：「若有私買良家之女為娼及設計誘買良家之子為優者，俱枷號三個月，杖一百，徒三年。姦宿者，照抑勒妻女與人通姦姦夫杖八十律，擬杖八十。若婦女男子自行起意，為娼為優賣姦者，照軍民相姦例，枷號一個月，杖一百。宿娼狎優之人，亦照此例同擬枷杖。」這裡娼、優並提，所以優伶的社會地位是很低的，與良人有別而屬賤民。結果，同性性犯罪中的受害者若是優伶，施害者就會被減罪懲處。《刑部比照加減成案續編》卷二十八載一案例：「張來娃、王得玉商同各持刀棍，將優人王科兒等中途截搶，嚇逼強姦。與糾眾強搶雞姦者不同，且王科兒等究屬優人，亦難與良人子弟並論，自應比例量減定擬。張來娃、王得玉同時起意，各姦一人，自應各科各罪。均合依惡徒將良人子弟搶去，若止一人強行雞姦絞候例上減一等，各杖一百，流三千里。」本來張、王二人已犯死罪，可因為強姦對象並非良人，結果就僅受流刑而已。

　　至於和姦，在優伶經常也就是賣姦，事實廣泛存在，但實際成案受罰的卻只占很少數。只要讀一讀《品花寶鑒》，京中某些相公的賣淫活動是幾近公開的，而時人對此雖然熟視卻如無睹，見怪不怪，很少會去檢舉。在這樣的一種社會環境下，僅僅由於和姦便受懲處的人似乎是屬於「倒楣背運」的一類。《成案新編》卷十七載：「宗人府會奏：民人賈玉呈告伊子賈花亭在莊親王府內學戲致被姦宿一案。此案莊親王契典年已十三之幼童賈花亭在府內演唱清音，與賈花亭姦宿。合依和姦律杖八十，照官員犯私罪例降三級調用，折罰親王半俸九年，不准抵銷等因。奉旨：本日宗人府會同刑部奏賈玉呈控一案，莊親王奕寶擬折罰親王半俸九年，自係照例辦理。惟情節甚屬卑鄙，奕寶著實罰親王俸五年以示懲儆。欽此。」僅因誘姦歌童就受此懲罰，莊親王心裏一定會覺得很晦氣。

〔註255〕《戒淫文輯證・輯古今事證・戒比頑童寵歌伶》。

第二節　教徒同性戀

　　宗教是人類對自身放縱的反動。在中國，道教產生於本土，原始神巫方術中已有萌芽，漢末已經形成。佛教自西傳來，出現於兩漢之際，其後的影響力總體上還超過道教。基督教雖然唐代已有，但自明末才開始逐漸真正傳入，在與中國傳統文化的撞擊中不斷製造出各種衝突。寺廟、道觀和教堂是清修之地，僧人、道士和教士是清修之人。在他們當中，以及受他們影響的信徒當中，同性戀因各種教義的關係而表現出了不同面貌。

一、佛教與男風

　　中國歷史上最有影響的宗教當屬佛教。眾所周知，佛家的基本禁律是戒淫，這本無需贅言，不過在一般人的眼裏，「淫」是針對女色的，僧人若娶妻、姦通都屬犯戒，淫僧總是以姦污婦女者的形象出現。而實際按照正規戒條，淫慾不淨行的範圍卻要廣泛得多。四分律由初分、二分、三分、四分四部分組成，後秦時佛陀耶舍、竺佛念共譯於長安。經過律宗之闡揚，此律早已成為我國所譯各種律本中流傳最廣、影響最大者。它規定：「若比邱共比邱同戒，若不還戒，戒羸不自悔，犯不淨行，乃至共畜生，是比邱波羅夷，不共住。」明末清初釋弘贊釋曰：「犯不淨行者，犯謂故心而作，非難強逼無受樂心，亦非夢事。不淨行，是淫慾法，由此行染污心地，違背聖道，乖涅槃故。乃至共畜生者，謂從人天鬼神，下至共畜生，為鄙惡事，但可行淫者，即成其犯也。波羅夷者，如斷人頭，不可復蘇，比邱犯此法者，不復還成比邱，故名波羅夷。不共住者，謂即應驅擯，不得與眾僧共處。」接著弘贊具體地對不淨行進行解釋：「是中犯相云何？謂比邱有淫心，向一切人、非人、畜生、男女、二形、黃門，於大便道、小便道及口中，入如毛頭許，即得波羅夷。方便而不入，偷蘭遮。若於如上堪行淫境，以物裹隔、入有物隔、以有隔入無隔、以無隔入有隔，盡波羅夷。若為怨家強逼，持男根入三處，初入、入已、出時，於此三時，隨有一時心生受樂，便得本罪。若怨家強於比邱大便道中行不淨，三時中隨一受樂，得本罪。若睡時男根起，他於上行淫，自不覺知，無犯。未離慾人有五因緣令男根起，一大便急，二小便急，三風患，四蟲齧，五慾心，若離慾人，無後一種。若持他根，或持自根，著自口中受樂，得本罪。若教他比邱作，教者粗罪，受教者本罪。教他而不作，教者得突吉羅。若為怨家強逼，於未壞屍或多未壞，令人受樂，得本罪。若半壞、若多分壞、若骨、若塑畫女

形象間、若地穴、泥孔、瓶口、若身餘穴，盡得粗罪。……此戒要具四緣方成其犯。一是真比邱，二是全情境——謂不壞根人、非人、畜生也，三入過毛頭許，四心覺受樂——受樂者，如饑得食、如渴得飲。不受樂者，如啖糞穢，如熱鐵燒身。具此四緣，即得無救波羅夷。若有信戒心及怖畏心，無覆藏心，得可悔波羅夷。」〔註256〕弘贊列舉了陰道性交、肛交、口交、獸姦、屍姦等不淨之行，這些在僧人那裏都應嚴禁，其中像肛交、口交等都屬基本的同性性行為方式。

在《沙彌律儀要略》中，晚明蓮池大師袾宏曾普遍性地對戒淫進行強調：「在家五戒，惟制邪淫，出家十戒，全斷淫慾，但干犯世間一切男女，悉名破戒。世人因慾殺身亡身，出俗為僧，豈得更犯！生死根本，慾為第一，故經云：『淫泆而生不如貞潔而死。』噫，可不戒歟？」〔註257〕弘贊增注謂：「干者，即犯也，亦相侵也，是淫慾之別稱也。世間，謂眾生世間。男女，謂四姓之男女，乃至鬼神畜生男女。於彼大小便及口三處作不淨行，皆得不可悔罪，故曰悉名破戒。若沙彌被他強犯，自心受樂，即犯不可悔罪。心不受樂，罪猶可悔。云何受樂？如饑得食，如渴得飲。云何不受樂？如熱鐵入身，如刀刺體。經云：『有犯斯戒，非沙彌也。』」〔註258〕

為能更清楚地進行說明，民國間律宗弘一大師「依四分律初編摘錄比丘戒相，條理其文」，作《四分律比丘戒相表記》。其中，《四波羅夷法·戒淫第一》為：

〔註256〕《四分戒本如釋》卷二。波羅夷指極惡、根本之罪，犯者將被剝奪僧侶資格；偷蘭遮即粗罪，指波羅夷、僧殘罪的未遂罪；突吉羅指惡作、惡語之類的輕罪。
〔註257〕《沙彌律儀要略》上篇。
〔註258〕《沙彌律儀要略增注》卷上。

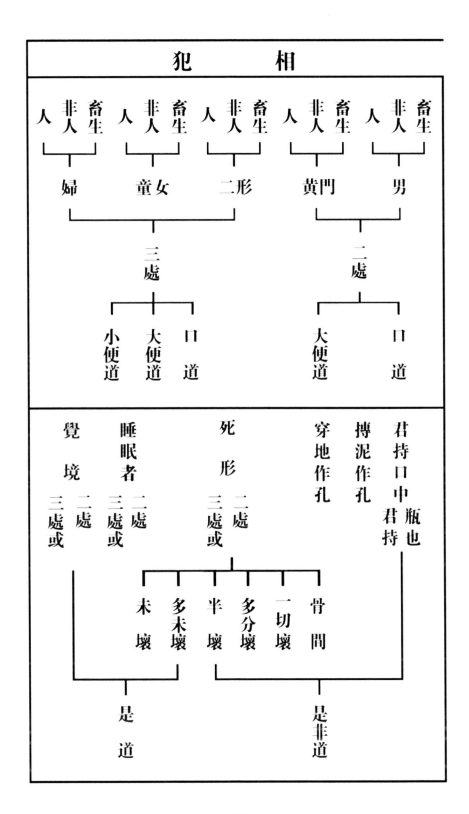

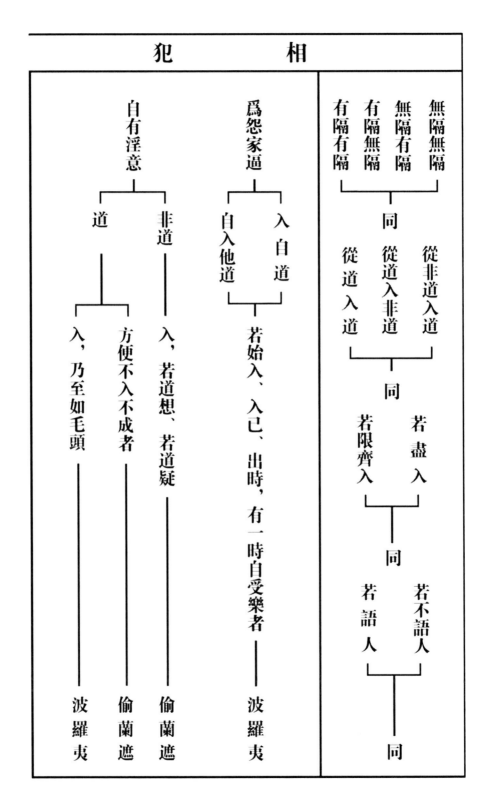

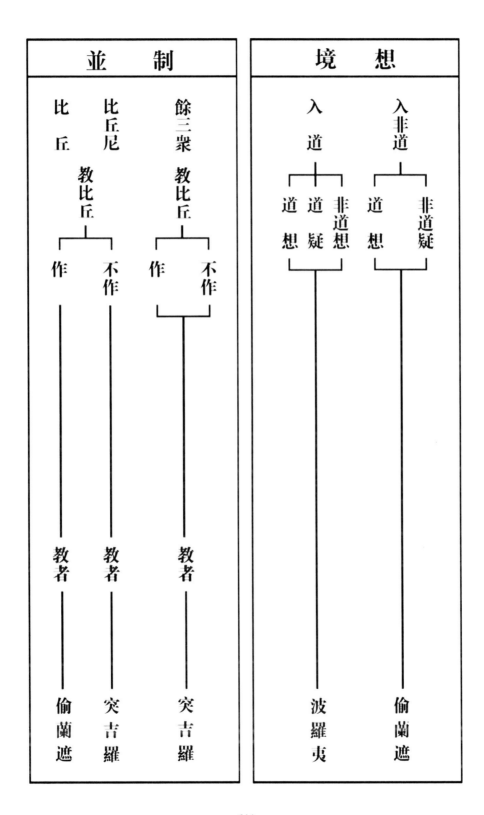

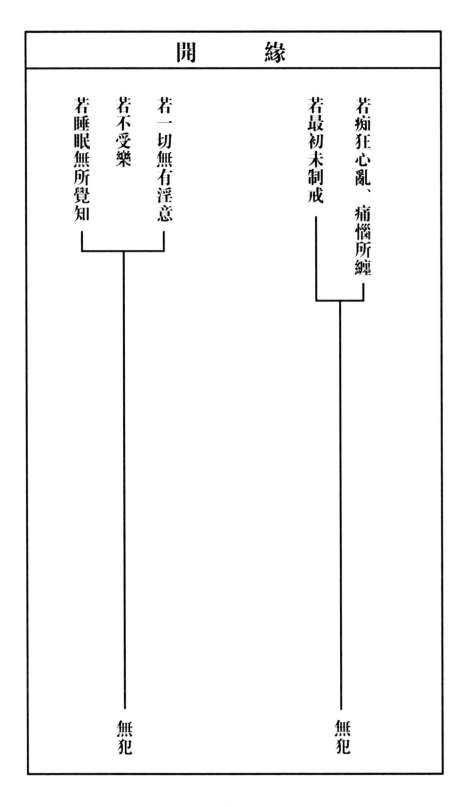

開　　緣

若痴狂心亂、痛惱所纏

若最初未制戒

　　　　　　　　　無犯

若一切無有淫意

若不受樂

若睡眠無所覺知

　　　　　無犯

《十三僧殘法·故失精戒第一》為：

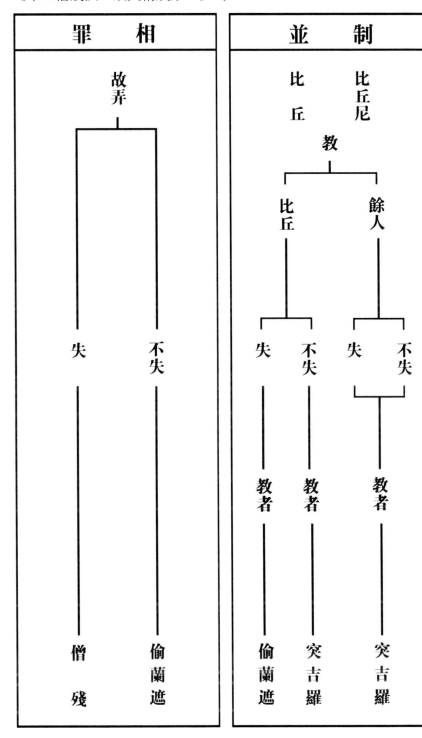

《九十單提法‧共未受具人宿過限戒第五》為：

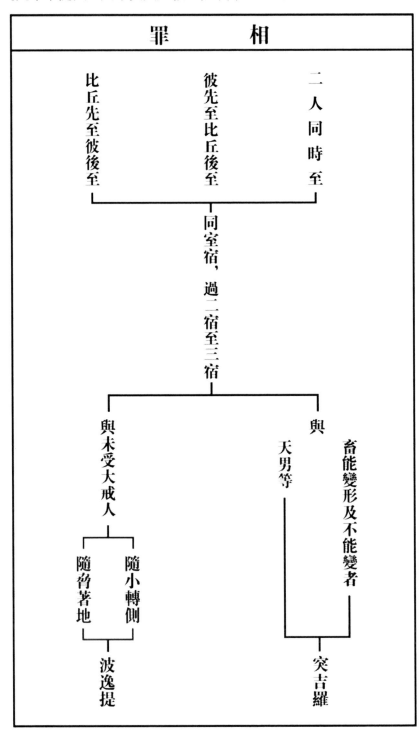

由弘一法師此表，可以清楚地看出佛家所講淫慾不淨行的範圍之廣。一句話，除去很少的特殊情況，針對一切客體的一切形式的出精以及任何自感快樂的受精皆屬不淨，同性戀行為自然包括在內。

不但從具體戒律的角度，而且大德高僧們還從抽象理論的角度對戒淫問題進行闡發。釋真可在明末與釋袾宏齊名，他在自己的語錄中講道：「學人先要斷淫慾，斷淫慾之道亦無多岐。但能識破自身，則眼前雖有西施之容，子都之貌，自然忘之矣。且道身如何識破得他？先當推我未生之前，是身果有耶？果無耶？有則何勞父母交媾而生，無則既本原無，如何無中忽有此身。如是推究，推究不已，則此身一旦洞然識破了。自身既識破了，則他身不待破而破矣。自他之身既破，且道將何物為能所淫慾之具哉！若如此推究，未能識破自身，當次觀父母交媾時，母心先動耶？父心先動耶？父母心一齊動耶？父母心不動耶？父母心不動，兩俱無心，無心則無我，無我誰生淫慾？父母心齊動，齊則一，一則亦無能所，淫心亦不能動。父母先後淫心動，先不是後，後不是先，本不相待，淫心亦無動。此以理推也，非情計也。又父母交媾時，我無淫心，身因亦無；我有淫心，父母不交媾，身緣亦無。須因與緣三者合，方有身。如三者合而果有身者，則父分多少，母分多少，我分多少？如是往復多少推之，推來推去，推去推來，推到情枯智訖處，則是身是有是無，不待問之而自知矣。知則明，明則不惑，不惑則西施、子都皆我得無欲之前茅也。……」〔註259〕文中的西施、子都可以分別代表女、男二色，真可認為於彼皆應視若無物。他在進行論證時，採用了佛家的獨特思維推理方式，不但方內的俗人，而且方外一般僧徒理解起來也會覺得比較困難。其實，針對禁慾本不必搞得這樣複雜。僧人為什麼要戒色？這是一個很簡單的實踐問題，就因為它是一條戒律，並沒有什麼道理可講。佛教傳到日本，基本教義未變，但那裏的某些教派如淨土真宗等歷來允准僧人肉食妻帶，明治維新以後其他教派也予允許了。中國佛學恐怕並不能因此就認為日本佛教偏離了正軌，應以異端相視。如此，華僧費盡禪思，信誓旦旦的各種論證在日僧的實踐面前就全都顯得無力。所以還不如簡單地講，既然你是中國人又想出家，就要遵守色戒的各樣規條，否則此門勿入。相對於真可，清末民國間來果禪師妙樹說得比較簡明一些：「參禪人要知身為淫本。中下行人，參禪用功，防淫尚防不勝防，犯淫何止一犯再犯。有防淫之念，未稱得力工夫，再若犯淫，自

〔註259〕《紫柏老人集》卷九。

稱法門罪輩。防淫之形態者，三業未動，已具淫心，七惡奔馳，淫池水溢。見女色動淫心，過可能赦；見男色動淫念，逆罪難逃。有觸摩身手者，有口吻彼口者，有私送愛物者，有私訂淫約者，有淫人口者，有淫坐股者，有勒逼淫者，有互愛淫者。獨男色互淫罪，與七逆同科，判處阿鼻四大劫罪。僧與女人淫，判處阿鼻一大劫罪。世間人云：『萬惡淫為首，百善孝為先。』況僧人乎？果能想淫戒持清，不稍違犯者，只有參禪一法。何以？禪正參時，絕人我相，何物為淫物乎？禪能參透，先斷生死命根，不但淫根淫種俱絕，連下淫種之地，徹底掀揚。小則成羅漢，中則成菩薩，大則成諸佛是也。」〔註260〕來果禪師強調參禪，禪學很能發揮參者心之能動，若要參透色相，並不需要多麼複雜的推想，關鍵是能否遵行，知本易行則難。

　　既然看破紅塵遁入空門，僧人還要在日常起居如行、住、坐、臥等方面時刻表現得嚴肅莊重，勿能放逸懈怠，即需注意威儀的修持。這方面的規定有時與同性戀相關。《受沙彌十戒文及威儀》是敦煌寫本中的一件，其中就要求道：

　　　　一、不得慾心動身生。

　　　　二、不得慾心視身生。

　　　　三、不得令他觸。

　　　　四、不得手觸身生。

　　　　五、若夢中出不淨，尋當清心。〔註261〕

　　所有五條都涉及性的問題，尤其第三條「不得令他觸」，「他」可男可女，不過男的可能性更大一些，也就是不許沙彌接受同性戲狎了。

　　《沙彌戒》：

　　　　一者不得染污心借穿衣著。

　　　　二者不得染污心共器飲食。

　　　　三者染污心不得共床坐臥。

　　　　四者不得染污心作非法言論。

　　　　五者臥時不得並頭，若對腳臥，申腳不得過膝。〔註262〕

　　「染污心」指愛慾褻狎之心，這五條要求沙彌們不得懷有此心借穿衣服、

〔註260〕《來果禪師語錄‧卷二‧戒淫》。

〔註261〕見《敦煌寶藏》第 104 冊。

〔註262〕見《敦煌寶藏》第 104 冊。

共器飲食、同床坐臥、嘻笑調弄，若因人眾而不得不同床共睡，也要各據一隅，不能有身體上的親密接觸。因此，沙彌日常行為中可能導致同性戀的傾向是被嚴格抑止的。

再談一談睡臥。可能的情況下還是應當自睡，《沙彌律儀要略》下篇：沙彌「不得與師同室同榻，或得同室，不得同榻。亦不得與同事沙彌共榻」。弘贊對後一句作解：「同事，謂同沙彌所施行事，或同師學者。如僧護比邱，見地獄二沙彌眠臥相抱，猛火燒身，苦不休息。佛言：迦葉佛時，是二沙彌共一被褥中相抱眠臥，以是因緣入地獄中火燒，被褥中相抱受苦至今不息。」〔註263〕為什麼不能與師傅、同事共榻而睡？所避嫌疑中不會不包括男色的因素。

在對僧徒行為作出詳盡規定的四分律中，有的律條本身雖然講的是防戒女色，但引申開來，也可以用到戒男色上。如：

　　女身相觸戒：若比邱淫慾意與女人身相觸，僧伽婆尸沙〔註264〕。

　　粗惡語戒：若比邱淫慾意與女人粗惡淫慾語，隨所說粗惡淫慾語，僧伽婆尸沙。

　　歎身索供戒：若比邱淫慾意，於女人前自歎身言：「大妹，我修梵行，持戒精進，修集善法，可持是淫慾法供養我。」如是供養第一罪，僧伽婆尸沙。

《四分戒本如釋》卷二分別有解：

　　女身相觸戒：……與男子身相觸，惡作。

　　粗惡語戒：……向男子說者，惡作。

　　歎身索供戒：……向男子歎，突吉羅。

男女同具色身，把禁女色的精神和方法用到禁男色上，若誠實遵行，男色是無處可存的。

由一整套的戒律、規條、說教，中國佛學具備了嚴密而嚴格的淫戒禁慾觀。不知有多少名僧高禪以他們艱苦卓絕的修行而贏得了世俗民眾的崇拜、高官名士的景仰。事證舉不勝舉，索性不舉。不過，事物經常具有兩個方面的表現，有戒淫就會有犯淫，並且佛教僧徒中犯淫的現象不但一直存在而且在特定歷史背景下有時還表現得相當突出。

〔註263〕《沙彌律儀要略增注》卷下。
〔註264〕即僧殘，較波羅夷為輕，但亦屬重罪。

　　清初學者尤侗指出：「今日僧尼，幾半天下，然度其初心，願不及此。其高者惑於福慧之說，下者為飢寒所驅迫，不得已而出此。或幼小無知，父母強而使之，及其中道而悔，無可如何者多矣。夫飲食男女，人之大慾存焉。今使捨酒肉之甘，而就蔬水之苦；棄室家之好，而同鰥寡之哀，此事之不近人情者。至於怨曠無聊，竊行非法，轉陷溺於淫殺盜之中，不已晚乎？」〔註265〕（圖304）尤氏有鑒於時僧現狀而發出的感歎具有一定的代表性。就僧人來源而論，可以把他們大致分為幾類：因敬信而入佛門者，因感情幻滅而入者，因生活苦困而入者，還有為了去災免病而入者，為了逃禍避難而入者，等。因此，並不是所有的沙彌、和尚都對自己的人生選擇堅守不移。當他們並非虔願出家，而只是暫且為之，或只是生計視之時，非但不淫之一戒，而且不殺生、偷盜、淫慾、妄語、飲酒以及觀聽歌舞、蓄積金珠等十戒、二百五十戒也有可能破而不守。並且，有的僧徒會懷具這樣一種想法：雖然自己未嚴守色戒，但總體上終究還是在過著衲衣蔬食的修行生活，總比俗人對自身的約束為強，即使談不上純粹方外，基本也可算是近似。存在這種想法，他們就會感到自己某種程度的破戒行為並非是罪不可逭，不必時時刻刻去自責自悔的。

　　某些僧人因色慾而不守清規是不爭的事實。色主要可分女色和男色，在討論男色之前，可以而且應當先談一下女色，前者可為後者的參考。

　　首先需要一提的當屬僧娶妻。早在唐代，《投荒雜錄》載：「南人率不信釋氏。間有一二僧，喜擁婦食肉，但居其家，不能少解佛事。土人以女配僧，呼之為師郎。」〔註266〕《番禺雜記》載：「僧之有室家，謂之火宅僧。」〔註267〕宋代的情況，南宋釋志磐曾記：「磐少時客南海，見鄉落僧居，畜妻養子，皆能執鈸鼓從事於赴請。問其度牒否？則曰但於本郡給帖耳。此等皆因守郡者規微利而不知愍瀆三寶之為過也。嘗聞蜀僧在鄉多畜妻子，平時習熟，公私不以為非。今之西蜀遊學東南者，真成出家之士也。」〔註268〕元明時期的情況，明末清初談遷記：「鳳陽大龍興寺即皇覺寺，太祖敕僧律一曰：『有妻室僧人，除前輩老僧蓋因元末兵亂，流移地方，彼時皆有妻室，今已年老勿論外，其後進僧人有妻室者，雖在長上輩、比肩及在下，諸人皆得凌辱，亦無罪責。』今僧俱葷娶，又無差累。」又：「邵武、汀州，僧道皆娶妻。寺僧數百，推一人削

〔註265〕《艮齋雜說》卷四。
〔註266〕見《太平廣記》卷第四百八十三。
〔註267〕見《類說》卷之四。
〔註268〕《佛祖統紀》卷第四十三。

髮，餘如民俗。雲南大理府山僧有妻子，亦讀儒書。」〔註269〕到了清代，此風依然可見。據《燕京雜記》，京師中僧分二種：中國僧和喇嘛僧。喇嘛僧「亦有二種，有黃喇嘛，有紅喇嘛，黃者以紅者為外道。享奉近於顯宦，位望尊於王侯。飲酒食肉，畜妻有子，公然不諱。所生子即薙髮以為徒」。中國僧「大半漸其氣習其樂，為鰥者亦鮮矣」。「僧之畜妻雖不敢顯置寺中，而於寺之前後別營一室，雇一車夫，掛名門牌，僧寢食其間，宛如民間夫婦。」

　　然後可看僧人其他方面的一些淫行以及公眾對於僧人所為的一些負面評價。金代劉祁曾記李之純、雷希顏、張伯玉三人在一起宴遊，各有所好，便互相戲謔：「之純愛酒如蠅，希顏見肉如鷹，伯玉好色如僧。」〔註270〕細讀「好色如僧」，在某種意義上是可以把它當作俗語看待的，是說僧人的色慾比俗人還要強些。語雖誇張，卻也包含著一些事實在內。元代，順帝時孔齊在其著作中記有南宋時期的一段箴言並進而聯繫到本朝實際，曰：「宋淳熙中，南豐黃光大所編《積善錄》云：『僧道不可入宅院，猶鼠雀之不可入倉廩。鼠雀入倉廩，未有不食穀粟者；僧道入宅院，未有不為亂行者。』此足為確論。予嘗見溧陽至正間新昌村房姓者，素豪於里，塋墓建庵，命僧主之。後其婦女皆通於僧，惡醜萬狀，貽恥鄉黨。蓋世俗信浮屠教，度僧為義子，往往皆稱義父義母、師兄弟姊妹之屬。所以情熟易狎，漸起口心，未有不為污亂者。或婦女輩始無邪僻之念，則僧為異姓，久而本然之惡呈露，亦終為之誘矣。浙東西大家，至今墳墓皆有庵舍，或僧或道主之。歲時往復，至於升堂入室。不美之事，容或多矣。」〔註271〕成書於元末明初的《水滸傳》第四十五回謂曰：（圖305）

　　　　但凡世上的人情，惟和尚色情最緊。一日三餐吃了檀越施主的好齋好供，住了那高堂大殿僧房，又無俗事所煩，房裏好床好鋪睡著，無得尋思，只是想著此一件事。假如譬喻說，一個財主家，雖然十相俱足，一日有多少閒事惱心，夜間又被錢物掛念，到三更二更才睡。總有嬌妻美妾同床共枕，那得情趣？又有那一等小百姓們，一日價辛辛苦苦掙扎，早晨巴不到晚，起的是五更，睡的是半夜，到晚來未上床，先去摸一摸米甕，看到底沒顆米，明日又無錢，總

〔註269〕《棗林雜俎·義集·僧娶妻室》。
〔註270〕《歸潛志》卷第九。
〔註271〕《至正直記·卷之一·僧道之患》。

然妻子有些顏色，也無些甚麼意興。因此上輪與這和尚們一心閒靜，專一理會這等勾當。那時古人評論到此去處，說這和尚們真個利害。因此蘇東坡學士道：「不禿不毒，不毒不禿。轉禿轉毒，轉毒轉禿。」和尚們還有四句言語，道是：

　　一個字便是僧，兩個字是和尚，

　　三個字鬼樂官，四字色中餓鬼。

明清時期，社會上對於僧道之淫有了更集中的反映，以致在小說、戲曲、戲謔作品當中，有關描述已經趨於模式化，只要一提和尚就是淫僧，幾乎無僧不色。《一片情》第三回開頭寫道：

　　詩曰：

　　祝髮原來不為修，爹娘勉強剃光頭。

　　假意人前斷歧路，真心背地上秦樓。

　　胭脂時把褊衫染，膩粉常將直裰留。

　　你道嬌姿一見面，肯教暗裏不藏鉤？

　　這首詩，單說人既出了家，祝了髮，只當以生死輪迴為重，心如槁木死灰，六塵不入，十戒當遵。因甚一見女娘，慾火炎燒，比在家人更盛？譬若天地生物，惟人最靈，即癡蠢如鳥，無知若蟲蟻，也成雙作對，一般有雌有雄。做一個人，反把陰陽亢而不雨，情慾鬱而不伸。所以一經他手，則千奇百怪，俗人做不出的，都是和尚做出來。

小說中僧人的淫事除去一般的調姦、誘姦，有時還出現強姦，甚至描寫到和尚們在廟中暗設密室，將婦人搶進長期姦占，不從即殺等情節。文學作品容易產生言過其實的情形，而法律文書中的案例則都是確鑿事實。明代《官板律例臨民寶鏡》卷九載有一些僧道類判語，其一：「審得僧晴雲，淫若老猿，凶同毒蠍。幸嫠婦之來寺，頓起姦心；入禪室而行強，渾忘佛戒。痛馮氏心如鐵石，能勵冰操；恨禿妖猛甚虎狼，橫加霜刃。欺孤侮寡，曹馬之故習重萌；剖腹剜胎，桀紂之稔惡復熾。此而可忍，孰不可忍；是肆所為，又何弗為？梟其首以正典刑，懸於寺用懲來者。」其二：「審得僧梵空，出家長林寺中，弗修戒行。乃以造禪堂為念頭，執化緣簿為因果。至一孤村獨屋，瞰婦夫外耕田，假作風和尚，調姦羅剎女。使婦無幼男老父，齷齪事將污辱清淨經涅槃會。是禿也，項上素珠數不盡昏迷障孽，手中疏簿記不盡破戒愆尤。合擬重刑，追還度牒，不許復入山門。」清代，《大清律例增修統纂集成》卷二十七：「僧得見

因僧文照與伊母張王氏通姦，留住在廟。經僧得見將伊母勸回，僧文照復肆行辱罵。僧得見一時忿激，攜取柴斧將僧文照疊砍斃命。僧得見著交刑部減等發落。」《大清律例刑案彙纂集成》卷三十三：「顧張氏謀死本夫顧大彥一案，姦夫先泉身係僧人，既不守清規與顧張氏通姦，乃因顧大彥撞遇扭住，輒同顧張氏將顧大彥撳按倒地，該犯復騎壓顧大彥身上將其髮辮繫於床腳，用布帕塞住其口，幫同顧張氏將顧大彥勒死，復起意私埋滅跡。顧張氏著即凌遲處死，僧人先泉著即處斬。」

比較起來，市井俗眾最予關注、僧徒自身最應自律的是在女色方面，破女色之戒是對個人信仰的最公然背叛。既然這方面的事實的確存在，甚至有時還表現得比較嚴重，相應地，對男色之戒的破壞在不守清規的僧人中間就會有更多、更嚴重的表現。某些僧人會認為好女色是真淫，只要自己避而不為，那麼在男色上的放任只是一種可以理解的方便解脫，無罪可言，即使有罪也是輕犯，不必大驚小怪，從而敢於安心放膽地去肆遂男淫之欲。（圖 306）而對於已犯女色的僧人，只要他們有意，那麼干犯男色當然是不在話下的。

如同女色，僧人干犯男色的行為也可以具有模式化的特徵，在特定文學作品的特定內容中會不時出現，如：

（一）戲劇中的插科打諢

參見本書第 218～221 頁。

（二）對初次亮相時的僧人尤其小沙彌的描寫

這種描寫有時是自述。《陌花軒雜劇》第六折某僧邊上場邊自白：「小僧身住永寧禪寺。自幼家師愛我，也不教諳經典，也不教理禪宗。日間同茶同飯，夜裏同睡同眠。」（圖 307）有時是他人觀察。《野叟曝言》第五十一回：「尋著一個十五六歲的伶俐沙彌，見他相貌標緻，身著齊整，描眉畫眼，知是得意變童。」《鼓掌絕塵》第十四回：

> 不多時，那東廊下走出一個小和尚來，卻也不多年紀。生得：
> 目秀眉清，唇紅齒皓。一領緇衣，拖三尺翩翩大袖；半頂僧帽，
> 露幾分禿禿光頭。金剛子杻自持心，梁皇懺何曾見面。寄跡沙門，
> 每恨闍黎真妄誤；托蹤水月，聊供師父耍風流。

（三）順便做出的描寫

此類內容在作品中並不是什麼關鍵情節，多是作為插曲存在，一般文句

較短。

《金瓶梅詞話》第五十七回:「有個憨賴的和尚,撒賴了百丈清規,養婆兒吃燒酒,咱事兒不弄出來;打哄了燒苦蔥,咱勾當不做。」「燒苦蔥」指進行同性性行為。

《禪真逸史》第四回:「只聽得鍾守淨夢中說道:『我的活寶,放撒手些,定要拿班做勢!』李秀笑道:『好和尚!在這裡做春夢,騙小沙彌哩。』」

《型世言》第九回:「只見一個和尚摟著一個小沙彌,兩個一路笑嘻嘻走將出來,把小沙彌親了一個嘴,小沙彌道:『且關了門著。』正去關門,忽回頭見一個人坐在金剛腳下,小沙彌道:『你甚麼人?』王原道:『我也是個安丘書生,暫借山門下安宿一宵,明日便行。』這兩個怪他阻了高興,狠狠趕他。又得裏面跑出一個小和尚來,道:『你兩個來關門,這多時,幹得好事,我要捉個頭兒!』看他兩個正在金剛腳邊催王原出門,後來的便把沙彌肩上搭一搭道:『你是極肯做方便的,便容他一宵,那裏不是積德處?』沙彌道:『這須要稟老師太得知。』」第三十四回:「到了夜,眾僧在堂上做個晚功課,摟了個沙彌去房中睡。」

《宜春香質》風集第三回:「內中有一道,見他窮無賴,薦到一和尚寺中做代書。名為代書,實為和尚老婆。那些和尚,人又眾,日夜相繼,弄了十數日還不曾周遍。大家爭風,打了一場和事,寺中俱不許留丘小官,留者逐出山門。」

《肉蒲團》第二十回:「不是借指頭救急,就是尋徒弟解紛,這兩樁事是僧家的方便法門。」

(四)通俗笑話

笑話常以性以及僧道作話題,兩者合起來,有關僧道性事的內容易於得見。不過言詞用語一般都傾向於猥褻,稍可採用者如《笑府·卷五·響屁》:「一翁以幼孫命犯孤宿,乃送之入寺。僧具酒款之,孫偶撒一屁,翁不覺大慟。僧曰:『老親家何以發悲?』翁曰:『我哭我小孫,此後要撒這個響屁,再也不能夠了。』又 僧患大卵脬,請醫視之。醫曰:『此病他人患之可醫,惟出家人最難醫。』問何故,答曰:『這一大包,都是徒弟們的屁在裏頭。』」

其他,《古今譚概·儇弄部·痔字》,《笑府》卷五·和尚宿娼、椿糞、對穿、天報、開葷,《笑林廣記》卷之八·祭器、頭眼、問禿等皆是。

即如戲謔、笑話中時常講到的,僧人同性戀主要發生在僧人相互之間,這

種行為顯然比較隱密，相對不太容易招惹是非。《型世言》第三十五回中，小和尚無垢虔心修行，其師兄無塵竟明目張膽地前來勾引。先以自己的經歷進行開導：「我那師祖，整整淘了他五六年氣。記得像你大時，定要我在頭邊睡。道：『徒孫，我們禪門規矩，你原是伴我的，我的衣缽後來畢竟歸你，凡事你要體我的心。』就要我照甚規矩。到那時節，我哭起來，他道：『不妨，慢些，慢些。』那裏肯放你起來。一做做落了規矩，不隔兩三日就來。（圖308）如今左右是慣的，不在我心上。只是看了一日經，身子也正困倦，他定要纏。或是明早要去看經，要將息見，他又不肯。況且撞著我與師兄師弟眾人夥裏說說笑笑，便來炒鬧。師弟，你說我們同輩，還可活動一活動。是他一纏住，叫我們那裏去出脫？」無塵婉轉地向師弟指出同性戀是自然而然、四處存在的事情。見無垢不為所動，更明言道：「我們和尚沒個婦人，不過老的尋徒弟，小的尋師弟。如今我和你兌罷。」無垢依然予以拒絕。再過幾天，無塵又給他送來一部「《方便經》」，上寫：

> 如是我聞：佛在給孤獨園，比丘、比丘尼、優婆塞、優婆尼，一切天人咸在。世尊放大光明，普照恒河沙界。爾時阿難於大眾中，離坐而起，繞佛三匝，偏袒右肩，右膝著地，叉手長跪，而白佛言：「我聞眾僧自無始劫來，受此血身，即饒慾想，漸染延灼，中夜益熾，崛然難制。乃假祖孫，作為夫婦，五體投地，腹背相附，一葦翹然，道岸直渡。辟彼悟門，時進時止。頂灌甘露，熱心乃死。此中酣適，彼畏痛楚。世尊，何以令脫此苦？」世尊：「阿難，人各有慾，夜動晝伏，麗於色根，展轉相逐。悟門之開，得於有觸，勇往精進，各有所樂。心地清涼，身何穢濁，積此福田，勉哉相勖。」大眾聞言，皆忘此苦，皆大歡喜，作禮而退，信受奉行。

這篇所謂的方便經文在明末社會上多有人知，《弁而釵‧情烈記》在描寫書生雲天章與優伶文雅全的性事時就使用了相似文字。很明顯，此「經」不可能是佛典之一部，它的寫出，實係社會中人在對比丘、沙彌同性戀活動進行意帶譏諷、戲謔的反映。不過，「方便」二字從某種角度看倒也可謂恰當。佛家重方便，宣講以方便之智啟方便之門，行善權、變謀之事。依正規理解，漢傳佛教的方便當然有嚴格限制，不能任意變通。但如果只是借其詞而用之，與禁慾相比，存欲何嘗不是比較地「方便」？與好女相比，好男何嘗不是更加地「方便」呢？《閩都別記》第二百三十回：「今之和尚，那個想修身修行？一

入禪林，便引作浮蕩子弟，唱後庭花矣。」好不方便得很。

有時，膽量更大的僧人還敢在寺院之外尋找性的對象。有一淫僧道叡，自言能設法使某秀才得中狀元，便在秀才家裏為他禱請神佑。人前齋戒修行，暗中卻看上了秀才的兩個小廝龍紋、綠綺。「每日龍紋、綠綺去伏侍他。一日他故意把被丟在床下，綠綺鑽進去拾時，被他按住。急率走不起，叫時，適值張秀才在裏邊料理家事，沒人在，被他弄一個像意。一個龍紋小些，他哄他做福開襠，急得他哭時，他道：『你一哭，家主知道，畢竟功德做不完，家主做不得狀元，你也做不成大管家。』一破了陣，便日日戲了臉，替這兩個小廝纏。倒每日張秀才夫婦兩個齋戒，他卻日日風流。」〔註272〕而如果淫僧的勢力達到可以交通官府的地步，竟還敢於公然行強。「那招提內住持，號叫百空，是寺裏大和尚真如的徒弟。那真如生得相貌豐富，能言舌辯，結交官府，與京裏大老爺都有線索，在府縣面前說話，一說一靈。這百空靠著真如聲勢，專一結交書吏，替人包打官司。更有一樁傷天理的事，是酷好男風。庵裏絕標緻的沙彌，已有五七個盡他受用，兀自在外搜刮，但是瞧見清秀小夥，便設計弄入庵中取樂。又最喜姦弄幼童，常常把小孩子屁眼弄破，鮮血淋漓啼啼哭哭。一個孩子年止九歲，跑到庵裏去頑耍，被他捉到房中一頓狠弄，淌了一褲子鮮血，死了過去。那賊禿叫人扛到他家，到半夜裏就痛死了。他母親亂磕亂撞，要死不活，哭得好不傷心。又不敢傷犯那賊禿，只把心口狠捶道：『死了我了，死了我了！』」〔註273〕百空淫、殺之戒皆破，簡直就是罪不容誅了。

> 雙燃法炬慶良辰，和尚居然竟作親。
>
> 四大皆空參本相，一絲不掛認前因。
>
> 小僧從此非光棍，徒弟而今有替身。
>
> 還願佛爺來保佑，明年送子上麒麟。

《捧腹集》所收的這首詩名為《賦得和尚討家婆》，諷詠的是僧娶妻的行為。其中「徒弟而今有替身」一句是講娶到家婆的和尚便可以不只在徒弟身上尋求發洩，全詩反映了破戒僧人中的雙性戀現象。在中國古代，就常人而論，純粹的同性戀者要比雙性戀者少得多，同性戀行為經常只是在人生歷程的某一段時間內存在，或與異性戀同時並存。而僧眾受戒律約束，性行為的發生率遠低於常人，性對象不易求得，由於他們之間的同性戀比較方便，許多

〔註272〕《型世言》第二十八回。
〔註273〕《野叟曝言》第十二回。

人便只能採取這種方式。因此，境遇特點決定了僧人中單純的同性戀要比較地多一些。不過對於已然破戒者，異性戀的吸引力實際本也是很強烈的，他們一有這方面的機會，多數人必是立刻抓住，並不會把同性戀和異性戀對立起來。《品花寶鑒》裏有一個小和尚得月，在自己師傅的調教下早就成了一個龍陽，後來，他認富商潘三的老婆石氏做乾娘。潘三喜好男風，石氏怨曠妒忌，便常請乾兒到家中走動。一次，「得月來看乾娘，那日天氣很熱，見石氏在房中將席子鋪在地上，穿件沒有領子的白羅布短袖汗衫，卻也大鑲大滾，只齊到腰間。穿條桃紅紗褲，四寸金蓮，甚是伶俏。兩鬢茉莉花如雪，胸前映出個紅紗兜肚，眉目澄清，肌膚白膩，實足動人。叫得月也在席子上坐了，兩人將牙牌在席子上抹起來。石氏盤腿不慣，兩腳踏地，像個半蹲半坐的樣兒。……」面對石氏的風騷賣弄，年已十七、風情已解的得月如何能夠把持？「自此更加親愛，不消三天一小敘，五天一大敘，大約已下了佛種了。」〔註274〕姦情後被潘三看出，得月無非是又反身事潘而已，在他，與男、與女行姦是可兼做而無甚區分的。

　　僧人終為男人，他們的異性戀欲求本是更加強烈。因此，他們當中的破戒者許多只是在得不到異性時才以同性為替代，而在能夠得到的時候便會相應地把同性置後。《賦得和尚討家婆》說明的就是這種「輕男重女」的情況，類似描寫也可以作為一種模式看待。如「有了一個好徒弟，他還不足，要去尋婦人」；某尼自謂：「這些賊禿有些眼睛裏安不得垃圾，見了我，丟了徒弟」；「婦女最聽哄，那個不背地裏拿出錢，還又攛掇丈夫護法施捨。〔和尚們〕還又因這些妖嬈來拜師的、念佛的，引動了色火，便得兩個行童徒孫，終不濟事」〔註275〕；「這些僧家雖然有個把行童解饞，俗語道：『吃殺饅頭當不得飯。』亦且這些婦女們偏要在寺裏來燒香拜佛，時常在他們眼前晃來晃去。看見了美貌的，叫他靜夜裏怎麼不想？所以千方百計，弄出那姦淫事體來」〔註276〕；「和尚般般都快活，身邊只少個消閒貨，要好還須真老婆。嗏！徒弟畢竟當不過」〔註277〕等。明末凌濛初《拍案驚奇》曾以一卷篇幅來寫一對師徒的淫縱不法事。「那一個老的叫做大覺，是他掌家。一個後生的徒弟叫做智圓，生得眉清目秀，風流可喜，是那老和尚心頭的肉。這個大覺年有五十

〔註274〕《品花寶鑒》第五十八回。
〔註275〕《型世言》第二十九、四、二十八回。
〔註276〕《拍案驚奇》卷二十六。
〔註277〕《意中緣》第六齣。

七八了，卻是極淫毒的心性，不異少年。夜夜摟著這智圓，做一床睡了，兩個說著婦人家滋味，好生動興，就消遣一番，淫褻不可名狀。」師徒之間的性慾卻要靠設想與婦人如何如何來激發，他倆最覺有興的是怎樣人物也就很明顯了。接下來是兩人見到前來避雨的少婦杜氏時做出的醜態。（圖 309）「是日師徒正在門首閒站，忽見個美貌婦人走進來避雨，正似老鼠走到貓口邊，怎不動火？老和尚看見了，丟眼色對智圓道：『觀音菩薩進門了，好生迎接著！』智圓頭顛尾顛，走上前來問杜氏道：『小娘子敢是避雨的麼？』杜氏道：『正是。』智圓嘻著臉笑道：『這雨還有好一會下，這裡沒好坐處，站著不雅。請到小房坐了，奉杯清茶，等雨住了走路，何如？』那杜氏是個愛風月的人，見小和尚生得青頭白臉，語言聰俊，心裏先有幾分看上了，暗道：『總是雨天，在此閒站，便依他進去坐坐也不妨事。』就一步步隨了進來。」隨後的情節一想可知，只是杜氏愛青俊而厭老蒼，數次讓大覺難堪太甚，惱得老和尚一怒之下把婦人殺死，又和智圓一起埋屍滅跡。最後，惡行因師徒二人與一縣中門子的相狎而敗露，大覺被處死，智圓被處以徒刑三年。〔註 278〕（圖 310）按：此事本事見《耳談·卷十五·林公大合決獄》，而據《皇明諸司公案傳》二卷所寫，高仰寺和尚有姦殺婦人的嫌疑，大巡韓邦域想出了破案的一個辦法，他「密囑門子唐華曰：『曾節妻在路中失落，必高仰寺和尚所姦拐。我明日故革你出去，你可往此寺披剃為侍者，根究出此婦人，再重用你。』次日，韓院故尋小事將唐華責十板革出衙門不用，唐華忿怒，直往高仰寺去，情願披剃出家。（圖 311）寺主僧真聰信之，收為徒弟。那唐華原是門子人物，標緻又伶俐豁達，小心醇謹。真聰愛之無極，寢則同床，出則同伴，一心偏向，把前侍者都丟了。唐華乖巧，又與那〔註 279〕。」根據唐華的所見所問，韓大巡勘破了案件，淫僧真聰、真慧被處死。唐華則重新蓄髮，跟隨在大巡左右。

在僧人淫行被四處宣揚的情況下，俗眾對這些人的看法有時還會帶上一些神秘色彩。明萬曆間張應俞記有一則相關故事：

> 往年，京城中有幼童出外，嘗被人拐帶而去，尋之又無蹤。後累累有之。人多見一僧，摩幼童之臉，則幼童隨之而行。既而尋，已失之。故京城盛傳，謂之「摩臉賊」。時在京僧釋人多，未察其孰是也。

〔註278〕《拍案驚奇》卷二十六。
〔註279〕此處有原缺。

　　忽宓富人，止生一子，出外不返，四下跟尋甚急，各處出償帖曰：「有收留得者，償銀二十兩，報信者償銀一十兩。」四出掛帖出償，終莫得下落。

　　住宓家小屋人班八，以淘街為生。一日，懶去淘街，往城外晦真庵閒遊，轉入後室，四旁周覽。忽破水障中一小士露頭來，班八認是宓家人，忙呼之曰：「家中四處尋你，何故在此？」宓子曰：「僧閉禁我在此，你快來救我！」班八看房門已鎖，恐一人難帶此子出，謂之曰：「你小心暫在此，我報你令尊知，即來取你矣。」飛跑而歸，報宓老曰：「令郎受禁在晦真庵中，速去救之。」宓老即招五十餘人，前後到庵。班八引至庵後房中，打開門，認出宓子，又搜出十數童輩。即令眾人捆住僧小山並同庵三人都縛來，狀送到官。

　　官先審問眾童曰：「汝等如何被引入庵？」眾童曰：「和尚以手摩我眼睛，便見兩邊背後都是猛虎毒蛇，將來咬人傷人，唯面前一條路清淨好行，我輩只向前走，便到此庵，被和尚幽閉住。」又問曰：「和尚留汝等在庵幹何事？」眾童曰：「可恨這禿子，不拘日夜，將我等做苦舂〔註280〕，極是疼痛。若不從，便將大杖撻打。眾人怕他，只得從他所為。」又問曰：「先拐來的後必長大，都放在何處去？」眾童曰：「有病者有長大者，和尚說放他回去，未知後都回家否。」官再審僧小山曰：「你拐來眾童後，病的長的都放那裏去？」僧不敢應。再問同庵三人，都云：「毒死埋訖。」官聞言大怒，將小山打四十，同庵者各打二十，曰：「此罪不容於死。」令鎖出衙門外，許失童之家群聚手毆，打得身無完膚，有割其陽塞於僧口者，半日而死。人莫不恨其淫而快其死。後將其庵焚之，拐帶之禍遂息。〔註281〕

故事當中，以現在眼光惡徒不至於有摩臉拐人的本領，而在各種詭異傳說四布流行的明清社會，此類怪事卻能使人們人心惶惶，忽驚忽詐。只是，通常惡徒都是一些青皮光棍、邪教師巫，而平時給人以慈悲為懷、慈眉善目印象的僧人比丘竟也加入其中，這不能不說是僧道敗壞的一種體現。並且，僧眾還確有因男色而涉訟出醜，以致身敗命喪的實例。清嘉慶二十四年一案：「僧人增

〔註280〕難姦。
〔註281〕《江湖奇聞杜騙新書・四卷・二十三類法術騙》。

亮被僧人戒寬並呂玉山先後雞姦，因將戒寬毆傷，聽從呂玉山改扮女裝私逃。復聽囑如被控到官，即捏稱於十二歲時即被戒寬雞姦，圖減罪名。向來辦理男扮女裝之案，如審有姦淫婦女、惑眾斂錢，均照左道惑眾律擬絞。今增亮並無圖姦婦女及惑眾斂錢情事，惟以僧人甘受污辱，故為詭異，將增亮依左道惑眾絞罪上量減一等，滿流，仍盡本法，枷號兩個月，勒令還俗。呂玉山與增亮雞姦，復主使改裝，並教令到案捏供。如增亮十二歲時被戒寬雞姦屬實，戒寬罪應擬絞。將呂玉山依教唆詞訟，以主唆之人為首，誣輕為重至死未決律，滿流。」〔註282〕道光四年案：「僧人福山，將年甫十歲之幼徒何招兒哄誘雞姦。查何招兒先經被人姦過，是該犯並非首姦之人，似未便照雖和同強律擬以纏首。福山應勒令還俗，比依強姦十二歲以下幼童照姦幼女雖和同強絞監候律上量減一等，杖一百，流三千里。仍盡僧道犯姦本法，於本寺門首枷號兩個月。」道光五年案：「僧人祖輝因欲雞姦年甫九齡之幼僧安慶不遂，輒敢起意用棍疊毆安慶致斃。祖輝應照因姦將良人子弟殺死者，照光棍為首例，擬斬立決。」道光八年案：「僧楚良強姦湯呈武未成，致令羞忿自縊。僧楚良應比照但經調戲，本婦羞忿自盡例，擬絞監候。」〔註283〕

在清靜的古剎叢林當中卻有上述的行為發生，這些現象值得佛門做出思考。

二、道教與男風

道家情形與佛家相似，教義中存在禁慾主張〔註284〕，而同時又有人不去遵守。但有一點，道教理論暗含的一種享樂主義傾向卻是佛教所缺乏的〔註285〕。道家並不像佛家那樣特別強調贖罪救惡，它樂生重生，相對於其他宗教，比較地是重今世，貴身體。一部道教史同時就是道士們拿自己身體做實驗，追求長生久視、自然消遙的歷史。行氣導引、外丹服食等尚是清靜的修行，但其中傾向於為了個人著想的修煉色彩就已經包含著講求人生快樂的初始因素。更進一步，道家有些流派講究的便是房中內丹術，煉外丹的術語如爐

〔註282〕《刑部比照加減成案》卷四。
〔註283〕以上三案見《刑部比照加減成案續編》卷二十八、十八。
〔註284〕宋金以還，道教大致分為兩派，全真派力主禁慾，而正一派則只是主張節欲。
〔註285〕雖然佛教密宗主張以染求淨，一定條件下可以男女雙修，但此派在中國主要是流行於蒙藏地區，因此，明清小說稗史中兜售壯陽藥、教習「大喜樂」的淫僧經常都是番僧、西僧。

鼎、鉛汞、火候、抽添等都被借用到了男女之交的實踐上面，力求要還精以補腦，一男以御十。按，正規的房中術主張節欲，於養生之道還算相合。可一旦實行起來，有的人卻會很容易地就由節制走向放縱，他們打著陰陽採補、益身延命的招牌，實際目的卻是為了追求個人的肉體滿足。這種情形再流傳到社會當中，定會給顯貴紈絝們的縱慾提供藉口和方法。這就嚴重損壞了道教的整體形象，道士在人們眼中也顯得不大光明起來。

當然，情色不謹只能是程度問題，律法煌然，破戒終究屬於恥為人知的行為，所以關於佛家同性戀的討論形式大致也可以用於道家的。

（一）說教戒律

《初真戒律‧序》：「夫律之名何昉乎？上古垂拱無為，結繩而治。後世人心日漓，姦宄叢出，聖人設律以防之。律者，正也，所以正不正也。道家亦以律名其義何？居昔太上老子宣五千言之秘，首以『道德』二字名篇。道者，天性也；德者，人心也。教人盡人以達天，存心以全性。雖未設立有律之名，若『觀妙觀竅』即所以律心，『柔弱兼下』即所以律身。奈沿及於叔世，奉道之流有厭魚兔之筌蹄而置於空虛者，有竊優孟之衣冠而失其真似者。恣意放蕩，禮義也，而桎梏觀之；酣淫也，而遊戲假之。當世詆毀為異端，唾罵為罪人，安有九天仙真不惡而誚之反推而舉之哉！大抵道之不成由德之不立，德之不立由身之不檢。此道律之所宜急講也。」

《初真戒律‧太上老君所命積功歸根五戒》：「五者，不得邪淫。」

《初真戒律‧虛皇天尊所命初真十戒》：「第四戒者，不得淫邪敗真，穢慢靈氣，當守真操，使無缺犯。」

《中極戒》：「第八戒者，不得窺閨婦女，稍生淫念。

第七十三戒者，不得觀看妓樂。

第八十一戒者，不得男女群居。

第一百九十六戒者，與女人共語不得正視面容，含笑相對。

第二百三十三戒者，當念遠聲色歌舞之術。

第二百五十二戒者，當念勤避嫌疑，勿恃恩情褻狎。」

《女青鬼律》卷之三：「十者，不得傳道童女，因入生門，傷神犯氣，逆惡無道，身死無後。不得反男為女，陰陽倒錯，天奪算三百。

二十者，不得思神不報，因行生氣，取降元氣，貪淫愛色，手足不離，彌日竟夕。如此無道，天奪算三百。」

《全真清規‧教主重陽帝君責罰榜》:「四,酒、色、財、氣、食葷,但犯一者罰出。」

《初真戒律‧玄門持戒威儀‧坐臥威儀》:「不得與師同房臥,或同房不得同榻臥。」

《重陽立教十五論》:「第六論合道伴。道人合伴,本欲疾病相扶,你死我埋,我死你埋。然先擇人而後合伴,不可先合伴而後擇人。不可相戀,相戀則繫其心;不可不戀,不戀則情相離。戀與不戀,得其中道可矣。立身之本在叢林,全憑心志,不可順人情,不可取相貌,唯擇高明者是上法也。」(以上見《道藏》、《藏外道書》。)

(二)破女色之戒

《禪真逸史》第十三回,道士杜子虛和他的表侄阿保一答一問。「阿保笑道:『尊叔是出家人,怎講這嫖妓的話?』杜子虛道:『比如俗家,他自有夫妻之樂,我道士們豈無室家之顧?沒處泄火,嫖妓取樂乃我等分內事,當官講得的。故和尚喚做光頭,道家名為嫖頭。』阿保大笑道:『這話兒小侄平素未曾聞得。』杜子虛道:『嫖頭二字,有個來歷。假如和尚光著頭去嫖,被鴇兒識破,連了光棍手,打詐得頭扁方住手。我們道家去嫖,任從妝飾。頭上帶一頂儒巾,就是相公,換了一個大帽,即稱員外,誰敢攔阻?故叫做嫖頭。又有一個別號,和尚加了二字,叫做色中餓鬼,道士添上二字,名為花裏魔王。』阿保道:『色中餓鬼是誚和尚無妻,見了女人如餓鬼一般。道家花裏魔王,這是怎地講?』杜子虛道:『我等道士看經打醮,辛苦了一晝夜,不過賺得三五錢襯儀。若去嫖耍,不夠一宿,故竭力奉承那妓者。因此妓女們見了我道家,個個魂消,人人膽怯,稱為花裏魔王。』」

(三)同性戀戲謔、笑談

《玉合記》第三十三齣:「(丑扮道童上)道童道童,剔透玲瓏,常參北斗,別號南風。師父稽首。(做醉諢科)(小生)你怎生這般醉了?(丑)師父,小官們那裏不吃幾杯酒,自古道:南風之薰兮。(小生)師長之前,好生不敬!(丑)自古道:南風不競。」

《笑林廣記‧卷之八‧祈雨》:「官命道士祈雨,久而不下,怪其身體不潔,褻瀆神明,以致如此。乃盡拘小道禁之獄中,令其無可掏摸。越數日,獄卒稟曰:『老道士祈雨,小道士求晴,如何得有雨下?』官問何故,獄卒曰:『他在

獄念道：『但願一世不下雨，省得我們夜夜去熬疼。』」

《棗林雜俎‧和集‧排調》：「平湖沈萃禎少所狎羽童，補功曹，歷長沙衛經歷。沈歷蘇州府，陸員外嗣端改唐詩嘲之：『鶴氅雲冠宮樣妝，春風一曲度為娘。師公見慣渾閒事，惱亂蘇州刺史腸。』」羽童指小道士，陸嗣端所改唐詩見《本事詩‧情感》：「劉尚書禹錫罷和州，為主客郎中，集賢學士。李司空罷鎮在京，慕劉名，嘗邀至第中，厚設飲饌。酒酣，命妙妓歌以送之。劉於席上賦詩曰：『鬌鬌梳頭宮樣妝，春風一曲杜韋娘。司空見慣渾閒事，斷盡江南刺史腸。』李因以妓贈之。」

（四）師徒同性戀

《禪真逸史》第十三回，杜子虛和阿保接著答問。「阿保道：『據老叔所言，做和尚不如做道士。但道士貧富不同，富足的方有錢嫖耍，貧苦的怎生發洩？』杜子虛呵呵笑道：『俺們窮的道士，另開一條後路。不怕你笑話，我當初進觀時，年方一十二歲，先師愛如珍寶，與我同榻而睡。一日先師醉了，將我摟定親嘴，幹起後庭花來。怎當這老殺才玉莖雄偉，我一時啼哭，先師忙釋道：『這是我道教源流，代代相傳的。若要出家做道士，縱使鑽入地裂中去，也是避不過的。太上老君是我道家之祖，在母腹七十餘年方得降生。這老頭兒金皮鐵骨，精氛充滿，善於採陰補陽，百戰百勝。後過函谷關，見關吏尹喜丰姿可愛，與之留戀，傳他方術修煉，竟成白日飛昇。凡道家與婦人交媾為伏陰，與童子淫狎為朝陽。實係老祖留傳到今，人人如此。』愚叔只得忍受，這喚做道教旁門。』」

《金瓶梅詞話》第八十四回寫有泰山碧霞宮一道士石伯才。「他手下有個徒弟，一個叫郭守清，一個叫郭守禮。皆十六歲，生的標緻。頭上戴青段道髻，用紅絨繩扎住總角，後用兩根飄帶。身穿青絹道服，腳上涼鞋淨襪，渾身香氣襲人。客至則遞茶遞水，斟酒下菜，到晚來背地來拿他解饞填餡。明雖為師兄徒弟，實為師傅大小老婆。看官聽說：但凡人家好兒好女，切記休要送與寺觀中出家，為僧作道，女孩兒做女冠姑子。都稱瞎男盜女娼，十個九個都著了道兒。有詩為證：

> 琳宮梵剎事因何，道即天尊釋即佛。
> 廣栽花草虛清意，待客迎賓假做作。
> 美衣麗服裝徒弟，浪酒開茶戲女娥。
> 可惜人家嬌養子，送與師父作老婆。」

　　《韓湘子全傳》第六回寫有某老翁的一段自述：「要知山下路，須問過來
人。我少年時節，也曾遇著兩個遊方的道人，賣弄得自家有掀天揭地的神通，
攪海翻江的手段。葫蘆內倒一倒，放出瑞氣千條；蠅拂上拉一拉，撮下金丹萬
顆。見我生得清秀標緻，便哄我說修行好。我見他這許多光景，思量不是天上
神仙，也是蓬萊三島的道侶。若跟得他去修行，煞強似做紅塵中俗子，白屋裏
愚夫。便背了父母，跟他去求長生。誰知兩個賊道都是些障眼法兒，哄騙人的
例子。哄我跟了他去，一路裏便把我日當官差夜當妻，穿州過縣，不知走了多
少去處。弄得我上不上，下不下，不尷不尬，沒一些兒結果。我算來不是腔了，
只得棄了他，走回家來。我爹娘背地裏商議道：『這孩子跟了賊道人走出許多
時節，一定被賊道人拐做小官，弄得不要了。他心裏豈不曉得女色事情？若再
不替他討個老婆，倘或這孩子又被人弄了去，這次再不要指望他回來了。』連
忙的與我說親行聘，討了房下，生得一個兒子。」

　　《十醋記》第二十八齣寫有某道士（雜）的一段唱白：「【正宮·四邊靜】
（雜）天恩敕建忠良像，喜得出門壯。只是少相幫，一刻難閒蕩。我如今前向，
轉街過巷。不是買文疏，就是尋岳丈。

　　（內）出家人有甚麼岳丈？（雜）不是這等說。我要尋一個年小的徒弟，
必須他的老子肯送出家，方才妥貼。這不是個岳丈了麼？（內）這等說，徒弟
倒是老婆了？（雜）出家人不將徒弟做老婆，怎麼過得日子？貧道乃新建忠義
侯廟中一個提點是也，我小道主此廟中，有那一班好名假義的官民，把一個廟
宇，弄得十分熱鬧。只是一件，獨我一人在內，粗粗細細，事事親手行為，實
是支撐不過，如何是好？若得一個小徒相幫相幫，日間可以分頭做事，夜間可
以權當夫妻。」

（五）雙性戀

　　《金瓶梅詞話》第九十三回寫有臨清晏公廟一道士金宗明。他「也不是個
守本分的，年約三十餘歲，常在娼樓包占樂婦，是個酒色之徒。手下也有兩個
清潔年小徒弟，同鋪歌臥，日久絮繁。因見〔陳〕經濟生的齒白唇紅，面如傅
粉，清俊乖覺，眼裏說話，就攛他同房居住。晚夕和他吃半夜酒，把他灌醉
了，在一鋪歌臥。……當下被底山盟，枕邊海誓，淫聲豔語，摳吮舔品，把這
金宗明哄得歡喜無盡。」（圖 312）

　　《拍案驚奇》卷十七，道士黃知觀帶著他的兩個徒弟太清、太素去寡婦吳
氏家做道場，過程當中，黃、吳之間兩廂有意，暫未成交。「到晚來，與兩個

道童上床宿了。一心想著吳氏日裏光景，摟著背脊，口裏說道：『我的乖，我與你兩個商量件事體。我看主人娘子十分有意於我，若是弄得到手，連你們也帶挈得些甜頭不見得。只是內外隔絕，他房中有兒子有丫鬟，我這裡須有你兩個不便，如何是好？』（圖313）太清接口道：『我們須不防事。』知觀道：『他初起頭也要避生人眼目。』太素道：『我見孝堂中有張魂床，且是帳褥鋪設得齊整。此處非內非外，正好做偷情之所。』知觀道：『我的乖，說得有理，我明日有計了。』對他兩個耳畔說道：『須得如此如此。』太清、太素齊拍手道：『妙！妙！』說得動火，知觀便與太清完了事，弄得兩個小夥子興發難遏，沒出豁，各放了一個手銃。」後黃知觀、太素都與吳氏姦通。

（六）淫縱不法

《野叟曝言》第六十七回中有一冤魂附體，雪恨報仇事：「那敲鑼道士，已提兩把刀，奔將出來。罵道：『瞎眼死囚！須知我葉自法的神刀是鬼見愁嗎？』那知剛到院中，驀然倒地，口吐白沫，不省人事。眾人圍攏吶喊：『打死人了。』外面廟鄰，陸續趕到，共有百十餘人，擠滿院中。只見自法直坐起來道：『我是小成哥，被這道士騙進廟來，入了我的屁股，還把我的心挖掉了，把我埋在石臺下，把符咒禁著，不許我出頭！』說罷，把十指連連拗折，血淋淋的斷下幾個指頭來。人叢中擠出幾個人來，哭道：『你真是小成哥嗎？你屍首真個在石臺底下嗎？』那自法睜眼一看，哭道：『我爹呀！我叔呀！我哥呀！我死得好苦，我屍首現在石臺底下，我要這道士償命的呀！』那幾個人便跪在地下，哭道：『各位高鄰，要替我小成哥伸冤！』大家上前擒捉，把七個道士兩個火工，都拿下了。」眾人果然從石臺下面挖出了小成哥的屍首，淫道被送官嚴懲。

（七）房中採戰

道家某些流派向來講房中採補術。通常自然是採陰補陽，以男御女，而如果習操此術者個人喜好男風呢？其實這也成不了一個問題，因為雖然男子屬陽，但陽中亦分陰陽，例如相對於主動者，被動的男子即屬陰；相對於成年人，少年男子則屬陰。以此，有的道士便會去「採陽補陽」，力求從同性那裏獲取精氣；況且他們的採補術經常只是為行淫樂而設的一種障眼法，想要方便時自會方便。《因樹屋書影》第九卷中載有一例，謂：「道人馬繡頭者，異人也。道人修髯偉幹，黃髮覆頂，舒之可長丈許。不櫛不沐，而略無垢穢。道人

嘯命風霜如反掌，預知休咎如列眉，而獨不避穢行，與淫嫗遊，且比及頑童，曰中有真陰，可採補也。豈世上自有此一種，如《楞嚴》所稱十種仙，或唐人所稱通天狐屬耶？」

不過，如果嚴格地依據常理推斷，男風終究不會被認為是符合陰陽乾坤之道的。《地理辨正補義》曰：「同一坤也，或與艮交，或與震交，或與乾交，或與坎交，隨其天地生成之山川而用之可也。同一乾也，或與坤交，或與巽交，或與離交，或與兌交，亦隨其天地生成之山川而用之，又無不可也。若未解此中秘義，竟有以男合男，以女配女者，陽差陰錯，職此之由。蓋變變化化，自然之山川無定，而一定之理數則有準矣。」〔註286〕清代紀昀所寫的某道人看來對這樣的道理深有認識：「登萊間有木工，其子年十四五，甚姣麗，課之讀書，亦頗慧。一日，自鄉塾獨歸，遇道士對之誦咒，即惘惘不自主，隨之俱行。至山坳一草庵，四無居人，道士引入室，復相對誦咒。心頓明瞭，然口噤不能聲，四肢緩軃不能舉。又誦咒，衣皆自脫。道士掖伏榻上，撫摩偎倚，調以媟詞。方露體近之，忽蹶起卻坐曰：『修道二百餘年，乃為此狡童敗乎？』沉思良久，復偃臥其側，周身玩視，慨然曰：『如此佳兒，千載難遇。縱敗吾道，不過再練氣二百年，亦何足惜！』奮身相逼，勢已萬萬無免理。間不容髮之際，又掉頭自語曰：『二百年辛苦，亦大不易。』掣身下榻，立若木雞，俄繞屋旋行如轉磨。突抽壁上短劍，自刺其臂，血如湧泉。欹倚呻吟，約一食頃，擲劍呼此子曰：『爾幾敗，吾亦幾敗，今幸俱免矣。』更對之誦咒。此子覺如解束縛，急起披衣。道士引出門外，指以歸路。口吐火焰，自焚草庵，轉瞬已失所在。」紀昀指出：「余謂妖魅縱淫，斷無顧慮。此殆谷飲岩棲，多年胎息，偶差一念，魔障遂生；幸道力原深，故忽迷忽悟，能勒馬懸崖耳。老子稱不見可欲，使心不亂；若已見已亂，則非大智慧不能猛省，非大神通不能痛割。此道士於慾海橫流，勢不能遏，竟毅然一決，以楚毒斷絕愛根，可謂地獄劫中證天堂果矣。其轉念可師，其前事可勿論也。」〔註287〕

這位高道修煉有年，法術超常。就把他作為能夠刻苦自勵、以道制欲的黃冠羽客的代表吧。不要因前面談了一些於道家形象不利的事情，就看不到他們當中持戒守律者的存在。

〔註286〕《地理辨證補義》卷之一。
〔註287〕《閱微草堂筆記》卷十六。

三、基督教與男風

　　作為一種外來的且與中國傳統文化甚難融合的宗教，基督教在唐代就已經傳入，當時是它的一個異端支派──聶斯脫利派，在中國被稱為景教。不過從唐至明代中葉，基督教並未有過引人側目的發展。而隨著 16 世紀西方殖民者的日益東進，以天主教為主的基督教才開始逐漸在中國民眾的社會生活中佔有一席之地，各修會在明末清初曾經打開過一些傳教的局面。自康熙後期開始，清廷和教廷之間發生了「禮儀之爭」〔註288〕，結果導致清廷禁教。到 1840 年鴉片戰爭爆發，之後以英法諸列強為後盾，教會重又可以合法傳教，勢力較前明顯增強。其間與各地官民發生了一系列的政治文化衝突，導致了教案事件的不斷發生。

　　由於基督教堅決反對同性戀，還由於中國教徒一般都是虔誠敬信，於是主要自明末開始，中國境內便出現了對於男風的看法與眾不大相同的新的社會群體。當然，基督教在中國社會中一直是處於非主流的地位，因此它並不能改變中國傳統文化對待同性戀的一般態度。

　　有關詳細論述見本書第 1355～1366 頁。

　　宗教與男風的關係是一個比較敏感的問題。對此，既不能像明清某些文學作品那樣把僧人、道士等描寫得過甚無狀，同時也沒有必要對他們當中客觀存在的同性戀現象有意掩飾。僧道之所以在俗眾面前顯得莊嚴，他們的刻勵苦修是發揮了重要作用的。既然身入是門，就應心遵是道，這不僅是戒律的要求，而且也是做人的一般規矩。

第三節　福建同性戀

一、男風尤盛

　　　　從來女色出在揚州，男色出在福建，這兩件土產是天下聞名的。〔註289〕

　　　　此風各處俱尚，尤莫盛於閩中。由建寧、邵武而上，一府甚似一府，一縣甚似一縣。不但人好此道，連草木是無知之物，因為習

〔註288〕羅馬教廷禁止教徒祭天、祭孔、祭祖。
〔註289〕《連城璧》申集。

氣所染，也好此道起來。深山之中有一種榕樹，別名叫做南風樹。
凡有小樹在榕樹之前，那榕樹畢竟要斜著身子去勾搭小樹。久而久
之，勾搭著了，把枝柯緊緊纏在小樹身上，小樹也漸漸倒在榕樹懷
裏來，兩樹結為一樹。任你刀鋸斧鑿，拆他不開，所以叫做南風樹。
近日有一才子聽見人說，只是不信，及至親到閩中，看見此樹，方
才曉得六合以內，怪事盡多，俗口所傳，野史所載的，不必盡是荒
唐之說。因題一絕云：「並蒂芙蓉連理枝，誰云草木讓情癡？人間果
有南風樹，不到閩天那得知。」〔註290〕

　　男色一道，從來原有這事。至若福建有幾處民家孩子，若生得
清秀，十二三上便有人下聘。漳州詞訟，十件事倒有九件是為雞姦
事，可不是個大咲話？〔註291〕

　同性戀是有地方特色的，縱使總體面貌全國大體一致，地區之間因經濟、
文化、地理環境的不同終究會有所差異。明清時期以男色著稱的區域，北京是
由於繁盛的優伶同性戀，文化發達、文獻豐富的江南也常被提及，而若講最引
人注目，則當非福建莫屬。福建簡稱閩，又稱閩中、八閩。五代十國時期，閩
主王鏻與歸守明、王延羲與李仁遇的同性戀關係已載入正史，到了明代，福建
盛行南風已為世所周知。明末沈德符言之甚詳，謂：「閩人酷重男色，無論貴
賤妍媸，各以其類相結。長者為契兄，少者為契弟。其兄入弟家，弟之父母撫
愛之如婿。弟後日生計及娶妻諸費，俱取辦於契兄。其相愛者，年過而立，尚
寢處如伉儷。至有他淫而告訐者，名曰『奰姦』。『奰』字不見韻書，蓋閩人所
自撰。其昵厚不得遂意者，或相抱繫溺波中，亦時時有之。此不過年貌相若者
耳。近乃有稱契兒者，則壯夫好淫，輒以多貲聚姿首韶秀者，與講衾裯之好，
以父自居，列諸少年於子舍，最為逆亂之尤。聞其事肇於海寇，云大海中禁婦
人在師中，有之輒遭覆溺，故以男寵代之，而酋豪則遂稱契父。」〔註292〕

　沈氏在他的記述中提到了相對而存的名詞「契兄—契弟」和「契父—契
兒」。與他同時的江蘇長洲（吳縣）人馮夢龍曾記：「吾鄉一先達督學閩中。閩
尚男色，少年俱修渾白晝。此公閱名時，視少俊者，暗記之，不論文藝，悉加
作養，以此得謗。罷官之時，送者日數百人，皆髫年美俊，如一班玉筍。相隨

〔註290〕《連城璧》外編卷之五。
〔註291〕《石點頭》第十四卷。
〔註292〕《萬曆野獲編・補遺卷三・契兄弟》。

數日，依依不捨。歸鄉不咎失官，而舉此誇人，以為千古盛事。」〔註293〕此先達或有龍陽之好，諸少年或也願做龍陽，觀察他們的舉動，是很有些舉體自進的味道的。只是先達的年齡看來要比他們大出一輩，如此，他們彼此之間可成為契兄－契弟，而與先達若能成事便就是契父－契兒了。「父－兒」關係還有更為具體的實例，並且正如沈德符所強調的是在海船之上。

　　清初計六奇在其《明季北略》中曾經記載明末福建巨寇，後歸降明廷，又投順滿清，最終因長子鄭成功之故而被殺於北京的鄭芝龍的早期經歷：「芝龍，號飛黃，福建漳州府漳鎮人，離府六十里，濱於海。父翔宇，祖壽寰，世府掾。飛黃行居四，三兄亦府掾。飛黃年十八，早緣掾缺上役，已擇吉有期矣。父多妾媵，其生第六子之母，與飛黃構別情。一日，為飛黃理髮，飛黃以手插入其裙腰，調情意密。父自後走出，飛黃提縮勢急，裙帶為絕。父目擊，持棍怒逐，飛黃奔上飄洋船，時蓋泊其舍傍也。父怒方篤，聲言尋出殺之。急切不得歸，洋船又刻期掛帆，飛黃懇巨商帶往日本。飛黃固姣好色媚，愛之者非一商，遂與俱往。至則各商有發貨、置貨之煩，飛黃獨無所事，日就島主宴飲歌舞。時島主家有文君，悅之，即國姓鄭成功之母也。贅入為日本人婿。來艘已返，且未歸，生一子，國姓也。再一年，前艘與客又至，乃隻身附歸。至中途，為海盜所劫，飛黃亦隨船貨作千金，分與主寨之賊，賊嬖之。海盜有十寨，寨各有主。停一年，飛黃之主有疾，疾且痼，九主為之宰牲療祭。飛黃乃泣求其主：『明日祭後必會飲，乞眾力為我放一洋，獲之有無、多寡，皆我之命，煩緩頰懇之。』主如言，眾各欣然。劫四艘，貨物皆自暹邏來者，每艘約二十餘萬。九主重信義，盡畀飛黃，飛黃之富逾十寨矣。海中以富為尊，其主亦就殂，飛黃遂為十主中之一。」〔註294〕

　　這段記述當中有兩句話值得注意。(1)「飛黃固姣好色媚，愛之者非一商。」(2)「分與主寨之賊，賊嬖之。」在這兩句話裏，鄭芝龍先為海上商人所愛，後為海上賊寇所嬖。考慮到福建具體的風俗特點，應當認為「愛」和「嬖」是有相當明顯的同性戀含義的。由於鄭芝龍其時比較年輕，因此，他若受到了海商、海寇的斷袖之寵，至少在年齡上那是一種契兒與契父的關係。只是材料並不具體，我們也不好做過細推斷。並且，鄭芝龍的人生經歷富於傳奇色彩，在當時和後世都不乏反映，傳聞既多，不免互有歧義，這裡

〔註293〕　《情史‧情外類‧朱凌溪》。
〔註294〕　《明季北略‧卷十一‧鄭芝龍小傳》。

列舉數條。《廣陽雜記》卷第四載：「鄭飛虹幼姣好，後烝其後母某氏，其父欲殺之。逃往海盜李旦舟中，有寵於旦。旦死，欲置主，卜之於神，飛虹十卜皆吉，遂立以為主。」《南疆逸史》卷五十四：「鄭芝龍，宇飛黃，少隨大賈李習販日本。習與同寢，見巨人數十披甲持兵侍列，心異之，撫為義子。」《野史無文》卷十二：「芝龍少隨泉州人李習販貨日本國，習與芝龍共臥起。習夜寐，常見有巨人金甲荷戈侍寢所。習自驚疑，後遣芝龍它所寢，寂不見巨人。及芝龍來同寢，復見如故。習怪之，遂撫以為子。」民國《南安縣志》卷之二十三：「鄭芝龍，小名一官，字飛黃。天啟五年，隨大賈李習販日本〔註295〕。習與同寢，見巨人數十披甲列侍，心異之，撫為義子。」《纖言》：「鄭芝龍，福建泉州人。父紹祖，於萬曆丁巳戊午間充泉州府庫史。是時泉州太守蔡善繼，辛丑進士也。府治後與庫隔一街相望。芝龍年十歲，投石子誤中蔡公額。公怒，命伍伯禽治之。見其姿容秀麗，公曰：『汝當貴而封王。』因一笑釋之，語其父曰：『此子非凡表也。』趨令讀書。不數年芝龍並其弟芝虎俱被海寇劉香老掠去。香老愛芝龍美，寵貴之。年十八，香老死，部下有十八寨，推為魁首。從此部署諸寨，橫行海上，勢更大於香老。」《海寇記》：「芝龍字飛虹，福建南安人。萬曆末年為海寇顏振泉所掠，愛其少艾，有寵。振泉死，眾推芝龍為魁，海上無賴奸民咸歸之。」而張遴白《難遊錄》則曾明確認為鄭芝龍得到的是龍陽之寵：「鄭芝龍號蜚黃，泉州安海人，修軀偉貌，倜儻善權變。少即習遊諸島，慷慨得眾心。閩俗羞貧而輕死，故其富者以通番為業，貧者即以劫掠為事。芝龍徒眾既盛，二者兼行。李習者，閩之巨商也。往來日本，與夷狎，遂棄妻子，娶於夷。芝龍少年姣好，以龍陽事之。習託萬金，歸授其妻。會習死，芝龍盡以之募壯士，歲益壯。」不同材料的來源不同，具體細節上也就出現了各種差異。不過把諸說做一總結，鄭芝龍年輕時相貌俊美，曾經為人所嬖愛，並曾以此作為自身發展的跳板是可以肯定的。海船上產生出來的同性戀者多是向著剛強的方向發展，面對艱險的環境人不能夠選擇陰柔。所以，無論對鄭芝龍的事業成敗做何評價，他本人終應被認為是一個強者。（圖314）

　　福建男風反映在明代文學作品上，喜歡分桃斷袖的人物便經常會是屬於閩籍。看似隨手寫出，其實有深刻的背景依據。例：「那縣裏有一門子，年方弱冠，姿容嬌媚，心性聰明。元來這家男風是福建人的性命，林斷事喜歡他，

〔註295〕或云母舅黃程。——原注。

自不必說。」〔註296〕「這陳代巡是福建人，極好男風。那繼良已十七歲了，反把頭髮放下，做個披肩。代巡一見，見他矬小標緻竟收了。」〔註297〕「有一個福建客官，盡肯用錢。我說二哥生得標緻，他十分仰慕，央我請你酒店中一會。」〔註298〕「子都剛搭識得個福建販椒客人，賺得幾兩銀子，一套衣服。」〔註299〕「原來這翰林乃是風月場中主管，煙花寨內主盟，而生平篤好的最是南路。乃福建人氏，姓風名翔字摩天。」〔註300〕「我乃福建商人，販茶來此。這乃是我所鍾愛小廝，你如何敢硬來強霸？」〔註301〕等。文學作品在講某人是同性戀時順便寫出他的籍貫所在，這就是在把男風和地域相聯繫，福建因聲名在外，是較易被聯繫上的。

由明入清，閩中男風依然。並且由於距今較近，相關材料變得更加豐富。這一時期最具代表性的現象之一可以講是對男色之神的崇祀。乾隆間袁枚寫有一個兔兒神的故事：

> 國初御史某，年少科第，巡按福建。有胡天保者，愛其貌美，每升輿坐堂，必伺而睨之。巡撫心以為疑，卒不解其故，胥吏亦不敢言。居亡何，巡按巡他邑，胡竟偕往，陰伏廁所窺其臀。巡按愈疑，召問之，初猶不言，加以三木，乃云：「實見大人美貌，心不能忘，明知天上桂，豈為凡鳥所集？然神魂飄蕩，不覺無禮至此。」巡按大怒，斃其命於枯木之下。逾月，胡託夢於其里人曰：「我以非禮之心，干犯貴人，死固當然。畢竟是一片愛心，一時癡想，與尋常害人者不同。冥間官吏俱笑我，揶揄我，無怒我者。今陰官封我為兔兒神，專司人間男悅男之事，可為我立廟招香火。」閩俗原有聘男子為契弟之說，聞里人述夢中語，爭釀錢立廟，果靈應如響。
>
> 凡偷期密約，有所求而不得者，咸往禱焉。〔註302〕

這個故事袁枚寫得哀婉淒美，對胡天保充滿了同情。與他同時的朱珪既是大儒又為名吏，其態度與袁氏正好相反。在任福建糧儲道，署理福州知府期

〔註296〕《拍案驚奇》卷二十六。
〔註297〕《型世言》第三十回。
〔註298〕《陌花軒雜劇》第九折。
〔註299〕《醋葫蘆》第十九回。
〔註300〕《弁而釵》情貞紀第一回，南路即南風。
〔註301〕《玉閨紅》第四回。
〔註302〕《子不語·卷十九·兔兒神》。

間，朱珪曾專門發布告示，禁燬淫祠：

照得閩人好鬼，習俗相沿；而淫祀惑民，王法必禁。本道訪聞省城有淫祠二種，其一名胡田寶。塑為兩人相抱，一面稍蒼，一面嫩白，俗稱小官廟。凡無恥淫蕩之徒，見少年子弟欲圖苟合，即向泥像禱求。於是設計勾誘，得遂所欲，謂是胡田寶之默佑，隨用豬大腸及餳塗泥像之口以為謝。不知有廉恥者，雖百胡田寶不能被誘；無廉恥者，何必胡田寶始堪作合哉？乃竟淫邪相導，習為固然。若猶具有人心，宜悔宜痛！此其一也。其一名牛頭願……本道既有訪聞，即委員差役於東門外易俗里康山廟搜出胡田寶泥像、木牌，帶至署中，當堂劈分為兩。一投諸洪山橋下，一投諸南臺大橋下。……昔人有言曰：「吾有二樂。人貴而物賤，吾幸為人；男貴而女賤，吾幸為男。」今既為男矣，乃甘為人所淫；幸為人矣，乃甘奉祀獸畜。豈非無人開導，陷於不知乎？羞惡是非之心人皆有之，本道實哀憐惻怛，出於至誠。合行出示曉諭，為此示諭爾百姓知悉。有能識字粗通文義者，細釋示言，轉相告述，咸使聽聞。若其愧悔憤怒，即屬天良發見，可與為善之本心。若恬不知怪，甚且竊笑其迂，或思巧變其術，本道法在必行，刑茲無赦。此等奸民，即或喪其廉恥，尚思各保性命。毋悔！〔註303〕

朱珪諄諄教誨，峻法嚴辭。但移風易俗不是想做就能成功的，道光年間吳榮光做福建布政使時，發現情形如故，遂又發布一篇告示：

為申明律例，嚴禁淫祀邪術以正人心風俗事。本司三蒞閩省，備見閩人讀書循禮，知義好善，民俗愈進愈淳。惟是舊俗相沿尚鬼，其胡田寶之淫祀，牛頭願之邪術，乾隆年間經大學士朱文正公（朱珪，諡文正）前任督糧道時查明毀禁，剴切曉諭，迄今又越七十餘年。本司職承宣化，訪得烏石山白馬王廟及東門外中山境康山都統祠等處，曾有供此邪像者。除飭地方官會同委員，普行分別拆毀嚴禁外，合行出示，並飭各屬自行查辦禁止，不得騷擾。前道喻以情理，本司儆以律例，願人心普正，風俗通淳。當月吉布令之始，為爾軍民悚切言之。

一名胡田寶。凡無恥之徒勾誘少年子弟，向像禱求，既成報謝。

〔註303〕道光《福建通志‧卷之五十五‧風俗》。

查例載：強姦十二歲以下幼童者擬斬，和姦者擬絞。即非十二歲以下，和同難姦者亦杖一百，枷號一個月。此等人即不顧廉恥，亦當愛惜身命。何得縱一日之欲，犯三刑之誅？而胡田寶導淫受謝，即應律以教誘人犯法，與人同罪之條。現據閩、侯兩縣查稟，業經祠像拆毀。惟恐故習復萌，此後如有復行塑供者，許爾等首報到官，從優酌賞。

一名蝴蝶母。……一尼姑庵。……一名牛頭願。……

以上四條，本司聞見較確。除俟查明有實犯憑據，按律治罪。如僅只供像鑄形，尚無被害被誘之人，姑念愚民無知，從寬分別拆毀嚴禁，以挽陋俗。因思閩省世家望族及稍有知識之人，斷不蹈此惡習。然家傳後代安能輩輩皆賢，村落眾多豈盡人人有識？為父兄及鄉望所歸者必應約束子弟，箴儆愚頑。或載為家規，或立為鄉禁，使風淳俗美，永不犯法，長作太平之民。本司實有厚望焉。

此文告收於道光《福建通志》卷之五十五，後附案語云：「經道光十八年四月十九日詳請總督鍾祥、巡撫魏元烺奏明立案。奉朱批：『如此留心整頓，不愧簡任。朕曷勝嘉悅之至，依議妥辦。欽此。』並經通飭各府州遵照在案。」所以，吳榮光禁燬胡田寶祠廟之事已經上達天聽，動靜沒法再大了。可實施效果如何呢？道咸年間曾長期在閩省做幕客的施鴻保記謂：

省中向有胡天保胡天妹廟，男女淫祀也。胡天保亦曰蝴蝶寶，其像二人，一稍蒼一少皙，前後相偎而坐。凡有所悅姣童，禱其像，取爐中香灰暗撒所悅身上，則事可諧，諧後以豬腸油及糖塗像口外。俗呼其廟為小官廟。胡天妹像塑一美婦，一手解衣，一手作招人之狀。凡有所悅女子，禱其像，亦取爐中香灰撒所悅身上，事諧後以煙絲、檳榔、光餅等祀之。道光甲午〔註304〕，南海吳荷屋〔註305〕方伯訪得其像，悉毀之，仍出示嚴禁。然民間尚有私祀者，蓋廟祝據為利藪也。傷化導淫，大為風俗人心之害。有司者置之不問，毋亦有韓香鄂被之思歟？〔註306〕

〔註304〕道光十四年，1834年。

〔註305〕吳榮光，號荷屋。按：「道光甲午」不確，吳榮光做福建布政使的時間是道光十七至二十年。

〔註306〕《閩雜記‧卷七‧胡天保胡天妹》。

　　胡天保（田寶）的生命力如此頑強，這是由於他生息於福建，一片滋潤男風的沃土。

　　乾隆年間夏敬渠在其《野叟曝言》中對另一位男色神夏相公所做的描述細緻鮮活，富於現場動感：神技在身的俠士文素臣被福州府院標下一軍官賽飛熊留住請看夏相公會。「飛熊道：『初六日出夏相公會，是屁眼會，足有三萬人哩。』素臣駭然道：『只知閩人酷好南風，卻不知有屁眼會之事。這夏相公是何人？怎出會的人，竟至三萬之多呢？』飛熊道：『夏相公就是夏得海，他是好南風的祖宗，他這廟一年祭賽不絕。凡是要買屁眼賣屁眼的，都到廟里許願，買賣俱得速成；買賣成了，再去還願；若是兩廂情願，買賣已成的，也要到廟中祭賽，便沒變改。祭畢，都要把肉在夏相公嘴上揩抹。那日出會時，你看夏相公嘴上可純是油，就知道了。相傳初六是夏相公的生日，大家小戶，都出分貲，替他出會。合城合鄉的契哥、契弟，都在會中拈香托盤，裝扮太保；衙門中公人兵廝，那一日俱要告假；開店的都緊閉店面；那教學的都散生徒；連營裏的妓女，那一日都不去承應官府，接留客人，總要來與夏相公上壽。』素臣道：『這又奇了。南風多是男子，這妓女如何也去上壽？』飛熊道：『閩人走旱不走水，妓女都沒人嫖，便都裝著小廝，迎接客人，故此妓女也須上壽。』素臣歎息道：『五方風氣，貞淫不一，未有如此之甚者！』」

　　到了出會當日，「早飯方過，會已到門。衙裏書識兵目及內班伴當並那小廝，俱已告假，只剩飛熊陪著素臣，坐在大門臺階之上，轅門大開，由著那會挨排而過。見幾對頭行牌上，四扇是『肅靜迴避』，四扇『代天宣化，為國和民』，兩對鋪兵鑼開導後，便是金瓜、黃鉞、繡旗、錦傘諸般儀仗，間著鼓吹，走跳臺閣故事，高蹻秧歌各色演扮，足有半個時辰，方才過完。又是四扇腰牌，兩扇是『德播陽春，澤周童稚』，兩扇是『純陽侯』。腰牌過去，十匹高頭駿馬，錦鞍金勒，上坐十個美童，扮著五方符使，披紅簪花，各按東西南北中方位，每方兩使，腰懸金牌，上刻某方採訪使字樣。隨後錫戳藤棍，竹板皮鞭，捆綁劊子，歷碌而過。又是兩匹白馬，也是美童扮演，一個背著印匣，一個背著敕書，一色的紗帽圓領，象笏金帶，腳下蹬著烏靴，印色上朱標『純陽侯正月初六日封』字樣。然後一對一對的，俱是搽脂抹粉，描眉畫眼，裝腔做勢，扭捏婀娜而來。自十歲以上，二十以下，一般的勒髮披肩，插花帶朵。穿著大紅縐紗五色灑線，鵝黃、水綠、嫩紫、嬌紅，蜀錦杭綾諸色褲子，曳著汗巾，掛著香袋。有拈香的，有托盤的，有提爐的，有執龍頭香

斗，有挽九獅噴壺的，都是遍體綾羅，渾身蘭麝。每人身邊，俱有人幫著添香換火，整衣易褲，理髮拂塵，這便是那龍陽君的契哥。中間夾著馬道傘扇，豹尾龍緧，各種器械。飛熊指與素臣看道：『那一隊便都是營妓。』素臣看時，果然是女子身量，不似男人，卻一般剪髮披肩，紅靴錦襪，照著孌童樣範。擠擠擦擦的，足足有一時辰，方是幾十個太保，執著黃旗，搖著金鈴，簇擁水牌籤筒，衣箱帶盒，帽籠掌扇過去。才見一乘顯轎，八個轎夫扛擡著。十六個美童，八個裝著太監，八個裝著宮女，扶綽夏相公而來。素臣遠遠看去，見那夏相公頭戴泥金皂隸帽，插著翠羽，簪花披紅，蟒袍玉帶。一撮短鬚，露出一張闊嘴，亮晶晶的，果然油滑無比」。文素臣怒不忍視，遂以神力將神像打得粉碎。〔註307〕

　　《野叟曝言》所寫有誇張之處，如講「妓女都沒人嫖，便都裝著小廝，迎接客人」。而嘉道間華胥大夫張際亮則在所著中對福建妓業之盛曾作詳細反映，並且還特將女色與男色進行對比，貶後揚前，謂：「頑童始見於《尚書》，大淫於六朝，至近代則皆謂閩粵尤尚此習。此事最足傷人，狎之甚者必得目疾，老則盲，或陽痿不能生子。是故與其男淫，毋如遊狹邪也。」〔註308〕但《曝言》的背景情節還多是有所依據的：在神像嘴上抹油可見朱珪的文告；迎神賽會的場面，明末就有人寫其淫奢情景：「遊閒子弟，每遇神聖誕期，以方丈木板搭成擡案，索綯綺繪，周翼扶欄。置几於中，加幔於上，而以妓童妝扮故事。衣以飛綃，設以古玩，如大士手提筐筥之屬，悉以金珠為之，旗鼓雜沓，貴賤混並。」〔註309〕；夏德海廟也是實有，乾隆間趙翼曾就泉州萬安橋〔註310〕畔建有夏將軍廟〔註311〕一事作詩詠曰：

　　　　堂上方呼下得海，小吏應聲某斯在。
　　　　遂令賫檄赴海投，官已簽名不可改。
　　　　歸來先學鯨吸川，一口直欲乾渤澥。
　　　　黑風任墮毒龍國，白浪何須水犀鎧。
　　　　正潮來處企腳眠，蹺出劉唐尺八腿。
　　　　是人非人鬼非鬼，巡洋夜叉見而駭。

　　〔註307〕　《野叟曝言》第六十六回。
　　〔註308〕　《南浦秋波錄・第三・瑣事記》。「遊狹邪」指嫖女妓。
　　〔註309〕　陳懋仁：《泉南雜誌》卷下。
　　〔註310〕　即洛陽橋，位在泉州東北郊洛陽江入海處，此地古稱萬安渡。
　　〔註311〕　即夏德海廟。

急白鱗堂廣利王，有個糟豚可作醢。

豈知明神助利涉，特作報章答守宰。

乘酒而出得醋還，酉月廿一址堪壘。

遂成黿梁亙萬丈，雄跨鮫浦屹千載。

蔡公祠旁嚴像設，易換頭銜發光彩。

生為賤隸死將軍，香火至今雲靉靆。

始知從古成名人，總出癡呆氣不餒。〔註312〕

洛陽橋故事在福建家喻戶曉，在全國也是有名的一個民間傳說。趙翼詩中已大體寫明，《閩都別記》的記述是：此橋前代已經修成，「至明宣宗宣德年間，泉州太守蔡錫因橋又圮，再行修造。橋圮時，有石刻露出，云：『石頭若開，蔡公再來。』鄞人蔡錫，中明永樂癸卯鄉試，授兵部給事中，升泉州太守。錫至，欲修橋，水漲難施，以文檄海神，忽一醉皂趨接檄，醒而悔之。無奈棄一死，飲得大醉，自投於海。如有神人扶之，酒醒乃臥於岸上。看檄文中多一『醋』字，錫解以二十一日酉時。即以是日興工下基，果旬餘潮水不至，工遂成。乃實事也」〔註313〕。

再據民國二年（1913）《自由雜誌》第二期上的一篇文章，夏德海廟確為男風之廟，直至清末其香火仍盛：「福建泉州府城外有洛陽橋焉，綿廣數倍他橋。橋旁有夏德海廟，廟中左塑一僕夫控馬而立，右塑一從者端拱而侍，夏則巍然中坐。像大於生人，而唇吻之間常油膩堆垛。土人云：此間呼為夏班頭，專主契兄契弟好合之事。如有思慕而不能得者，默禱於廟，雖貧富貴賤懸殊，不難巧為撮合。既合之後，備香楮冥鏹，煮豬髒腸一盂，偕來拜謝神佑。拜畢以髒脂塗神口，香火極盛。昔有挑腳夫某，年逾四十，身軀粗黑，眇一目，兩腿皆泥塗。偕一少年皎皎白皙，年才三五，鮮衣豔服，嬌麗如處子，雙雙拜廟，吾儕皆目見之云。夫下得海入龍宮乃演戲者所附會，子虛烏有。今公然廟祀，且掌北門之管鑰，無稽甚矣。」〔註314〕

〔註312〕《甌北詩鈔》七言古四。

〔註313〕《閩都別記》第二十一回。洛陽橋事《五雜組》、《泉南雜誌》、《閩書》、《棗林雜組》、《勞久雜記》等有載，戲劇中《四美記》、《狀元香》、《洛陽橋》皆演之。其中有的記載謂故事發生在北宋，作檄造橋者是著名書法家、曾經出知泉州的蔡襄。按：蔡襄對洛陽橋的建設貢獻最大，他於宋仁宗皇祐—嘉祐年間初修此橋。

〔註314〕《下得海致夏德海書》。

　　福建和全國一樣在明清時期戲業發達，梨園戲、莆仙戲、閩劇等都帶有鮮明的地方特點，大受民眾歡迎。戲曲演出的一般方面不必討論，在此著重觀察的是表演之淫、優童之媚等可以關涉到男風的各種現象。

　　七子班是梨園戲、莆仙戲等劇種的一種班社組織，演員通常七人上下。《閩俗錄》記有七子班在閩東仙遊縣的一些情況，此地「俗喜歌舞，春秋社及神誕，里巷昏喪靡不演劇而價亦廉。合邑六十餘班，每班七八人，閩人通稱曰七子班。樂操土音，別郡人終日相對不達一語。婉變總角，多習淫詞，懸燈歌舞，卜晝卜夜，靡靡之音，惑人聽聞。淫聲夜曲，風俗之蠹可不禁與？」〔註315〕《閩雜記》所記範圍廣泛，同樣認為七子班的表演有誨淫之嫌：「福州以下，興、泉、漳諸處有七子班，然有不止七人者，亦有不及七人者。皆操土音，唱各種淫穢之曲。」〔註316〕就班社形制而言，七子班是比較完備的。相較之下，採茶戲等則屬形制初級的民間地方小戲，兩三腳即可成班。但戲雖說小，演唱的媚力卻並不怎麼弱。民國《龍巖縣志》卷二十一：「自元旦至元宵，沿街鼓吹歌唱。或妝扮女子，唱採茶歌，比戶遊行，謂之採茶戲。」道光《永定縣志》卷十六：「永邑界鄰廣東之嘉應、大埔，彼處有採茶戲。男扮女裝，三五成群，唱土腔和胡弦，流入於鄉村街市。就地明燈，徹夜奏技，引誘良家子弟擲錢無算。淫褻無恥，莫此為甚。」

　　由環境對表演者的要求所決定，優伶的柔婉氣質也被培養了起來。明末時，「優童媚趣者」便是「蟬鬢傅粉，日以為常」。豪奢之家因而「不吝高價」地「攘而有之」〔註317〕。清代康乾年間，《臺海竹枝詞》寫道：「肩披鬢髮耳垂璫，粉面朱唇似女郎。媽祖宮前鑼鼓鬧，咮嚦唱出下南腔。」注謂：「梨園子弟垂髻穿耳，傅粉施朱，儼然女子。」〔註318〕《臺灣竹枝詞》寫道：「湘簾斜影照銀缸，粉面何郎翠鬢雙。馬上琵琶江上笛，喃喃低唱下南腔。」注：「閩人以漳、泉二郡為下南，其腔別為聲律。歌童挽髻垂璫，備極媚態。」道咸年間，七子班中的旦角「穿耳傅粉，並有裹足者。既不演唱，亦作女子裝，往來市中。」〔註319〕這樣一種形象對於某些看客自會具有一種特別的吸引力，就像《閩都別記》中所說：「公子王孫，見絕色美女不消魂可已，見梨園子弟便

〔註315〕《閩俗錄‧卷三‧七子班》。
〔註316〕《閩雜記‧卷七‧假男假女》。
〔註317〕《泉南雜誌》卷下。
〔註318〕見乾隆《臺灣府志》卷二十四。
〔註319〕《閩雜記‧卷七‧假男假女》。

消魂不休，因其能勾魂攝魄故也。」〔註320〕「勾魂」的方式之一，用方言表示便是「撲翠雀」。《閩雜記》載：「下府七子班，其旦在場上以眼斜睨所識，謂之撲翠雀，亦曰放目箭，曰飛眼來。其所識甫一見，急提衣衿作兜物狀，躍而承之。遲則為旁人接去，彼此互爭，有至鬥毆涉訟者。道光甲午，昌黎魏麗泉元烺撫閩，曾嚴禁之。近來漳、泉各屬此風復熾矣。」〔註321〕外省人到福建來做官有時會對當地的一些風俗難以理解，所以要禁止。但民俗民風具有深厚的社會存在基礎，所以禁後卻還要復熾。

詠贊優伶之作在京師層出不窮，福建亦有所見。佚名《十一班儒林》描寫的是儒林班〔註322〕中的旦角，因以方言寫成，能使人們看到一種獨特的詠優形式：

> 賽月宮重整行頭新鮮，當原初花旦名叫益兄。仕火對時興，容貌觀音。
>
> 樂瓊仙花旦名叫恩河，論聲音嫋娜。人樣流羅，美貌賽嫦娥。
>
> 慶仙園花旦名叫妹馨，伊守本二出戲，《打麵缸》、《買菊花》平膠妝。伊郎罷佤像莊，一月間十三千，股穿生瘡。〔註323〕
>
> 正天然花旦名叫品官，文就文武就武，貌賽潘安。《打鐵鋼》花巷《賣話》好聽，做伙藥先叫好，羊伴跟堆山。〔註324〕〔註325〕

上海《申報》第6796號對於儒家（儒林）班中的男色情形做有簡要記述：「福州梨園有所謂儒家班者，亦唱土音，班中皆係少年子弟。閩人遇有喜慶神誕，恒招演劇，亦習俗然也。班中生丑旦末，雛年美貌，雖借優孟之名，陰有龍陽之實。醋海生波，往往而有。每至一處演戲，必有棍徒為之保護。」〔註326〕

由於福建男風特盛，以至於相關文學作品也顯得有些駭人眼目，許多故事都給人以不同一般的感覺，似乎有意無意地都是在強調閩省的特別之處。《野叟曝言》第六十五回，文素臣帶著他的清俊小廝錦囊去福建，一入此境，情形

〔註320〕《閩都別記》第二百九十三回。
〔註321〕《閩雜記·卷十·撲翠雀》。
〔註322〕閩劇的一種班社組織，商業性戲班出現於清末。
〔註323〕伊守本：他的拿手戲。平膠妝：妝成大腳婦女。郎罷：父親。佤象莊：不像樣子。股穿：屁股。
〔註324〕做伙藥：做喂藥的動作。羊伴跟堆山：捧場的人很多。
〔註325〕見《福建戲史錄》，第123頁。
〔註326〕《榕嶠春陰》，光緒十八年二月二十八日。

便異。「每日在路，俱有人瞧看錦囊，挨肩擦背，擠手捏腳的。素臣在前不覺，錦囊焦躁。一日下店以後，素臣正在洗面，一個走堂的滿面流血，跑來告訴，說被錦囊行兇打傷。素臣怒罵：『我怎樣吩咐，你還敢行兇！』錦囊哭道：『徒弟在院子裏小解，他走來就挖屁眼，徒弟隨手一格，帶破了他面皮，並非無故行兇。』掌櫃的忙跑過來，把走堂喝了過去道：『有你這樣冒失鬼？你也合他說過一兩句話，才好去挖他的。快些去擦洗淨了，來燒鍋罷！』素臣暗歎：『說過一兩句話，就好挖的了？閩人酷好男風有契哥契弟之說，不信然乎！』次日，在路取出一丸非黑非紅的藥丸，令錦囊用唾搽抹，變作一個晦氣色的臉兒，才免了捱擦擠挖之事。」接下來的一回，賽飛熊以自己親身經歷向文素臣解釋為什麼閩人的男風之尚是「天地山川生就的」，非人力所能挽回。他指著雇來的小廝道：「文爺只問他，也幾乎被他強姦了去！他這裡小廝雇出來，若不給他幹點事兒，他父母就來發作，說是淪賤了人家孩子，就不肯雇在你家。這小廝初來，夜裏幾番上床來湊就我，都被我推下床去。他回去告訴了父母，走來大嚷大鬧，鄰舍們出來調停，另外加了五錢銀子一月，做遮羞錢，才得無事。小廝現在跟前，我好說謊？」文素臣以為這樣說話會讓小廝非常難堪，賽飛熊便又道：「他若知道訕，我可不說了！他們這裡，當著是家常茶飯，小廝們若沒有契哥，便是棄物。爺只看他臉上，訕也不訕？」素臣「看那小廝，真個面不改色，怡然而聽」。見多識廣的文素臣這時竟顯得孤陋寡聞，少見多怪起來。

李漁《連城璧》、袁枚《子不語》、俞蛟《夢厂雜著》各寫一同性戀故事，讓人會感到同性戀的契兄弟與異性戀的夫妻在感情體驗上幾乎沒有什麼區別。在《連城璧》外編卷之五，福建興化府莆田縣秀才許季芳向有龍陽之好，「以南為命，與北為仇」。年齡漸長後為求後嗣只好娶妻，子得妻死，便不再起女色之念，一心追覓絕等美男。一天，他在城外偶見「生得眉如新月，眼似秋波，口若櫻桃，腰同細柳」的少年尤瑞郎，立時為其吸引，一路相隨。「瑞郎過東，他也過東；瑞郎過西，他也過西」，見下山路滑，又細心相扶，到分手時兩人已互相中意。尤瑞郎暗裏想定：「我今生若不相處朋友就罷，若要相處朋友，除非是他，才可以身相許。」許季芳更是「如醉如癡，思想興化府中竟有這般絕色，不枉我選擇多年。我今日見他微微含笑，絕無拒絕之容，要相處他，或者也還容易。只是三日一交，五日一會，只算得朋友，叫不得夫妻，定要娶他回來，做了填房，長久相依才好」。許季芳所想的「娶」就是契兄花

些錢財來把與契弟的關係明確。福建縱有此類情形，一般也無非是薄金示意而已。可瑞郎之父因家境不裕卻開出了五百兩的高價，許季芳為人捨財，通過典賣房屋田產湊足了聘金，終於把尤瑞郎「娶」到家中。（圖315）「成親」之後，兩人「真是如魚得水，似漆投膠，說不盡綢繆之意」。不過隨著尤瑞郎的年齡漸長、情慾漸熾，許季芳開始日益擔憂起來，對瑞郎講：「男子自十四歲起，至十六歲止，這三年之間未曾出幼，無事分心，相處一個朋友，自然安心貼意，如夫婦一般。及至腎水一通，色心便起，就要想起婦人來了。一想到婦人身上，就要與男子為仇。如今你的腎水一日多似一日，我的歡娛一日少似一日了。想到這個地步，教我如何不傷心？」瑞郎不以為然：「我如今隨你終身，一世不見女子，有甚麼色心起得？就是偶然興動，又有遣興之法在此，何須慮他？」可許季芳對「遣興之法」（自慰）也表示擔心，道：「要曉得腎水的消長，就關於顏色的盛衰。你如今為甚麼這等標緻？只因元陽未洩，就如含苞的花蕊一般，根本上的精液總聚在此處，所以顏色甚豔，香味甚濃。及至一開之後，精液就有了去路，顏色一日淡似一日，香味一日減似一日，漸漸的乾癟去了。你如今遣興遣出來的東西，不是甚麼無用之物，就是你皮裏的光彩，面上的嬌豔，底下去了一分，上面就少了一分。這也不關你事，是人生一定的道理，少不得有個壯老之日，難道只管少年不成？只是我愛你不過，無計留春，所以說到這個地步，也只得由他罷了。」說者無意，聽者有心。尤瑞郎為向許季芳徹底示愛竟趁「丈夫」不在家時自己把自己閹割，以阻絕腎水的去路，長葆嬌美的容顏。許季芳回來一見哀悔不置，但事實已成，覆水難收。索性就讓瑞郎裝扮成了女子的模樣，連名字都改作瑞娘，一對假夫妻變得如同真的一般。不料此事被心懷醋意的眾鄰人告官，稱許季芳是擅立內監，圖謀不軌。季芳公堂受刑，回家後一病不起，臨終前對嬌妻囑以兩件後事，道：「眾人一來為愛你，二來為妒我，所以構此大難。我死之後，他們個個要起不良之心，你須要遠避他方，藏身斂跡，替我守節終身，這是第一樁事。我讀了半世的書，不能發達，止生一子，又不曾教得成人。煩你替我用心訓誨，若得成名，我在九泉也瞑目，這是第二樁事。」言罷而亡。尤瑞郎謹遵夫囑，勵志「守節」，以母親的身份養育幼子許承先成人。承先考秀才，中舉人，得官受職，為母親討得誥命夫人的封誥。及至母死，又將「她」與父親合葬，題曰「尤氏夫人之墓」云。

尤瑞郎為許季芳而自閹傷身，多官為陳仲韶乃至自殺亡身。《子不語》續

卷六：

多官，閩莆田人。襁褓失怙，恃嫂鄭氏乳之，長而美麗，兄嫂皆愛之。兄遠賈外出，或經年不歸，嫂常居母家，攜叔去，令出就外傅。邑有葉先生授徒於家，多官往學焉。江西陳仲韶，貴公子也，年十八舉於鄉，兄宦閩，以喪偶故往省。路出莆田，值雨，遭多官於道，神為之奪，下輿隨行。多官回顧，見其摳鮮衣，曳粉靴，走泥淖中，狀若狂癡，心頗疑之。仲韶卒尾至其家，苦不得入，訪於鄰，始知為多官，自書塾歸，乃至其嫂家也。仲韶抵兄署，與其嬖京兒謀，欲得多官。京曰：「子盍以遊學請諸兄？允則事濟矣。」兄果喜仲，託莆令修厚贄於葉。葉館以公子禮，不知為先達也。仲遍謁同學，多官出見，駭然良久，心知客為己來。自是絕不過從，惟扃戶而讀。居匝月，終無由通款。一夕，聞多官呻吟聲，瞰之，病臥在床。葉偕醫來診其脈。曰：「虛怯將脫，非參四兩不治。」葉聞欲送之歸，仲韶勃然曰：「渠家貧，安能辦此？即歸亦死耳。」立啟篋出金授醫，復語葉曰：「有故悉我任。」遂親侍湯藥，衣不解帶半月有餘。多官旋愈，深德仲韶，於是來往頗密，然終無戲容。仲無間可入，復謀於京兒。京曰：「吾知其感公子矣，不知其愛公子否？可佯病試之。」如其言，多官來，亦如仲之侍己疾者。京兒賄醫詭云：「藥中須人臂血，疾始可治。」命京，京佯不可，多官在旁無語，至暗中乃刺血和藥以進。仲知之，大喜，以為從此可動也。適兄膺薦入都，招仲偕往。多官聞之，乃夜就仲室曰：「曩者公子傾金活我，非愛我故耶？今行有日矣，義不忍負公子，請締三日好，誓守此身以待。」即宿於仲所三日，仲乃行。葉有甥名淳者，性淫惡而頗饒膂力，涎多官美，欲與狎，不可。一日，仲韶使至，多官置來書案上，出詢仲起居。淳潛入，見仲書多親妮語，喜曰：「是可劫也。」多官來，袖書示之曰：「汝從陳公子，獨不可從我乎？」多官初欲拒之，已而思有書在，慮不能滅其跡，復佯笑曰：「若還吾書，今夕當從汝。」淳喜，還書而出，多官焚之。乃作二札，一與仲訣，一以告嫂，納諸篋，即取所佩刀自剄。嫂聞信至，啟篋得書，訟其事，淳瘐死獄中。仲韶歸，見所遺書，一慟幾絕，感其義，誓不再娶。一夕，夢多官來，曰：「不可以我故廢君祀。君娶，我將為君後。」從

之，果舉一子，眉目絕似多官，因名喜多。先是，京兒與謀時曰：
「多官洵美，但眉目間英氣太重，充其量可以為忠臣烈士，慮不善
終耳。」後果如其言。

《夢厂雜著》所記與《連城璧》、《子不語》相比情節較簡單，文字也短少，
但在事件的典型性上卻顯得更加突出一些。其《卷四·張吉》：

孫奎，浙人，官於閩。下車之日，有訟其隸張吉占屋十餘年不
遷者。呼隸前詢之，對曰：「小人非戀此居也，實捨此無可居，故十
年來，增其租三倍矣。」因詢：「有父母兄弟乎？」曰：「無有。」
「有妻子乎？」曰：「無有。」孫曰：「既無親屬，則孑然一身。隨地
可棲，何必占屋十年之久，增三倍之租，且令居停主人嘵嘵致訟耶？」
隸曰：「小人有總角友，相隨形影，不幸夭殂。葬諸原野，荒煙蔓草，
虞孤魂之無依也。若移居他所，又不能入櫬。此所以轉輾圖維，而
莫可如何者也。」孫曰：「汝父母今葬何處？」答在某邱。孫曰：「某
邱非原野乎？何以忍令魂魄長依荒煙蔓草而不一顧也。且古今來，
人死無不葬，汝獨擁櫬十載，挾不近人情之說，以圖鳩占。」因杖
之，勒令遷居。舁棺葬畢，號泣終夜，自縊墓門。蓋死者其生前與
隸有斷袖之好。卒後，每食必旁設杯箸，寢則依於棺，積十餘年不
離如一日。

作者俞蛟評論道：「昔衛靈愛彌子色美，至食其餘桃不為褻。及彌子色衰，
即引以為罪而誅之。夫朝夕相依，一旦色衰，即前情盡棄。若溘然而逝，形銷
骨化，宜更易於忘情。乃張吉至十年之久，猶寢食不置，至殉之以身。古來愚
忠愚孝，每出於至微極陋之人，良有以也。」

二、《閩都別記》

《閩都別記》創作於清代乾嘉時期，是一部福建人所寫的福建地方文學作
品。該書作者署名里人何求，它的創作基礎是福州說書藝人所講的大量民間故
事，作者把這些故事加以整理，將它們依歷史先後貫串在一起，作成了這一部
長達 150 餘萬字的巨製。《別記》廣泛反映了以福州為中心的福建社會實際，
雖然書中攙雜有大量神怪內容，但基本的民情民俗都是真實可靠的，因而對研
究福建地方史具有重要的參考價值。這些民俗民風的時間所在，大致是以清朝
乾嘉年間為下限，至少可以向前涵蓋到明朝中後期。對於民風之內的男風，《閩

都別記》的相關描述具體而全面，這在民間地方文學中是少見的。

（一）契兄—契弟

契兄—契弟在《別記》裏通常是稱為誼兄—誼弟，意義相同。作為名詞，它們都沒有專指性，廣義上就是指的結拜兄弟，只是在特定情景下才具有特定含義，而這種特定含義人們通過上下文並不難看出。在第一百五十回，鹿韭男扮女裝不告而離家，他的兄嫂發現後甚是焦慮，便去神前求籤，籤云：

明月蘆花散五湖，無中似有有中無。

雁群失序休傷別，能自成雙返故途。

神籤的意思是說鹿韭將來必能攜一佳偶而歸。他的哥哥認為佳偶必為女子，而其嫂亞仙卻認為是男：「明月照蘆花乃一色，即男之配男也，男配男即兄弟也。今失去一弟，將來又帶一兄回來矣。」依亞仙推斷，鹿韭既是女裝在外，必定會吸引男子，等他真相一旦為對方所查知，一對情男女便會變成為情兄弟，鹿韭是「必被人拾去為誼弟，將來必帶一誼兄回來」的。這裡誼兄—誼弟的同性戀含義就比較明顯。

加入了同性戀的因素後，誼兄弟之間的行為表現實在會讓一般人吃驚不已，難以用常情進行理解。《別記》第五十二回，田杲和歸玉是一對自十五六歲就已經同窗交接的情友，年俱三十一二仍不相離。歸玉家貧，於是就常住在已有妻室的田杲家中。「田杲與歸玉交厚，是怎樣之交厚也？有一日歸玉回家，家中有美畫眉一籠，攜至書房，掛在門前賞玩。歸玉又回家去取書，適田杲出來，見畫眉，問是誰的。文筒（田杲的家僕）曰：『二官（歸玉）家中攜來。』田杲以畫眉被尾墜住，跳不能捷，即將抓出，把尾盡行撮去，仍掛門前。但畫眉無尾，只剩一�槌，還看得麼？至歸玉又至，見畫眉無尾，唬甚，問：『那一個敢將尾撮去，還了得？』文筒答：『不是一官（田杲），還誰敢撮也？』歸玉因聞是田杲撮，怒遂轉喜曰：『畫眉撮尾，加倍便式。』須臾田杲出來，問曰：『尾撮去何如？』歸玉笑曰：『才說不知畫眉撮去尾務此便式，今日與兄撮了方知。可交與文筒小心看管，莫被人偷去也。』二人睡俱在樓上，一人一張床鋪，吃飯俱在樓下。那日，二人上桌吃至中間，歸玉忽放箸上樓去，忽然樓板縫有水流落桌上，田杲忙取空碗承半碗。至歸玉下來，問曰：『樓上什麼水流卜來？』歸玉笑曰：『弟尿急，趕上去撒尿，不覺顧把尿壺打倒，尿撒滿樓板，流下也。』田杲曰：『原來是弟尿流下來，造化都承接在碗。愚兄近時得肺燥之病，人說吃回龍水始愈。幸喜今日天賜弟之回龍，不吃還

吃誰的？」田呆將半碗尿飯吃矣。一個畫眉撮尾便式，一個尿調得飯吃，可見二人異樣交厚。」

沈德符在《萬曆野獲編》中曾記有些契兄弟年過而立尚寢處如伉儷，田呆和歸玉就是這樣的一對。沈氏還記契兄會願意幫助契弟娶妻成家。《別記》第六十九回，楊柳月「家道富足，性亦謙和，惟好漁色，不惜財費」。他有兩位內弟牧錦、牧繡，年只十三四歲，皆秀美如子都。「柳月初娶妻過門，即欲謀妻弟為龍陽君。先賂以珠寶金銀，二兄弟不動心，又誘以古董玩物，亦不要。日日都在他書房玩耍。那日，同楊柳月在書房，忽有當店中人送信來，中間寫云：『紅貓、紅犬買不買？』兄弟看了曰：『天地間那有紅貓、犬？』柳月曰：『此紅貓、犬乃外洋番國來的，已出他八百兩銀了，他要賣一千銀。據此番仔說：紅貓放在房門外，夜叫數聲，隨近之鼠都趕來他嘴邊與食；犬只放房門外，如有賊來，只叫數聲，其賊即自發瘟倒地，價才值千金也！其毛大紅色，如羽毛呢發亮的。』二兄弟畢竟孩子氣，聞有此異，心便好之。柳月將字尾把筆寫二句道：『紅貓紅犬真奇物，買來相送要留情。』遞與二兄弟看了。因心甚喜愛，亦持筆接二句曰：『貓有大紅當承受，犬果奇紅怎敢推？』柳月看了喜曰：『都肯應承，即當買來奉送你。』即寫回字，叫他牽來驗看。那人去了一會，便牽貓、犬來，果然大紅色如呢咿，可愛之極！二兄弟喜之不勝。柳月曰：『且關於內房，明日送與。』二兄弟不忍放手，至夜與柳月同床，不知鳥之雌雄矣。原來此紅貓、犬那裏是番國來的，乃柳月使人以白毛貓、犬，日日以茜草染之，染之又染，則紅色如縷可愛。二兄弟日日抱住，以手摸來牽去，不及一個月，那毛漸漸退去，露出白來。再過幾時，依舊變出白貓、白犬。二兄弟夜夜將貓繫在房內，驗其叫，來看有鼠趕來否？誰知並不見一鼠到他嘴邊，仍是滿房皆有鼠，作吵如故。那犬無賊不能試驗。今貓、犬都變白了，與尋常無異，二兄弟氣的凸嘴凹鼻，問於柳月。柳月哄之曰：『番仔說不可葷味與食，你日日以魚飼之，故都變了。』二兄弟知被其騙，將白貓、犬丟還，流淚欲告母親。柳月拉住笑曰：『莫氣！再賠你一千金，討美妻來作伴，豈不勝於貓、犬耶？』即於荷包內取出千金鈔票，遞存於錦、繡懷內，於是二兄弟始不生氣。即此可見楊柳月漁色之處。因此男風，以寶玉金珠局之不動，乃妝作紅貓、犬騙之順意，用盡心機。若是有美色之女，更可知也！自此，柳月代二人尋媒，揀選美色之女。遂尋至城內通姓、容姓，二家之室女皆美，定親未匝月，即與之迎娶，二兄弟遂有妻室。」

　　如果正規一些的話，契兄—契弟的結成應有一定的形式表示，如正式交拜，並且要基本上互相忠誠。而柳月和牧錦、牧繡是姐夫與內弟的親戚關係，柳月又沒有把他的主要興趣放在錦、繡身上，所以，他們之間不存在前面張吉和他總角友那樣的「在天願作比翼鳥，在地願為連理枝」式的戀情。但契兄弟本來就可以有各種形態。實際上，發生了性關係並保持著一定接觸的同性戀雙方，他們可能並不去通過結拜等形式以明確彼此的權利和義務，還可能在與對方接觸的同時兼去結交他人。這樣，他們之間的感情便沒有上升到特定程度，彼此未曾存在特別篤厚的交誼。而這並不能表明他們僅僅是靠肉體來互相吸引的：既然兩人已經由性連在了一起，那麼即使情誼不深也總比普通的朋友之交更加有情，即使不去做誓同生死的相契相知也能願意在較低一些的水平上互相幫扶。這時，這樣的同性戀夥伴也是會相互認同為契兄—契弟的，無非不太深刻罷了。《別記》第一百九十八回描寫了一個新婚之夜的場面：孟仲昱同時娶來二女，晚上他的兩位「孌友」王金和朱玉在鬧房時「無所不至，共動手起腳。二女硬推開，躲於床後。王金醉眼蒙矓，又要拖出再飲。仲昱此時亦已大醉，見二人十分無禮，忙攔住。朱玉亦醉甚，將仲昱拖開。仲昱不防被他拖跌下，桌上酒壺連頭倒下，酒傾滿頭滿面，大怒爬起，把朱玉亦扭住。王金亦醉，來勸亦跌倒。三人扭作一堆，對擒滿地滾碾。廚子、茶夫並小工進勸不解，出外叫孟祿（孟仲昱的家僕）去勸。孟祿曰：『不須勸，他三個時常食酒，時常打扭，自打自歇，連打連好。有人來勸更難歇，回頭反把勸的人拿去出氣。』眾人聞之，方知有此酒癖，便不敢去勸」。讀者不難看出，王金、朱玉所以能放膽戲謔的原因，是他倆與仲昱存在著斷袖之交。只是三人同在一起，互相配合就出現了三對契兄弟，其中任何兩人之間都不至於會特別深戀的。

　　第一百十八、一百十九回等處也有三人相戀事：張音和梁韻是一對宿緣前定的情友，他倆「同年同月同日同時出世，品貌皆美，總角時寢食不離。其父母早為其同日婚娶，張音娶梁氏，梁韻娶張氏。歸房只三夜，出仍同榻，其父母亦無奈之何。而父母前後皆以壽終，二姓竟同合爨」。可張、梁卻並不把同性戀局限於此，在家時他倆就曾一同出金為一優伶贖身，「日則伺候，夜則三人共枕」。外出經商時因優伶未在身邊，便又買一家僮以做陪伴。在這些複雜的關係當中，張音、梁韻可說是相戀至深的契兄弟，而某優和某僮一前一後只是他倆發洩性慾的對象，身份上也只是家僕。再到後來，某僮有大功於家主，

張、梁為表感激之情，於是就把他的身契送還，身份提高，「以為兄弟輩，寢食共之」，從而形成了三位一體、彼此不分的三對契兄、契弟。這三人之間的情誼比孟仲昱等三人要顯著深厚。

總之，在契兄弟的概念之下包含著多種形態，最相契的會情同夫婦，然後感情依次下降，只要不是一交或數交之後便再不相見的臨時性伴，就在一定意義上可以認為他們具有契兄─契弟的關係。

契兄弟之外還有契父子，年齡差距也就由幾歲、十幾歲上升到了幾十歲。在《別記》第三十七回，妻子已死女兒已嫁的黃甫行船時從水中搭救起一位 18 歲的少年，此人姓辛名喜，自謂「因好玩遊，不肯隨父兄行船經紀，被父兄逐出，不許入家。至無食，在外偷竊小可財物度饑，被人偵獲，送還父兄。父怒，將手膠捆縛，交兄帶落船去，丟入水中」。辛喜既視黃甫為救命恩人，就請求「救人救到底，收留船中，願作犬馬報答」。黃甫「遂收納在船，為取衣服與之，又變一人樣。寢食不離，宛如夫婦」。從年齡差距看，黃甫已經稱得上是辛喜契父了。

（二）海寇同性戀

沈德符謂契父子起始於海寇，可見他們當中男風之盛。確實，福建的地理環境和社會環境必然導致大量海寇（海商）的產生，由此，海寇同性戀成為了福建男風的重要組成部分。至於特定名詞，特具代表性的不是契父子而是海兔，也就是海上的龍陽君，海盜或海商的誼子、誼弟。《別記》第一百七十五回，唐攀桂因海盜林來財之故被江濤稱作是巨寇鐵英的「海兔」。鐵英責罵林來財，來財表示要將功贖罪，「曰：『海兔之嘲恨未報，容小頭目帶本部之嘍羅船隻，去拿江濤來，亦令其作海兔洩恨塞口。』鐵英曰：『倘能拿來，即與汝報恨塞嘴，那攀桂便無人敢叫矣。』」林來財領命帶人把江濤劫至海船，「船便開去，道出大洋，泊於僻靜之處。問江濤：『愛生愛死？』江濤即答以：『人俱要生，獨拿我何用？』來財曰：『我這裡都是粗人，無一儒雅，特誘來有用。如肯與我為誼弟，舉薦汝作軍師同享富貴。如不願，一刀請汝落海。』江濤此刻要命，口：『願從，』來財即將綁解開，帶進艙內姦淫。開至大島，帶見參拜了鐵、金二大哥。江濤見二人威嚴，只得下跪。鐵英問：『江濤即是汝麼？』答曰：『是。』又問曰：『汝怎知唐攀桂是海兔？』江濤垂頭不敢答。鐵英隨問來財：『有塞過口否？』來財答曰：『塞過了。』鐵英笑問江濤曰：『汝前呼別人為海兔，今自己自思，可是海兔麼？』江濤面紅頭垂不敢認。鐵英曰：『今

即長留在此掃地捧茶，供應使喚，不許半刻脫離偷閒。』江濤更換青衣小帽，為童僕驅使。正是：不叫別人為海兔，免教自己作籠雞。」

上述情節生動說明了「海兔」的用法，而更主要的則是反映出男風在海寇當中司空見慣、不以為異到怎樣的一種地步。甚至他們在緊張劫貨的時候都忘不掉姦人，第二百二十九回，一群臨時湊起的海盜在一隻客船上搶劫，命令船客都郎獻出他的所有金銀。「都郎答曰：『私家只此，無有再獻，求大王諒情。』眾賊曰：『十分未獻一分，誰被汝騙耶？』都郎哭說：『實無了。』眾賊欲以鐵箍來箍，內有三四個說：『拿來作龍陽君，如不獻出，再用鐵箍。』眾賊道：『妙！』將都郎剝得赤條條，欲於輪頭輪姦之。那船內舵工水手嚇得躲入內艙。」這時，幸虧都郎忽得神助，才終於免遭恥難。按此事未發生在福建洋面，但它可以作為參考，閩省洋面上類似情形一定也會存在的。

鐵英交結唐攀桂事是一個曲折的過程。他「原是飽學秀才，因此世重賄賂不重文才，屢舉不第，忿氣落海。因疏財重義，人皆附之，未及一二年間，入投數萬，船隻數千，橫行海內」〔註327〕。指揮使唐建策職司剿捕海盜，鐵英卻看上了他的少子攀桂，遂隱瞞身份到唐家學塾讀書。他見攀桂因文思遲鈍而常受父、師責懲，便暗中代筆以解其苦，攀桂知悉後心甚感激。忽有一次，鐵英不肯把代寫的詩文輕易拿出，藉以要求攀桂以身作謝。為了不露出馬腳，攀桂只好答應。二人既結成為誼兄誼弟，英乃告桂以實情，道：「兄實姓鐵名英，即海上大哥鐵連環也。那奴才阿狗，即海上金剛鑽也。因聞此學堂師徒乃蓋世之美貌，即古之彌子瑕、陳子高不及之也。愚兄平生有斷袖之癖，因偶說能奪之來。金剛鑽同諸頭目皆笑，愚兄甚怒，罵之曰：『怎不能？如不能奪，亦能暗謀。』眾更笑孤身深入，何異飛蛾投火。愚兄怒罵曰：『誰敢來與我賭輸贏？』金剛鑽挺身說敢賭。即打掌約定去暗謀，以一個月為限，如不能，大哥讓與之，終身為副。愚兄即至此。」感動於鐵英的良苦用心，攀桂不但不覺得惱恨和害怕，反而堅決表示：「既結兄弟，豈有異心？」〔註328〕後來當唐建策父子進行招撫時，鐵連環在唐攀桂的聯絡下率部投順了官軍。他「海皇帝」的聲名和接受招安的行動都與鄭芝龍有相似之處。

（三）曲蹄同性戀

曲蹄即疍民，《別記》中亦稱漁家、船家，是生活在水上的一類賤民。他

〔註327〕《閩都別記》第一百六十七回。
〔註328〕《閩都別記》第一百六十九回。

們以水運、捕魚等為業，因長期船居而下肢可能稍顯比較彎曲，故被貶義地稱為曲蹄。由於身份卑賤，他們經常會遭良人欺辱。年青的曲蹄婆自不必說，就連年青的曲蹄仔同樣也是船客們尋歡的對象。《別記》一百九至一百十一回，女扮男裝的林慶雲由福州城內逃出，暫投在曲蹄夏七船上，認他為誼父。慶雲貌美，立時就受到了矚目：「船回馬江，船幫之人見之，皆曰：『看不出夏七有此搖錢模，快來與我們賀喜食酒。』慶雲雖不懂，聞此等語乃悟，此船乃勾引風流之處所，身甚悔之。」在慶雲要求下，夏七將船開走至別處裝貨，誰知又被隨船的兩位貨主看上：「有二客下船，慶雲躲於後堵，因船篷被竹篙穿破一孔，仰頭自行削竹來補，被二客看見，問船家，曰乃其子。二客曰：『看不出曲蹄有此兒子，快叫出來陪我們食酒。』慶雲將艙門關閉，二客見閉門不出，便罵曰：『不識擡舉的東西！凡漁家子女，不待呼喚，該來接客才是，今叫反關門耶？』慶雲在後聽明，便應曰：『小生不是漁家之子，客官錯認！』姓梁答曰：『曲蹄仔自稱小生，奇甚。』張姓曰：『小生乃是讀書人之所稱，今來考此小生。』」考問之下，慶雲以能夠作詩表明了自己良家子弟的身份，而張、梁二客——即前面提到的張音、梁韻——雖好男色卻非惡徒，便不再強要，並告誡道：「會台不知耶？福州之漁船即是秦樓楚館，勾引人家之子女落局。會台此品貌不凡，必墜其局，須早離此，另尋安逸之處。」慶雲言謝。不久，夏七之船被官府徵用，坐船的大覺和尚有權有勢且貪淫好色，慶雲因而險遭一難：「大覺和尚來時已看見慶雲，便生愛慕。至回，船開到江心，隨問護舵：『何人？』夏七答曰：『小人之子。』大覺曰：『不想船家有此樣兒子，我大叢林數十個沙彌見皆退避。可與我帶回作徒弟，自不難為你。』夏七忙答曰：不敢瞞佛爺，實非小人之子，乃拜認的，又受人所託，不日交還，主意不得送佛爺。』大覺便罵曰：『大膽曲蹄瘟！莫說要汝一個曲蹄仔，即要十餘個公子王孫，誰敢不依！快叫他出來，待我當面言之。』慶雲隨出見。大覺曰：『看汝十分好品貌，可隨我作親隨行者，喜歡不喜歡耶？』慶雲只自然應曰：『我寧作漁家子，不作僧寺徒，不去。』大覺曰：『僧寺怎及？與我為徒，衣食豐足，不強作漁家子半饑半飽？』慶雲曰：『我自願淡泊，不愛繁華。』大覺曰：『我是硬要你為徒，將你現拿去，叫你誼父去告御狀！』即令侍從將慶雲拘住，到上岸討轎擡回。」這一次，林慶雲為俠士相救，才終於擺脫了因假作曲蹄而惹來的難以避開的污辱。由「他」的一系列經歷可以看出，曲蹄仔幾乎是被等同於男娼的，至少他們如果樂意為船客提供特殊服務，那麼就能夠招攬到更多

的運輸生意。林慶雲身非曲蹄且女扮男裝，所以不會賣身，而真正的曲蹄和「他」就不一樣了。

（四）同性戀結交

如果一方已是同性戀者，當他遇到美貌同性時，一有機會就會試圖引誘。《別記》第二百八十四至二百八十七回用一萬多字的篇幅詳細記述了秀才鄭唐連續交接六位少年的過程。第一位名叫雲中鳳，乃「一賣鴨蛋之青年子弟，生極俊俏，人將呼為賣蛋弟」。鄭唐以買蛋為由把雲中鳳引入家中，將其騙姦。事後中鳳先是惱怒，但見鄭唐人物儒雅且富金錢後，又轉怒為喜，自願相好。再過一段時間，索性同意男作女妝，改名一鳳，做起了鄭唐的男妾；第二位李金蛟，他和後面四位都在同一學堂讀書。鄭唐使用「紮火囤」的手段，讓雲中鳳假意與之通情，二人將要成事時被鄭唐當場「捉姦」，金蛟無奈只得同意把醜事私了。「鄭唐曰：『願私休便罷，可曉得是什麼私休？』答曰：『不知。』鄭唐曰：『此私休不過風流討得風流而已。』金蛟面紅不答。一鳳曰：『船過水無痕之小事，買釋還不為？必要為辱其身敗及家門之大波浪也？』金蛟只得頭點點。鄭唐曰：『此頭點點是強勉，不是願意，還要對天誓了有始有終之願方信。』金蛟只得出戶對天跪地誓之曰：『李金蛟與鄭唐為朋友，半途而廢者，終身不第。』鄭唐笑扶入內房，解繩而遂情矣」；第三位顧里興。他發現了李金蛟的隱事，便對金蛟大加嘲諷，講有的人的紗衣是用蜘蛛絲織成。鄭唐得曉後，一天晚上在自家門口趁天黑把里興送先生的束脩扔進水中——實際扔的是石塊，真銀被鄭唐快手掖進了懷裏——又拒不承認，里興沒有辦法，只好任鄭施為。事後，鄭唐不但「賠送」了原銀，還另外以金條相贈；顧里興之事恰被同學宋萬里等看到。萬里嘲笑里興是「欲為誼弟心驚疑，未有那人此厚皮」，稱鄭唐是善能捕鼠的香鼻貓，且大言自己毫無所懼：「我一者回家不由那路過，二者我鎮盤心把得正，三者財寶打我不動，任他香鼻貓，其奈我何？」對於誇下海口的宋萬里，鄭唐採用了更加厲害的手段。他讓里興把一種特製藥粉偷偷灑在萬里的汗巾裏面，萬里隨即就得了一種嚴重的毒瘡。在給他治病的過程中，鄭唐一步步推進，最終使他不得不以身相獻；最後兩位是鄒化里和高冠里。某日，他倆失手打碎了玉器店內貨物，在鄭唐幫助下，二人反由禍事各自得到了一百兩銀子的意外收入。」於是二生感恩之深，無以為報，不待設餌，各自投網矣。」

鄭唐是《閩都別記》裏的重要人物，被從正面描寫得足智多謀、風流浪逸。

作者以讚賞的口吻寫其同性戀上的各種計策，客觀效果就是在對讀者進行推薦，鼓勵倣而行之了。

如果被引誘的人本已經諳練男色之道，結交過程就會更快，一拍就會相合。第五十六回，「品格端方，才貌秀美」的艾生因故對「惟男色可移，一揮千金如糞土」的商人冷光表示親近，請他到自己家中喝酒。「冷光連飲數杯，有了酒，定晴覷看艾生，笑曰：『弟名乾，莫即前漢之董賢再世麼？』艾生亦笑曰：『若肯斷袖，小弟即為董賢何妨？』冷光曰：『如不戲言，慢道袖肯斷，便連臂並斷亦何妨？』艾生曰：『士為知己用，女為悅己容，蒙兄憐惜，敢有戲言？倘不信，兄請換杯為定。』艾生即將酒觥對換，篩酒互飲。艾生曰：『佳期在夕，天色尚早，求兄出一雅令，以聆教益。』那時冷光魂先被艾生勾入袖中去了，怎不依從？思有一會，默撰一令曰：「此令要一語兩意，前一句合後一句。」就說曰：『雞魚肉祀神白果，三生有幸。』艾生一思即有，曰：『二人共履至白頭，同諧到老。』冷光曰：『謝弟金言，不但同諧到老，還要生生世世為弟兄矣。先只道弟有宋玉貌，誰知還有子建才，恨遇之晚。來日家財一股勻分弟，同樂終身，何如？』艾生欣甚，向謝。」

雖然艾生並不是真想與冷光相戀，但其表現和契弟的樣子無甚區別，所以引誘得冷光立刻就表示要和他結成斷袖之好，一場酒下來就要「生生世世為弟兄」。比較起來，同性戀者的結交過程確是速於異性戀的。

第一百六十四至一百六十五回的情節離奇可笑，先看原文：

> 新月喜迎入室坐下，謂曰：「今日復降，誠天所賜，可略談心。人皆言愚兄貌似吾弟，未對面比較，不敢深信。又聞吾弟才富學飽，未曾親近。今幸寂靜，隨吾願矣。」申樾答曰：「弟才貌猥陋，敢與狀元附馬之天姿比較耶？」新月即取出鏡，並肩照之，果似。新月喜曰：「貌既相同，當拋磚引玉，領教大才。」即題詩一首，遞與申樾。內句云：
>
> 名似貌同弟即兄，莊周蝴蝶辨難明。
>
> 鏡花水月既無異，惟恨未通一點情。
>
> 申樾念了，亦即和之云：
>
> 惟恨未通一點情，兄如憐弟弟憐兄。
>
> 能禁獅子無聲處，今夜池樓伴月明。
>
> 新月見詩喜曰：「幸叨盛情，就此先結同心，以免今夜疑異！」

……

新月對申樾也是在做契兄弟的結交之事。不過，申樾其實是女扮男裝，她是以異性戀的心理去愛新月。新月不知，還以為自己幸運地得到了一個契弟。等得知真相，好不驚異莫名。

（五）同性戀戲謔

學堂裏較易產生契兄契弟，學生們又都多少有一些口才，因此，他們的談笑當中時會以男色做話題。前面曾提到的唐攀桂在為鐵連環注意上以前就性格頑皮。他和採蓮並桌而讀，「年紀與採蓮相同，甚愛。那日清明節，採蓮因見犬帶柳環，隨寫一對付與攀桂，乃：『攀桂項套楊柳。』攀桂笑，亦寫一對對之，採蓮看，乃：『採蓮命帶桃花。』採蓮看了，順口罵：『攀桂拔牢洞。』攀桂答曰：『採蓮打股川。』」〔註329〕

像唐攀桂這樣的小學生，作起同性戀戲謔來就已能隨口而出。年齡再大，出離了學堂的士子們更是能夠如此。第一百四十回，駱拓天和丹霞大聖是不存在同性戀關係的誼兄弟。一日，拓天請幾位會友來會文。眾人以前未見過丹霞，不瞭解他和拓天之間的具體情況，但一見「丹霞俊秀，便問：『何親？』丹霞答：『是誼兄弟。』眾皆刻薄，問：『酒色財學，四誼之中何誼？』拓天不能答，丹霞代答曰：『酒量不五斗，色貌不驚人，財不務生業，學一字不認，四之中無一誼。』眾答曰：『酒、財、學未現出，惟那色，陳子高一見自願退入冷宮，那有不驚人也！莫是與駱兄即色誼也？』丹霞笑曰：『與拓天乃氣誼，非色誼也。』眾曰：『既氣了，何又誼焉？』丹霞曰：『乃意氣相投之氣，非生氣之氣。如列位不嫌棄，即與之色誼亦可。』眾曰：『若與駱兄真此誼，怎敢奪之也！』內有一人曰：『與眾樂樂，何必獨樂耶？』時皆與丹霞戲謔，會文不作」。

《別記》第十一回中有一段通過文字拆合進行的同性戀戲謔，構思相當細密曲折，不仔細理解簡直就不知所云。它的主旨是對周姓之人進行譏笑，謂姓周者為賣身龍陽。

> 有吉家兄弟三人，拆散各自投奔。吉大投在茄樹頂上，稱「嘉賓」；吉二投在黑峰山旁，稱「點客」；惟吉三沒處投，欲借絲家半爿為「結居」。絲家曰：「我兄弟正在混亂，未曾解清，你再來幫住，

〔註329〕《閩都別記》第一百六十六回。

越湊亂。今教你，同家偌大房屋，三面圍牆，只有一口，極是孤棲。你有十一口，投入同房，以多補少，豈不兩美！」吉家隨到同家告借，同氏曰：「我老大只一人，正要找一口，去上下相幫。今堂屋借你十一口兒去住，不可糟蹋。」吉三喜甚，同氏遂將一口搬到老大家，上下幫扶，有二人口稱「吞氏豪族」。吉三遂將十一口搬進同家空屋，謂「岐州世裔」。那老大得了一口兒，欲吞併，鄉鄰俱向一口譜之曰：「堪笑一口未同心，有屋不住乞別人。口薦人之跨腳下，說話放屁聲相連。」一口聞此，即與吉氏要屋自住。吉三曰：「你被人取笑猶可，我更難堪！他問曰：『姓周，你莫誇，借住別人家，口壓屁股下，只曉傍肌巴。』這個取笑更狼狽，而今只要住口安穩，管伊不去取笑。」一口被說開，亦不理會，屋仍借與周氏。竟然得意，造細緝來佐綢衣，只遺空「田」，偷鳳鳥來作「雕」翎，惟剩「几」籠，遂周遊天下，卻被「細」之空「田」、「鳳」之「几」籠尋還。適遇時來鳥奪回，因無飾，不得再遊。屈之難堪，竟將屋脊鑿破，將頭伸出周玩，以代周遊。原屋主一口兒聞脊被鑿破，將吉氏逐出，自搬進住，仍是還「同」。吉氏十一口，依舊無處倚傍。適有「買皮十」尋人相幫，遂約吉氏將「士」安「買」字頭上，「口」安「十」字腳下，卻是姓周之子弟「賣皮古」哩。

這則文字遊戲不斷地拆字組字，發明者如果不對男風極感興趣是難以聯想到如此地步的。第二百八十九回也有一則類似的遊戲，以「比玉居」譏笑了王姓之人，不過構思比較簡單。

（六）優伶同性戀

第九十八、九十九、一百十八、一百三十三、二百八十八、二百九十三回等處寫及。

（七）僧人同性戀

第五十三、九十六、一百十一、二百三十回等處寫及。

（八）道士同性戀

第二十八、一百六、一百七、一百九回等處寫及。

另外，《閩都別記》還寫到了兩性人的同性戀、女性同性戀、仙鬼同性戀以及閹男做妾、男色春宮等內容。書中同性戀人物幾乎處處可見，直接涉及同

性戀的章回多達 70 以上。所以，它是立體全面地對福建男風進行了反映，給人總的印象是男風在福建確實表現得不同一般。

　　本節從開始到現在的所有材料都在說明福建同性戀興盛的一面。但任何世象的發展都有一個限度，無論如何，在異性戀社會中，同性戀終究是一種非主流的文化形態，不可能太過繁榮。即使像《閩都別記》，其中對男風加以嘲諷、防嫌，對個人所為表示愧悔的情節也是有的。如第二百八十五回，李金蛟被顧里興等學友嘲諷後，「忿甚，便抽身走出。興笑謂眾人曰：『如何？別人都不失色而走，唯他才沒臉走躲也！』眾笑曰：『也是你刻薄仔，做出故事來點六脈，怕他不走？此數日必不敢來學。』理興笑曰：『他若不來，我會去鄭家門首偵他。如在內，我便喊曰：『李金蛟，蜘蛛絲紗衫穿出，人皆知了，何不脫還？』眾笑曰：『被你再加此一喊，入地無孔矣！』金蛟被嘲忿甚，直跑去告訴鄭唐，如此被學友不堪言語，刺入心肝，去不得學堂，便路遇亦沒臉見之」。眾學生中交有誼兄誼弟的當然不止一位，不過多少都會防避嫌疑，誰的事情暴露太過，誰就難免會成為眾人取笑的對象。再如第二百一回，周豔冰受不住某少年的引誘而與他發生了性關係。事後，「豔冰蹙之曰：『被弟所迷，走錯路徑，悔之無及！』少年曰：『弟一生之清白被兄污之，猶不悔，兄何悔之？既為生死友，復結血脈朋，親愛殊極。』看來豔冰的「悔之無及」並不堅決徹底，聽了少年所言便又消解了起初的念頭，且與少年歃血盟誓，親愛彌篤。可他畢竟說出了幾句否定自己所為的愧悔之言，這和嘲、防的言行一樣都表明同性戀的公開程度是有一定界限的，同性戀者對自身活動是有所顧忌的。

　　乾隆間《螢窗異草》中福建某少年為示清白而自殺的故事也能說明問題。

　　　　閩中素矜男色，詩禮之家，生子而美，其防閑尤甚於閨人。某縣一巨紳，生子女各一，皆有殊色。紳故崇尚名教，閨之維則，男女既及冠笄，尚猶中門未出。家之僮僕，並未少識烏衣，而紅顏者更無論已。一日紳他出，見僕執蒲葵小扇，乘涼於門側，紳亦漠不關心。閱數日，過女閨中，案頭適有此物，取視之，上題五言絕，墨蹟猶新，而詩鄙俚可笑，紳心猶未甚疑。及詰其女，則曰：「弟適攜來，云係某僕者，不知何人所書，讀之令人噴飯。父亦曾見之耶？」紳微領之，而疑乃頓起。時內外隔絕，僕之物無因而至，故以為訝，然思僕之婦服役門中，物或有所自來，遂不復根究。乃父出而子入，

姊弟又以為笑柄，評騭許時。女因語弟使更之，弟初不欲，既而念少年章甫，忽等巾幗女流，亦深閉而不得出，不覺抑鬱，乃以清水滌墨，取筆大書一絕，曰：

雄飛原有志，雌伏固無妨。

倘借春風力，飄搖出畫堂。

吟成，姊弟又笑語良久，而懼為父見，遂並是扇藏於中，即紳亦不甚記憶矣。

明年，紳將有遠行，以門客某綜理外事，即館於家，其素所親昵者也。時值溽暑，蚊聚成雷，客索一物為驅逐，乞之於內。紳子無以應，偶見此扇，即以付之，亦頓忘扇頭所書矣。客揮箑竟夜，晨起，僕瞥見之，詫為己物，及讀詩，則又非是，遂置之。乃客當未冠時，實以色寵於宦，故今猶以家寄託。是日見僕錯愕，取扇觀之，不覺大慚，遂疑紳子為嘲己，思以報復。及紳歸，故以扇置其前，且言公子所贈者。紳本有疑於是，見之大恚。客又言：「公子每夜出，未知焉往。忝在腹心，不得不告。」紳益怒，入內呼其子，將施鞭撲。幸女銳身自任，極力辯白，書扇有時，與扇有據，宵行又莫須有之說，紳乃釋然，反下令逐客。客遂無顏，鼠竄而去。又逾年，紳為其子締姻於某宦，既納采矣。客知之，因銜舊怨，攜扇造宦，鑿鑿言之。宦又迂腐異常者，乃以乞書為名，向婿丐字數行。紳不知，命子與之。宦比觀字跡吻合，竟遣媒妁絕其婚。紳不能平，爭論數四，遂涉訟。然在主斯獄者，猶以詩有可解，事有可疑，聞之中丞、藩臬，亦命為之調停。而盧〔註330〕適入幕，見之即笑曰：「此地素有此風，已不可長，況紳家而亦為之耶？」因命取扇入署，草書一行於上曰：「既甘雌伏，何必雄飛？其人之品從可知，其人之婚理宜絕。但存宦體，仰即斷離。」云云。紳得此，慚赧無地，歸即痛撻其子，逼使成招。子竟無以明，刎脰而死。女恫曰：「予實使弟為之，今若此，是予殺之也。」遂亦投繯。紳救之弗及，氣忿成疾，竟以病廢。而人猶喧傳其醜，罕有識其冤者。〔註331〕

這則故事中閩人既尚男色復又防之，這大致就是福建男風的概貌。

─────────────

〔註330〕盧某，幕客。

〔註331〕《螢窗異草‧三編卷二‧龐眉叟》。

三、形成原因

福建男風的總體流行程度高於全國平均水平，原因與這裡獨特的地理人文環境有關。

閩省地理的最大特點就是交通閉塞。它偏處東南一隅，與鄰省之間相隔崇山峻嶺，從而閩人外出和外人入閩都不方便，這樣一來，福建所受外界影響就相對較小，受到的一些影響因缺乏與外界的再交流則較易保持，所以此地與中原地區在社會文化的變遷上難以同步。例如福建南音、閩南話及梨園戲、莆仙戲就分別有中國古代音樂、語言及戲曲的活化石之稱，它們都是具有較強穩定性的福建地方文化的典型代表。大致推斷，閩中男風之盛並非只是在明清兩朝，可能在它歷史發展的早期即閩越文化時期同性戀就已經形成為一種風尚，自後便一直延續了下來。而在全國其他地區，文化交流較頻繁，更多地像是一個互聯整體，並且在頻繁交流的過程中，同性戀如在眾目睽睽之下，自我隱避的傾向有所提高。福建卻自成一體，如在世外，繼續保持其男風的較早形態。

閩中地理還有一個特點就是面向大海，從而海上交通和貿易發達。宋元時期，福建泉州已經是全國最重要的通商港口之一，意大利旅行家馬可·波羅和摩洛哥旅行家伊本·白圖泰更都稱它是世界最大港之一。明代，福建航運業依然興盛，但由於作為主力的私商貿易不再合法，海寇便開始大量產生，因而海寇男風開始引人注目。海寇中境遇型的同性戀活動是比較活躍的，他們確曾對福建男風的繁盛發揮過一定影響。這類海寇集中出現在明朝中後期，他們的產生與明代的貿易政策密切相關。元朝時候，國家對外是實行自由貿易，明代卻一改前章，採取官府操作下具有明顯政治色彩的朝貢貿易形式，私人出海經商成為非法。《閩書·扦圉志》：「國初太祖嚴通夷禁，寸板不許下海。」可福建沿海居民向有出洋傳統，賴以為生者繁有其人，既不能合法經商，便只好去違法走私。明廷雖嚴厲禁絕，但這種活動具有強大的社會基礎，因而屢禁不止。成化—弘治年間，漳州附近的月港就已經是繁榮的海上走私基地，乾隆《海澄縣志》卷十五引舊志云：「田多斥鹵，於是饒心計者，視波濤為阡陌，倚帆檣為未耜。風回帆轉，寶賄填舟，家家賽神，鐘鼓響答。東北巨賈，竟鶩爭馳，以舶主上中之產，轉盼逢辰，容致鉅萬。成弘之際，稱小蘇杭者，非月港乎？」海商勢力漸增，在政府的打擊面前，不得不武裝走私，從而形成了海寇，以嘉靖朝為最烈的倭患在一定意義上就是海商（海寇）借用倭人反擊海禁政策的結

果。隆慶以後，海禁部分被取消，但在貿易地區和貿易數量上依然還有限制：不許與日本通商，每年勘准的出洋船隻有數量定額。因此，新的貿易政策不能完全滿足海商自由出洋的要求，有些人便繼續做武裝走私的海寇。這種海寇的特點是亦寇亦商，所謂「寇與商同是人也。市通則寇轉而為商，市禁則商轉而為寇」〔註332〕。「私通者商也。官市不開，私市不止，自然之勢也。又從而嚴禁之，則商轉為盜，盜而後得為商矣。」〔註333〕明朝後期，顏思齊、李魁奇、楊六、劉香等人都是雄據一方的海上巨寇，而本節開始時談到的鄭芝龍更是他們當中成事最著者。

據《明季北略》、《南安縣志》等的相關記載，鄭芝龍年輕時很有可能曾在海上做過契兒，是具有同性戀性質的契父—契兒關係的一個實證。海寇中同性戀的發生比率是比較高的，不但船上生活本身就已經很能促發境遇型同性戀的產生，而且海寇因與官府對抗，所以時時是處於一種恓惶應戰的狀態，進行異性戀活動的機會較一般航海者要更少，同性戀也就成了他們經常的一種替代性行為，甚至習於男風之後，還真會對女色產生距離。由於海上商寇與陸地居民聯繫密切，互相倚賴，如《籌海圖編》卷四引閩縣知縣仇俊卿之語云：「接濟之人，在處皆有，但漳泉為甚。漳泉多倚著姓宦族主之。方其番舡（指通番之船）之泊近郊也，張掛旗號，人亦不可誰何。甚至有借其關文，明貼封條，役官夫以送出境。間有一二官軍，捕獲寇盜人舡，解送到官。著姓宦族之人又出官明認之曰：是某月日，某使家人某往某處糴稻也，或買杉也，或治裝買匹帛也。家人有銀若干在身，捕者利之。」因此，在這種海陸、寇民間頻繁交流的情況下，海中習尚便能對陸地風俗產生影響，何喬遠《閩書‧風俗志》：「海澄，有番舶之饒，行者入海，居者附貲。或得孀子棄兒，養如所出，長使通夷，其存亡無所患苦。犀象、玳瑁、胡椒、蘇木、沉檀之屬，麋然而至。」海澄是月港的所在地，那裏的居民好認誼契之子，這種現象的存在就可以從海寇們的身上找些原因。〔註334〕而直到清乾隆年間，《閩政領要》卷中尚謂：「閩省積習淫靡，漳泉為甚，采蘭贈芍之風恬不為怪。且不論紳庶，群尚俊重（童），俗呼契弟。甚有良家子弟亦不免於為匪人所誘，以致失身者。殷富之家大都以

〔註332〕《籌海圖編》卷十一。

〔註333〕《海邊迂說》，轉引自《福建史稿》下冊，第 162 頁。

〔註334〕當然，我們不能把契父—契子的同性戀意義絕對化，他們有些只是一般的義父子關係。同時，只有雙方年齡差距較大時才會結成契父子，而當年齡接近時，那就是契兄弟了。

販洋為業，而又不肯以親生之子令彼涉險，因擇契弟之才能者螟蛉為子，給以厚資，令其販洋貿易，獲有厚利則與己子均分。在富者則以他人之子驅之危地，利則歸我，害則歸人。在貧者則藉此希圖致富，是以貧者之父母兄弟不以契弟之稱為可恥，而反以此誇榮里黨。若此有關風俗人心者甚大。」

關於人文環境對福建男風的促發作用，徐曉望先生《從〈閩都別記〉看中國古代東南區域的同性戀現象》一文的相關內容持論有據，足資參考。轉引如下：

古代福建人的性壓抑現象比較嚴重，這是由多方面的原因造成的。首先，溺嬰造成古代福建性比例失調。宋代朱喬年曾說：「閩閩人不喜多子，以殺為常。」(1)地方志載：「閩人生子多者至第四子，則率皆不舉，為其貲不足以贍也。若女則不待三，往往臨蓐以器貯水，才產即溺之，謂之洗兒，建、劍尤甚。」(2)文中提到的建、劍即福建的建州與南劍州，宋人一般認為這二州是全國溺嬰最嚴重的區域。據說，宋代福建人理想的子女結構是二男一女，因之女嬰受溺的機會要大一倍。明清時期，人們只溺女嬰，不溺男嬰。這樣，久而久之便造成男女比例失調。如清代福建的泰寧縣：「男多於女，故有僧道而無比邱尼。」(3)現略舉幾個縣男女性比例數字：明萬曆四十八年（1620），浦城縣的男子有32906人，女子11628人，性比例為2.8：1；(4)嘉靖年間建陽縣的男子為55800人，女子為27438人，性比例2：1。(5)男多女少，造成許多男子無法成婚，如清代的漳州「丁族繁庶，然其中有室殊少。蓋有數子之家不得一婦，得一婦以為吉祥異慶」(6)。其次，古代福建成婚率較低。古代福建人辦婚事耗費極大，這給男女雙方的家庭帶來很大的壓力，如邵武縣「郡處萬山中，素號貧瘠。乃風俗奢侈，每一婚嫁，動費金數百，一宴會費錢縉笥菲罍罍，炫熠耳目，山珍海錯羅列几筵，富家僅足自完，中產一揮已罄」(7)。一種風俗一旦形成，人們就會不由自主地被捲進去，對結婚講排場一事，誰都知道不好，但又不得不去做，「倘不如此，則鄉鄰訕笑，而男女皆懷不滿」，結果是「富者以豪侈相高，貧者恥不逮，往往貿易舉貸以辦，若力有不及，寧姑置而不為。故男女有過時而不得嫁娶……皆是可深駭也」(8)。其三，福建男性中流行出外謀生的習慣。在福建的福州、興化、泉州、漳州、

龍巖州、永春州、汀州等地，人多地少，人口壓力自古以來就很嚴重，因此，當地男性大都出外謀生，留在家鄉是要被人瞧不起的。如晉江的安平鎮：「其地少而人稠，則衣食四方者，十家而七，故今兩京、臨清、蘇杭間，多徽州、安平之人。」（9）古代交通不便，出外的男性「近者歲一歸，遠者數歲始歸，過邑而不入門，以異域為家」（10）。這造成許多家庭的夫妻聚少散多。以上幾點造成了古代福建普通百姓家庭的「二難一少」：成年男性求偶難，籌措結婚資金難，夫妻相聚時間少。「二難一少」造成古代福建人性壓抑現象比較嚴重，同性戀便成了宣洩口。

　　古代福建僧侶數量多，寺觀成為滋生同性戀的直接土壤。宋代初年福建著名學者楊億曾說，他的家鄉建州共有佛寺1000多所，而福州在北宋時有佛寺 1625 所（11）！其他各州寺廟之多也不亞於福、建二州。寺廟多，出家人也多，據《三山志》、《十國春秋》等書，五代時期閩王王審知一次度僧3000人，他的兒子王延鈞一次度僧2萬人。宋代有人說福州，「生齒既滋，家有三丁，率一人或二人捨俗入寺觀」（12）。因此，福建人口中僧侶比重很大，「農家之子，去而從釋氏者常半耕夫焉」（13），以至有詩詠道：「福州多僧天下聞，緇衣在處如雲屯。」（14）〔註335〕《閩都別記》第53回寫羅源白塔寺有一個小行者與一個頭陀之間有私情。第 111 回記載了一個閩國時期福州乾元寺的和尚大覺極好男色，他的廟宇中有數十個沙彌長得十分漂亮，名為其徒，實為其同性戀夥伴。他還仗著是閩王替身的來頭，在街上公然擄掠青年男子，結果被俠士打死。此外，第 96回西禪寺的玉巒和淨塵兩個和尚「赤體同臥，犯盜淫戒」，結果被寺中長老「各責四十板，充當苦差贖罪」。〔註336〕

　同性戀的地域特色以福建為最著，但其他地區也並非就一無可言。閩粵

〔註335〕（1）～（14）分別見《韋齋集》卷十、嘉靖《延平府志》卷二十三、光緒《邵武府志》卷九、乾隆《浦城縣志》卷八、嘉靖《建陽縣志》卷四、乾隆《海澄縣志》卷十五、嘉靖《邵武府志》卷九、宋·廖剛《高峰集》、明·何喬遠《鏡山全集》卷四十八、明·李光縉《景璧集》卷四、宋·梁克家《淳熙三山志》卷三十三、宋·汪文定《汪文定集》卷三、宋·衛涇《後樂集》卷十九、宋·胡寅《斐然集》卷一。

〔註336〕《尋根》，1999 年第 1 期。

山海相接，特別是粵省東部的潮州一帶，與閩南在風俗、語言等各方面都較接近，男風面貌恐無大異。《金志》即載：潮州「子弟之壞，務奢侈，比頑童，樗蒱歌舞，傅粉嬉遊。其風氣近閩，習尚隨之，不獨言語相類矣」〔註337〕。梁紹壬《兩般秋雨盦隨筆·卷五·潮州樂府》引黃霽青之作寫「阿官仔」曰：

潮俗，富家子弟習於浮薄，好弄斗靡，爭妍取憐，恬不為怪，土人目為阿官崽。俗以物之小者曰崽，阿官者，少不更事之謂，是可諷也。

趙先生，難為師。

搔頭弄姿兀自喜，柳巷穿來又花市。

千金結交遊俠兒，六篷密昵嬋娟子。

香囊紫，褲褶紅，金環飾耳搖玲瓏。

危哉呼娘復呼妹，〔註338〕或色寡人防抱背。

雖說阿官崽們常是在花街柳巷中冶遊，可以他們女性化的打扮和稱呼，為「寡人」抱背〔註339〕當非難事吧。

潮州戲曲亦較柔靡，有所謂後棚劇：「以若干輩作戲裝，沿途演唱，如桃花過渡、拖車子、鬧花燈等，但皆淫邪不正之詞，傷風敗俗，莫此為甚。」〔註340〕表演既然「傷風敗俗」，看客自然不會稀少，並且很善捧場：「隨棚惡少，三四成群，俗謂之交沙客。擲果拋衣，以博小旦一顧，謂之射目箭。」〔註341〕此情此景，和前面《閩雜記》所述閩中七子班演唱時的場面沒有什麼不同。

潮州賭風甚盛，而男色夾雜其間，兩者還能夠互相促進。《申報》第5788號曾載：「潮屬風氣，賭局尤熾。沿街開攤，煽惑愚民，各處幼孩每為所誘。及至賭輸，復有匪徒借與三五七文不等，慫使再博。遞日無償，按日加息，曾不轉瞬負欠已至百數十文。不敢告之父母，親友無可告貸。該匪類偵其情急，誘與雞姦。既可得資償欠，復可得本再博。孩童無識，每致失身。迨及壯年，心亦知非，然已十目所視，十手所指矣。愚懦者尚或忍辱自安，強黠者轉以害人。傷風敗俗，莫斯為甚。」〔註342〕

〔註337〕見道光《廣東通志》卷九十三。

〔註338〕潮俗，小名率以某娘某妹相呼，若忘其為男也。——原注。

〔註339〕典出《晏子春秋》，見本書第53頁。

〔註340〕《中華全國風俗志·下編·廣東·潮州之新歲》。

〔註341〕《鱷渚摭談》，轉引自《潮劇聞見錄》，第35頁。

〔註342〕《憲示照登》，光緒十五年五月初三日。

第四節　女性同性戀

　　同性戀的活動特點是隱秘，比較起來，女性同性戀就顯得愈加隱秘。由於社會及生理原因，女性當中同性戀的發生比率本來就低於男性，又不像男同性戀者那樣時或不忌表露。於是，世人對同性戀在女子中的表現便不甚瞭解，反映也不大充分，女性同性戀無論在發生數量上還是在對社會的影響上都是不能與男性同性戀相比的。同時，基於婦女在家庭中的弱勢地位，女同性戀的發生還時常是由於得不到異性的充分關愛，是不得已而為之，從而缺乏男同性戀那樣的自發性。

一、非自發的情形

　　文獻當中最早的女性同性戀事例出現於漢代。據《漢武故事》，武帝姑母長公主劉嫖因立帝有功而求索無度，武帝漸厭之，進而對陳皇后也即長主之女漸失愛意。「皇后寵遂衰，驕妒滋甚。女巫楚服自言有術能令上意回，晝夜祭祀，合藥服之。巫著男子衣冠幘帶，素與皇后寢居，相愛若夫婦。上聞窮治侍御，巫與后諸妖蠱咒咀，女而男淫，皆伏辜，廢皇后處長門宮。」「女而男淫」等語句已明確指出陳皇后和楚服之間存在著同性戀關係。（圖 316）不過《漢武故事》是一部偽書，假託東漢班固撰著，實際則作成於六朝時期，內容可信性值得懷疑。對於陳皇后的權威記載是《漢書‧孝武陳皇后傳》，謂：「陳皇后，長公主嫖女也。初，武帝得立為太子，長主有力，取主女為妃。及帝即位，立為皇后，擅寵驕貴。十餘年而無子，聞衛子夫得幸，幾死者數焉，上愈怒。后又挾婦人媚道，頗覺。元光五年，上遂窮治之，女子楚服等坐為皇后巫蠱祠祭祝詛，大逆無道，相連及誅者三百餘人，楚服梟首於市。使有司賜皇后策曰：『皇后失序，惑於巫祝，不可以承天命。其上璽綬，罷退居長門宮。』」把《漢武故事》和《漢書》進行比較，兩書的內容情節大體相符，但同性戀事《漢書》幾乎未講。有兩種可能的情況，其一，《漢武故事》純粹是在《漢書》等的基礎上再做些推衍之事，同性戀情節基本屬於虛構。其二，六朝距離西漢尚不太遠，當時一些其他載籍乃至公眾傳聞確是認為陳后與楚服的關係逾於常格，《故事》採納了這些記載或傳聞。綜合考慮，我們還是應以《漢書》所載為主要依據，只可把《漢武故事》的講法聊備一說，而不必全信。

　　宮中同性戀具有易發性。大量后妃宮女只圍繞著一位男性皇帝，承恩得幸

者少，固寵專房者更少。因此，性苦悶大概人人有之，性壓抑強烈而持久。解脫之道，最方便普遍的是進行自慰，但事畢之後往往愈覺孤獨，而同性戀則不但能使從事者獲得身體上的滿足，還能使她們從性伴那裏得到精神上的撫慰，對某些深宮女子因而就更有吸引力。（圖 317）《漢書》中雖然陳皇后—楚服事現在難以肯定是同性相戀，而此事後面的曹宮—道房事則是確定無疑的。《漢書・孝成趙皇后傳》記漢成帝時，中宮使曹宮與官婢道房「對食」，顏師古引應劭語注曰：「宮人自相與為夫婦名對食，甚相妒忌也。」「自相與為夫婦」顯然指的就是同性戀活動，可以達到爭風吃醋的地步，這說明宮人之間的相互愛戀還是比較深切的。（圖 318）

對食還有它的變相形式。明萬曆間沈德符曾記：「今中貴授室者甚眾，至於配耦宮人，則無人不然。凡宮人市一鹽蔬，博一線帛，無不藉手。苟久而無匹，則女伴俱姍笑之，以為棄物。當其講好，亦有媒妁為之作合。蓋多先締結，而後評議者，所費亦不貲。然皆宮掖之中，怨曠無聊，解饞止渴，出此下策耳。按宮女配合起於漢之對食，猶之今菜戶也。」〔註343〕「菜戶」是宮人對所偶太監的稱呼，權閹魏忠賢就曾做過，與他相偶的是天啟帝乳母客氏。太監無陽道，宮人和他們同床共寢時，感覺上和與同性共寢有一些相似之處，模糊地講也可以說是在「對食」吧。（圖 319）

整個中國古代，一位皇帝佔有百千上萬女子的情況一直存在，宮中女同性戀事件因而一直常有。以后妃同性戀為例，陳皇后事有可疑之處，阿里虎事便成為了代表。阿里虎是金代海陵王完顏亮（歷史上與隋煬帝、正德帝齊名的荒淫皇帝，皇統九年（1149）弒熙宗自立，正隆六年（1161）攻宋，見殺於自己軍中，死後被追貶為海陵郡王、海陵庶人）的妃子，起初曾經專寵一時，後因故寵衰。阿里虎寂寞難忍，其時「凡諸妃位皆以侍女服男子衣冠，號『假廝兒』。有勝哥者，阿里虎與之同臥起，如夫婦。廚婢三娘以告海陵，海陵不以為過，惟戒阿里虎勿笞箠三娘。阿里虎榜殺之。海陵聞昭妃閣有死者，意度是三娘，曰：『若果爾，吾必殺阿里虎。』問之，果然。阿里虎聞海陵將殺之也，即不食，日焚香禱祝，冀脫死。逾月，阿里虎已委頓不知所為，海陵使人

〔註343〕《萬曆野獲編・卷六・對食》。同卷《內庭結好》載：「內中宮人，鮮有無配偶者。唱隨往還，如外人夫婦無異。其講婚媾者，訂定之後，星前月下，彼此盟誓，更無別遇。亦有暗約偷情，重費不惜，或所歡偵知之，至於相仇，持刃梃報復者。又宮人與內官既偶之後，或一人先亡，亦有終身不肯再配，如人間所稱義節。其與為友者，多津津稱美，為人道之。」

縊殺之」〔註344〕。宮幃秘情，能為外人所知者終究很少。所以，雖然可以推測出女性同性戀在宮庭當中的存在具有一定普遍性，但能夠徵引的實例卻是罕見的。

宮苑里有怨女，家庭中有曠婦。在一夫多妻的家庭制度下，丈夫和妻妾使婢的關係與皇帝和后妃宮女的關係相近。家庭女同性戀許多是發生在妻妾和她們的貼身婢女之間，明代有一首小曲即曾唱道：「相思病害得我魂飄蕩，半夜裏坐起來叫梅香，你上床來學我乖親樣。梅香道：『姐姐，你也是糊塗的娘。沒有那件東西也，怎殺得你的癢？』」〔註345〕在《二刻拍案驚奇》第三十四卷，一次楊太尉因事外出，將築玉夫人等姬妾留在家中。「築玉夫人晚間寂守不過，有個最知心的侍婢，叫做如霞，喚來床上做一頭睡著，與他說些淫慾之事，消遣悶懷。說得高興，取出行淫的假具，教他縛在腰間權當男子行事。如霞依言而做，夫人也自哼哼噴噴，將腰往上亂聳亂顛。如霞弄得興頭上，問夫人道：『可比得男子滋味麼？』夫人道：『只好略取解饞，若是真男子滋味，豈止於此！』」

有時同性戀也會發生在妻妾之間。《癡人福》第三回，唐子才將赴外任，臨行前與一妻兩妾在一起宴飲。飲罷，唐夫人趕緊把丈夫拉入內房再去「餞行」，吳、周二妾甚感無趣。「周氏對吳氏道：『他二人鬧鬧熱熱進房去，丟你我二人在外冷冷淡淡，如何是好？』吳氏道：『姐，如今晚不如到我房裏來睡，還有鬧熱之處。』周氏道：『你也是個女子，有何鬧熱之處？』吳氏道：『我有一件東西，同那話兒差不多，大家來去鬧熱。』周氏道：『如此，我又來分惠了。』二人也相摟入房去了。……」

上述宮內、家內同性戀的情形可以說明一個問題，即女性同性戀經常是以非自發的狀態存在。所謂非自發，這裡指家、宮之內的婦女因難以進行異性戀而只好聊且去做同性戀，是不得已而為之，而非甘願去做出行為選擇。在女性同性戀當中，這種不得已的情形是常可見到的。（圖320至圖321）中國傳統社會是典型的男權社會，並且有一種漸趨嚴重的傾向，男子掌握著絕大部分權力資源，對女性處於一種支配地位。實行一夫多妻制、強調女子賢淑貞節等都是具體表現。既然一個男性可以同時佔有多個女性，女性就不可能由男女之交

〔註344〕《金史・卷六十三・昭妃阿里虎等諸嬖傳》。《醒世恒言》第二十三卷對於此事也有描述。

〔註345〕《掛枝兒・想部三卷・叫梅香》。梅香是對婢女的一種稱呼。

得到充分的性愛享受。在家庭之內，妻妾們爭風角勝，得寵者意氣揚揚，失意者幽怨哀傷。當女人得不到男人充分的關愛時就只好把求愛的眼光轉向同病相憐的其他女人了。另外，男人們為了完成他們的角色責任需要經常地出家在外，女人即使得寵也要相應地在家為他們孤守，這也是促發同性戀的原因之一。因此，女性同性戀的發生背景常是男人不愛或不在。〔註346〕再有，某些男人舉止粗俗，長相寢陋，妻妾難以去愛，由此女性同性戀也會得到促發。李漁傳奇《奈何天》中，闕素封形貌極其醜陋，人稱闕不全。所娶鄒、何二氏因而先後另居靜室，持齋禮佛，拒絕與丈夫同宿。（圖322至圖323）二女既共病同悲，所以甚相親近。第十四齣，她倆初次同居一室，鄒氏唱道：「我和你照淒涼有禪燈共依，少不得話相投也變愁成喜。伴孤單有禪床共棲，少不得夢相同也當魚沾水。煞強似對村郎，偕俗偶，嗅奇腥，觀惡狀，把壽命相催。今夜呵，權收苦淚，且舒皺眉，把香肌熨貼，較瘦論肥。」「當魚沾水」、「香肌熨貼」是有肌膚相親之意的，無怪闕不全在第十八齣中吃醋道：「他們在靜室之中，好不綢繆繾綣。兩個沒卵的倒做了一對好夫妻，叫我這有卵的反替他們守寡。」她們一面做著同性戀，一面又像《二刻拍案驚奇》中的築玉夫人那樣想著異性戀，後者的機會一有可能得到，便立時會放棄前者。此種情形在男同性戀中是不存在的，因為男子不面臨一妻多夫和恪守貞節的處境。

再從男性的角度看，既然女子的同性戀活動許多僅僅是暫且為之，為了使一夫多妻的家庭關係得以穩固，適當的寬容就需成為一種必要。他們會認識到家庭中的女同性戀不易發展得如何深刻，女同性戀者不易全身心地投入其中以至對男性產生惡感。於是，有的男性家主對家中婦人間的昵愛之誼就並不刻意追究，而在和睦妻妾的意義上，此誼甚至還能得到家主某種程度的贊許。〔註347〕個別情況下，同性戀行為還有和異性戀相結合的。明代房中書

〔註346〕乾隆年間，英國人魯布勒（C. F. Noble）曾到廣州進行貿易，根據親身觀察，他從男風興盛的角度談到了中國女性同性戀的發生原因：「雞姦這種醜陋的罪行在廣州和中國南方很流行，法律和習俗對此都予以容忍。我認識的幾個商人和體面人物都養有小男孩，我的中國朋友告訴我，他們對小男孩犯了雞姦這種討厭的罪行。這些男孩被叫作變童，養變童的中國人對他們的喜愛要超過對女人的喜愛。通過這種方法，他們的女人被剝奪了丈夫的擁抱，因此這些女人也訴諸於同性戀來聊以自慰。」（劉亞軒：《明清之際西方人的另類中國觀》，《山西師範大學學報》第37卷第4期，2010年7月。原載：*A Voyage to The East Indies in 1747 And 1748*, Noble, London, 1762, p. 297.）
〔註347〕考慮到問題的複雜性，兩女之戀不可能全是淺嘗輒止，她們也可能會越戀越深，從而對丈夫逐漸冷淡，這時丈夫們的態度便不會是寬容了。

《素女妙論》曾講到一種「魚唼式」的性交方式：兩個女子先進行互慰，等情慾激發起來之後，旁邊的男子再與二女交媾。已故荷蘭漢學家高羅佩據此認為：「這段話使人覺得家庭中的女眷搞同性戀不僅是可以容忍的，而且有時甚至受到鼓勵。」〔註348〕家庭中的女性同性戀表現為「魚唼式」，這深刻反映出了男女間性和社會關係的不平等。在一個明中暗裏一直在宣傳「一夕御十女」的環境裏，有些放蕩的家主對於此式是很感刺激的，女人們便就以此去博求男人的歡心，女性同性戀竟能成為異性肉慾的奴婢。

社會輿論和文學作品向來醜詆河東吼婦，稱賞和靜良媛。《玉嬌梨》中，一對賢淑的表姐妹白紅玉和盧夢梨最終是如娥皇、女英般一同嫁給了俊雅才子蘇夢白，既然要婚後相善，作者把她倆的起初交誼就描寫得親昵非常：

> 白小姐見盧小姐顏色如花，才情似雪，十分愛慕。盧小姐見白小姐詩思不群，儀容絕世，百般敬重。每日不是你尋我問奇，就是我尋你分韻。花前清晝，燈下良宵，如影隨形，不能相捨。說來的，無不投機；論來的，自然中意。一日，白小姐新裝初罷，穿一件淡淡春衫，叫嬌素〔註349〕拿了一面大鏡子，又自拿一面，走到簾下迎著那射進來的光亮，左右照看。（圖324至圖325）不料盧小姐悄悄走來看見，微笑道：「閨中韻事，姐姐奈何都要占盡？今日之景，又一美題也。」白小姐也笑道：「賢妹既不容愚姐獨佔，又愛此美題，何不見贈一詩，便平分一半去矣。」盧小姐道：「分得固好，但恐點污不佳，而失美人之韻，又將奈何？」白小姐道：「品題在妹，姐居然進士，雖毛顏復生，亦無慮矣。」盧小姐遂笑笑，忙索紙筆，題詩一首，呈上白小姐一看，只見上寫五言律一首：
>
> 美人簾下照鏡
>
> 妝成不自喜，鸞鏡下簾隨。
>
> 影落回身照，光分逐鬢窺。
>
> 梨花春對月，楊柳晚臨池。
>
> 已足銷人魂，何須更拂眉？
>
> 白小姐看了歡喜道：「瀟灑風流，六朝佳句。若使賢妹是一男子，則愚姐願侍巾櫛終身矣。」盧小姐聽了，把眉一蹙，半晌不言，

〔註348〕《中國古代房內考》，第365頁。

〔註349〕白小姐的丫鬟。

道：「小妹既非男子，難道姐姐就棄捐小妹不成？此言殊薄情也。」
白小姐笑道：「吾妹誤矣。此乃深愛賢妹才華，願得終身相聚，而恐
不能，故為此不得已之極思也。正情之所鍾，何薄之有。」盧小姐
道：「終身聚與不聚，在姐與妹願與不願耳。你我若願，誰得禁之，
而慮不能？」白小姐道：「慮不能者，正慮妹之不願也。妹若願之，
何必男子；我若不願，不願妹為男子矣。」盧小姐乃回嗔作喜道：
「小妹不自愧其淺，反疑姐姐深意，真可笑也。」〔註350〕（圖326）

作者用「情之所鍾」、「終身相聚」等來摹寫白小姐和盧小姐之間的情誼，
目的是為她倆與蘇夢白成婚後的相互關係張本：既然這時兩人就已經相契相
知，則婚後一定能夠互謙互讓、共敬一夫，和和美美地一起去讓夫君享盡溫
柔。《玉嬌梨》屬才子佳人小說，正面人物的互相交往需要光明正大，不涉淫
慾。白、盧兩位小姐因而雖然甚相鍾情——已經表現得有些像精神戀愛——也
不會搞什麼同性相戀。而清初李漁在其傳奇劇作《憐香伴》中對類似事件的同
性戀性質則是作了比較明確的描繪。《憐香伴》的基本情節是：

第一齣　略言故事梗概。
第二齣　揚州才子范石娶美女崔箋雲為妻。
第三齣　山陰舉人曹有容攜女兒曹語花路經揚州，暫住在雨花庵中。
第六齣　崔箋雲和曹語花相見相慕，在一起吟詩唱和。
第七齣　崔請丈夫欣賞詩作，范石對作者很是傾慕。
第十齣　崔、曹在尼庵結盟。
第十二齣　崔請范娶曹，范欣然表示願意。
第十四齣　崔託人說親。
第十五齣　曹父因聽信讒言而嚴拒請婚。
第十七齣　曹父攜女離開揚州。
第二十一齣　曹父中進士，曹語花因思念崔箋雲而致疾。
第二十三齣　范石改名石堅在嘉興中舉，然後攜妻進京會試。
第二十四齣　曹父為安慰女兒，準備收幾個女門生與她相伴。
第二十六齣　曹父將假充室女的崔箋雲考取為女弟子，接著又收她為義女。
第二十七齣　崔、曹京中重會，再申前盟。
第三十齣　石堅中進士，房師恰為曹有容。

〔註350〕《玉嬌梨》第十六回。

第三十一齣　曹有容招假稱未婚的石堅為婿。

第三十四齣　曹語花懇請父親同意崔箋雲亦嫁石堅。

第三十五齣　皇帝欽准石堅可以亦娶崔氏，崔、曹可以不分妻妾。

第三十六齣　真相大白，圓滿收場。

本劇重點在第十、二十七等齣。第十齣，崔箋雲（旦）和曹語花（小旦）結拜：

> （旦）我們結盟，要與尋常結盟的不同，我們要把來世都結在裏面。（小旦）這等，今生為異姓姐妹，來世為同胞姊妹何如？（旦）不好，難道我兩個世世做女子不成？（小旦）這等，今生為姊妹，來世為兄弟何如？（旦）也不好。人家兄弟不和氣的多，就是極和氣的兄弟，不如不和氣的夫妻親熱。我和你來生做了夫妻罷！（圖327至圖329）

曹語花表示同意，兩人以夫妻形式拜盟後，崔箋雲的一段唱白有一些同性戀的意味：

> 【三換頭】（旦）相看抵掌，這段姻緣奇創。似假生真旦，簇新演戲場。小姐，我癡長一歲，原該是我做丈夫。叨長該做郎。這其間休怪我，不合將風流占強。我雖不是真男子，但這等打扮起來，又看了你這嬌滴滴的臉兒，不覺輕狂起來。愛殺人兒也，寸心空自癢。不但我輕狂，小姐你的春心，也覺得微動了。好一似紅杏牆頭，一點春情難自防。

第二十一齣，因相思而得病的曹語花把自己比同於湯顯祖名劇《牡丹亭》中的情女杜麗娘，把崔箋雲比同於杜麗娘的情人柳夢梅：

> 從肝膈上起見的叫做情，從衽席上起見的叫做慾。若定為衽席私情才害相思，就害死了也只叫做個慾鬼，叫不得個情癡。從來只有杜麗娘才說得個「情」字。我死了，范大娘知道，少不得要學柳夢梅的故事。我死，他也決不獨生。

第二十七齣，曹語花在家中見到了久別的崔箋雲，兩人共入內室前的言詞暗示出她倆將實現肉體上的交融：

> （旦）我和你苦了三年，今日相逢，且尋樂事。
>
> 【尾文】（小旦）我神清氣爽渾如故，竟不識病歸何處。（旦）我和你共枕同衾此夜初。（攜手下）。

　　通觀整本《憐香伴》，認為崔、曹之間具有同性戀關係是可以的。該劇作者李漁向以風流通便著稱，他不但對男性同性戀而且對女性同性戀的瞭解也甚深入。《滿庭芳·鄰家姊妹》寫道：

> 　　一味嬌癡，全無忌憚，鄰家姊妹雙雙。碧欄杆外，有意學鴛鴦。不止肖形而已，無人地，各逗情腸。兩櫻桃，如生並蒂，互羨口脂香。　　花深林密處，被儂窺見，蓮步空忙。怪無端並立，露出輕狂。儂亦盡多女伴，繡閒時，忌說高唐。怪今朝，無心觸目，歸去費思量。〔註351〕

　　這首詞描寫了一對鄰家姐妹「學鴛鴦」的舉動，她倆在花林深處「互羨口脂香」，也就是在一起接吻，這已經明顯是屬於同性戀的行為方式了。李漁恰巧偶然窺見，這時的他對於女子之間的「分桃斷袖」可能還不大清楚，所以顯得有些吃驚。但憑著對新奇事物的通融本性，李氏對其所見並未覺厭惡。相反，他竟能立刻聯繫到自己妻妾成群的家庭：「儂亦盡多女伴，繡閒時，忌說高唐。」是不是對此覺得有些冷清，希望女伴們能夠活絡一些？

　　李漁好色，不時地續妾買婢。他個人顯然希望妻妾們能夠和睦相處，誰做到了這一點，誰就會得到他的稱賞。（圖330至圖332）《後斷腸詩》其三稱賞的是王、喬、黃三姬，序曰：「諸女伴中，〔王〕姬與喬、黃最密，三人嘗締私盟。喬易簀時，以嬰女託孤於王，屬其撫育。詎意母亡未幾，女亦旋歿。姬以負託九原，時時抱痛，此致疾之由也。及其既死，黃又以孑然獨立，顧影淒其，哭之最慟。夫女忌色而男忌才，古今通病。利其死者則繁，求作程嬰、延陵於身後者，則從未之有也。以此徵賢，賢可知已。欲不愴然，其可得乎！」詩曰：

> 我見猶憐匪一人，二三知己倍相親。
> 義敦死後情方古，妒絕生前愛始真。
> 掛樹無憑身作劍，續交有術墓為鄰。
> 高風我欲從今止，切勿同儕又愴神。〔註352〕

　　《賢內吟》吟贊的是正妻徐氏和侍姬曹氏，其序曰：「乙酉小春，納姬曹氏。人皆竊聽季常之吼，予亦將求武帝之羹。詎知內子之憐姬，甚於老奴之愛妾。喜出望外，情見詞中。」詩曰：

〔註351〕　《笠翁餘集·長調》。
〔註352〕　《笠翁詩集》卷二。

　　　　　　　文君不作白頭吟，一任相如聘茂陵。

　　　　　　　妾不專房妻不妒，同心共矢佛前燈。

　　　　　　　曉沐雖分次第班，互相掠鬢整雲鬟。

　　　　　　　從今閒殺張京兆，不復親勞畫遠山。〔註353〕

　　「妒絕生前愛始真」，「互相掠鬢整雲鬟」。李漁諸妻妾的身上是否帶有一些崔箋雲、曹語花的影子？時人虞巍在為《憐香伴》所寫的序中指出：「笠翁攜家避地，余竊窺伯鸞。見其妻妾和啫，皆幸得御。夫子雖長貧賤，無怨。不作白頭吟，另具紅拂眼。是兩賢不但相憐，而直相與憐李郎者也。」所以，李漁創作《憐香伴》時或許是有一些親身感觸的。

二、自發的情形

　　當然，我們把《憐香伴》放在上一部分加以分析，這在某種意義上其實有些勉強。如果完全按劇中所寫進行理解，應當認為該劇所直接表現的是自髮型的同性戀。其理由有兩點，第一，崔箋雲和曹語花是一種「自由戀愛」，後者在成為石堅的妻子之前便已經是前者的情人，兩人戀情的發生背景並非丈夫不愛或不在。第二，曹語花在臨嫁石堅之前曾對崔箋云講：「我當初原說嫁你，不曾說嫁他。就是嫁他，也是為你。」〔註354〕這樣一來，曹語花即使在有了男夫之後是不是更愛的還是女夫？所以，自發型的同性戀在《憐香伴》中是表現得很明顯的，崔、曹之間的相戀已不再是淺嘗輒止。對此可以這樣認為：作為個人，李漁並不喜歡女性同性戀發展得深刻牢固，她覺得兩女相憐的前提必須是她們能夠共憐其夫；而作為作者，李漁在進行創作時則希望故事能更有戲劇性，更加離奇曲折，以便更能吸引讀者和觀眾。結果，雖然他內心所能認可、實際所欲宣介的是某種類型的人物，而他筆下所寫出的則是另一類。對於李漁的這種複雜心態，想必讀者是能夠理解出來的。

　　所謂自發型的女性同性戀，是指總體上不存在不得已因素，基本因於純粹的情性相吸的女性同性戀。先看一些特定的人群：

（一）優伶

　　明清時期，女優從事商業演出的不多，不過家班中則常可見到。她們為主人提供聲色之娛，身份上是處於妾婢的地位。《陶庵夢憶》卷二：「朱雲崍教

〔註353〕《笠翁詩集》卷三。
〔註354〕《憐香伴》第三十一齣。

女戲，非教戲也。未教戲，先教琴，先教琵琶，先教提琴、弦子、簫管、鼓吹、歌舞，借戲為之，其實不專為戲也。絲竹錯雜，檀板清謳，入妙腠理，唱完以曲白終之，反覺多事矣。西施歌舞，對舞者五人，長袖緩帶，繞身若環，曾撓摩地，扶旋猗那，弱如秋藥。雲老好勝，遇得意處，輒盱目視客。得一讚語，輒走戲房，與諸姬道之，俋出俋入，頗極勞頓。且聞雲老多疑忌，諸姬曲房密戶，重重封鎖，夜猶躬自巡歷，諸姬心憎之。有當御者，輒遁去，互相藏閃，只在曲房，無可覓處，必叱咤而罷。殷殷防護，日夜為勞，是無知老賤，自討苦吃者也，堪為老年好色之戒。」《觚賸》卷七：「浙江海寧縣查孝廉（查繼佐），才華豐豔，而風情灑灑。……孝廉嗣後益放情詩酒，盡出其橐中裝，買美鬟十二〔註355〕，教之歌舞。每於長宵開燕，垂簾張燈，珠聲花貌，豔徹簾外，觀者醉心。孝廉夫人亦妙解音律，親為家伎拍板，正其曲誤。以此查氏女樂，遂為浙中名部。」

　　無論男性還是女性家優，他（她）們主要是服侍男性家主，男優可能與家主發生同性戀，女優當然是異性戀。不過偶爾地，女優和主母之間也會存在女性的同性戀。另外在女優內部，她們因角色配合等原因相互之間也能產生戀情。《紅樓夢》中，賈府曾自蘇州買來十幾個女孩子唱戲，藕官做小生，葯官〔註356〕做小旦。（圖333至圖334）後有一天，賈寶玉見藕官悲悲切切地在給人燒紙，他不明其故，便去問藕官的同伴芳官。「芳官聽了，滿面含笑，又歎一口氣，說道：『這事說來可笑又可歎。』寶玉聽了，忙問如何。芳官笑道：『你說他祭的是誰？祭的是死了的葯官。』寶玉道：『這是友誼，也是應當的。』芳官笑道：『那裏是友誼？他竟是瘋傻的想頭，說他自己是小生，葯官是小旦，常做夫妻，雖說是假的，每日那些曲文排場，皆是真正溫存體貼之事。故此二人就瘋了，雖不做戲，尋常飲食起坐，兩人竟是你恩我愛。葯官一死，他哭的死去活來，至今不忘，所以每節燒紙。』」〔註357〕（圖335至圖336）藕官和葯官之間的友情已經超出了一般程度，舞臺上的虛假體驗不斷被強化之後，實際生活中就會產生出她倆這樣的弄假成真之人。

　　至於商業女班，明清雖少也並非全無，像乾隆年間揚州曾有著名的雙清班。到了晚清時期，上海等地的髦兒（毛兒、貓兒）班（圖337至圖338）曾

〔註355〕據《查東山先生年譜》，查氏歌姬有十些之目，如柔些、留些、葉些等，另有歌童雲些、月些。
〔註356〕在某些版本中葯官作藥官。
〔註357〕《紅樓夢》第五十八回。

經名傳一時。《清稗類鈔》載:「同光間,滬上之工貓兒戲者有數家,清桂、雙繡為尤著。每演,少者以四齣為率,纏頭費僅四餅金。至光緒中葉,則有群仙戲館,日夕演唱,頗有聲於時。」〔註358〕髦兒戲女優從事的是商業演出,她們內部可能存在的同性戀其情形同於家班女優。

宮庭當中也有女優。唐代段安節《教坊記》記載了唐玄宗時期的景況,時當開元天寶年間,盛唐之下的國用足供玄宗隨心所欲地逸樂享受,選舞徵歌。他設梨園,廣教坊,宮庭優伎的人數多達上萬人。《教坊記》內容豐富,在對諸伎日常生活的反映中提到了一種兄弟結拜現象,和女性同性戀或有某些關聯:「坊中諸女,以氣類相似,約為香火兄弟。每多至十四五人,少不下八九輩。有兒郎娉之者,輒被以婦人稱呼。即所娉者兄,見呼為新婦;弟,見呼為嫂也。兒郎既娉一女,其香火兄弟多相愛,云學突厥法,又云:『我兄弟相憐愛,欲得嘗其婦也。』主者知,亦不妒。」單獨看「香火兄弟」、「我兄弟相憐愛」等詞句,確實駭人眼目,對此可做兩方面的分析。第一,香火結拜是當時社會的一種常見習俗,而非教坊女伎所專有。《舊唐書·高適傳》:「監軍李宜與將士約為香火。」《舊唐書·突厥傳》:「太宗又前,令騎告突利曰:『爾往與我盟,急難相救。爾今將兵來,何無香火之情也。』」因此,香火兄弟在唐代並無特別之處,不能一見此詞就認為其中必定包含著多麼特殊的友誼;況且坊中諸女又是十數人相結,人數既多,關係相應地就會比較鬆散。第二,身為女人而互稱兄弟,並宣稱互相「憐愛」,終究會讓人易於產生一種特別的感覺。至少,這些女伎中同性戀者的比例應比常人高出一些。

(二)娼妓

娼妓之間亦喜結拜。明清時期的情形,《板橋雜記·附錄》載:「南京舊院有色藝俱優者,或二十、三十姓,結為手帕姊妹。」《桃花扇》第五齣:「院中名妓,結為手帕姊妹,就像香火兄弟一般,每遇時節,便做盛會。」《南浦秋波錄》第三記閩妓「有結誼為姊妹者,以二紅箋互書生平月日,各取其一,又禱於神。次日各以所簪花相遺,以後問饋不絕,憂喜同之。其誼姊誼妹所歡相見,亦呼姊夫妹夫」。

妓女拜盟只可加以注意,其中並不必定會存在同性戀事實。確鑿的娼妓同性戀現象,《清稗類鈔》曾載,在清末,「滬妓有洪奶奶者,佚其名,居公共租

〔註358〕《清稗類鈔·戲劇類·滬有貓兒戲》。

界之恩慶里，為海上八怪之一。所狎之男子絕少，而婦女喜與之昵，俗所謂磨鏡黨者是也，洪為之魁。（圖339）兩女相愛，較男女之狎媟為甚，因妒而爭之事時有之，且或以性命相搏。乃由洪為之判斷，黨員唯唯從命，不敢違。有妓曰金賽玉者，適人矣，與洪有同病，遂挾鉅資出，易姓曰陳，居九江里。與洪衡宇相望，為洪所惑，盡喪其資斧，幾不能自存。洪之服御奢靡，揮霍甚豪，固皆取給於所歡之婦女，而得於陳者尤多也。與洪昵者，初僅為北里中人，久之而巨室之妾紛紛入其黨，自是而即視男子為厭物矣。有花筱紅者，初亦妓也，美而豔，名大噪，嫁萬某為妾，頗相安。未幾，即有人為之介紹，與洪為莫逆之交，時誕子未彌月也，遂以此得病而死」〔註359〕。清末的上海灘到處都是魚龍混雜、光怪陸離的景象，長三幺二、野雞花煙，各種聲色品類齊全、數量豐富。（圖340）磨鏡黨夾雜其間，黨員們不但搞一般的同性相戀，而且還以同性戀的方式賣淫，即向看客表演女子之間的性行為，靠活體春宮勾誘狎邪者前來觀看，以收取窺淫之資。此種方式在花樣百出的淫業裏也可謂是「獨領風騷」的吧？

　　娼妓的職業是向男子出賣身體，她們中有人卻要搞同性戀。其原因，或者是悲歎自己身世不幸，希望能從同病相憐的同伴那裏得到慰藉；或者是由於性交過度，對男子產生了性冷淡；還有的則是生性淫蕩，同性性行為和異性性行為在她們皆為滿足性慾的方式；至於靠同性性交賺錢，這是為了迎合某些看客的特殊需要，這類男子只要一見女人的身體，一見性交的場面就會亢奮不已，無論怎樣的具體情境，他們都是可以接受著迷的。

　　沈復是乾嘉年間的一個小人物，一生困頓。其《浮生六記》自寫生平，又使他以小人物而聲名卓著，讓後人感慨不盡。《浮生六記》的感人體現在多個方面，其中沈復和陳芸這對患難夫妻相濡以沫的深刻戀情是最值得回味的。而陳芸與一妓女的交往則給她與丈夫的關係又增加了一些新異之處。

　　陳、沈雖然一直相敬相愛，可陳芸在三十多歲時卻開始主動熱心地為丈夫物色侍妾。一次，舟中偶與妓女憨園相見。

　　　　歡同舊識，攜手登山，備覽名勝。返至野芳濱，暢飲甚歡。及解維，芸謂余曰：「留憨陪妾可乎？」余諾之。返棹至都亭板，始過船分袂。

　　　　歸家已三鼓，芸曰：「今日得見美而韻者矣，頃已約憨園，明日過

〔註359〕《清稗類鈔・娼妓類・洪奶奶與婦女昵》。

－679－

我，為子圖之。」余駭曰：「此非金屋不能貯，窮措大豈敢生此妄想哉！況我兩人伉儷正篤，何必外求？」芸笑曰：「我自愛之，子姑待之。」

明午憨果至。芸殷勤款接，筵中以猜枚為令，終席無一羅致語。及憨園歸，芸曰：「頃又與密約，十八日來此結為姊妹，子宜備牲宰以待。」笑指臂上翡翠釧曰：「若見此釧屬憨，事必諧矣。頃已吐意，未深結其心也。」余姑聽之。

十八日大雨，憨竟冒雨至，入室良久，始挽手出。見余有羞色，蓋翡翠釧已在憨臂矣。（圖341）焚香結盟後，擬再續前飲，適憨有石湖之遊，即別去。芸欣然告余曰：「麗人已得，君何以謝媒耶？」余詢其詳，芸曰：「向之秘言，恐憨意另有所屬也。頃探之無他，語之曰：『妹知今日之意否？』憨曰：『蒙夫人檯舉，真蓬蒿倚玉樹也。』脫釧上臂時，又語之曰：『玉取其堅，且有團圓不斷之意，妹試籠之，以為先兆。』憨曰：『聚合之權，總在夫人也。』即此觀之，憨心已得。」余笑曰：「卿將效笠翁之《憐香伴》耶？」芸曰：「然。」〔註360〕

陳芸欲效《憐香伴》，自己想做崔箋雲，希望憨園能成為曹語花。可實際生活比戲劇虛構要質樸得多，並非人人都能如願以償。「芸素有血疾，自識憨園，年餘未發。余方幸其得良藥，而憨為有力者奪去，以千金作聘，且許養其母，佳人已屬沙叱利矣。余知之而未敢言也，及芸往探始知之，歸而嗚咽，謂余曰：『初不料憨園薄情乃爾也！』余曰：『卿自情癡耳，此中人何情之有哉？況錦衣玉食者未必能安於荊釵布裙也，與其後悔，莫若無成。』因撫慰之再三。而芸終以受愚為恨，血疾大發，床席支離，刀圭無效，時發時止，骨瘦形銷。不數年而逋負日增，物議日起。老親又以盟妓一端，憎惡日甚。」終於，於姑舅多有得罪的陳芸和丈夫一起被趕出了家門，重病在身，情感不暢，幾年後淒涼地死去，病中夢囈時呼：「憨何負我！」〔註361〕

由於沈復和陳芸是恩愛夫妻的代表，我們也不好過多地在同性戀上著想。但寬泛不具體的內容的確可以給推測留下比較廣闊的空間，潘光旦先生在對明人馮小青進行個案研究時，就由她與某夫人彼此親密地以「妖嬈兒」、「狡鬟」相呼等現象而認為小青可能對夫人具有一些同性戀愛的感情。〔註362〕關

〔註360〕《浮生六記》卷一。

〔註361〕《浮生六記》卷三。

〔註362〕見《馮小青——一件影戀之研究·小青之分析六·小青變態心理之餘波》。

於陳芸，不論怎樣，她對妓女憨園的用情是超過了一般程度的，已經具有了同性戀的表徵。

（三）姑嫂

姑嫂常常內房相伴。一方是情竇初開，春心已起；一方是滋味漸知，嬌羞不再。雙方誼既昵近，言行上有時便會超出平常。《白雪遺音》卷三中的《姑嫂陶情》唱道：

> 年輕姑嫂倚紗窗，折趣陶情論短長。嫂嫂嚇，你看一天新燕呢喃語，滿園春色動人腸。陽春煙景如圖畫，翠色垂楊到處狂。含腮芍藥迎風舞，粉面梨花帶露香。對對黃鸝鳴翠柳，雙雙粉蝶舞匆忙。鴛鴦交頸池塘嬉，遊蜂愛色采含芳。卵生尚且貪風月，莫怪嫂嫂憶情郎。啐，我與你，二人好比鮮花樣，兩朵開時你道那一朵香？嫂嫂，你好比那夜來香，小奴好比秋海棠。怎見得？嫂嫂嚇，夜來香香得人人愛，奴是秋海棠兒怕日光。姑娘嚇，寒露探花嫩蕊好，佳人二八配才郎。嫂嫂嚇，穿舊花鞋行步穩，池內荷花開的香。姑娘嚇，盤中果子新鮮好。嫂嫂嚇，老頭甘蔗蜜如糖。姑娘嚇，人老珠黃錢不值，你是含蕊將開分外香。嫂嫂嚇，你是雪裏梅花能練久，並且佳人半老更情長。啐，小油嘴，會裝腔，奴家尚且愛姑娘。勾粉頸，摸胸膛，含羞淑女掩紗窗，風流到底是姑娘。雙雙同進房。

元人孔齊曾以親身所聞記載了一椿奇異怪事，謂：「溧陽同知州事唐兀那懷，至正甲申歲嘗與予言一事：徐州村民一妻一妹，家貧，與人代當軍役。一日，見其妹有孕，詢究其事，不能明，欲殺其妻與妹。鄰嫗咸至曰：『我等近居，惟一壁耳，終歲未嘗見其他也。』考其得胎之由，乃兄嘗早行時，與妻交合而出，妹適來伴其嫂。嫂偶言及淫狎之事，覆於姑之身，作男子狀，因相感遺氣而成孕也。」〔註363〕明代祝允明的所記流傳更為廣泛，《野記》卷四：「成化初，上元民女張妙清與兄張二、嫂陳之室連壁。兄晨與嫂偶而出，女不勝淫想，呼嫂來同臥問狀，且與戲效為之，遂感胎。事聞法司，擬以不應為從重律。後竟生子，猶處女也，官令兄育其子。宇宙之間，何所不有！」成化是明憲宗年號，此事在後來的《耳談》、《堅瓠集》等書中都有載述。〔註364〕小姑由嫂

〔註363〕《至正直記・卷之一・徐州奇聞》。至正為元順帝年號。

〔註364〕《寄園寄所寄・滅燭奇》引《開卷一噱》曾載正德間上元民女錢氏事，可能是新的一件事，也可能是有關張妙清事的異說。

子那裏得遺精而成孕，聽起來不可思議，但卻能反映出當事姑嫂之間同性性行為的激烈程度。

古代小說慣於以主人公的男扮女裝或女扮男裝來增強故事的曲折性。男子可以與女扮男裝者產生男同性戀，女子也可以和男扮女裝者產生女同性戀。不過，由於作者的最終目的通常是要在真相大白之後，把同性戀改變成異性戀，因此，無論男還是女同性戀，它們也就只是最終目的的前期鋪墊。這種半真半假的男對「男」的戀情，第二章第七節第四部分已經談過，類似的女──「女」之戀，《醒世恆言》第八卷曾經寫道：玉郎男扮女裝來替姐姐和劉璞成親，劉璞患病，新婚之夜劉母派女兒慧娘去陪伴「新娘」。「兩個閒話一回，慧娘道：『嫂嫂，夜深了，請睡罷。』玉郎道：『姑娘先請。』慧娘道：『嫂嫂是客，奴家是主，怎敢僭先。』玉郎道：『這個房中，還是姑娘是客。』慧娘笑道：『恁樣佔先了。』便解衣先睡。玉郎把燈放在床前一隻小卓兒上，解衣入帳，對慧娘道：『姑娘，我與你一頭睡了，好講話耍子。』慧娘道：『如此最好。』玉郎鑽下被裏，卸了上身衣服，下體小衣卻穿著。問道：『姑娘，今年青春了？』慧娘道：『一十五歲。』又問：『姑娘許的是那一家？』慧娘怕羞，不肯回言。玉郎把頭捱到他枕上，附耳道：『我與你一般是女兒家，何必害羞。』慧娘方才答道：『是開生藥鋪的裴家。』又問道：『可見說佳期還在何日？』慧娘低低道：『近日曾教媒人再三來說。爹道奴年紀尚小，回他們再緩幾時哩。』玉郎笑道：『回了他家，你心下可不氣惱麼？』慧娘伸手把玉郎的頭推下枕來，道：『你不是個好人！哄了我的話，便來耍人。我若氣惱時，你今夜心裏還不知怎地惱著哩。』玉郎依舊又捱到枕上道：『你且說我有甚惱？』慧娘道：『今夜做親，沒有個對兒，怎地不惱？』玉郎道：『如今有姑娘在此，便是個對兒了，又有甚惱？』慧娘笑道：『恁樣說，你是我的娘子了。』玉郎道：『我年紀長似你，丈夫還是我。』慧娘道：『我今夜替哥哥拜堂，就是哥哥一般，還該是我。』玉郎道：『大家不要爭，只做個女夫妻罷。』兩個說風話耍子，愈加親熱。玉郎料想沒事，乃道：『既做了夫妻，如何不合被兒睡？』口中便說，兩手即掀開他的被兒，捱過身來。伸手便去摸他身上，膩滑如酥，下體卻也穿著小衣。慧娘此時已被玉郎調動春心，忘其所以，任玉郎摩弄，全然不拒。玉郎摸至胸前時，一對小乳，豐隆突起，溫軟如綿，甚是可愛。慧娘也把手來將玉郎渾身一摸道：『嫂嫂好個軟滑身子。』摸他乳時，剛剛只有兩個小小乳頭。心中想道：『嫂嫂長似我，怎麼乳兒倒小？』玉郎摩弄了一回，

便雙手摟抱過來，嘴對嘴，將舌尖度向慧娘口中。慧娘只認做姑嫂戲耍，也將雙手抱住，含了一回。也把舌兒吐到玉郎口裏，被玉郎含住，著實咂吮，咂得慧娘遍體酥麻。便道：『嫂嫂，如今不像女夫妻，竟是真夫妻一般了。』玉郎見他情動，便道：『有心頑了，何不把小衣一發去了，親親熱熱睡一回也好。』慧娘道：『羞人答答，脫了不好。』玉郎道：『縱是取笑，有甚麼差？』便解開他的小衣，褪下，伸手摸他不便處。慧娘雙手即來遮掩，道：『嫂嫂休得囉唣。』玉郎捧過面來，親個嘴道：『何妨得！你也摸我的便了。』慧娘真個也去解了他的褲來。」結果摸出一個真男子，慧娘至此也就只好任憑玉郎做為了。姑「嫂」之間的性前嬉戲變成了真正的性交，並由此兩人矢誓不再分離。這便是著名的「喬太守亂點鴛鴦譜」故事裏的一個片斷，作者馮夢龍以讓玉郎和慧娘結合成夫妻為目的，「她」倆之間的「同性戀」於是就成了巧妙自然的一個預先準備。（圖 342）

　　至於自發型女性同性戀的最普遍形態，那應是存在於社會的普通女子之間。她們彼此並沒有親緣等方面的特殊關係，而只是一般地可以經常接觸。（圖 343 至圖 347）這種接觸如果超出了一定限度，就可以稱為同性戀。而由生活方式和生理心理特點所決定，自發夥伴式女同性戀比起相對應的男同性戀要少見得多。女子深居簡出，閨中待字，女伴們在一起描雲繡鳳，看花追蝶時，外人不好多做窺視，她們自己也羞於一露嬌姿。因此，像同性戀這樣的隱中之隱外人很難知悉。〔註365〕在不多的相關事例之中，《續金瓶梅》所描寫的一例顯得非常突出。該書為清初丁耀亢所作，他讓《金瓶梅》中的人物轉世，再重新感受一次世態的悲喜炎涼。《金瓶梅》裏，潘金蓮和她的使女春梅之間名雖主婢，實同姐妹，關係已經讓人覺得有些奇怪。（圖 348）到了《續金瓶梅》，金蓮、春梅分別轉世為黎金桂和孔梅玉。兩人幼時常在一起玩耍，因亂分離，長大後又重新相聚。既有前世因緣，此世如何能不相親？

　　　　這黎金桂從那日汴河看見男女行樂，已是春心難按。幸遇著孔
　　　家妹子梅玉回來，兩人每日一床，真是一對狐狸精。到夜裏你捏我
　　　摩，先還害羞，後來一連睡了幾夜，只在一頭並寢，也就咂舌親嘴，
　　　如男子一般。這一夜見他兩個母親吃酒醉了，和守備勾搭。就把房

〔註365〕但同時在另一方面，女子由於活動空間的限制，姐妹們會經常在一起相處，彼此之間容易建立起深厚的友情，同性戀的實際發生率並不是如文獻所反映的那麼低。

門悄悄挨開，伏在門外聽他三人行事。只見淫聲浪語沒般不叫，兩個女兒連腿也麻了，險不酥透頂門，跳開地戶。二女疾回，掩上房門，脫得赤條條的，金桂便道：「梅玉，咱姊妹兩個也學他們做個乾夫妻，輪流一個裝做新郎。我是姐姐，今夜讓我先罷。」金桂……著梅玉叫她親哥哥。金桂便叫姐姐妹妹，也學那淫聲一樣。梅玉用手把桂姐腰裏一摸，那知她先動了心，弄著梅玉，自己發興，那花心香露早已濕透，流了兩腿。梅玉大驚，道：「你如何流出溺來了！」金桂道：「這是婦人的臊水，見了男子就常是這等流的。你到明日，我管弄的你如我一樣。」弄了半夜，身子倦了，抱頭而寢。如此，夜夜二人輪流，一人在身上，……每夜弄個不了。〔註366〕

後來梅玉將要嫁給金二官人為妾，金桂和她難捨難分。

到了晚間，金桂姐請梅玉去房中同歇，各敘心情。取了一壺燒酒、兩塊熏豆腐乾，又是一大塊豬腸子。金、玉姊妹二人，在炕上腿壓著腿兒，把燒酒斟著一個盅裏，一遞一口兒，吃到樂處，金桂道：「梅姐姐，你眼前喜事臨門，咱姊妹們會少離多了！」說著話，不覺的流下淚來。梅玉道：「咱姊妹兩個，自幼兒一生一長，唇不離腮的。長了三四歲兒，各人隨著爹娘上了官，也只道不得相逢了。誰想到十七八歲，回來東京，又住在一處，也是前緣。咱兩個從來沒有面紅耳赤的，今日我這件親事不知怎樣結果哩，閉著兩個眼兒一憑天罷了。」金桂姐道：「只說那金二官人一個好風流人兒，你兩個配了對兒，到了好處，也不想我了。」說到這裡，兩人又笑成一塊，不覺春心鼓動，犯了從前的病，金桂道：「從今年沒和你一個被窩裏睡，只怕忘了我，又眼前摟著個人兒，我也要咒得你那裏肉跳。」說道：「咱睡了罷。」各人起來，收了壺盞，使水嗽了口，鋪下被窩，把燈一口吹滅。

那時七月，天氣正熱，把小窗開了，放進月色來，兩人脫得赤條條的，四條腿兒白光光的。兩人原是耍慣了的，摟著脖子，一遞一口，親嘴咂舌，一片聲響。這個叫聲：「我的親哥哥，親羔子。」那個也答應，叫道：「我的心肝姐姐。」沒般不耍到，……一翻一覆，玩成一塊。（圖349）那裏像是良家女子，就是積年的娼妓也沒有這

〔註366〕《續金瓶梅》第三十二回。

等油滑的。耍得困了，睡到四更，金桂姐淫心大動，摟著梅玉，把兩腿一盤，只見淫水直流，梅玉起來用手摩弄。又下的床來，如男人交接，相摩相蕩，餘津相送，床下淋漓，甚覺有趣。未免隔靴撓癢，不知深入一層。金桂姐道：「咱姊妹不久眼下分離，你東我西，不知何年相會，實實的捨不得。咱聽得男子人和人相厚了，有剪頭髮、炙香瘢的。咱兩個俱是女子，剪下頭髮也沒用，到明日夜裏炙個香瘢兒，在這要緊皮肉上，不要叫男人瞧見。日後你見了瘢兒，好想我，我見瘢兒，也好想你。」梅玉道：「不知使甚麼燒，只怕疼起來忍不住，叫得奶奶得見，倒好笑哩。」金桂道：「聽得說，只用一個燒過的香頭兒，似小艾焙大麥粒一般，點上香，不消一口茶就完了，略疼一疼就不疼了，那黑點兒到老也是不退的。你明日先炙我一炷你看。」笑得個梅玉在被窩裏摸著金桂的花兒道：「我明日單是在這上邊炙一炷香，叫你常想著我。」金桂姐也摸著她乳頭兒道：「我只炙在這點白光光皮肉上，留下你那寶貝兒，眼前就用著快活了。」大家又頑到不可言處，摟到天明，才起來，各人家去梳洗。原是一個門裏住著，終夜如此。

果然後來二人各燒香一炷，梅玉膽小，點著香手裏亂顫，金桂自己把腿擎起，見梅玉不敢點，自使手兒點著，摸弄一番，向白光光、紅馥馥、高突突的頂上燒了三炷。口裏叫哥哥，兩眼朦朧，倒似睡著一般。慌得個梅玉，用口吹、手摸不迭。梅玉只得脫下紅紗抹胸兒，露出兩朵緊淨尖圓、如面蒸的點心一樣。金桂低聲叫道：「心肝妹妹！你叫著我，閉閉眼，想想情人，自是不疼了。」梅玉果然件件依他，一一聽他播弄。金桂用香兩炷炙在乳下，疼得梅玉口口叫心肝不絕。二人從此晝夜不離，輪番上下，如雞伏卵，如魚吐漿，俱是不用形質，有觸即通的。原來這樣妙處，一段禪機，待人參悟。正是：

雖無彩鳳雙飛翼，自有靈犀一點通。

東邊日出西邊雨，石女逢郎無限情。

又：

天人相合本來親，兩目成交不用身。

待得男來女亦幻，結胎生子是何人？

又：

陰交濃處一陽先，二女成胎自合歡。

收得陰精陽亦出，請君參透老婆禪。〔註367〕

包括省略在內，上文中有不少性嬉、性交場面。文字雖然穢褻，但行為本身並無特別之處，不管多麼嬌羞的千金淑女，其人只要是同性戀者，那些就是床上的自然舉動。並且，對性行為的描寫還有加深表現行為者相互關係的作用，金桂和梅玉的忘情性交就使她倆之間的眷戀顯得更加真切、具體起來。只是少女同性戀夥伴不論怎樣愛戀，終究會要面臨因出嫁而分離的問題，這時，除去極少數人外她們只能是接受現實，進入新的環境。婚後多數會自然地或表面上表現為異性戀，循守相夫教子的女德。而如果不能忘懷於過去的經歷，新家之內又難以得到新的機會，各種不明不白的異相就很有可能發生。例如，雖然丈夫寵愛有加，但妻子就是反應冷淡：從來都不苟言笑、極端地厭拒性事等。有時甚至還會出現莫名其妙的死亡事件，（圖350）《明齋小識》載：「海鹽祝公掌教上海書院，挈愛妾偕至。居相近，有待字之女，弱態盈盈，能詩善繡，為芳閨良友。未幾女適人，倡隨不篤，願空房伴孤帳，謹守女箴。持齋禮佛，暇或詣祝。挑燈款語，恒至丙夜，綿綿不寐。九月中，忽於人定後啟戶齊出。驅口冥搜無跡，凌晨浮於河，兩女猶緊相偎抱。」〔註368〕閨情曖昧，女人總好把心事隱藏起來，而同性戀這樣的事情更是不願意表露，因此，二女的死因大概是只有死者才能知道的。從死後屍身還互相偎抱這一點來看，她倆的自殺或是因於不能暢遂所欲地進行同性戀活動吧？

《閩都別記》寫有一對死後成神的同性戀姐妹。

福州北關外地方，有二家半耕半讀。一姓阮，女名梅萼；一姓馬，女名柳枝。六七歲時，阮家有先生教讀，二女同學堂讀書。柳枝便不回去，與梅萼寢食不離，誼為生死姐妹。共聯句一詩。

梅萼先起句云：「前生未悉兩何為，」

柳枝接曰：「今世相逢死不離。」

梅萼又接云：「魚水夫妻應不異，」

柳枝又接云：「金蘭姐妹更稱奇。」

梅萼續云：「心同堅玉焚難盡，」

〔註367〕《續金瓶梅》第四十一回。

〔註368〕《明齋小識·卷十二·二女同死》。

　　柳枝對云：「身共清水涅不緇。」

　　梅萼又續云：「但得靈光雙不昧，」

　　柳枝結云：「千年萬載永追隨。」

　　女同性戀非常缺乏專指名詞，從而對相關事件的判定就比男同性戀多了一層難度。即如梅萼和柳枝共作的這首詩，「魚水夫妻」、「金蘭姐妹」、「死不離」、「永追隨」等說得再信誓旦旦，也比不上「分桃」兩個字含義明確。可雖然如此，梅、柳二女終究把情詩合寫得纏綿逾常，因此，認為她倆是一對同性戀夥伴應當沒有什麼問題。時當五代十國時期的亂世，福州李恒義手下張、李二將將二女劫獲，欲一人分取一位。

　　二女怎肯從之？任打猶罵不住口。各磨滅三日，彼此皆曰：「容姐妹相見一面相從。」李、張遂許之。姐妹同在一處，一見面即抱緊大哭。二將在旁問曰：「許汝見面了，可願麼？」二女同罵曰：「癩蛤蟆想食天鵝肉，黃犬仔想食豆腐骨！今惟一死，將我屍首同埋一處罷！」張、李怒罵曰：「汝兩個不是結髮夫妻，不過異姓姐妹，把我看不上眼，比作犬仔、蛤蟆。汝要死一堆，我偏要汝各死一處！」拿下一人拖去後園燒死，一人攙去前山活埋。二女大罵曰：「二犬仔如此狠惡，我姐妹生不能咬汝肉，死必斷汝頭！」二將令將阮氏去活燒、馬氏去活埋。

　　二女後皆成神，被天帝封為了梅柳二夫人，永遠再不分開。〔註369〕

　　女性同性戀的專指名詞雖然很少，不過表示性行為的「磨鏡」（圖351）這個詞人們倒並不陌生。《品花寶鑒》裏，歪識滿腹的魏聘才講過一個笑話：「人家姑嫂兩個，哥哥不在家，姑娘就和娘子一床睡覺。娘子想起他丈夫，但睡不著，叫這姑娘學著他哥哥的樣兒，伏了一會。那嫂子樂得了不得，道：『好雖好，只是不大在行。』姑娘道：『這是頭一回，二次就行了。咱們起他個名兒才好。』嫂子道：『本來有個名兒，叫磨鏡子。』姑娘道：『不像，還是叫他敬皮杯吧。』」〔註370〕魏聘才這裡是在把磨鏡和相公侑酒時敬皮杯的動作相提並論，這個笑話實屬惡謔。只以身體相觸，同性戀雙方會有不甚滿足的感覺，於是就出現了使用假具的情況。假具常被稱為角先生，也稱廣東膀等，是狀似男子性器的人造物。（圖352）它們多是用於個人自慰，當然互慰亦無不

〔註369〕《閩都別記》第一百三十四至一百三十五回。
〔註370〕《品花寶鑒》第八回。

可。《醒世恒言》第二十三卷曾經描寫金代海陵王昭妃阿里虎與勝哥的同性戀，其中提到過角先生：「有勝哥者，身體雄壯若男子，見阿里虎憂愁抱病，夜不成眠，知其慾心熾也。乃託宮豎市角先生一具以進，阿里虎使勝哥試之，情若不足，興更有餘，嗣是與之同臥起，日夕不須臾離。」（圖353）《歡喜冤家》第四回中，男扮女裝的「丘媽」為了把丈夫遠離在外的莫夫人騙到手曾對她講：「我同居一個寡女，是朝內發出的一個宮人。他在宮時，那得個男人如此！內宮中都受用著一件東西來，名喚『三十六宮都是春』，比男人之物，更加十倍之趣。各宮人每每更番上下，夜夜輪流，妙不可當。他與我同居共住，到晚間，夜夜同眠，各各取樂，所以要丈夫何用？我常到人家賣貨，有那青年寡婦，我常把他救急，他好不快活哩！」莫夫人聽後心動，也欲一試。等和丘媽同睡時，假女竟變成了真男，兩人遂相姦通。雖然丘媽是在對夫人進行欺騙，但「三十六宮都是春」卻並非虛構之物，它大概與角先生在形制上沒有什麼區別。

還有一種雙頭假具，是更專門地用於互慰活動。荷蘭高羅佩曾經寓目過兩幅相關的春宮圖，（圖354至圖356）他記述道：「這種雙頭淫具底端插入陰道，器具被繫在腰部的兩條綬帶固定在適當的地方。一個女人可以用伸出的一端像男人一樣動作去滿足其同性戀夥伴，而同時留在其自己陰道的器具底端的摩擦也給她帶來快感。繪在絹上的一幅晚明春宮畫卷的一部分，表現兩個正在使用這種雙頭淫具的女人。」又：「地板分為稍高的部分和鋪以地磚的較低部分。後者是供沐浴用的，所以有一個圓形的瓷澡盆和一個裝熱水的木桶。一個裸體女子正坐在一張椅子上，膝上攔著一條毛巾，一個只穿短衣的年輕姑娘站在對面。她正欲把一個雙頭淫具繫在腰間，那另一個女人左手伸向淫具，右手展開陰戶。」〔註371〕（圖357至圖358）

同性戀行為也分不同的程度。有的是實際確實的，有的則只能講是真正同性戀的初步，如語涉褻慢、事帶昵狎的開玩笑、做戲耍等。它們可能發展成真正的同性戀，也可能只會維持在原有的水平。《金瓶梅詞話》第二十四回：「宋惠蓮正和玉簫、小玉在後面院子裏擲子兒，賭打瓜子，頑成一塊。那小玉把玉簫騎在底下，笑罵道：『賤淫婦，輸了瓜子不叫我打！』因叫惠蓮：『你過來，扯著淫婦一隻腿，等我肏這淫婦一下子。』正頑著，只見平安走來，叫：『玉簫姐，前邊荊老爹來，使我進來要茶哩。』那玉簫也不理他，且和小玉廝

〔註371〕《秘戲圖考》，第158～159、223頁。

打頑耍。」《十二樓・夏宜樓》：「那些家人之女都是頑皮不過的，內中有一個道：『總則沒有男人，怕甚麼出身露體？何不脫了衣服，大家跳下水去，為採荷花，又帶便洗個涼澡，何等不妙！』這些女伴都是喜涼畏暑，果然不先不後，一齊解帶寬裳，做了個臨潼勝會。（圖359）你看我，我看你，大家笑個不住。脫完之後又一同下水，倒把採蓮做了末著，大家頑耍起來。也有摸魚賭勝的，也有沒水爭奇的，也有搭手並肩交相摩弄的，也有抱胸摟背互討便宜的，又有三三兩兩打做一團，假做吃醋拈酸之事的。」女子之間親密的身體接觸做起來要比較容易一些，而如果被戲者是男扮女裝，故事就有了峰迴路轉的特別效果。《閩都別記》第一百五十一回，萬兵部請假作女子的鹿韭來管教他的女兒一枝。一枝性格頑皮，趁父親不在強要和鹿韭在一起唱戲。「一枝遂踏介，唱至『螻蟻也知春色好』，那鹿韭差之。一枝曰：『此齣不好，就再一齣。』又作楊妃醉酒，把鹿韭按住唱曰：『汝若遂我心來合我意，來朝上本奏丹墀。』被鹿韭一推跌倒，爬起曰：『此齣作不好耶？今再作一齣觀音戲蘿蔔。』鹿韭笑曰：『由汝戲，總不動。』一枝曰：『心不動便不作，來作姑伴嫂眠可好麼？』鹿韭曰：『亦不動。』一枝曰：『再捫之即動矣。鹿韭躲不及，被一枝蹲著，手入褲膠裏，抓出馬腳，笑曰：『假姑伴嫂眠，今變出真來。今得了寶具，快說出實情來定奪！』鹿韭驚得魂不附體，無可掩飾。」戲耍戲至下體，一枝也就有些過於無忌了。

三、自梳女與不落家

　　女性同性戀當中，最引人注目的是清代民國間存在於廣東珠江三角洲地區的自梳女與不落家現象，或者也可以說是十姊妹金蘭結契現象，詳見本書後面第 1508～1526 頁。

　　從自發還是非自發的角度看，自梳女與不落家現象最主要的發生背景是婚姻不能給女性帶來她們所希望和應得到的幸福，反而卻造成了許多痛苦和不幸。除去因關係不平等而得不到丈夫的充分關愛外，還有因地位低下而經常遭受公婆的虐使等。因此，自梳女和不落家現象根本上講是非自發性的，並且它已經超出了夫妻問題的範圍。當事婦女不是在婚姻之內為了消解孤獨而搞同性戀，而是竭力乃至完全對婚姻不予接受。這種非自發就比本節第一部分所談的女子同性戀非自發的情形在程度上顯著還要嚴重。而同時，當自梳女和不落家現象在粵南形成為一種風氣後，本地一些女子不自覺之間便會對沒有丈夫的生活產生一種嚮往，她們為了達到目的而採取各種手段，讓外

人初次聞聽時會覺得難以思議。這就又使她們的行為帶有了一種自發自願的表徵。所以我們可以說，自梳女和不落家中的同性戀是非自發基礎上的自發性的同性戀。

這裡附錄幾篇重要文獻。關於清末民初番禺、順德兩縣的相關情況，胡樸安在《中華全國風俗志》中言之甚詳。《番禺之婚俗》謂：

> 鄉間娶婦，大約過禮後三五年迎親，迎親後又三五年而新婦樂家。此固習俗使然，而老婆債亦為一重要原因也。蓋貧家娶婦，亦須用數百金，其金多由息借或請會、執會而來，是謂老婆債。過禮所用，以至迎親，恰可清還。迎親所用，以至樂家，又恰可清還。還清老婆債，然後謀所以養妻子。貧人生計，大都如是。

> 鄉中女子，習染歸寧不返之風。回軟即返母家，及將滿月，再回夫家數日。此後則元旦、端午、中秋照例須回夫家過節。有不願者，先時逃避，謂之走節。節後數日，便歸母家。亦有終身避匿，不回夫家，亦不回母家者，謂之走密身。迨至夫死，乃如常出入。又有為夫立妾，以遂其不返之願者，謂之賠銀。貧家多有之。

> 女子出閣後，約留夫家數日，即回軟。自是除過年過節外，以在母家之日為多。必俟有子，始肯樂家，否則遲至十年八年者有之。若逼之太甚，則往往輕生服毒死。故為翁姑者，每託詞姑病，接婦回家。留三兩日，婦又常託詞送嫁，仍返母家。諺曰：「家婆多病痛，新婦多嫁送。」所謂「多」者，非真多也，皆託詞耳。

> 鄉人因女子樂家遲，故早婚者多。中人之家，大約十七八歲便置家，蓋待至新婦樂家，亦已二三十矣。若貧寒之家，則娶者遲，嫁者亦遲，往往四十乃有子。此富家較貧家所以常多一二代也。

> 俗謂弟妹嫁娶，先於兄姊為跨頭，兄姊不能嫁娶，致誤弟妹之婚期者為阻頭。阻頭不便，跨頭不祥，故通常十二三歲即定婚。然有因揀擇過嚴致成阻頭者，謂之揀大，父母心急，即草草為之結婚。諺曰：「千揀萬揀，揀只爛燈盞。」蓋指此也。女子自梳，多於此時行之，亦有伺他家男子夭折，往為執喪者，謂之冒貞。總之，自梳、冒貞以及歸寧不返之俗，皆「阻頭不便，跨頭不祥」之說有以致之也。

> 鄉中多有子娶婦，滿月後即使之過埠謀生者。夫無慰語，婦亦

無怨言。蓋徒有夫婦之名，而未有夫婦之實，故皆淡然若忘也。數年之後，其夫歸里，而新婦恰亦樂家矣。顧往往有嫌其婦年老或貌醜而買妾者，此則家庭之變，抑亦風俗之羞也！

鄉間婦女，視「貞潔」二字最重，足稱節婦、烈婦、貞女者，隨處有之；而再醮者則百不一二，間有之，輒為姊妹所不齒，絕之終身；若淫奔更不經見。貞潔自守，相習成風，偶遇干戈，死者無算。聞咸豐間此風最盛，因拒賊而死者甚多，惜文獻不足，鄉人僅能言其事，而不能舉其人，致轟轟貞烈，竟湮沒而不彰，真一大憾事也。寧死不辱，今猶及見，間有過激者，因不願與夫同室，或仰藥以死，或乘隙而逃，或罄所積蓄為夫立妾者，視男女同室為大辱，等生命於鴻毛。此為鄉間婦女之特性，若能維持之不使太過，風俗之美，何以尚之！顧自富人之勢盛，而婢子之廉恥無存；自由之說行，而閨女之風紀漸壞。涓涓不息，流為江河，良用隱憂，曷勝浩歎！

《番禺女子之不落家》謂：

大抵主張女子不嫁者，當以女子之生計為重要問題。蓋女子確能自立生活，不需男子之扶助，即父母之力亦無依賴之必要，夫然後可言不嫁。番禺土地膏腴，居民多以蠶桑為業，家無貧富，其女子皆能採桑繅絲，一日所得，多則可七八角，小者亦三四角，鄉間生活程度，固不若城市之高，以此自給，綽然有餘。彼輩既有所恃，又以嫁為人間最羞辱之事，於是遂相約不嫁。即為父母所強嫁，亦必不落家。不落家者，嫁後不與丈夫同寢處，越日仍歸母家，與同黨姊妹為伴，謂不失落於夫家之意也。聞彼輩同性相處，情若夫妻，對於背約嫁夫者，雖無一罰懲之專條，然設為同伴姊妹所知，則預先錮之別室，不令返家。故為父母者，對於其女子嫁期，必先守秘密，時期已近，然後預備密室，閉其女不使外出。女之伴侶必相率而來，仍欲劫之他所，使不得應期成禮。或向之聲罪致討，詰責之、毆擊之，致嫁者每有哭叫尋死之舉。顧此為朋輩私約，不敵其父母之威權、男婚女嫁之通例，於是彼輩之第一步不嫁主義已經失敗，則進而行其第二步之不落家主義。於將成禮之日，先將嫁者之衣服脫去，用布袋將其上下體遍加束縛，更密縫之，以為符記。及次日

新婦歸母家，諸女伴乃驗其帶裏線縫之封識，若不符原式者，必相聚而痛毆之，雖父母無如何也。以故新婚之夕，新婦每因抗拒其夫之行使夫權，恒至用武，相視如仇，殊足令人捧腹也。

既嫁而不落家之女子，雖居於母家，究因繼續宗祧為我國人公認為人子莫大之責任，彼不落家之女子，不敢公然以個人私心，顯違宗族社會通例，於是富者輸款於夫，俾其娶妾，然後一己可以自由。否則年時令節亦必裏糧歸夫家，住宿一宵而去。在此一宵間男女同處，未免有情，且距婚期已遠，同伴之監督已疏，夜闌人靜，事可自由，百鍊鋼或為繞指柔，固意中事。故不落家之女子，與其所天，經此數次之化合作用，往往發生肉體之關係，而成子姓。既成子姓，不得不正式宣告落家。至是所謂不嫁之貞女，遂一變而為已嫁之婦人；已嫁而不落家之婦人，又再變而為落家生兒之當家婦矣。

《順德女子之金蘭契》謂：

金蘭契俗名誇相知，又名識朋友。其俗不知始於何時，或謂始於絲廠之女工。粵省業絲，以順德為尤盛。其廠內紡繭繅絲，皆全用女工，其數常至數百人。女工之感情遂日洽，故有擇其平日素相得之一人，結為金蘭之契，其數僅為二，情同伉儷。後傭婦多傚之，浸假而大家閨秀亦相率傚尤，遂成風氣矣。其內容男界或不能盡知者，其契約成立之手續，必須雙方允洽，頗具法律之形式。如雙方頗有意，其一方必先備花生、糖、蜜棗等物為致敬品，以為意思之表示。若其他方既受納，即為承諾，否則為拒絕。至履行契約時，如有積蓄者，或遍請朋儕作長夜飲，而其朋儕亦群往賀之。此後坐臥起居，無不形影相隨，曾梁鴻、孟光不足比其樂也。契約既經成立，或有異志，即以為背約，必興娘子軍為問罪之師，常備毆辱，幾成一種習慣法。按二女同居，雖不能具有男女之形式，實具有男女之樂趣，或云適用磨擦力，或云適用機械的，此言不雅馴，縉紳先生難言之。彼輩更擇有後代以承繼其財產，後其嗣女復結一金蘭契，若媳婦然，如血統之關係，亦云奇矣。

《順德女子之不落家》謂：

不落家之風，與金蘭契實有連帶之關係。彼女子既有金蘭契，

遂共約不適人，後迫於父母之命，強為結婚，乃演成不落家之怪劇。不落家者，即云女子已嫁，不願歸男家也。金蘭契之風，以順德為最盛，故不落家之風亦以順德為獨多。女子嫁期有日，必召集一群女子，作秦庭七日之哭，如喪考妣，其金蘭友亦在焉。臨過門之夕，嫁者必被帶束縛，其狀若死屍之將入殮，復飽喂以白果等物，使小便非常收縮。及歸寧後，其蘭友必親自相驗，若其束縛之物稍有移動，是為失節，群皆恥之，其女必受辱不堪。故順邑常有娶妻數年，而不識其妻之面者。每歲翁姑壽辰，或度歲度節，非遣僕役至女家恭接數次，不能望其婦一來，即來亦數日即返；見其夫婿，若遇仇讎，夫婦之道苦矣。前十年嘗有迷夫教，致其夫於死者，近年此風少戢，但娶婦非數年後，不能望其常來也。〔註372〕

《申報》第 21651 號登載有查克猛的《燒豬八十隻》一文，反映了富家女子中的不落家情形：

> 她十四五歲的時候，她的父母便這樣說：「阿妹年紀大了，替她開年生（就是把女的出生日，送到男處配合配合，看看有什麼相剋之處沒有）吧。」於是「戶限為穿」地媒人婆走來走去！
>
> 寶林寺的觀音誕那一天，是約定「相睇」的日子。母親瞞著女兒（因為怕她害羞，會自尋短見），託辭拜觀音，就領她到寶林寺去。
>
> 那位要睇老婆的男子，在大雄寶殿前立著。媒人婆鬼鬼祟祟的站在他不遠的地方，用「眼色」告訴他：「那，就是這位姑娘了。」他整□精神都運在眼中，呆呆地把她從頭到腳看了一遍，看完了貨身，便是講價錢了！
>
> 媒人婆給他家告訴「女家要八十架食箱」（一架食箱載著四個饌盒，每饌盒可載十斤至十二斤的餅食）後，又說她家會怎樣鬧排場的「辦嫁妝」，同時舉她家曾嫁去的姑、姊作例子，使他們確信。
>
> 「竹門對竹門，木門對木門」，他們把嫁妝與餅盒放上天秤樣衡量一下，秤秤對得起了，便「過文定」、「過大禮」咧！
>
> 「三書六禮」已完備，只等擇定吉日，「壓女落床萬事勝」咧（女的出嫁前數日，便被囚在房中，一班姊妹圍著，圍在床上，哭起來，歎四句）。遠房近親，整夜送杏仁茶來，給她問候，請她不要

〔註372〕《中華全國風俗志‧下編‧廣東》。

哭傷了神！

這個時候，她是「快過門」了的，於是雙副嫁妝便送到男家去。這些嫁妝一個鐘頭也沒有把大街走完，這是多麼闊綽的呵！只是被窩也有好幾十張，春夏秋冬四季的都有，我們這裡不能為她重抄一遍嫁妝單，故從略。

姊妹們怕她被丈夫採去她的貞潔（我們家鄉有姊妹團的秘密組織，大約是六七個姊妹組成的。她們相約，必須姊妹們都一齊出嫁了，才能與丈夫發生性的關係，如果有一個未嫁，也得相與保持貞潔等待她。因此常有不落家的陋習，以常住在母家為榮。除了過年過節，或者有什麼婚姻喪葬，才到男家住個兩三天，但仍拒絕丈夫的性交。丈夫也不管她，因為他已討了小老婆了），給她用絲密密地織一個網兒，把下身保護著，等到三朝回門的時候，要受大家的檢閱。她便這樣自動或被動地貞潔呢！

到了出嫁那一天，花轎到了門前。必須等到夜深才放她去，姊妹們還會把轎簾藏起，去敲男家一大筆竹槓呢！

出嫁後，姊妹還是不散的，她們等著她回來！她們雖然是禁止她們的姊妹與丈夫性交，可是「燒豬肉」還是要吃的（燒豬，大約嫁後第二天，男家便把它送到女家來，證明他們的女兒是一個處女）！

她一共獲得八十隻燒豬（因為她的代價有過八十架食箱，每架食箱要一燒豬壓禮）！

這是我們家鄉的闊人嫁女的一幕。〔註373〕

陳遹曾、黎思復、鄔慶時於 1964 年發表在《廣東文史資料》第十二輯的《自梳女與不落家》一文結合了他們各自的親身見聞，屬於紀實回憶，較之胡樸安等人的反映在內容上更加具體而詳實。

緒文謂：

「自梳」與「不落家」，曾盛行於粵中的順德、番禺、中山、南海等縣，是封建制度下的畸形風俗。

在舊社會裏，未婚少女均蓄辮，婚後始束髻。唯上述地區許多婦女，卻通過一種特定的儀式，自行易辮而髻，以示決心不嫁，以

─────────────────

〔註373〕《申報》民國二十二年七月二十三日。

獨身終老，稱為「自梳」或「梳起」。

另一種少女，迫於父母之命，不能「梳起」，只好在舉行婚禮後，長歸母家，避免與丈夫履行兩性生活。這種婦女，名曰已婚，實亦獨處，與「自梳」名異而實同，粵中通稱為「不落家」。

「不落家」與「大歸」不同。前者不與丈夫共同生活；後者曾與丈夫共同生活，感覺不能相處，然後長居母家。雖同屬歸寧，實質各異。

「自梳」與「不落家」的風習始於何時，已難確考。番禺李氏所修《縣志》據任氏所修《縣志》謂：「國朝百年來，番禺一邑其所稱貞女者志不絕書，而其甚者，相約不嫁，聯袂而死。」任志成書於乾隆卅九年（1774 年），可見番禺一地，女子不嫁，在清初已成風氣。「不落家」之成風，為時更早。據《屈翁山年譜》載：「翁山因前妻仙嶺鄉劉氏不落家，而以王華姜為繼室。」翁山娶劉氏，在康熙元年，故番禺婦女「不落家」之風，清初亦已盛行。光緒、宣統年間（1908 年前後），筆者鄔慶時的故鄉番禺南村，人口多達數千人，一年之中，女子之出嫁者，不過數人，至 1909 年，甚至無一人出嫁，形成「有入無出」的畸形狀態，「自梳」風氣之濃，於此可見。民國以後，「自梳」與「不落家」的風氣雖漸陵替，但直到廣東解放初期，餘風仍未全泯。據廣東省婦女聯合會 1953 年調查，番禺第四區大龍鄉全鄉 2028 名婦女中，仍有「自梳女」245 人，占婦女人口總數12%。同一時期，中山的沙茵鄉，仍有「不落家」的婦女 46 人。

筆者等的家鄉，婦女輩自幼即常唱這樣一支兒歌：「雞公仔，尾彎彎，做人媳婦甚艱難：早早起身都話晏，眼淚唔乾入下間（廚房）。下間有個冬瓜仔，問過老爺（家翁）煮定（或）蒸？老爺話煮，安人（家姑）話蒸；蒸蒸煮煮都唔中意，拍起臺頭鬧（罵）一番。三朝打爛三條夾木棍，四朝跪爛九條裙！」對婦女在家庭所受到的虐待，刻畫得深入人心。每與鄉中「自梳女」及「不落家」婦女談，無不極言「自梳」及「不落家」的逸豫，遠勝鄉中姐妹已結婚「落家」者的備受虐苦。故當時順德、南海、番禺、中山等「自梳」與「不落家」風氣盛行的地區，婦女輩多視結婚為畏途。

這種風氣，只盛行於珠江三角洲一帶，其他地區殊罕見。珠江

三角洲經濟作物繁富,手工業發達,婦女謀生門徑較多。順德蠶絲業隆盛時,繅絲女特多,「自梳」與「不落家」之風亦特熾。番禺一邑,「自梳」與「不落家」之風只見於較富庶的禺南,地土貧瘠,婦女不易獨立謀生的禺北,即無此風氣。

關於「梳起」的情況,文中寫道:

「梳起」是上述地區的女子宣示決心以丫角終老的一種特定儀式。一經「梳起」以後,即成鐵案,終生不得翻悔。如有勾三搭四,即為鄉黨所不容,其甚者往往被捆縛塞入豬籠內,投於河湧將之浸死。故女子對「梳起」儀式,向極重視。

一般父母,對女兒獨身終老,無所歸宿,殊感痛心疾首,多百般反對。但女兒「梳起」為眾所周知後,父母即不能再強其出嫁,否則無異破壞她的貞操。故上述地區作父母的人,對防範女兒「梳起」,向極嚴密。欲「梳起」的女子,除個別已取得家庭同意外,為避免家庭阻撓,引起糾紛,「梳起」儀式,多在姐妹輩掩庇下秘密舉行。

為了避過家庭的耳目,「梳起」儀式的籌備,多在「自梳女」及「不落家」婦女聚居的「姑婆屋」內進行。「梳起」時所需的物品如:新衣(包括內衣、底褲)、新鞋、新襪、梳子、紅頭繩、鏡妝(又稱「柬妝」,為梳妝用的小箱子,上嵌玻璃鏡,下有小抽屜數個,內貯梳、篦、骨簪、粉、頭繩等)及祭品:燒肉、雞、紅包、大發、生果、線香、寶燭、茶、酒等,亦由「姑婆屋」內的姐妹協助暗地裏陸續備辦。

「梳起」的前夕,例必在「姑婆屋」內住宿,以香湯(黃皮葉煲水)沐浴後,即召齊志同道合的姐妹(包括已「梳起」及未「梳起」的)聚談,由已「自梳」的姐妹傳授「心法」,如:如何堅持獨身、應付家庭阻撓,及如何在家庭裏立身、獨立謀生、互相扶持等。互相鼓勵,至晨光曦微即趁路上未有行人,聯同前往附近的神廟舉行「梳起」儀式。

「梳起」的女子到神廟後,即在觀音菩薩座前擺開攜去的衣物和祭品,點起香燭,向神像三跪九叩。矢誓決心「梳起」,永不婚嫁。然後由事先約定的已「梳起」的婦女為她拆開原梳的辮子,改梳為雲髻(亦有在先一晚將辮梳成髻的)。接著即將身上穿著的衣服脫

下，換上新衣。這個「梳起」的女子再向觀音菩薩叩拜後，即與同住的姊妹互拜、道賀。儀式至此便算結束。

「自梳女」在「梳起」儀式舉行過以後，才回家告訴父母及家人。並將拜過菩薩的祭品分送親友。稍富有的，還做酒席宴客，各姊妹（包括「老姑婆」——前一輩的「自梳」及「不落家」婦女。下同）及女戚亦送禮祝賀。如果是家庭同意「梳起」的，就在家裏宴客，一若男子之娶親，認為是畢生一件大喜事；家庭不同意的，「梳起」後多不敢直接告訴家人，浼「老姑婆」代為轉達；如家規極嚴，連「老姑婆」亦不敢出面代陳，就只好在暗中「梳起」後，與「老姑婆」及姐妹們相約保持秘密和私下互相緊密聯繫，預謀應付家庭責罰及強迫結婚。

關於「不落家」的情況，文中寫道：

有些人家的女兒，自己蓄意要過獨身生活，但父母防範甚嚴，無法「自梳」，或雖已秘密「自梳」，但不敢告訴父母及公開宣布，致被迫出嫁，就只好採取婚後「不落家」一途。

這些婦女為了達到「不落家」的目的，必須經過頑強的鬥爭，在結婚後設法自保其身，不與丈夫發生性關係。因為一經懷孕，俗例即需「落家」，從此便脫身不得。（過去人工流產之法極少，且極危險，又屬違法，絕少採用。）

故決心「不落家」的婦女，臨嫁時必由先輩姊妹，教以應付之法，並由「金蘭姊妹」特製一套防禦衣服給其穿著。這種衣服用厚布製成，上下衣相連，穿在身上以後，由「金蘭姊妹」用麻線將所有夾口處密密縫固，務使新郎無法扯開。又隨身攜帶剪刀，作自衛武器，不准其迫近自己的身體，如新郎以暴力相逼，達危急關頭，即屬呼求助。當時習俗，新婚時娘家必遣「大妗」（陪侍新娘的婦女）伴隨新娘過門，決心「不落家」的婦女，其「大妗」及僕從即以「金蘭姊妹」喬充，聞聲即群集護衛，幫助新娘渡過難關。

那時俗例：新娘在婚禮後，須在夫家住至「三朝」，才能回母家，俗稱「回門」。但當晚仍須回夫家，住至滿月才許歸寧，在母家小住。但「不落家」的婦女，便不盡依此習俗，僅在夫家住至「三朝」，「回門」後即不復返夫家。故新娘必須在婚後這兩天兩夜內，堅持不懈

地頑強鬥爭，拒絕丈夫的性要求，才能達到「不落家」的目的。不過，要做到這一點，實在不容易。

筆者曾見山門鄉李姓一女兒出嫁時，因夫家防範甚嚴，不許其返回娘家。她的姊妹們聞訊，結隊前往吵鬧交涉，仍不得出。結果，只好在深夜，由「大妗」作內應，從瓦面私逃。逃出後即匿居遠離母家的「姑婆屋」，當時稱為「走密身」。其夫家到來追討，則由「金蘭姊妹」出面代提出「不落家」的要求，自願賠款給夫婿納妾。夫家同意以後，李女才返回娘家。夫婿納妾時，僅回夫家獨宿一宵，受新妾叩頭獻茶，為新妾命名後，仍歸母家長住。這是「不落家」婦女的鬥爭意志較堅強者。

一些意志不甚堅強的婦女，出嫁時戒備便不如此嚴密，亦不穿防禦衣服，只靠自己的力量與新郎周旋；抗拒無效，便只好屈從。倘不懷孕，仍「不落家」。俟懷孕以後，然後「落家」。

除上述鬥爭方式外，間亦有婚前預先訂明在婚後三年或若干年始「落家」，以緩衝一時。到期如仍不欲「落家」，才正式提出「不落家」的要求，賠款給夫家納妾；或在到期前出門遠去，使夫家無以尋究。她們在逃出後若不幸被夫家緝獲，或被父母緝獲交回婿家，強迫其「落家」時，往往仍不肯屈從，甚至憤而自殺。遇到這種情況，她們的姊妹輩便會聯群結隊，到婿家問罪，俗稱「鬧人命」。故男家對女方提出「不落家」的要求，一般多不敢堅決拒絕，以免造成慘痛的後果。而「自梳」與「不落家」的婦女，由此便自然而然地形成了一股社會勢力；「自梳」與「不落家」之風，更使人無可抗拒。

當時，有一些小康以上的家庭，既不願女兒「梳起」，又拗不過女兒獨身終老的決心，且恐女大不嫁「馱衰家」（在宗法迷信觀念統治的社會裏，一般人認為凡大年大節，有已長成的女兒留在家中，都不吉利，將招至財丁的損失），只好採取「買門口」的折衷辦法，在替女兒找夫家時，訂明女兒「不落家」，寧願花一筆錢，給夫婿納妾為代。以後，逢年過節，則由夫家迎回去；若迎而不去，則任由其往鄉中姊妹處度年、度節。家資富有的，更由父母另撥房屋給她們居住，以免留在娘家。

　　上述「不落家」的婦女，雖不與夫家共同生活，但在夫家仍是主婦。夫家有紅、白事，例必派人迎回去。尤其遇到翁姑及夫婿喪事，必須回去「上服」盡「孝」。除此以外，就只有待到她本人病重，無可救藥時，才使人擡回婿家待斃。在彌留期間的飲食、醫藥以至身後的一切殮葬、招待費用，俱由女方自備，不用婿家破費一文，且多有遺產留給其妾及庶出子女，婿家亦必以主婦禮喪送。間中亦有不回婿家而死於「姑婆屋」或尼庵者。若死於母家，則為不祥，非有特殊情況，必為鄉黨不容。

　　只有少數「不落家」的婦女，在夫婿死亡後，應庶出子女的要求，回婿家主持家務，謂之「守清」。

該文還詳細介紹了「自梳」與「不落家」婦女的經濟生活，指出：

　　「自梳」與「不落家」婦女的職業，因地區經濟情況而異。「自梳」與「不落家」最盛的順德，多以繅絲及作「媽姐」（女傭）為業；番禺、中山等縣的「自梳」及「不落家」的婦女，則多以織布、織毛巾、刺繡等為生，間亦有飼養牲畜及耕種者。

　　順德、南海兩縣，蠶絲業全盛時，年青的「自梳」及「不落家」婦女，大都在「絲偈」（絲廠）裏繅絲，年老的則多從事採桑、養蠶等工作。「絲偈」的剝削雖很重，但「自梳」及「不落家」婦女多無家庭負擔，以自己的辛勤勞動維持個人最低限度的生活，仍可略有盈餘。黎思復少時（約 1927 年），順德生絲在國際市場上已被日本人造絲所排擠，「絲偈」多已歇業，曾到碩果僅存的桂洲「絲偈」參觀，偈內的繅絲女仍多達數百人。當順德絲業全盛時，各「絲偈」所容納的「自梳」及「不落家」婦女之多，便不難想見。

　　順德的絲業衰落後，「自梳」和「不落家」的婦女，便不得不另謀生計。其中很大部分，流向廣州、香港等大城市，在富家作「媽姐」。由於順德的烹調技術素以精美馳名，如大良的炒牛奶、炒水魚、水蒸雞、野雞卷、炆風鱔，以至切魚生、炆狗肉等，都別具風格，很受各地人士讚賞。順德的「自梳」及「不落家」婦女大都繼承了這些傳統的烹調技巧，且作事小心，體貼入微，很受雇主歡迎。豪商顯宦之家，多雇她們作「乾媽」（廣州人俗稱「乳娘」為「濕媽」，保姆為「乾媽」）、「近身姐」（專替雇主料理精細的身邊

事務，如整理床鋪、裝煙遞茶、搖扇盛飯、熨衣整履、出入隨侍、送禮請安等的女傭）及廚娘等，甚至把全部家務，都委託她們照料。故「順德媽姐」曾飲譽一時，傭用「順德媽姐」便成為顯貴人家的風尚。

海運暢通以後，有些「自梳女」更遠涉重洋，到海外傭工。據筆者所知，廣州倉邊路側毓秀街口世代相傳以專醫痔漏為業的溫天鶴醫生，有一「自梳」的姑母溫蓮，於四十年前，其父逝世時突然失蹤，直至抗日戰爭以後，仍渺無音訊，親屬均以為必已物故。廣州解放後，突由南洋檳榔嶼歸來，始知她為求得晚年有所資借，不惜飄洋過海，傭於殷富的僑商家中；貯蓄漸豐，即自行在檳榔嶼開設照相館，並購置產業，積久遂成小康。番禺睦洲鄉有一「自梳女」陳娟，年青時赴星架坡的妓寨傭工，一去卅餘年，直至五六十歲始由星架坡歸來，積資逾萬，在廣州置產。「自梳」及「不落家」婦女之在外傭工較久的，不少深諳英、法等外國語言，在洋人家庭傭工及隨洋人返國工作。故「自梳」及「不落家」婦女活動的範圍，可說遍及中外，尤以用「順德媽姐」的身份出現的「自梳女」的足跡最為廣闊。

至番禺、中山等地的「自梳」及「不落家」婦女，則以從事刺繡、織布等較眾。尤其在民國初年以前，婦女尚受纏足之累，在社會上謀生不易，大都只能在家庭內以針黹為活。

針織業興起以後，這些地區的「自梳」及「不落家」婦女，不少轉而從事針織業。民國初年，廣州絲業巨商周漢泉的侄女，「梳起」後即在廣州西關厚德里開設織襪廠及線衫廠，獨立謀生。絲業衰落後，周氏的後人多由這個侄女撫養。

在鄉從事耕作的「自梳」及「不落家」婦女，除自行耕種及飼養牲畜以外，多在農忙季節，出外作臨時工，為人插秧、除草、割禾等。在番禺各鄉中，有一種特殊的鄉例：在收割季節，凡遺留在田基及路上的禾稻（不包括遺留在田內的稻穀——這部分遺穀歸承耕人及「耕人」即「二路地主」所得），統歸「自梳女」撿拾，稱為「執禾」。「執禾」的收入看來好像微乎其微，但積少成多，亦是當地「自梳女」的一筆為數不少的特有收入。

除了上述各項正常的職業活動以外，還有一些稍有積蓄的「自梳」及「不落家」婦女，以「埋月會」、「撚妹花」、放貴利等為業。

「做月會」原是一種傳統的互通有無的互助形式，但那些從事剝削活動的「自梳」及「不落家」婦女卻利用來作生財門路。例如：她們「埋」一份十人的五元月會，原應每月提供五元會款貸給其他需款的會友應用，但往往因須款用的會友多，例定只能由願出重「標頭」（利息）的會友標得。故須標取會款應用的人，只好不惜以一元至元餘的「標頭」來爭標會款。如會款由「出標」一元五角的人標得的話，則其餘九人只須每人拿出三元五角給標會的人，將來則可按定額五元十足收回；十人的月會如連續九個月均有會友以如此重的「標頭」標會，則這個「自梳女」在這九個月內只須提供卅一元五角的資金，至第十個月即可收回四十五元現款，獲得利息十三元五角（其餘類推）。故有些手上持有一千數百資金的「自梳」及「不落家」婦女，通過「埋月會」的辦法，年中便可得到三數百元的利息。如果她們是月會的發起人（即「會頭」），更可得到無息、優先取得會款的特權，她們即可利用所取得的會款，從事各種剝削活動。

「撚妹花」即專門培養女童供豪貴作妾，藉以獵取鉅利。從事「撚妹花」的「自梳女」，大抵都是饒有私蓄之輩。所「撚」的「妹花」，由三兩朵至十朵、八朵不等。她們為獵取厚利，多設盡一切辦法，把「妹花」「撚」得肌肉潤膩，手足纖細，嫋娜多姿，不使「妹花」參加操重勞動，教她們終日塗脂抹粉，供她們以錦衣玉食，使她們適應豪商顯宦的淫樂需要。故以「撚妹花」為業的「自梳女」，多自己置有房舍，所「撚」的「妹花」較多的，還須雇用「使媽」來服侍那些「妹花」。如果不具備這樣的人力和財力，就必須與其他同行的「自梳女」合資協作。

不獨立謀生的「自梳女」，大抵都是出身於所謂「名門望族」的婦女。因為她們的父祖輩都擁有鉅資，她們矢志「梳起」後，往往即由父母撥給一部分資財（等於富家女兒出嫁時妝奩之值），供她們維持生活。如順德巨室龍氏（世代皆顯宦，名園「清暉園」即龍氏的花園）的一些「自梳」女，除由父母撥給大量資財維持生活外，

還慮她們索居寂寞，特為她們在大良城華蓋里建築大廈一座，使她們能結伴聚居。宅內一切廳房間隔，都是專供一群「自梳女」分戶同居而設計的，單是廚房，即如一座大廳，爐灶多至十餘通，以便她們分爨。這座大廈，即現在的華蓋里廿一號大住宅。清代福建海關道黎召民之女倩初，亦順德昌教鄉人，其兄國廉在民國元年胡漢民督粵時，曾任民政司長。倩初「自梳」後，其家亦特為她在廣州存善東街置三便過、幾進深的大廈一座，並撥出鉅款，給她作贍養之資。這類「自梳女」大都閒居終日，無所事事，最多只是「撚」幾朵「妹花」，以資點綴而已。

關於「自梳」與「不落家」婦女的宗法繼承和社會關係，文中指出：

一般「自梳女」及「不落家」婦女既勤勞，自奉又很薄，儘量把辛勤勞動所得積聚下來，以為晚年生活的資借。因此，大多數「自梳」及「不落家」婦女到晚年以後，都薄有積蓄。她們既無後代，身後遺產的繼承，因而亦與常人略異。

「不落家」婦女的遺產，如有庶出子女，一般多遺贈其庶出子女或母家親屬。「自梳女」的遺產，除指定遺給其兄弟、侄兒等親屬者外，則由其所收「徒弟」或「金蘭姊妹」繼承。

「自梳女」收徒的儀式與習俗的拜神上契無異，稍富有的，則設宴遍請其親友及「金蘭姊妹」，但筵席都是齋點，賓客只限於女性。所收之徒，亦必為「自梳女」。

當「自梳女」的「徒弟」的人，事師必須唯孝唯敬：師傅有疾病，必須躬侍湯藥；師傅去世後，必須上孝著服，承擔殮葬、立主供奉、春秋祭掃等義務。而師傅遺下的金錢、衣物、房屋等一切資財，亦統由「徒弟」繼承。「自梳女」之「收徒」，純為解決晚年生活的依靠與身後的祭祀而設，不一定有若何特殊的技藝可傳，故沒有一定財產的「自梳女」，便沒有「收徒」的資格。

「自梳女」為了使自己的「後事」付託得人，對「徒弟」的選擇，向極嚴格。非經過長期細緻觀察和多方考驗，認為完全滿意，不輕易接納。

沒有脫離母家外出謀生，或雖脫離母家，但母家有兄弟、侄兒等親屬，彼此又感情融洽的「自梳女」，則不一定收「徒」傳後，而

由其兄弟等親屬繼承其產業。

　　一般女子長大不嫁，長居母家，鄉俗便認為不祥，但「自梳女」則作別論。「自梳女」一經「梳起」後，即有權視母家為己家，以母家之事為自己之事，且可為母家操持家務，雖兄嫂、弟婦輩亦不敢非議，俗稱為「把家姑婆」。這類「自梳女」，一般都具有較濃厚的傳統的宗法觀念，以弟、兄輩之「榮」「辱」為榮辱，視弟、兄輩之子女為子女——弟、兄輩舉一男則笑口長開，弟、兄輩添一女則拂然不悅。往往由於他們對母家的家事過分關懷和專斷，引起兄嫂或弟婦輩的不滿。即使這樣，母家的親屬一般仍寧願忍隱相讓，非萬不得已，絕不使她們因難堪而離開家庭，否則，鄉俗多認為其兄嫂、弟婦輩霸道強悍，不能容人，而加以指責。

　　「自梳女」及「不落家」婦女除可在母家與親屬同處外，還可與其他「金蘭姊妹」合營一屋而居，稱為「姑婆屋」。居住在「姑婆屋」的「自梳」及「不落家」婦女，除在生計上相互提攜以外，在生活上亦互相關懷，甚至因此產生同性戀愛，而所謂「契相知」。儼同夫婦，出入相隨。

　　「契相知」儼為夫婦，嚴格地限於一對一。如果任何一方與第三者（指女性）另戀，同樣會引起爭吵決裂。

　　同性相戀的「自梳女」形同夫婦，暇輒駢昵哦唱《碧容探監》、《客途秋恨》等一類抒情的木魚書；但借唱木魚書以抒情的多是年青一輩的「自梳女」，中年以後仍唱此類木魚書的都很少見。鄉俗對「自梳女」在「梳起」後勾三搭四（對男性而言）懲處雖極殘苛，但對他們「契相知」同性愛的一些穢褻行為，則從不干預。

　　「自梳女」們為了相互防止不能以獨身終老，創奉了一種「迷頭教」，這種教據說與流行於南洋一帶的「落降頭」無異。謠傳只要將某一婦女的丈夫的「八字」（出生年、月、日）寫下來，由「自梳女」之懂得法術者披麻帶孝，散髮禹步拜祭，並書符念咒，邊拜邊念，經過一段時期，即可將這個婦女的丈夫魘死。因此，一些被迫出嫁的婦女曾以此作為達到「不落家」的手段。其後，更被「自梳女」輩用以互相恐嚇不得中途變志，否則即以魘死其丈夫相要脅。陳適曾在鄉時，曾聞潭山鄉有一男子在新婚洞房之夕，深夜忽

聞如哭如訴之聲。家人起而察看，見新婦披麻帶孝，獨自躲在牆隅暗處靈祭。新郎的家屬睹狀皆栗然驚呼，召集全家男女將之捕獲，於翌晨將她綁赴「祠堂」交「父老」訊問──鄉俗，族中有事均由「父老」集祠公斷──始悉新娘為「迷夫教」徒，欲靈死其夫以達到「不落家」的目的。結果，只好將婚約取消，由女方「賠銀」給男方另娶作罷。解放前二年，「迷夫教」仍在迷惑婦女。當時，廣州市曾喧傳西門口菜市有一菜販的女兒，由父母作主與一青年男子訂婚，男女雙方原亦互相屬意。但女方曾加入「迷夫教」，結婚則違反教規，恐丈夫被「教友」靈死；不結婚又情愛難捨，結果，只好潛往越秀山，雙雙自縊而死。故許多「自梳」及「不落家」婦女在相約加入「迷夫教」後，雖欲中途結婚或「落家」，但格於教規，都只好強自抑止；還有一些被「自梳」及「不落家」婦女包圍，原不擬獨身終老的少女，凜於「迷夫教」為害，卒不得不「自梳」或「不落家」。

最後，該文談到了「自梳」與「不落家」風氣的衰消，謂：

由於「自梳」與「不落家」是封建制度下的一種反常現象，作父母的人固然反對，即婦女輩本身亦實迫處此。故在這種風氣盛行的年代，許多作家長的人，已想盡許多防止女兒「自梳」及「不落家」的辦法。最常見的是：家長在私下為女兒議婚時，即設法避過女兒的「金蘭姊妹」的耳目，偽稱探親，潛將女兒攜赴廣州，使男方在茶樓或其他適當場合下「相攸」（俗稱「相睇」，即女方約定男方家長來看他們的女兒的容貌之意）。婚議定後，即在廣州舉行婚禮，並在市內居住一段時期（兩三年左右），才返回鄉中的祖居居住。這樣，作為新娘的少女雖欲「自梳」或「不落家」，固不可得；她的「金蘭姊妹」雖欲包圍和壓迫，亦無所施其技。但這種辦法只能行於稍富裕的人家，赤貧之家即力有所不逮。對彌止瀰漫一時的「自梳」與「不落家」風氣，作用並不大。

民國以後，風氣漸開，男女婚姻較自由，「自梳」與「不落家」的風氣已稍戢。尤其是順德蠶絲業在國際市場受帝國主義的打擊、排擠而致崩潰以後，以繅絲為業的「自梳」及「不落家」婦女失去經濟憑藉，多四出傭工。停留在鄉間的「自梳女」及「不落家」婦

女的數量銳減，年輕一代較少受到她們的影響。加上國內經濟受帝
國主義侵略的影響，百業凋零，婦女獨立謀生更不易，「自梳」與「不
落家」的風氣，遂更衰薄。抗日戰爭後，珠江三角洲的元氣大傷，
「自梳」與「不落家」的風氣已不絕如縷。解放以後，這種畸形的
風習已經廢除，解放初期所能見到的，只是它的殘餘而已。

關於福建惠安女的情況，《廈門大學學報》1962年第4期刊載有著名人類
學家林惠祥教授《論長住娘家風俗的起源及母系制到父系制的過渡》一文，茲
節錄如下：

> 作者在瑞東鄉時由女幹部們所查得的資料：婦女嫁後三日即回
> 娘家長住，只有逢年過節方到夫家暫住。以後如有懷孕方可長住夫
> 家。俗稱長住娘家的媳婦為「不欠債的」，住夫家為「欠債的」。住
> 娘家的時間，至少二三年，五六年的非常之多，七八年的也不少，
> 有到一二十年的。實例如下：北坑廖晚生娶妻至今有五年（指一九
> 五一年），每年來夫家不上十次，每次不上三日。妻姓盧，是許山
> 人，這是其叔母說的。廖厝何耀堂之兄耀祖自十三歲娶妻，妻也是
> 十三歲，是乘祖父喪娶的，今年（一九五一年）廿三歲，妻極罕來
> 夫家，因母家田多需工，至今未生育，逢時季方來夫家。廖厝廖珍
> 生娶妻五六年不來夫家，珍生另找興化女子，被其妻家人來問罪，
> 打傷其母的頭。其後珍生參軍（應是解放軍），政府使人送離婚書
> 給他家，其妻乃悔悟，遂來夫家。這是其母說的。此外長住娘家過
> 十年的不少，如南埔人陳成金娶妻十二年，極罕來夫家。南埔陳烏
> 絹嫁後十餘年不到夫家。下鄉人許綢嫁後住娘家十餘年。赤埕下人
> 莊襯十三年。下鄉人盧煥文之妻十二年。下鄉盧憐廿二歲嫁，今年
> （一九五一年）卅七歲，尚未到夫家。祠堂婦女盧甜十餘年。前坑
> 婦女李算十二年（是婦女代表）。和弄村婦女黃秀十餘年。還有達到
> 二十年以上的，如坑尾許貓竇二十餘年。湖邊婦女柳呵，嫁後二十
> 餘年，到三十九歲，方才「欠債」。長住娘家的婦女，如有時到夫家
> 都很短促，常於傍晚才到，次早即速離開夫家，因此懷孕極難。偶
> 然有幸而懷孕生子的，又不得生在娘家，必須連夜趕到夫家，因此
> 有生於路中的。婦女因罕到夫家，又到夫家時只是夜間相會，故常
> 不相認識。曾有某人夫婦結婚後多年，有一次都到塗寨鄉做買賣，

不能相識，由別人告知，方才知道。有些地方婦女偶然到夫家時也不得和丈夫同睡。如有和丈夫同睡的，便會引起娘家的女伴譏笑，這種風俗在古山和父鳳二村最盛。以前曾有一婦女與丈夫親愛，回娘家後在上山割草時，被女伴編一支歌來譏笑她，她便自殺。這支歌如下：

頭殼（頭）倚遮風（床邊木板），爛頭鬃（頭髻）。巴脊（背）倚鋪枋（床板），爛三空（孔）。腳川（屁股）坐床墘（床緣），爛三年。

婦女又有編成保甲來互相監督，不准和丈夫親愛的。又有選連長的，有一位連長曾自殺。

以上所調查的是第二區即塗寨一帶各鄉村的實例。東部沿海也有這種風俗，崇武一帶已婚婦女一年到夫家只有三日，近崇武的港乾鄉有一婦女結婚十四年，到夫家只四次。婦女因為長住娘家成為慣例，雖有些夫妻感情不壞的也不敢住夫家；而長住娘家，終身無靠，又不是結局。因此感覺人生痛苦，悲觀消極，至於輕生自殺者很多，甚至於互相招引，集體自殺。這種不良風俗在解放前舊社會裏非常流行，到解放後還有存在，甚至女幹部也不能避免。

一九五二年五月十三日《福建日報》有一篇敘述惠安婦女長住娘家風俗的報導：「結婚後，只有結婚的頭三天可在丈夫家裏住，以後只有逢年過節才許回到夫家住一天。這樣，一直要到懷孕臨產時，才能長住夫家。個別地區的婦女回夫家時，還得用塊布遮著臉，到晚上熄燈後才能去掉。第二天天亮又得跑回娘家。」「一到農忙季節，娘家的田要種，同時還要到夫家去打短工或幫工。在夫家工作時，白天去，晚上回，勞動像牛馬，吃的是地瓜渣。」「婦女們常常相約自殺。惠安女勞動模範王淑鶯就曾因此想自殺過三次，她說：農忙時要到夫家做工，但晚上又不能住在夫家，路遠的只有坐在門檻上等待天亮，一天辛苦得不到休息。為了悲歎命苦，姊妹們往往成群相聚大哭，共同宣誓去自殺。」「婦女集體自殺事件在解放後仍然存在。一九四九年十月到一九五〇年八月的不完全統計，全縣婦女自殺的還有一百二十二人。」集體自殺的風俗開始於清朝末年，自殺的婦女成群跳潭跳海。最嚴重的是三區，在解放前曾嚴重到平

均每日一人自殺。她們自殺的主要原因是封建制度對婦女的嚴重迫害，現因實行新婚姻法，自殺已得到有效的制止。

　　廈門大學歷史系四年級學生吳綿吉於一九五六年寒假回惠安故鄉時，根據《一九五二年十月惠安縣貫徹婚姻法工作總結》和《一九五一年十二月晉江專區婚姻法執行情況檢查組的報告》，摘記關於長住娘家的資料如下：「婚姻不自由，婦女便消極抵抗而長住娘家。常在結婚後三兩天就回娘家，在年節或農忙時節勉強到夫家去一下，有的早去晚回，有的今晚去明早回。去時面上蓋上烏巾（黑布），熄燈後即放下，因此有夫妻結婚後數年尚不互相認識的奇事。如第三區延壽鄉小坑黃村張王水，結婚七年了，而不識其妻。甚至有的婦女回夫家時與他人睡，不願與丈夫同床，天稍亮就趕回娘家，向同伴們訴苦。如三區南尾村王右與其丈夫結婚十二年，從未與其丈夫同睡過。因此相沿成俗，變為一種惡習，如果誰與丈夫同床，其女伴就孤立她，稱她『臭人』。致使有個別夫妻感情並不壞，也受其影響，而不敢常住夫家，怕人笑。更甚者是在一九五四年（應為一九四四年之誤）前，三區大坑黃村有一婦女追姑與丈夫感情不好，而回娘家組織『長住娘家婦女會』。每一入會者，須繳白銀伍元及鰻魚十斤，作為會費，晚上集中睡，誰欲回夫家，須經批准，同時回去要保證不與丈夫同床，回來時尚須彙報。因此許多婦女結婚數年尚是處女，生活苦悶而宣誓去自殺。有婦女張妹、林鏡、張梅等三人，就因對婚姻不滿而加入該會，結果集體投潭而死（該會解放前因追姑死而解散）」。

　　「五區港乾鄉張跳寶結婚已六年，其老婆到其家只有九天，彼此互不認識。有一次張跳寶上街買葡萄，而賣的正是其老婆，然而互不認識。據四區前內鄉調查結果：七百五十七人的已婚婦女都住過娘家，其中長住娘家過二十年以上有五人，十年以上有四十一人，六年以上有二百一十六人，五年以上有二百五十一人。」

　　廣州地區的不落家現象在二十世紀二三十年代已呈衰退之勢，而惠東五十年代初此風尚屬甚盛。推斷一下，此地長住娘家（不落夫家）的風習在清代一定已經就有了。

　　多種因素的共同作用方才促成了惠東的不落家習俗，其中是否存在這樣

的一個原因：當地地處福建，男風興盛，男子在一定意義上對於女子比較疏淡？果真如此的話，女子既被疏淡，這就會促使她們去做出不得已的反應，轉而向同性去尋求本該得自異性的溫暖和慰藉。〔註374〕人們常把男女之交比喻成戰鬥，是花營錦陣裏的生活。在惠東，戰鬥同樣存在，只是熱戰變成為冷戰，悲情取代了歡情。

第五節　兩性人與同性戀

兩性人介於男女之間，也即醫學上的兩性異形。他們具有特殊的性別狀態，在生物意義和社會意義上都與常人存在著諸多區別，不時地會給周圍社會帶來一些異聞和疑惑。

一、產生及分類

關於兩性人的產生原因，現代生物醫學雖未能完全解釋清楚，不過總的認識已經相當科學。從生理角度，兩性人可分為真、假兩種兩性異形，後一種又可細分為男性假兩性異形和女性假兩性異形。

所謂男性假兩性異形，是指染色體核型為 46XY，性腺為睾丸的本來應當是男性的人，卻在第一、第二性徵上具有或多或少的女性特點，從而社會性別時常是為女性。具體情形包括，（1）睾丸女性化綜徵。該徵與 X 染色體上的睾丸酮受體基因發生突變有關，結果血液中雖然有足夠量的雄激素，但卻不能與靶細胞結合，從而導致男性的女性化，可分完全型和不完全型兩種。完全型者女性第二性徵發育較充分，外陰形態與一般女性幾無區別，陰道較深。不完全型者女性第二性徵發育不充分，陰蒂增長增大，陰道短淺或與尿道共同開口於泌尿生殖竇。（2）睾酮合成障礙。在由膽固醇合成睾酮的過程中，若參與代謝的某種酶發生缺陷，即可致此。如 17,20-碳鏈酶缺陷會使 17 羥孕烯醇酮不能轉化為脫氫表雄酮，從而體內雄激素、雌激素的合成均會受阻，致使患者呈現宦官去勢體態，皮膚細膩，無喉結、鬍鬚，陰莖短小似陰蒂，陰囊分裂似陰唇，尿道下裂，有短淺陰道。而 17β-還原酶缺陷則會使弱雄激素脫氫表雄酮

〔註374〕據陳國強先生等多年來的社會學調查，惠東女中並沒有同性戀普遍存在的情況，見《閩臺惠東人》，廈門大學出版社，1994 年版，第 146 頁。據此，我們似不必強調惠東女子實際的同性戀活動，但由她們姐妹伴之間的深情厚誼來看，至少初步的、精神上的同性戀應是不少的。

不能轉化為雄烯二酮及睾酮，從而造成體內脫氫表雄酮的堆積，致使患者陰部形態似女性，不過她們通常還是男性體態，皮膚較粗糙，可有喉結和鬍鬚。（3）5α-還原酶缺陷。男胎在 20 周左右，泌尿生殖竇需要在雙氫睾酮作用下發育為前列腺、陰莖、尿道與陰囊。5α-還原酶缺陷會使睾酮不能轉化為雙氫睾酮，結果導致男陰似女陰。

所謂女性假兩性異形，是指染色體核型為 46XX，性腺為卵巢的本來應當是女性的人，卻在第一、第二性徵上具有或多或少的男性特點，從而社會性別有時是為男性，其主要成因是先天性腎上腺皮質增生。在由膽固醇合成皮質醇、醛固酮的過程中，某種酶──通常是 21-羥化酶，以及 11β-羥化酶──的缺乏會使合成過程發生障礙，腎上腺皮質增生，從而造成體內雄激素的分泌量超標，致使女性個體男性化。表現為男性體態，皮膚粗糙，可有喉結及鬍鬚。陰部異形較輕者陰蒂增大不明顯，陰道、尿道較正常；中度者陰蒂增大較明顯，陰道、尿道共同開口於泌尿生殖竇；嚴重者陰蒂似陰莖，陰唇似陰囊，尿道開口於陰蒂（陰莖）頭部。

所謂真兩性異形，就是一身而同時具有男性睾丸和女性卵巢兩種性腺組織。可能一側為睾丸一側為卵巢，也可能一側為睾丸或卵巢，另一側為卵睾，還有可能兩側均為卵睾。染色體核型既有 46XX，也有 46XY，還有嵌合體如 46XX／46XY、45X／46XY 等。其產生原因尚難明確，發生幾率較假兩性異形為低。這類兩性人的社會性別或男或女，陰部形態則在男女之間。青春期開始後，第二性徵的表現取決於性腺分泌激素的功能。可出現乳房發育（約 3/4）、月經來潮（約 1/2）和（或）某種程度的男性化表現。有排卵功能者約占 1/4，精子生成比較少見。〔註375〕

古代社會強調家庭、家族的延續，醫家們對於廣嗣、擇嗣的生育問題也就很注意研究，相關聯地，對於兩性人亦有一些觀察。南齊褚澄認為：「男女之合，二情交暢。陰血先至，陽精後衝，血開裹精，精入為骨而男形成矣；陽精先入，陰血後參，精開裹血，血入居本而女形成矣；陰陽均至，非男非女之身；精血散分，駢胎品胎之兆。」〔註376〕褚氏之論在後世影響很大，雖然

〔註375〕 以上內容主要參考人民衛生出版社，1990 年版《男女生殖系畸形》、上海科學技術出版社《中國醫學百科全書》、遼寧科學技術出版社，1991 年版《人類生殖調節圖譜》等。

〔註376〕 《褚氏遺書・受形》。按此書系偽書，《欽定四庫全書總目》卷一百三：「疑〔北〕宋時精醫理者所著，而偽託澄以傳。然其言可採，雖贗品不可廢也。」

限於當時的科學水平，他的認識並不正確，但至少其中並不包括超自然的神秘迷信成份，這是中國古代醫學的一個優良傳統。元代，金元四大家之一朱震亨不認可褚澄的見解，他引用金代李杲〔註377〕之說指出：「成胎以精血之後先分男女者，褚澄之論，余切惑焉。後閱李東垣之方，有曰經水斷後一二日，血海始淨，精勝其血，感者成男；四五日後，血脈已旺，精不勝血，感者成女。此確論也。」褚氏是把男女交合時男子陽精和婦人陰血的來至先後作為決定胎兒性別的關鍵，李氏、朱氏則以陽精、陰血的孰強孰弱為關鍵。對於兩性人，朱氏的分析很是細緻：「或曰：分男分女，吾知之矣。男不可為父，女不可為母，與男女之兼形者，又若何而分之耶？余曰：男不可為父，得陽氣之虧者也；女不可為母，得陰氣之塞者也；兼形者，由陰為駁氣所乘而成。其類不一，以女函男有二：一則遇男為妻，遇女為夫，一則可妻而不可夫。其有女具男之全者，此又駁之甚者。或曰：駁氣所乘，獨見於陰（嬰兒之陰器），而所乘之形，又若是之不同耶？予曰：陰體虛，駁氣易於乘也。駁氣所乘，陰陽相混，無所為主。不可而左，不可屬右，受氣於兩岐之間，隨所得駁氣之輕重而成之。故所兼之形，有不可得而同也。」〔註378〕朱震亨看到了兩性人的不同表現，並且他的「氣」論在大的思路上與激素內分泌學說有某些暗合。在近現代醫學以前，傳統中醫能對兩性人認識到這種程度已可算是難能可貴了。

當然，如果嚴格地從科學角度看，朱氏之論是很成問題的。首先，兼形與男不可為父、女不可為母並列就不恰當。按朱震亨的意思，上述三個概念分別是指他所定義的兩性人，生而陰莖弱小、性慾低下者，陰道、處女膜等處狹窄閉鎖者。但如果從字面來看，男不可為父、女不可為母除去可具有上面含義外，其實還可以分別包含兩性人中的男性假兩性異形和女性假兩性異形的。朱震亨卻將兼形單獨出來，這就表明他對男性假、女性假兩性異形沒有什麼認識，看不清大多數兩性人身上內在性別（即現在所說的染色體性別、性腺性別）與表型性別（生殖器性別）的區分，而是認為兩性人本質上就是屬於一種特殊的性別，並非由男胎、女胎的變異而來。而這種情況只能大致適合真兩性異形的特徵，是不能將大多數兩性人包含進來的。同時，從產生原因來看，駁氣與陽氣之虧、陰氣之塞的並列也不合適。按傳統中醫理論，男子、女子都是

〔註377〕亦是四大家之一，字東垣。
〔註378〕《格致餘論・受胎論》。

陰陽和合的結果，男體並非純陽，女體並非純陰，而是陽中有陰，陰中有陽，就像現在已知的男性體內也有雌激素，女性體內也有雄激素一樣。而只要陰陽比例協調，那麼就能產生一般形態的男女個體。朱氏所謂「駁氣」也就是陰陽勢均的比例失調之氣，它固然能夠導致兩性異形。不過男得陽氣之虧時，男性體內本來應佔優勢的陽氣的衰減正可以導致陰陽之氣趨近均衡；同樣，女得陰氣之塞也可以致此。因此，陽氣之虧和陰氣之塞應當是駁氣的具體表現，將後者置於前兩者的上類位才是比較合適的。至於「男不可為父」者的產生原因，可以講他們也是生於駁氣，不過那是不同類型的駁氣；而「女不可為母」者的產生，大致看與激素意義上的陰陽之氣是否失調並沒有什麼關係。

　　另外，朱震亨對兩性人的分類也存在著混亂之處。在兩性人中，最徹底的男性假兩性異形幾無男性特徵，幾乎就與一般女子無異（當然她們不能懷孕生產），最徹底的女性假兩性異形則與一般男子很相近（當然他們不能生精射精）。古代條件下他們通常是會被當作女人、男人看待的，我們也不必苛求醫生能夠將他們分出。古人能夠認出的兩性人都是性器異形較明顯的，最主要的個體特徵就是既有陰道又有陰莖，當然陰道可能比較短淺，而陰莖收縮後則可能似陰蒂。以此再看朱震亨的分法，「遇男為妻，遇女為夫」者就是遇男則陰莖縮似陰蒂，遇女則陰蒂長似陰莖者。「可妻而不可夫」者就是陰道相對較深，陰莖相對較短難以挺立者。他們既然屬「兼形」，也就都可以包含在「女具男之全者」之內，若將三者並列，則會造成理解上的錯亂。

　　下面是明代大醫家李時珍的看法。其《本草綱目·卷五十二·人傀》：「夫乾為父，坤為母，常理也。而有五種非男不可為父，五種非女不可為母，何也？豈非男得陽氣之虧，而女得陰氣之塞耶？五不女，螺、紋、鼓、角、脈也。螺者，牝竅內旋有物如螺也。紋者，竅小即實女也。鼓者，無竅如鼓。角者，有物如角，古名陰挺是也。脈者，一生經水不調及崩帶之類是也。五不男，天、犍、漏、怯、變也。天者，陽痿不用，古云天宦是也。犍者，陽勢閹去，寺人是也。漏者，精寒不固，常自遺瀉也。怯者，舉而不強，或見敵不興也。變者，體兼男女，俗名二形，《晉書》以為亂氣所生，謂之人痾〔註379〕。其類有三，有值男即女值女即男者，有半月陰半月陽者，有可妻不可夫者。此皆具體而無用者也。」和朱震亨之說做比較，李時珍未提駁氣，未將兼形單獨出來。他是

〔註379〕見《晉書·卷二十九·五行下》。按《宋書·卷三十四·五行五》中也有相同　　　　　　內容，其寫作時間比《晉書》要早。

將二形也即兼形放入五種非男當中〔註380〕，認為是男得陽氣之虧的結果，這就表明李時珍對兩性人的產生及分類也較缺乏認識。實際上，二形人既然體兼男女，他們由女性變異而來的可能性也就完全是可以存在的。《本草綱目》接著講：「陽生陰長，孤陽不生，獨陰不長，常理也。而有思士不妻而感，思女不夫而孕，婦女生鬚，丈夫出渾，男子產兒者，何也？豈其氣脈時有變易，如女國自孕，雄雞生卵之類耶？男生而覆，女生而仰，溺水亦然。陰陽秉賦，一定不移常理也。而有男化女，女化男者，何也？豈乖氣致妖而變亂反常耶？」在這段話當中，第一，婦女生鬚、丈夫出乳、男化女、女化男，這些都是兩性人的具體表現，可以用青春期開始後體內陰陽之氣發生了變化來解釋，而不必講得那麼玄虛。他們都可以歸入二形當中，而不必另外列出。第二，思士不妻而感含義不清，思女不夫而孕、男子（這裡的男子是指原本正常的男性）產兒是不可能的事情。

　　在古代條件下，古人對兩性人的認知缺陷是難以避免的。我們既應分析他們認識上的不足，同時也應看到他們大思路上的某些合理性。

　　有必要再補充說明兩點。(1)男性假兩性異形、女性假兩性異形和真兩性異形人員的陰異表現時常是比較相似的，因此，即使是現在，醫生雖然知道異形的分類但僅憑觀察卻也經常不易分清。當然，有經驗的醫生通過手觸，如果在陰唇（陰囊）、腹股溝部位能夠摸到裏面的睾丸，那麼大致就可以判定就診者是屬於男性假兩性異形，不過若要確診，則是必須要進行染色體的檢測。（2）男性假兩性異形人員的社會性別並非全是女性，女性假兩性異形人員的社會性別並非全是男性，染色體、社會、心理性別一致而卻屬於兩性異形的情況也是有的。例如程度較輕的女性假兩性異形，她們的陰部形態總的來看更像女陰，一般會被當作女孩來撫養，她們也會認定自己是屬於女性。

　　「兩性人」作為一個名詞在古代並不存在，他們的古時稱呼中義的是「二形」、「二形人」、「陰陽人」，帶有貶義的則為「人妖」。按人妖寬泛地可以指任何形式的異形之人，宋代岳珂在《桯史》中曾記：「江山邑寺有緇童，眉長逾尺，來淨慈，都人爭出視之。是非肖貌賦形之正，近於人妖矣。」〔註381〕而

〔註380〕五種非女中的陰挺看來只是陰蒂有些肥大，還達不到二形的程度，或者不被當事者認為是二形。按陰挺在古代通常是指婦人陰中有物脫出的病症，如子宮脫垂、陰道壁膨出等，也可指男子陰莖的挺縱不收。
〔註381〕《桯史·卷第六·蘇衢人妖》。

雖無生理異形，但社會行為反常者或反常不經的社會行為亦可謂為人妖，《荀子‧天論》：「政令不明，舉措不時，本事不理，夫是之謂人祆（妖）。」《南史‧卷四十五‧崔慧景傳》中東陽女子婁逞女扮男裝，「變服詐為丈夫，粗知圍棋，解文義，遍遊公卿，仕至揚州議曹從事。此人妖也，陰而欲為陽，事不果，故泄」。因此，「人妖」並不是兩性人的專稱，作為名詞它的外延是比較廣的，兩性人只是它的一部分。

與人妖同義的是「人痾」，《萬曆野獲編‧卷二十八‧人痾》：「人生具兩形者，古即有之。」《庚巳編‧卷第八‧人痾》：「弘治中，常熟縣民婦生兒，一身兩頭，出胎即死。」在社會上，兩性人則有「二儀子」、「二尾子」等俗稱。《廣嗣紀要》卷之三：「二竅俱有，俗謂二儀子也。」《金瓶梅詞話》第九十六回：「內有一人說：『這個小夥子兒是新來的，你相他一相。』又一人說：『你相他相，倒相個兄弟？』一人說：『倒相個二尾子。』」

佛教對於兩性人亦較重視，因為按照戒律，性生理異形者是不能出家為僧的。相關規定，主要針對的是「五種不能男」。

所謂「五種不能男」或「五不男」、「五種黃門」是指社會性別為男子但卻不能或難以為男的五種人。《十誦律》卷第二十一：「佛種種因緣訶竟，語諸比丘：從今不能男不應與出家受具足[註382]，若與出家受具足，得突吉羅罪[註383]。佛言：有五種不能男。何等五？一生不能男、二半月不能男、三妒不能男、四精不能男、五病不能男。何等生不能男？從生不能淫，是生不能男。何等半月不能男？半月能淫，半月不能淫，是為半月不能男。何等妒不能男？見他行淫身分用，是妒不能男。何等精不能男？因他人淫身身分用，是精不能男。何等病不能男？若朽爛、若墮、若蟲啖，是病不能男。」總的來看，生不能男即生而男根短小似無者。半月不能男即一月當中半月男陰形態較正常，半月則似女陰者。妒不能男即性慾低下，見到他人性事男根方能勃起者。精不能男即遇男成女，遇女成男者。病不能男即後天男根缺失者。

在不同的佛典當中，因傳授和翻譯的關係，五種不能男還有其他說法。雖然內容大體相同，不過差異畢竟存在，列舉如下：

《四分律》卷第三十五：「佛言：黃門於我法中無所長益，不得與出家受具足戒。若已出家受具足戒，應滅擯。是中黃門者，生黃門、犍黃門、妒黃

[註382] 僧人受持之後就可以正式取得比丘、比丘尼資格的戒律。
[註383] 惡作、惡語之類的輕罪。

門、變黃門、半月黃門。生者，生已來黃門。犍者，生已都截去作黃門。妒者，見他行淫已有淫心起。變者，與他行淫時失男根。半月者，半月能男，半月不能男。」

《四分律》卷第五十九：「有五種黃門：生黃門、形殘黃門、妒黃門、變黃門、半月黃門。」

《四分律刪繁補闕行事鈔》卷上之三：「非黃門律中五種。一生黃門、二犍作者、三因見他淫方有妒心淫起、四忽然變作、五半月能男半月不能男。」

《法華文句記》卷第九上：「五不男者，謂生、劇、妒、變、半。生謂胎中或出生時，劇謂截等，妒謂因他，變謂根變，半謂半月，餘即不能。」

在《阿毗達磨俱舍論》中，黃門有扇摨、半擇迦之說。卷第三：「本性、損壞扇摨，半擇及二形人，無不律儀無間斷善諸雜染法。」卷第十五：「論曰：唯於人趣有不律儀，然除北洲唯三方有，於三洲內復除扇摨及半擇迦、具二形者。」

在《大乘阿毗達磨雜集論》中，半擇迦既與扇摨並列又被細分成五種。卷第八：「問：扇摨、半擇迦等為遮彼受鄔波索迦（在家修行之男居士）律儀不耶？不遮彼受鄔波索迦律儀，然遮彼鄔波索迦性。又半擇迦有五種：生便半擇迦、嫉妒半擇迦、半月半擇迦、灌灑半擇迦、除去半擇迦。」

再如，據《摩訶僧祇律》卷第二十三，不能男有生、捺破、割卻、因他、妒、半月六種之分。據《瑜伽師地論》卷第五十三，半擇迦與扇摨迦的含義有交叉，等。

「五種不能男」是一個很有名的講法，傳統中醫將其引入了自己的體系當中，不過具體內容各醫家有不同的理解。李時珍之見見前，明·萬全《廣嗣紀要》卷之三引《金丹節要》云：「男子有五種病。一曰生，原身細小，曾不舉發。二曰犍，外腎只有一子，或全無者。三曰變，未至十六其精自行，或中年多有白濁。四曰半，二竅俱有，俗謂二儀子也。五曰妒，妒者忌也，陰毒不良。」清人吳熾昌從普通人的角度這樣認識五不男：「任沖不盛，宗筋不成，曰天。值男即女，值女即男，曰捷。男根不滿，似有似無，曰妒。半月能男，半月能女，曰變。雖有男根，不能交媾，曰半。」〔註384〕

可以看出，雖然五不男有許多人都在講，但不同人的定義之間是存在著諸多差別的。其比較通常規範的分名應當是「生、犍、妒、變、半」，其中「變」

〔註384〕《客窗閒話·續集第八卷·轉女為男》。

和「半」與兩性人相關。不過實際上，「半」即半月一變，應為「變」的一種表現形式，是可以歸入後者當中的。就佛典中廣義的「變」者而言，首先，他們有些人實際能夠出家。據《四分律》卷第三十五：「爾時有一比丘變為女形，諸比丘念言：應滅擯不？佛言：不應滅擯，聽即送置比丘尼眾中。爾時有一比丘尼變為男子形，諸比丘念言：應滅擯不？佛言：不應滅擯，聽即安置比丘眾中。」可見，作為兩性人的比丘若化為女子，則他就可以去改做比丘尼；同樣，作為兩性人的比丘尼若化為男子，則他就可以去改做比丘。這就產生了一個問題：既然存在著化女比丘、化男比丘尼，那麼當初授戒時，為什麼沒有發現他們可變而是允許他們為僧？筆者的理解：男化女、女化男固然是一個生理現象，但同時也與性別心理很有關係。兩個生理狀態相同的兩性人，一個在生理發生了某種程度的轉變後會認為自己已經化女或化男，而另一個卻可能仍然不化。也就是說，男女轉化在一定程度上是一個心理問題，已經化男、化女者仍可能遇男成女、遇女成男。假如某人聲言自己已經變性，這時單純的身體檢查可能是看不出問題的。更進一步，即使某人聲言自己一直正常，檢查也未必能夠看出什麼根本性的問題（少年欲出家者尤其如此）。如果他竟出家為僧，那麼方內仍就可變。變得不徹底，態度較游移，則將被擯出佛門〔註385〕；變得徹底，態度很堅決，則可以由僧而尼或由尼而僧。《途說》作者繆艮曾記他親眼所見的一件事，謂：「予於丁丑〔註386〕春薄遊惠州，里人殷耕野偕至豐湖黃塘寺，見一僧人貌似女尼。耕野謂予曰：『渠本某庵女尼，十六歲時忽化男，因移住此寺為僧，今年近三十矣。』」〔註387〕第二，在佛典當中，與黃門並列的還有二形（二根、二形人、二根人）這一概念，這為人們的理解帶來了不少困難。《四分律》卷第一：「犯人婦三處波羅夷〔註388〕：大便道、小便道及口，人二形三處亦如是。人黃門二處行不淨行波羅夷：大便道及口，人男二處亦如是。」《十誦律》卷第一：「比丘與人女行淫，三處犯波羅夷：大便處、小便處、口中，二根亦如是。共人男行淫，二處犯波羅夷：大便處、口中，黃門亦如是。」在此，黃門與二形的區分是很清楚的，即二形既有男根也有女根，而黃門則不

〔註385〕而據《摩訶僧祇律》卷第二十三，因他（相當於精、變）、妒、半月這三種不能男如果是出家之後才被發現，則不應見擯，這就比《四分律》的要求要寬。

〔註386〕清嘉慶二十二年，1817 年。

〔註387〕《途說‧卷之四‧女化男》。

〔註388〕指極惡、根本之罪，犯者將被剝奪僧侶資格。

會有女根。可《四分律》卷第三十五、五十九,《四分律刪繁補闕行事鈔》卷上之三等處又有五種黃門之說,其中的生、犍、妒黃門符合《四分律》卷第一的定義,而變、半黃門呢?他們若要與《四分律》卷第一中的黃門相一致、與二形相區分,那麼無論怎樣變也是不能變出女根的,否則就不屬黃門而是二形了。但若無女根,又怎能稱之為「變」?對此,可以勉強做兩種解釋。(1)佛典可能認為,變者固然有時會變失男根,但男根之失並不會導致女根之現,而是男根、女根同時俱無。這樣一來,變黃門與二形在概念上就能分開了。但這種變者顯然是非常罕見的,實無列出的必要,與生、犍、妒者並列並不合適。(2)佛典還可能認為,二形者是歷時性地一直都既有男根也有女根,而變者則是男根現時隱女根,女根現時失男根。這樣一來,變黃門與二形在概念上可以講也能分開,但前者與《四分律》、《十誦律》卷第一中的黃門就要產生衝突了。因此,無論怎樣解釋,佛典中黃門和二形的關係都是難以釐清的。實際上,比較恰當的定義應當是:黃門相當於五種不能男中的生、犍、妒,二形則相當於變和半。只有這樣兩者的關係才能理順,在概念上才不會產生混淆,也能符合性生理異形者的普遍狀況。古代非佛典文獻大致就都是這樣認為的,例如李時珍在《本草綱目》中就把「變」解釋為「體兼男女,俗名二形」〔註389〕。若此,我們可以再看一看「十三難」中的混亂之處。所謂「十三難」,是指為了簡別受具足戒者的器與非器,而在授戒時向他們詢問的十三種自性之惡,有其中一種或以上,則不能受戒。據唐代律宗大師道宣、懷素的《四分律刪補隨機羯磨》、《僧羯磨》、《尼羯磨》等書,無論對僧還是對尼都要既問「汝非黃門不?」又問「汝非二形不?」的。先看僧,黃門、二形並問當然可以,但道宣等是在五種或六種〔註390〕不能男的意義上來理解黃門的,如此,二形也就成為了黃門的一部分,顯屬不當;再看尼,她們顯然不可能是生、犍、妒,而變和半又等於是二形,所以問尼是否為黃門是沒有必要的。

可以將其他形式的性生理異常也做些說明。這些異常者在性別自認上並不會產生困難,不過性生理同樣有變異之處。

(一)天閹

亦稱天宦,其特點是身為男子而先天性陰莖短小乃至缺如,睪丸發育不佳,性慾低下,可由性染色體異常等方面的原因引起。《黃帝素問靈樞經》卷

〔註389〕李未言「半」,看來他認為半應當是屬於變。
〔註390〕多一種「自截」,即自斷男根者。

之十的分析是：「此天之所不足也。其任沖不盛，宗筋不成，有氣無血，唇口不榮。」《古今圖書集成・醫部彙考二百》：「天宦者，謂之天閹。不生前陰，即有而小縮，不挺不長，不能生子。此先天所生之不足也。」這也就是內典所謂的「生」、「妒」不能男，元代朱震亨所謂的「男不可為父」，可以歸入「隱疾」、「暗疾」、「陰痿」、「痿症」、「痿疾」等概念當中。在歷史上，此症最有名的患者是漢代的漢哀帝和晉代的海西公。《漢書・卷二十六・天文志》：哀帝「有陰病」。《卷十一・哀帝紀》：「孝哀雅性不好聲色，即位痿痺，末年浸劇。」《晉書・卷二十八・五行中》：「海西公初生皇子，百姓歌云：『鳳皇生一雛，天下莫不喜。本言是馬駒，今定成龍子。』其歌甚美，其旨甚微。海西公不男，使左右向龍與內侍接，生子，以為己子。」其他人物還如《漢書・卷四十一・樊噲傳附》：「荒侯〔樊市人〕病不能為人〔註391〕，令其夫人與其弟亂而生佗廣，佗廣實非荒侯子。」《魏書・卷九十四・仇洛齊傳》：「洛齊生而非男。〔仇〕嵩養為子，因為之姓仇。」《北史・卷四十三・李崇傳附李庶傳》：「庶生而天閹，崔諶調之曰：『教弟種須，以錐遍刺作孔，插以馬尾。』」明代，《萬曆野獲編・補遺卷四・不男》載：「本朝藩王則楚王英𤐬亦傳聞不男，大臣則楊文襄一清、倪文毅岳及近年士人閔工部夢得俱云隱宮無嗣息。」清代，據《凌霄一士隨筆》，晚清曾任工部、刑部尚書的潘祖蔭和同、光帝師常熟翁同龢並為天閹：「潘祖蔭有潔癖，不與其妻同寢處。頃閱陳慶湞《歸里清談》〔註392〕，則潘氏乃天閹也。據云：『尚書天閹，與翁常熟同。一門生不知，初謁時，詢問老師幾位世兄，尚書曰：『汝不知我天閹乎？』同光間潘翁齊名，號為京朝清流宗主而竟復同為天閹，斯亦奇矣。」

　　天閹者的男性功能普遍不強，因此他們縱有婚姻生活一般也難有子息，例如像海西公、潘祖蔭，而海西公為欲生子只好讓左右與內侍交接。另一方面，性行為中的無力狀態使得他們與同性發生性關係的傾向要比常人明顯一些。著名事例如漢哀帝與董賢之間產生了斷袖典故，見《漢書・卷九十三・董賢傳》，而海西公與其外嬖向龍（或作相龍）、計好、朱靈寶的關係也很曖昧，見《魏書・卷九十六・僭晉司馬睿傳附司馬奕傳》、《晉書・卷八・廢帝海西公紀》。清代徐昆記有普通天閹者的兩個同性戀事例，其《柳崖外編・卷九・二閹》：「湖廣一富人，患閹。同鄉農家子，年十六，村塾就學，往來過其門。富

〔註391〕唐代顏師古注謂：「言無人道也。」
〔註392〕實即陳恒慶《歸里清譚》。

人心好之，時赴塾饋飲食，間邀至家，衣帛珍玩惟所欲，且曰：『爾亦知斷袖分桃之事乎？余本閹也，愛子，竊自薦。』遂使私焉。後密甚。又數年，其家欲為致室，閹問：『僕之所以承子意者，不能代琴瑟之好耶？吾不知卿之他求也何故。』童子以父母之命對。及婚，閹傾財助之。又二年，童子內涉鴻溝，外蹈枯井，病不起而夭，閹哭之欲絕。殆葬有期，閹遺墓工以金，令少闊其穴，及童子棺至，遂縊以殉。福建有興化諸生在侯官設帳者，娶婦生子後，得契弟焉，亦少而閹者也，情密甚。年餘，婦死，生亦死，子無所歸。契弟遂為婦人妝，聞生家鄉尚有薄田數十畝，負其子以歸。親族曰：『賢婦人也。』操井臼力田，茹薜飲冰，養其子少長，令就塾。塾師曰：『賢婦人也。』其子亦止知其家有姨母，相依為命而已。及子年及冠，將為授室，乃言曰：『吾不可以留，將去矣。』兒駭，親族、塾師交勸曰：『苦節冰操已至此，烏有中途改志者乎？』備述其故，乃知非婦人也。」

（二）石女

亦稱實女，其特點是身為女性而處女膜無孔或陰道狹窄、閉鎖乃至缺如，可由基因突變等方面的原因引起。她們與男性不可能或極難能陰道性交，懷孕生子的情況罕見，佛典中即有「石女兒」的說法，喻指不可能存在的事物。因此，石女一般不易出嫁，許多人只能是終老閨中，清寂淒孤。不過下面清代趙翼這首長詩裏的石女翁悟情卻是經歷豐富，她先曾女作男裝，後又與一女子同居，相互之間像是具有一種女性同性戀的關係。

石女歌為翁悟情作，兼柬佩香

化工爐韝誰能識？一樣胚胎揑活脫。

偏有金剛不壞身，幻出嬋娟鎖子骨。

禁坑空期有路通，臺洞偏苦無門入。

可惜修眉曼睩姿，外是玉人中是石。

自知不中采苤菲，一片雄心終不已。

遂拋巾幗改衣冠，夜習韜鈐晝矢矢。

南還故里已無家，蹤跡飄零似落伍。

一朝邂逅吟紅女，莫逆論交水投乳。

畫船同載過江來，茗碗筠爐共環堵。〔註393〕

〔註393〕佩香招與同居京口。——原注。

對局圍棋午一枰，分燈繡佛宵三鼓。

天上嫦娥暗羨他，廣寒無此好儔侶。

從此清涼過一生，不知何物是風情。〔註394〕

（三）女子生鬚

這裡是指出生時一切正常的女子，由於患有男性化卵巢腫瘤或多囊卵巢綜合徵，致使體內雄激素分泌增多，從而出現了喉結增大，面部生鬚等症狀。當然，社會性別為女性的兩性異形人員也可能生鬚，但兩者的起因不同，並且前者多是發生於青春期以後，而後者則是發生於青春期。歷史上的事例，唐代，《舊唐書・卷一百一十・李光弼傳》：「〔光弼〕母李氏，有鬚數十莖，長五六寸。以子貴，封韓國太夫人。」宋代，《宣政雜錄》：「宣和初，都下有朱節以罪置外州，其妻年四十，居望春門外。忽一夕，頤頷癢甚，至明鬚出，長尺餘。人問其實，莫知所以，賜度牒為女冠，居於家。蓋人妖而女胡犯闕之先兆也。」元代，《草木子》卷之三上：「至正十一年，京師齊化門達達一婦人生髭，長一尺餘。」明代，《庚巳編》卷第三：「弘治末，隨州應山縣女子生髭，長三寸餘，見於邸報。予〔註395〕里人卓四者，往年商於鄭陽，見人家一婦美色，頷下生鬚三縷，約數十莖，長可數寸，人目為三鬚娘云。」清代，《冰鑒齋見聞錄・婦人生鬚》：「尼蘇胡氏，年六十，面方似男人，有鬚約二寸許。據供貴州興義人，至四十七八歲時，兩頤忽癢甚，愈剃愈多，後乃留而不剃。」按：上述事例中的女子有的可能是屬於一般的兩性異形。

古代缺少治療手段，女子生鬚難以根治，從而有時人們就會看到一些奇特的場面。晚清無聊齋主人曾記：「予少時道出洛陽鎮，見店主人相貌魁梧，髭鬚滿面，身著女衣，不解其故。移時來一小兒依膝下，店主人撫摩良久，解襟乳之，更覺詫異。詢故，告曰：『妾非男子也。于歸後兩腮時作痛癢，不彌月忽鬚長髭生，剃而復出，醜態難堪矣。幸不見棄夫婿，得育此子。』言之慚愧。男子無鬚世所常有，婦人生鬚此乃創見。謂之為巾幗丈夫，其孰曰不誼？」〔註396〕並且，生鬚女子由於體內雄激素超標，她們還會出現陰蒂增大的症狀，從而一些邪詭之事就可能會偶有發生。清初王士禎曾記：「山東濟寧有婦人，年四十餘，寡數年矣。忽生陽道，日與其子婦狎。久之，其子鳴

〔註394〕　《趙翼詩編年全集》卷四十三。

〔註395〕　《庚巳編》的作者陸粲。

〔註396〕　《無聊齋雜記・亨集・婦人生鬚》。

於官，以事屬怪異，律無明文，乃令閉置空室，給其飲食。」〔註397〕這段記載有誇張之處，「忽生陽道」，好像此婦陽道如一般陰莖一樣。實際上，此婦應當只是繼發性地陰蒂有所變大，但即便如此，寡居難耐的她在激素刺激下，也要利用生理上的新特點去消解孤寂。她已經有些像是女性假兩性異形，不過這樣情況下的女子男性化程度一般都相對比較低，一般是不會改變女性性別自認的。

二、社會表現

兩性人中有不同的情形。如有的假女從小就在各方面與真女相近，長大後生理變化不大。這樣，她們就會形成明確的女性性別自認，認定自己是女子。由於在別人面前一直是以女性角色出現，她們雖然實際上比較特別但卻不易引起旁人關注。而另外一些兩性人則不同，他們在出生時被認定屬於某種社會性別，長大後卻會逐漸認識到自己身上另一種性別特徵的存在，並且由於隨著年齡增長而內分泌等發生變化，另一種性徵會漸趨明顯，如原來的女陰會變得越來越像男陽。這時，他們難免要對自身是男是女的問題產生困惑，當其中有些人認為另一種性別對自己更加合適時就會發生女子化男或男子化女的現象，這樣的兩性人當然是易於引人注目的，也易於為各種文獻所反映。較早的，《汲冢紀年》曾記在晉定公二十五年（前487），「西山女子化為丈夫，與之妻，能生子」〔註398〕。《史記》曾記在魏襄王十三年（前306），「魏有女子化為丈夫」〔註399〕。《華陽國志》卷三里的一事也是發生在先秦時期，並且還具有一些神話色彩：「武都有一丈夫化為女子，美而豔，蓋山精也，蜀王納為妃。不習水土，欲去。王必留之，乃為《東平之歌》以樂之。無幾，物故。蜀王哀念之，乃遣五丁之武都擔土為妃作冢。後王悲悼，作《臾邪歌》、《龍歸之曲》。」

先秦以後，有關男女轉化的記載更是層出不斷：

西漢。《漢書·卷二十七·五行志下之上》：「哀帝建平中，豫章有男子化為女子，嫁為人婦，生一子。」

東漢。《後漢書·卷八十二下·徐登傳》：「徐登者，閩中人也。本女子，

〔註397〕《池北偶談·卷二十五·女化男》。
〔註398〕見《開元占經》卷一百一十三。
〔註399〕《史記·卷四十四·魏世家》。

化為丈夫，善為巫術。」

魏晉。《搜神記》卷七：「〔晉〕惠帝元康中，安豐有女子曰周世寧，年八歲，漸化為男。至十七八，而氣性成。女體化而不盡，男體成而不徹，畜妻而無子。」

唐。《新唐書・卷九・僖宗皇帝本紀》：僖宗光啟二年春，「成都地震，鳳翔女子化為丈夫」。

宋。《宋史・卷六十二・五行一下》：「宣和六年，都城有賣青果男子，孕而生子。蓐母不能收，易七人，始免而逃去。」

明。《棗林雜俎・義集・女化男》：「正德七年，平涼府太平橋下女子高四姐化為男子，生鬚，名高雷。崇禎戊辰，華亭莫氏女化為男子，遂儒服裹巾。」

清。《清史稿・卷四十・災異一》：「康熙十六年，畢節民彭萬春女七歲出痘，及愈，變為男。二十五年五月，忠州民雷氏女化為男，後為僧。咸豐十一年，興國縣民曾世紅女許字王氏子，幼，即收養夫家，及年十四，化為男，遣歸。同治三年，即墨縣民家有男化女，孕生子。」

古代缺乏對兩性人的科學認識，一見這些「人妖」的諸種怪異表現就經常不會以平常心相待。特別秦漢時期，社會上流行天人讖緯之說，總好在或有或無的事物之間人為地確立一些本不存在的聯繫。就兩性人而論，他們若女化男則顯得陰盛，男化女則顯得陽衰，總之似乎是在預示著社會由強而弱、由陽而陰的一種變化，結果便被當成了災殃發生的不祥前兆。西漢時，東郡頓丘人京房為易學大家，善講陰陽讖緯，天人感應。他在《易傳》中就曾認為：「女子化為丈夫，茲謂陰昌，賤人為王；丈夫化為女子，茲謂陰勝，厥咎亡。」〔註400〕《春秋》緯之一《春秋潛潭巴》亦謂：「小人聚，天子弱，則丈夫化為女子。賢人去位，天子獨居，則女化為丈夫。」〔註401〕時風所趨，像王充這樣本來認為休咎之徵並不可信的哲學家都曾講道：「物之變隨氣，若應政治，有所象為。時或男化為女，女化為男，由高岸為谷，深谷為陵也。應政為變，為政變，非常性也。漢興，老父授張良書，已化為石，是以石之精，為漢興之瑞也。猶河精為人持璧與秦使者，秦亡之徵也。」〔註402〕男女變化若應政治，必是國家衰亡之咎徵。西漢哀帝朝，有豫章男子化為女，且嫁人生

〔註400〕　見《漢書・卷二十七・五行志下之上》。

〔註401〕　見《開元占經》卷一百一十三。

〔註402〕　《論衡・卷第二・無形篇》。

子。長安陳鳳言：「此陽變為陰，將亡繼嗣，自相生之象。」或曰：「嫁為人婦，生一子〔者〕，將復一世乃絕。」〔註403〕「果然」，哀帝崩逝後，再過平帝而西漢國祚即絕於王莽之手。東漢獻帝朝，又有越地男子化為女，時周群上言：「哀帝時亦有此異，將有易代之事。」〔註404〕又「果然」，到獻帝延康元年，東漢國祚即絕於曹丕之手。像這種認為兩性人現象關乎國運興衰、世道良否的觀點在古代中國一直是具有一定市場的。朱明隆慶二年（1568），山西發生了哄動一時的李良雨化女事。巡按宋纁據以向皇帝進言：「此陽衰陰盛之象，宜進君子退小人，以挽氣運。」隆慶帝「嘉納之」〔註405〕。而文學評論家陸雲龍則就此事件聯繫到世風的隳壞，大發感慨道：「如今世上有一種變童，修眉曼臉，媚骨柔腸，與女爭寵，這便是少年中女子；有一種佞人，和言婉氣，順旨承歡，渾身雌骨，這便是男子中婦人。又有一種踽躬蹋步，趨膻赴炎，滿腔媚想，這便是衿紳中妾媵。何消得裂去衣冠，換作簪襖？何消得脫卻鬚眉，塗上脂粉？但舉世習為妖淫，天必定與他一個端兆。我朝自這干閹奴王振、汪直、劉瑾與馮保，不雄不雌的在那邊亂政。因有這小人磕頭掇腳、搽脂畫粉去奉承著他，昔人道的舉朝皆妾婦也。上天以災異示人，此隆慶年間有李良雨一事。」〔註406〕

當然，男女轉化雖然在政治上會被認為是妖害咎徵，但在家庭、個人的層面上則未必，人們對男化女和女化男的態度很有差別。如果是男子化女，那麼家庭就失去了一個勞動力，生產力就會受到損失。因此，男化女對具體當事家庭和個人來說是一種羞恥之事，難免會受到鄰里鄉黨的譏笑，甚至官府有時都會予以懲責。《述異記》卷二載：「康熙三十三年夏，德清縣白雲橋地方男子產一女，里鄰報縣，細審不誣。將男子責十五板以厭其怪，釋令寧家，其女寄養親戚家。」（圖360）清末王伯恭曾記他親身聞見的一事，故事中化成了女子的陸姓幕客再也無臉見人：「光緒癸未之春，余自朝鮮乞假旋里，道出揚州西鄉之大儀鎮。日尚未落，荒村無可與語。門外停小轎一乘，問其為誰？則天長縣署之幕友陸姓，先我半刻至者。住對屋，門懸一簾，余意此可為竟時談伴矣。甫掀簾，將與問訊，其人遽起閉戶相拒。余愕然而退，以

〔註403〕 《漢書・卷二十七・五行志下之上》。
〔註404〕 《後漢書・志・五行五》。
〔註405〕 《明史・卷二百二十四・宋纁傳》。
〔註406〕 《型世言》第三十七回。

為世間乃有此不通情理之人。比至盱眙，轟傳天長陸師爺男化為女事。據言此人年已五十，頯而有鬚。忽一日，鬚盡脫去，同署諸人皆以為其剃鬚也。後見廁中多天癸血紙，又見其不能植身便溺。遂譁然疑之，爭欲逼其就浴驗之。陸遂不能自安，寓書居停（天長縣令），自認天譴，即日告辭云云。其居停亦頗聞之，優給川貲，且言不便面別。是日吾所遇者，蓋其出署之第一日也。怪事怪事。」〔註407〕

而女子化男則不同，家庭由此會意外地增加一個勞動力，如果父母只此一「女」的話，還能夠香煙有續。這當然是一種幸事，很值得歡欣寬慰。《客窗閒話》載：「姑蘇有老翁，富而無嗣。僅生一女，及笄病篤，醫皆束手。翁不惜重資，聘名醫葉天士診視，笑曰：『是非病也。肯以若女為我女，且從我遊，百日後還閣下以壯健者，非復嬌弱之態矣。』」老翁同意，葉遂攜女歸，選一美婢伴宿。此女本質為男，與婢朝夕相處而生情，竟使懷孕。而葉天士本來開始就知道會有這一結果，事既諧，便「速女改裝，去髮而辦之。以藥展其弓足，衣冠履舃，居然美男子。延其父至，告曰：『閣下以子為女，偽疾誑我，誤使義女伴之。今為所亂，將如之何？』翁愕然不解所謂，乃使小夫婦出拜，翁顧而大樂，願以婢為兒婦，與天士結為姻婭，往來無間」《閒話》作者吳熾昌就此言道：「變女為男之法，見於醫經史。葉所治之女，其醫經所載之五不男耶？名曰：天、捷、妒、變、半。此五等人狀貌、血氣本具男形，惟任沖二脈不足，似男而不成其為男，為父母者誤認作女。年至十六，氣足神旺，陽事興矣！鬱不得發，是以病篤。幸遇名醫，充以妙藥，誘以所欲，自然陽莖突出，不復女矣。吾意五不男中，除天閹外，皆可以藥救也。」〔註408〕吳熾昌希望天下所有的假女都變成真男，而假男呢？他大概會覺著還是儘量不變為好吧。

女變男既然是值得慶幸之事，是天之佑護，則此幸就不是遍施所有的。古代經常會把女子化男與當事家庭、個人的美德相聯繫，在兩者之間人為地確立一種因果關係。（1）父親孝義之報。《述異記》卷三：「有黃翁者，為人孝義，家貧，為鄉塾師。無妻無子，年且六旬，有一女嗣姑，年十四，幼在塾隨父讀書。嘗自繡白衣大士供奉，禮敬甚虔。一日，忽夢大士呼其名告曰：『汝父孝義，合當有子，奈年老何？汝可變為男。』遂撫其身，啖以一紅丸。女覺

〔註407〕《螾廬隨筆》。
〔註408〕《客窗閒話‧續集第八卷‧轉女為男》。

遍身發燒，昏迷不醒者七日，竟化為男子。」（2）父親行善之報。《右臺仙館筆記》卷八：「河南蘭儀縣鄉間某氏女子，已許嫁矣。某翁無子，性好善。其女病數日，忽化為男。言於父母，驗之信。乃使人告之夫家，其親家翁曰：『此翁為善之報也。吾有弱女，願即以嫁之，親者無失為親，不亦善乎？』某翁大喜，仍諧二姓之好。後生子女，而母故荏弱，凡衣縷縫紉之事，父輒任其勞。蓋素習女紅，雖為男子猶未忘故技也。」（3）母親守節之報。《仁恕堂筆記》：「莊浪紅塵驛軍莊姓者，有婦而寡，僅生一女，已許字人矣。至十二歲，忽變為男子。里中人咸云：驛卒之妻貧能立節，天蓋不欲斬莊氏之嗣也。」（4）女兒孝親之報。《醉茶志怪》卷二：「邑有孝女某，已許字於人矣。其父母老而無子，以嗣續為憂。女抑鬱不樂，遂日夜虔拜北斗，誠敬有年。一夕神降於庭，赤髮朱髯，面貌獰惡，問何所求，女對以願化男子以承宗祧。神頷之，遂不見。次日覺腹中暖氣蒸蒸，下達隱處，捫之則陽在下也，儼然丈夫矣。」（圖361）

從以上事例可以看出，古代由於對女化男的生理原因認識模糊，也就經常會用神力善功來做解釋，從而女化男的過程經常會被描述得比較奇異，好像這種事情不會自然發生一樣。再如，（1）聞雷變性。《述異記》卷三：「東明縣居民陳氏兄弟二人俱無嗣，生女共九人。其第九女於康熙三十八年冬出嫁，至三十九年六月，聞雷，因內逼，往後園出恭。歸室中，俄雷震一聲，已變為男子。」（2）遭擊變性。《聊齋誌異·卷八·化男》：「蘇州木瀆鎮有民女，夜坐庭中，忽星隕中顱仆地而死。其父母老而無子，止此女，哀呼急救。移時始蘇，笑曰：『我今為男子矣。』驗之果然。其家不以為妖，而竊喜其得丈夫子也。」（3）大病後變性。《譚瀛八種·初集卷三下·女化男》：「來陽薛姓女名雪妹，許字黃姓子，嫁有日矣。忽病危，昏瞶中有白鬚老人拊其身至下體。女羞澀支拒，白鬚翁迫以物納之而去。女大啼，父母驚視之，已轉為男身矣，病亦霍然。」（圖362）（4）失蹤後變性。《右臺仙館筆記》卷一：「黃岡縣易家坂有易翁者，夫婦二人，老而無子，止生三女。長、次皆適人，惟幼女在室。年十九而嫁，夫家甚貧，故恒居母家。癸酉〔註409〕十一月初十日，風雨大作，女偶立門前，為狂風捲去。母偵探無蹤，三日後忽自返。問所往，茫然也，而下體已化為男。」（5）因獲佛佑而變性。《曠園雜志·上·女化為男》：當塗楊璜「持己正直，不肯詭隨」。會兵亂，因守祖墳而遭兵追執，遂赴水死，其子

〔註409〕清同治十二年，1873年。

隨之。妾有遺腹，妻陸氏殷望生男。「朝夕飲泣，誦佛號，夜夢佛賜一子，醒而識之。未幾妾乃生女，陸謂無復望矣。聚族人分其產，族長不忍議。至小祥作佛事，大會親族。散齋之夕，女呱呱哭不已，怪而視之，則此女已非女矣。眾咸詫異，謂前夢不虛，至佛前臚拜，更名佛賜。計變身之日，即去年父子死難之日，或即十齡殉父之子再現身也。」這個嬰孩的自女變男當然不是由於佛佑，實際情況應當是：其母開始時認其陰器為陰蒂，後又覺得是陰莖，於是就藉口前夢宣布其變性。他的家庭本來就值得同情，自身又確有男性的一面，親族們也就不好再做細究了。

男性變女、男人產子的記載有些也很怪異。《戒庵老人漫筆》卷一：「蘇州府吳縣九都一圖人孔方年五十四歲，嘉靖二年十月內，晚行曠野，兩次聞呼其姓名，視不見人。後每夜睡夢中覺有一小人在旁，如此數次。至十一月間，腹內覺有肉塊日漸長大。嘉靖四年正月內肚腹時加攪痛，至二十四日穀道出血不止，二十六日巳時產下一包，當即暈倒。妻沈氏隨將磁瓦劃開，看有一男子小軀在內，身長一尺，發二寸，耳目口鼻俱全。鄰婦徐氏看稱怪異，即棄撇太湖中，浮熙而去。」在此記載當中，孔方未與人發生性關係就能懷孕，並且他似乎是從肛門產子〔註410〕。而《庚巳編》則曾明確地記有一件肛門產子之事，其《卷第四‧沈鎧》：「嘉定江東沈鎧者，病革時尻後糞出一人，長寸許，兩目手足肢節無不畢具，後數日鎧死。」「男人」生產是很隱秘的事情，當事人不願說清楚，外人則難以想清楚，於是各種異聞也就有了存在的空間和傳播的環境。

在男子化女的諸事件當中，最出名的要屬山西李良雨化女事。此事《明史》‧《五行一》、《宋纁傳》有載，但行文簡略。李詡《戒庵老人漫筆》卷五、葉權《賢博篇》則言之較詳且內容平實。而事既昭彰，自會出現訛傳。《穀山筆塵》載：「隆慶三年，山西靜樂縣丈夫李良雨為人傭工，與其儕同宿。一夕，化為女子，其儕狎之，遂為夫婦。守臣以聞，良雨自縊死。」〔註411〕《堅瓠集》載：「隆慶二年，山西李良甫僑寓京師。元宵夜看燈，夜靜，見一女子靚妝而來，侍兒提燈前導。良甫就戲之，偕至寓留宿，化為白鴿飛去。良甫腹痛，至四月中，腎囊退縮，化為婦人。」〔註412〕與《戒庵》、《賢博》比較，《穀山》、《堅瓠》的反映是離事實甚遠的。而小說《型世言》中的李良雨事

〔註410〕《明史‧卷二十八‧五行一》謂是脅下產子。
〔註411〕《穀山筆塵‧卷之十五‧雜聞》。
〔註412〕《堅瓠集‧庚集卷之一‧丈夫化女子》。

雖然寫得很詳盡，但猜測不實之處同樣亦多。該書第三十七回以七千多字進行描述，基本內容是：李良雨為陝西西安府鎮安縣人，胞弟良雲，妻子韓氏。因見務農無甚出路，良雨遂與本村呂達合夥出外去做生意。客居寂寞，二人同去嫖娼，結果良雨染上便毒，陽物爛掉，下體與女人無異。呂達乘機與他相通，並讓他索性做婦人裝扮，對外以之為妻。李良雲前來尋兄，見狀甚為不解，因將呂達告官。官府訊查，良雨果然已經變性，遂准許他與呂達成親，韓氏聽憑改嫁云。這樣一來，李良雨化為女子的原因就不是生理原本特殊了。由以上各種反映，我們可以看到訛傳的一些具體表現形式：或者誇張情節（李良雨自殺），或者加入神異（李遇妖女），或者變換話題（李係爛陽而非陽器變陰），等。

除去男女轉化者，另外一類的兩性人也易於駭人耳目：他們一身既具有女性的陰道又具有男性的陰莖，或者也可以說既具有陰道又具有可以伸長似陰莖的陰蒂。本來他們和男化女、女化男者在生理上是相似的——當然，總的來看這類人更可以講是不男不女，而男化女者的女性性徵、女化男者的男性性徵要相對明顯一些——但他們卻並不像化男、化女者那樣總體上生活比較規矩，而是利用自身的生理「優勢」，在某一社會性別之下逢男則女，逢女則男，有些行為完全可以稱得上是「邪淫」。《疑獄集》卷之八載有發生在南宋時期的兩宗案件：「宋咸淳間，浙人寓江西。招一尼教其女刺繡，女忽有娠。父母究問，曰：『尼也。』父母怪之，曰：『尼與同寢，常言夫婦咸恒事。時偶動心，尼曰：『妾有二形，逢陽則女，逢陰則男。』揣之則儼然男子也，遂數與合。』父母聞官，尼不服，驗之無狀。至於憲司，時翁丹山會作憲，亦莫能明。某官曰：『昔端平丙申年，廣州尼董師秀有姿色，偶有欲濫之者，揣其陰，男子也。事聞於官，驗之，女也。一坐婆曰：『令仰臥，以鹽肉水漬其陰，令犬舐之。』已而陰中果露男形。」（圖363）如其說驗，果然，遂處死。」

類似事例歷代均有可見。行淫者通常都是以女性的身份出現，他們通過各種方式去與婦人閨女接近，然後誘騙而姦之。當然姦情總有敗露的一日，在重視貞節的古代社會，這些「人妖」的下場可想而知。明朝事例，《堅瓠集》餘集卷之四引《礵石剩談》載：「嘉靖中，瑞州府有藍道婆者，身具陰陽二體，無髭鬚，因束足為女形，專習女紅，極其工巧。大族多延為女師，教習刺繡織紝之類。即與女子昕夕同寢處，初不甚覺，至午夜陽道乃見，因與淫亂。後至一家，女徒伴宿，藍婆求姦。女子不從，尋與父母語其故。因令老嫗試之，果

然。首於官，捕至訊實，以巨枷遍遊市里。女子曾失身者縊死甚眾，道婆仍杖死。所以人家三姑六婆不許入門，以此。」清朝事例，《醉茶志怪》卷一：「太倉富室有女貌美而慧，父母咸鍾愛之，年及笄，婿家猶未娶。適來一少尼募緣，女遇於母所，傾談大說，結為閨中良友。」而此尼實有二形，相交既稔，竟成其私。「從此益親，往來無間。女之聘期已迫，腹彭彭而有娠矣。詭云病蠱，欺父母也。未幾親迎，禮畢三月居然生子。夫醜之，迫令大歸，女未歸而仰藥死。父痛女之死也，健訟不休。」後來真相勘明，尼遂伏法。

在明清筆記小說當中，男扮女裝以行姦邪的淫徒是不難見到的，《蓬窗類記》卷第一、《庚巳編》卷第九、《醒世恒言》第十卷、《聊齋誌異》卷十二、《子不語》卷二十三等處都有相關記述。這裡不妨看一看《蓬窗類記》中的一則故事：「成化庚子，京師有寡婦，善女工，少而艾，履襪不盈四寸，諸富貴家相薦引以教室女補繡。見男子輒羞避，有問亦不答。夜必與從教者共寢，亦必手自鑰戶，嚴於自防，由是人益重之。庠生某慕寡婦，必欲與私，乃以厥妻紿為妹，賂鄰嫗往延寡婦。婦至，生潛戒其妻：將寢則啟戶如廁。妻如戒，生遽入滅燭，婦大呼，生扼其吭，強犯之，則男子也。厥明繫送於官，訊鞫之，姓桑名𧈢，年才二十四。自幼即縛足小，而為是圖富貴家女，與之私者若干人。法司上其獄，憲廟〔註413〕以為人妖，寘諸極典云。」與這種普通男性的易裝行淫相比，可男可女的兩性人由於自身就具有一些女性特點，因此，她們做起邪淫勾當來就能更易得手，也能夠偽裝得更隱秘。如果桑𧈢身兼二形的話，或許某庠生是會被他騙過去的。

總結兩性人的社會表現，我們會感到他們的社會性別是以女性為多見。原因，（1）兩性人似易被當作女孩來撫養。（2）女化男容易讓周圍人知道，男化女則是不得已的事情，比較少見。據筆者對《清史稿》卷四十相關內容的統計，所記 12 例中，女化男有 10 例，男化女則只有 2 例。（3）以女性面貌出現的兩性人的淫行為明清筆記小說提供了很好的素材，從而受到了較多的描述。

三、性表現

從性別角色的角度看，前面兩性人的產生及其分類主要涉及生理性別，社會表現主要涉及社會性別，而這裡要談的性表現則重點是在心理性別。

所謂生理性別也即人出生後即被固定的生物意義上的性別（對兩性人而

〔註413〕明成化帝廟號憲宗。

言，他們的生理性別是亦男亦女），社會性別也即個人在世人面前所表現出的社會意義上的性別，心理性別則是個人內心所認定的自己親身所體會到的性別。除去易性者、偽性者（桑狲之流），生理正常的男性、女性的三種性別都是一致的，而兩性人的情況則非常複雜。（1）在身雖異常但自己無甚感覺的情況下，對生理性別便不會產生疑惑，社會、心理性別則能一致，如睪丸女性化綜合徵的完全型。（2）在能夠感覺到自己身體的異常，意識到了自己的生理性別比較混亂的情況下，①若能忽略某種次要的性別狀態，如某些程度較輕的女性假兩性異形人員並不會把稍長的陰蒂看成是陰莖，那麼社會、心理性別能夠一致。②若對兩種性別狀態都予接受，如某些程度中等的女性假兩性異形人員認為自己既有陰道又有陰莖，既是男性又是女性，那麼社會、心理性別部分一致。③若對兩種性別狀態由都予接受轉為只接受一種，如某些男子化女者認為自己已經就是女性，那麼社會、心理性別也就由部分一致轉變為基本一致。④社會性別發生改變後，某些兩性人仍然能夠對兩種性別狀態都予接受。等。

心理性別決定著性戀性質。對兩性人來講，（1）心理性別單一不變時，如果其性戀對象是異性，則他大致可謂是一般的異性戀；如果是同性，則大致可謂是一般的同性戀。（2）心理性別兩可不居時，其性對象不論是男性還是女性，他體驗到的都會既是異性戀也是同性戀。而對於兩性人的性戀對象——他們絕大多數都是普通的男性、女性，兩性人對偶兩性人的情況是非常罕見的——而言，（1）如能忽略二形性對象某一方面的性徵而專認另一面，那麼他所體驗到的大致就是一般的異性戀或同性戀。（2）如果認為性對象既是男性又是女性，那麼他就能夠從一人身上同時獲得異性戀和同性戀這兩種性愛體驗，或者也可以說是獲得了一種集異性戀和同性戀於一體的混合型的性體驗。

下面對一些具體情況進行分析。

（一）男子化女者

他們屬於女性假兩性異形，在與男子發生性關係後懷孕、生產而化女。而隨著女性身份的逐漸確定，他們的性別心理通常也會發生相應的逐漸改變。《耳談類增》卷之十八載：「劉門子姣類婦女，人多惑之，比長不下也。又不欲娶，獨處一舍，具酒漿招客，客多留宿者。久之肉具漸縮去，實有牝，乃遂穿耳縛足。平江人納為妾去，聞已生兩子矣。」此例當中，劉門子起初作為男性當然是會有男性心理的，但他同時也意識到了自己身上女性的一面，所以

願意招留男客共宿，這時的他大致是具有同性戀和異性戀的混合感受。而隨著
與男子交接的漸多，其女性特徵越來越明顯，最後嫁為人妾而生子。可想他的
女性心理是越來越強了，生子之後應當已就是一位異性戀者。不過這只能是一
個推測，人心難料，劉門子始終都有男性心理的可能性也是有的。再如《池北
偶談・卷二十四・談異五》：「福建總兵官楊富有孌童，生子。楊子之，名曰天
舍、地舍。」既為「孌童」，則此童當初應當有比較明確的男性自認，與主人
大致是具有一種同性戀的關係。然後女性特徵漸顯，異性戀成份漸多，生子之
後即便不是完全的異性戀，也應是異性戀勝過了同性戀。

　　而在《庚巳編》中，某僧一直都保持著男性身份。該書《卷第九・奇疾》：
「齊門外臨頓寺有僧年二十餘，患蠱疾五年不瘥而死。僧少而美姿貌，性又
淳謹，其師痛惜之，厚加殯送。及荼毗火方熾，忽爆響一聲，僧腹裂，中有一
胞。胞破出一人，長數寸，面目、肢體、眉髮無不畢具，美鬚蔚然垂腹，觀者
駭異。」可能的一種情況是：年少而貌美的徒僧與其師或他人具有性的關係，
而此徒實際又是一位兩性人，結果暗中成孕，死後因火葬腹裂而胎出。既然能
夠達到懷胎的地步，則徒僧對於自己身體的女性特徵應當會有比較清楚的認
識。但身為僧人總要極力掩飾，從而實已化女而不化，實有女心而男形。從他
至死都保持著男子的社會身份來看，即便在化女之後其男性的心理自認或許
也還是比較強的。

　　還有未曾孕育即已化女的情況。《情史・情化類》：「洛中二行賈最友善，
忽一年少者腹痛不可忍，其友極為醫治，幸不死，旬餘而化為女。事聞，撫按
具奏於朝，適二賈皆未婚，奉旨配為夫婦。此等奇事，亙古不一二見者。萬曆
丙戌年（1586）事，見邸報。」（圖364）可以想見，某賈與其同伴的性關係是
他化女的一個誘因。先看一條相對應的記載，《癸辛雜識・前集・人妖》：「李
安民嘗於福州得徐氏處子，年十五六，交際一再，漸具男形。蓋天真未破，彼
亦不自知。」作為男性假兩性異形的徐氏處子到了青春發育期其男性特徵會
日顯，而與李安民的性交際則會進一步促發顯露的程度，從而天真破後，本性
漸知。同樣，作為女性假兩性異形的某賈與其同伴已經發生了異性戀成份漸增
的性交往，結果是，在性的刺激之下此賈未曾懷孕女性特徵就已變得非常明
顯。既已找到了如意郎君，索性也就承認自己已經是一個女人。

（二）女子化男者

　　他們屬於男性假兩性異形，與男子化女者互相對應。後者一般是通過懷

孕生子而彰現，前者則能夠通過使人懷孕生子而彰現。《括異志‧輯佚‧女子變男》：「廣州有蕭某家者，有侍婢忽妊娠，蕭疑與奴僕私通。苦詰之，則曰：『與大娘子私合而孕也。』蕭有女年十八，向以許嫁王氏子。自十歲後變為男子，而家人不知也。」當然，貞潔觀念下的古代女子通常都是很羞澀的，生理知識也很貧乏，結果，有人雖已變性而竟不知，這樣的少女當然做不成蕭氏大娘子。《見聞隨筆》卷二十二：「某同胞四人皆無子，惟季氏有一女，年十六矣，許嫁曲氏，已定婚期。忽告母曰：『下部如火熱，痛甚。』母嚇止，不許復言，女忍之。至次年遣嫁，母氏未之問，女亦不敢再說。合巹後，曲氏子仍獨宿數日，群訝之。父母以問，子告曰：『新婦男身，請驗之。』彼此皆至戚，曲祖母行有孫氏祖姑，問故，女以對，因大歸。母聞之，方憶去年事，亟問女，告曰：『自病後小腹下脹悶，至三日，勢累累下垂，小解極難澀，五六日暢行甚適。初不知為男刑也，因亦安之。成婚之夕，方自駭怪。』母喜甚，為易男裝。」此女婚前已勢如累累，可她竟然還不肯定那就是陽莖，真可謂是無才有德的典型。而在下面這一事例當中，李氏之女是新婚之夜方顯男形。畢竟先前是女子並具女性心理，而且男性特徵明顯後女性特徵也並不會就完全消失，因此，較長時間之後他才確定了自己的男性身份。《蓴鄉贅筆‧上卷‧女化男》：「有莫儼臣者，娶武弁李玉孺女。定情之夕，撫摩不能入，久之，陰戶忽長一肉，漸如人勢，莫大驚。別居二年，因遣還家。蓋李氏具二形，初猶如處子，情興既發，遂露男形。李翁無子，一旦為更丈夫服，出見賓客。復納室，生一孫。夫莫生有妻而無妻，李翁無子而有子，真天壤間一怪事也。」李氏女的新婚體驗使其情興遂發，陰蒂增長轉如陰莖，對此其夫無所適從，他也感到特別困惑。再經過兩年的生理、心理轉變才終於明確變性，轉而去娶妻生子。可想而知，轉變期間他的性心理是會很混亂的，雖與丈夫別居，但也未必就一直不曾同房。其夫最終還是不能適應他的這種不男不女之態，所以只好將他遣還「娘家」。至於他自己成為丈夫後是否就已經毫無女性心理，這是不好判斷的。若仍有存留，則他就不是屬於單純的異性戀。

　　女子化男者的性對象可男可女，某些人一人就既與女性也與男性存在有性關係，情形複雜，需要仔細梳理。《粵屑》卷五載有一個「妓男」故事：「有打辮子者[註414]，順德某生寵之，河上逍遙皆主其寮。生旋以事不至省者半年，妓忽染病，沉綿一月，極危篤。夜夢人與藥一丸，拍令吞之。迷懵中覺熱

―――――――――――――――――――――――――――
〔註414〕清代廣州對珠江船妓的一種稱呼，年齡在十五六歲左右。

氣一縷自胸直沖隱處，忽然股間蠕動，門遂合而卵生焉。一物挺出，昂然翹舉，遂變成男，駭極而病亦瘳。嗣技癢，私其同群，發硎新試，熊魚之味得兼嘗焉。即播聞於鴇母，母不信，捫之確，悵然曰：『怪哉！金穴頓生玉杵矣。』令易男服，雜走堂役使。無何，順德生來，見而訝之，妓羞無語。群笑曰：『彼雌而雄矣。』生抱探袴間，觸手累累，亦偉器也。生素有斷袖癖，又以續龍陽之好焉。」在此故事當中，（1）妓男變性之前與順德生之間基本上是異性戀。（2）變性之後，妓男大概仍存有一些女性特點，因此當他「私其同群」時能夠「熊魚之味得兼嘗焉」，即既能體驗到異性戀也能體驗到女性同性戀。（3）再與順德生相交後，他以男性身份而與生具有龍陽之好，也即男性同性戀關係，不過異性戀關係也未必就已經全無。一人而有上述複雜的性經歷，這對於生理正常的普通男性、女性來說是難以想像的，也是不可能具有的。

（三）時男時女者

他們既可能是男性假兩性異形，也可能是女性假兩性異形，還可能是真兩性異形。與男化女、女化男的區別，（1）時男時女者作為男性假兩性異形其陰蒂樣陰莖有的較短較弱，作為女性假兩性異形其陰道、子宮有的較窄較小，從而難以具有生育能力，難以變性。（2）有些時男時女者的生理狀態與男化女、女化男者大體相同，但他們就是不願意改變自己的社會角色，原因或者是因為難以適應新角色，或者是為了給自己的某些行動提供方便。佛典中的變不能男、半不能男即是指的這類人物。《重刊補注洗冤錄集證》卷一中有一條類似法醫鑒定的記載：「吳縣民馬允升妻王氏與金三觀妻周四姐姦宿一案。驗訊周四姐產門內從小生有軟肉椿一條，與丈夫交媾並不關礙。肉椿舉發即伸出，長有二三寸，粗如大指，可與婦人通姦。」周四姐逢男則可女，逢女則可男，這就相當於「變」。《七修類稿·卷四十五·二形人》：「蘇民詞取一妾，下半月女形，上半月則陰戶出陽勢矣。」蘇妾半月能男，半月則女，這就相當於「半」。當然，確切地講「半」是應當歸入「變」的。

從相關記載來看，時男時女、亦男亦女者的社會性別以女性居多，就像前面「社會表現」部分已經反映的，她們某些人會利用女性身份去接近人家女子，然後相機而姦之。從性表現的角度看，這些人行事的目的性是很強的，即騙誘女子，供己淫樂。因此，她們雖然有女性外貌，但男性的性心理應當是占著優勢，有的本可以化男但故意不化。不過畢竟著女裝做女工，而且也具有女性的某些生理形態，因此她們的女性心理一般還不至於全無。這樣一來，這些

人在行姦時既主要是為了滿足異性戀性質的欲望，但也能夠有一些女性同性戀的體驗。再看幾個具體事例，《稗史彙編》卷之一百七十二：「馬瑚陳壽奴本小家女，已醮矣。一日牝間忽生肉具，亦能與女交。初變時，人尚不知，數女為其所污。既而事漸播，郡守禁之獄。驗之，果如人言。以為妖祟，不欲上聞，杖而遣之。」《丹午筆記·不男不女》：「乾隆三十二年，吳縣獲一不男不女之人周氏。幼曾適人，夫死為媒婆，出入閨門，姦淫婦女。事敗解案驗訊，照光棍例，遣戍。」（按此處周氏應就是前面《重刊補注洗冤錄集證》中的周四姐）而對於不男不女之人的犯姦之事描寫最詳細的則要屬明末小說《拍案驚奇》卷三十四中的一篇入話，該文兩千六百餘字，主要內容是：蘇州某豪家有一功德庵，庵主善會逢迎，常有女眷前來求子作會。一日，常州袁理刑在豪家借住，偶然間窺見一個美貌尼姑與三五少年女娘「或是摟抱一會，或是勾肩搭背」，心中甚是疑惑，第二天便攜皂隸入庵搜查，結果搜出了上有女子元紅的白綾汗巾等疑物。理刑將眾尼帶回衙門檢訊，他尼無異，惟庵主「雖不見男形，卻與女人有些兩樣」。乃以一犬舐其陰，果然露出陽莖。理刑怒極，喝令實招，罪尼只得供道：「身係本處遊僧，自幼生相似女，從師在方上學得採戰伸縮之術，可以夜度十女。雲遊到此庵中，有眾尼相愛留住。因而說出能會縮陽為女，便充做本庵庵主，多與那夫人小姐們來往。來時誘至樓上同宿，人多不疑。直到引動淫興，調得情熱，多不推辭。也有剛正不肯的，有個淫咒迷了他，任從淫慾，事畢方解。」如此淫尼，下場當然是被處死。在這一故事當中，所謂「縮陽之術」、「採戰伸縮之術」，其實就是隨著性興奮的開始、高漲和消退，兩性人的陰蒂伸長似陰莖，陰莖又收縮似陰蒂的過程。當時人們缺乏相關認識，結果事情說出來之後就顯得很是詭譎奇異。

比較而言，上述以騙姦誘姦為目的的時男時女者的性興趣一般主要是指向女性這一種性別，「她」們的性心理、性行為還可算是相對簡單的。而另有一些時男時女者則是遇男則做女，遇女則做男，以及遇男做男，遇女做女，在男女之間不時轉換，這類人的性心理也就更是迷離恍惚，性行為更是花樣迭出。（1）社會上。《梵天廬叢錄》卷三十一：「蘇州閶門外之太子碼頭，有船戶周長林者，其妻具陰陽二體，淫悍甚，群呼之曰雌婆雄，俊男蕩婦往往昵之。蓋其二具皆能媾合，一婦曾侍其枕席，陰以語人，謂其陽具即生於陰具之中，興酣堅舉，出陰具外三四寸，徹夜顛狂，不知休罷。」（2）娼妓中。（圖365）《粵屑》卷六：「電白有妓名阿蘭者，丰姿綽約，好女子也。能畫魚，為崔幕

客所眷。言其陰戶之內有時又出陽具，亦常與女伴交接，但不甚堅云。」《南浦秋波錄》第三：「晉惠帝時，有人兼男女體，能兩用人道〔註415〕。向年浦西諸姬有名春香四者，亦嘗出宿他姬家焉。」（3）僧道中。《三異錄》卷七：「道士沈求漢，其容貌舉止男子也。年二十六歲，一日被仇首是女子。拘至縣庭，令穩婆探其私，具男女兩體。乃鞫得素所通姦道士數人，俱置於法，其師問配蓬萊驛。時人稱為雌道士，後回父家不嫁，仍為火居道士。」（4）家庭內。《萬曆野獲編·卷二十八·人痾》：「吳中常熟縣一縉紳夫人，大家女也，亦半月作男。當其不能女時，藁砧（丈夫）避去，以諸女奴當夕，皆厭苦不能堪。聞所出勢偉勁倍丈夫，且通宵不迄事云。」《五雜組》卷五中的一條記載與《萬曆野獲編》說的應當是同一件事，不過具體細節有所不同：「毗陵（江蘇常州）一縉紳夫人，從子至午則男，從未至亥則女，其夫亦為置妾媵數輩侍之。有伎親承枕席，出以語人云：『與男子殊無異，但陽道少弱耳。』」

　　大千世界，人情不一，《五雜組》中的丈夫竟為妻子置「妾媵」，必是他能從一片迷亂裏面體會出常人所難以想像的刺激和快感。所以，有不少兩性人的生活其實是隱豫安然的，如果機緣促合，他們的性戀伴侶恰是容奇好異之人，那麼相交之後伴侶的反應便會是由驚而喜，便會與他們相得相安。特殊的「夫妻」共同守護特殊的秘密，深房重闈之內，亦弁亦釵之間，人言腐痂，已謂鳳髓，此味深好者還會暗笑常人生活的平淡呢。

〔註415〕見《宋書·卷三十四·五行五》。

圖232　樂舞圖

《中國畫像石全集·山東漢畫像石（三）》，第7頁

本畫像石1972年出土於山東臨沂，屬東漢。石之上層左邊主人端坐，身旁一侍
者執便面為其扇風納涼，中間二人作長袖舞，右邊一人掄桴擊鼓，一人吹排簫。

圖233　顧佐像

《古聖賢像傳略》卷十四

圖234　西舊簾子胡同　　　　　　　圖235　東新簾子胡同

1999年自拍　　　　　　　　　　　　　1999年自拍

此胡同已在近年的城市改造中被毀除。

圖236　西門慶觀戲動深悲

《金瓶梅》第六十三回
圖中海鹽腔優伶在演《玉環記》,「貼旦扮玉
簫唱了回。西門慶看唱到『今生難會面,因
此上寄丹青』一句,忽想起李瓶兒(西門的
愛妾,剛去世)病時模樣,不覺心中感觸起
來,止不住眼中淚落。」

圖237　戲中戲

《荷花蕩》卷下第八齣
圖中崑山腔串客在演《連環記》,場上掛髭
鬚的是王充,戲房裏準備上場的是董卓、呂
布和貂蟬。

圖238　魏雲卿像

《橋杌閑評》

圖239　「美女」計

《博笑記》

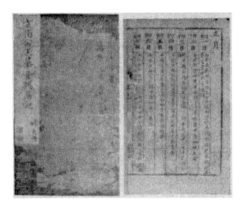

圖 240 《玉華堂日記》

《社會科學戰綫》1981 年第 3 期，第 345 頁
潘允端，嘉靖四十一年二甲第三名進士，上海
名園豫園的築造者，其《玉華堂日記》（書籤題
《玉華堂興居記》）記載了他在園內的享樂生
活。蓄優觀劇是不可缺少的內容，《雲間據目
抄》卷二：「近代上海潘方伯，從吳門購戲子，
頗雅麗。」而戲子的身價甚低，《日記》萬曆十
六年三月二十日：「買蘇州小廝呈翰，銀二兩五
錢，呈清，一兩。」在當時，一副鑼鼓就值四
兩銀子。

圖 241　祁彪佳像

《中國歷代名人圖鑒》黑白圖，第 627 頁
祁彪佳是明末忠貞名臣，清軍南下後絕食赴
水而亡。他是祁豸佳堂弟，從《祁忠敏公日記》
的記載來看，他也喜好蓄優觀劇。

圖 242　書童兒作女妝媚客

《金瓶梅》第三十五回
西門慶在家裏請客喝酒，書童男扮女裝，
唱曲娛賓。

圖 243　書童兒作女妝媚客

《金瓶梅全圖》

圖 244　蔡狀元留飲借盤纏

《金瓶梅》第三十六回

圖 245　苗員外一諾贈歌童

《金瓶梅全圖》

揚州苗員外是西門慶故交，把自己的兩個歌童送給了西門。西門收下，為他倆取名春鴻、春燕，派在書房侍候。

圖 246　冒襄像

《中國歷代名人畫像譜》第 2 冊，第 166 頁

圖 247　王文治撫琴圖

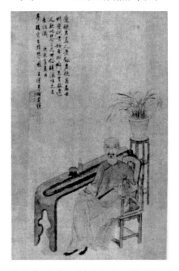

《清史圖典‧乾隆朝》，第 469 頁

圖 248　雲龢堂十二金釵圖

《北洋畫報》第 168 期之《戲劇專刊》第 2 號，1928 年 3 月 7 日

原注：「雲龢堂為清末北京著名教坊，人才輩出，造就名伶不少。今日鼎鼎大名之梅郎，即發祥於此，其所關於梨園歷史掌故甚鉅。圖中前列自右至左：小春林、梅蘭芳、姚玉芙、劉硯芳。中列：遲連和、未詳、小鳳凰、未詳。後列：朱幼芬、姜妙香、姚佩蘭、羅小寶。不知名姓之二人，望閱者見告。」按：據光緒三十三年（1907）四月初十日《順天時報》之《菊部花名一覽表》，這 12 人中大多不是屬於雲龢堂。

圖 249　有傷風化圖

《北京白話畫圖日報》第四百六十七
號，清宣統二年正月二十日
原注：「西單市場春仙茶園，前日義務
夜戲。內中有個小春林的《打麵缸》，
作出出醜態，定在令人難看。該園
尚有巡長等在此照料，怎麼就不攔攔
呢？」

圖 250　紡棉花

《紡棉花》
本劇為淫粉之戲，內有男色科諢，見本書第 379～380 頁。

圖 251　光緒年間北京茶園演劇圖

《京劇史照》，第 22 頁

圖252　《越縵堂日記》同治三年十一月二十四日

圖253　名士風流

《孽海花》第二十回

本回當中，李純客（指李慈銘）、段扈橋（指端方）等名士高官在雲臥園雅集，眾相公陪侍，很有一番老才子相配小佳人的氣象。即如這樣的一個場景：「大家一看，果然見一隻瓜皮艇，艙內坐著個粉妝玉琢的少年，面不粉而白，唇不朱而紅，橫波欲春，瓠犀微露。身穿香雲衫，手搖白月扇，映著斜陽淡影，真似半天朱霞。扈橋卻手忙腳亂，蹲在船頭上，朗吟道：『攜著個小雲郎（指清初名優徐紫雲，見本書第 904～959 頁），五湖飄泊。』」

圖254　傷心三字點燈籠

《圖畫日報》第三百二十四號，清宣統二年六月初八日

此圖描繪了南京妓院與北京相公堂的相似之處，原注：「『傷心三字點燈籠』，前人詠像姑堂子送客詩也。不謂金陵釣魚巷各妓院，恰可移詠。蓋釣魚巷一帶，街道黑暗，故狎客之往遊者，出院時必由龜奴點燈一盞，藉以相照。因作斯圖，閱者勿誤作北京之像姑堂子觀也。」

圖 255　奚十一、巴英官像

《品花寶鑒》

奚十一是《品花寶鑒》著力刻畫的一個反面人物，
他用惡毒粗俗的手段對待相公優伶，後來陽物染
毒受傷，再也不能行淫。

圖 256　擺花酒大鬧喜春堂

《官場現形記》卷二十四

圖 257　濫擺闊敗子快遊春

《負曝閒談》第二十八回

杭州人汪老二捐官為知縣，進京候選，日事嬉遊。他賞識了韓
家潭安華堂的相公順林兒，去他家擺飯。文中描寫堂內布置：
「汪老二隨意在一把楠木眉公椅上坐下。四面一看，身後擺著
博古廚，廚裏擺著各式古董。什麼銅器、玉器、磁器，紅紅綠
綠，煞是好看。壁上掛著泥金箋對，寫的龍蛇天矯。再看下款
是溥華，汪老二知道這溥華是現在軍機大臣。又是四條泥金條
幅，寫的很娟秀的小楷，都是什麼居士、什麼主人。底下圖章，
也有乙未榜眼的，也有辛巳傳臚的。還有一位，底下圖章是南
齋供奉，便知這些都是翰林院裏的老先生。」

圖 258　坐華筵像姑獻狐媚

《負曝閒談》第二十九回
汪老二在安華堂擺飯請客，
順林兒等相公陪侍。

圖 259　入賭局狎友聽雞鳴

《負曝閒談》第二十九回
飯後諸客又打牌抽鴉片，文中寫道：「順林坐在汪
老二身後，汪老二和他鬼混著，也不顧手內的牌
了。」結果連送對家好牌，很輸了一局。

圖260　割靴腰置酒天樂（祿）堂

《負曝閒談》第三十回

順林兒的老斗非只一位，戶部劉理臺劉四爺也賞識他。劉在酒樓天祿堂請客，順林前來應條子，卻見汪老二在座，情形不免有些尷尬。文中寫道：「說話之間，順林兒已到。一掀簾子，驟見了汪老二，便一聲兒不言語，在汪老二旁邊一坐。鄒仁拿筷子敲著桌子叫好，劉理臺渾身不得勁兒。順林兒坐了坐，便向汪老二告假，說我今兒還要上絢華堂去，二爺你原諒罷。說著就走，卻扭過頭來，朝著劉理臺一笑，劉理臺至此方才六脈調和。順林兒這番做作，汪老二把方才那些意見，早已渙然冰釋。」

圖261　收紅棗雛伶工設計

《滿清官場百怪錄》卷下

原注：「清光緒帝初年，吏部某尚書以清介自命，冰心鐵面，居然包孝肅復生也。顧獨與某伶狎，公暇輒往伶之寓所，或手談或小酌，淋漓酣暢，彼此忘形。伶有所要求，亦從不拂其意。惟事甚秘密，有詢其事者必深諱之。」某人案發將獲罪，以數千金求於某伶。伶「令靜候機會。一日，尚書退後又至某伶處。伶治肴酒極精，殷勤勸飲。酒半酣，尚書擁伶於懷，親昵倍至。忽見一人掀簾入，衣冠整肅，手執紅棗，拜伏於地，口稱老師栽培。尚書大驚，欲推伶而起。伶故作嬌態，堅不釋，尚書慚怒不堪」。因見自己的私密已被某人撞破，尚書遂不罪之。

圖262　道光年間揚州的妓女與嫖客

《風月夢》

圖 263　南枝向暖北枝寒

《圖畫日報》第三百十二號，清宣統二年
五月二十六日

原注：「南妓體柔畏寒，北妓體剛畏熱。惟
南妓畏寒，故秋後無不戴帽。若北妓則雖
值嚴冬風雪，儘有科頭外出者。韓家潭醉
瓊林西餐館，宴賓者叫局最多。每見南北
妓寒暖異宜，其現象誠為特別，因作南枝
向暖北枝寒圖。」

圖 264　美滿恩情

《圖畫日報》第四十一號，清宣統元年八
月十二日

原注：「京師韓家潭南班某妓，姿致豔絕，
年已三九，尚未破瓜。侍某君茶話數次，
居然名花傾國兩相歡矣。欲為脫籍去，主
人曰：『有五千金亦或可成。』某君無如何，
又自顧不再得如許多金，急回詣妓所。
〔妓〕問：『若何？』曰：『敗矣。』妓慰
曰：『好事多磨，天演公理。念君待妾厚，
計不如今夕報君也。』某君聞之，計亦良
得，遂以百餘金新鬧美洲矣。」

圖 265　此種原來不是花

《圖畫日報》第三百十八號，清宣統二年
六月初二日

原注：「京津庚子年以前，冶遊者俱尚男
風，甚至公卿士大夫以狎妓為恥，故妓院
中鮮有涉足者。自庚子匪亂之後，風氣為
之一變，於是南風始漸不競。今則津地已
無此污點，北京雖尚有之，然昵之者亦不
復如昔日之盛，因作此種原來不是花圖以
嘲之。」

圖266　清末北京八大胡同地區街巷示意圖

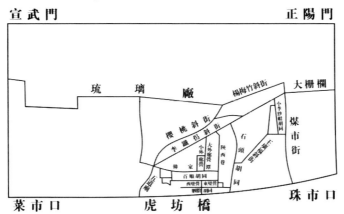

據《北京歷史地圖集》第47～48、76～77圖繪製

圖267　櫻桃斜街

1999年自拍

圖268　小外廊營

2005年自拍

圖269　韓家潭

1999年自拍
現名韓家胡同。

圖270　好漂亮

《北京醒世畫報》清宣統元年十一月二十日

原注:「本月十七日晚十二點鐘,有人打從小李紗帽胡同經過。猛然一陣打鼻香,細一看,原來是一個男子。留著前劉海髮,擦著一臉的粉硝。如今正是競爭的時代,這類妝飾不能讓妓女專利。據我們說這段新聞,要是在韓家潭,我們早就不畫啦。」這段記敘說明宣統年間韓家潭胡同仍有相公存在。

圖 271　陝西巷

2005 年自拍

圖 272　石頭胡同

2005 年自拍

圖 273　胭脂胡同

2006 年自拍

圖 274　田際雲戲裝像

《梨園舊影》，第 77 頁
《玉簪記‧琴挑》中飾陳妙常。

圖 275　想九宵之《斗牛宮》

《圖畫日報》第二百三十四號，清宣統二年三月初六日

原注：「想九宵，姓田名際雲，工串梆子花旦。貌豐腴，如春透牡丹，於嫵媚中別具一種富麗之態，在京時頗見賞於名公鉅卿。所演《拾玉鐲》等戲，或以莊靜勝而不掩其嬌，或以幽媚勝而不流於蕩。適合閨閣女郎態度，見者歎為侔未曾有。光緒初年蒞滬，創玉成班。與小生金紅排演《斗牛宮》一劇，田扮仙女情入畫，殊有飄飄欲仙之致。今田已返京多年，前歲曾遇之都門，已兩頰鬖鬖，不復前之丰彩矣。」

圖 276　餘桃潑醋

《點石齋畫報》絲集

原注：「天津法租界第一茶樓有所謂男落子者，大抵皆龍陽之類。掃眉掠鬢，妝作好女子。登場度曲，引誘狂且。計樓中男落子共六七人，其老者年已五旬，而尤撲朔迷離，薰香傅粉，泥人一笑，幾不辨烏之雌雄，是真兔窟之中別開生面者也。有名洛者，與陳四素有斷袖交，馬夫張裕見而豔之，思染子公之指。洛未遽允，張再四嬲之。洛謂一曲後庭已為陳占，如須問鼎，請覘陳而後可。張老羞變怒，禁洛不得登臺。經人轉圜，始得依然奏技。一日陳在座，張冒冒然至。見陳與洛秋波頻注，別有會心，不覺醋海興波，互相用武。彼餘桃風味乃亦致酸氣薰蒸哉？噫嘻！」

圖 277　醫生揚威罵鄰舍

《儒林外史》第四十二回

圖 278　遊戲生涯

《點石齋畫報》辰集

原注：「小桂林、小金寶，〔上海〕丹桂園之名旦也。前日二人忽發奇想，扮作大姐模樣，乘東洋車過四馬路口。適為包探所見，認出本來面目。以其胡亂妄行，有干租界禁例，拘送捕房。捕頭問係優伶，不予深究，曰：『是其平時所習慣者，既樂此而不疲，則原情而可恕。』」

圖279　葛芷香之《跳着》

《圖畫日報》第二百三十八號，清宣統二年三月初十日

原注：「蘇州花旦葛芷香，三十年前卓負盛名者也，來滬後曾隸大雅班。演《跳牆着旗》、《前誘後誘》等劇，無不媚態橫生，穢情欲滴。而《跳着》之紅娘姐，尤極柳腰展雨、杏眼流波之致。其子葛筱香，雖能世父業，惟貌肥有類癡婢，以致技為色掩，見者罔不惜之。」

圖280
月月紅之《貴妃醉酒》

《圖畫日報》第三百零六號，清宣統二年五月二十日

原注：「《貴妃醉酒》一劇，最難在飲酒時。三個軟腰，非柔如無骨之身，易見堅硬，觀者便覺索然無味。湖北花旦月月紅，吳姓，軼其名。光緒初來申，雖面有微麻，而裝束登場，不損其媚，演《醉酒》最臻絕技。」

圖281
小桂壽、小金生之《大別妻》

《圖畫日報》第二百六十二號，清宣統二年四月初五日

原注：「花旦小桂壽，綺年玉貌，妖冶絕倫。與小丑小金生最為投契，幾於每劇皆與金生配合。所演《小榮歸》、《大補缸》等戲，或花含媚態，或柳縮柔情，無不並皆佳妙。而《大別妻》一出，描摹妒婦拳夫，猶足令人忍俊。惜年甫及冠，以瘵疾卒。未幾，小金生亦抑鬱成疾而歿。時人有以鴛鴦同命為比者，良有以也。」

圖 282　鸚歌戲

《輿論時事報圖畫》之《圖畫新聞》清宣統三年正月二十三日

原注:「餘姚俗例,每遇春令,各鄉必群演鸚歌戲。本月初八日,縣役獲到串客二人,經縣官訊明後,飭差押二人遊街示眾。二人仍著戲衣,一扮女尼,一扮老生,見者莫不發噱。說者謂近來鸚歌淫戲無地蔑有,無夜不有。惜地方官不能為餘姚令之風雅,為社會一助興趣耳。」

圖 283　清末川戲旦角

《舊中國掠影》,第 236 頁

圖 284　《黔山採蘭錄》

據書影所寫,晚清貴陽優伶的
媚客體制和北京優伶有諸多相似之處。

圖 285　龍陽學堂

《時事報館戊申全年畫報》之《圖畫新聞》卷十二,清光緒三十四年十月

原注:「桂林瑞祥班花旦林秀甫,綽號鴨蛋仔者,色藝均佳,善演淫戲。近年竟惑誘各學堂青年學生,至其家中晝夜聚飲。林旦寓居後貢門街,門首榜書龍城林寓,群呼之為龍陽學堂。誠謔而虐哉。」

圖286　官場三妖記

《輿論時事報圖畫》之《圖畫新聞》清宣統二年九月二十九日

原注：「桂省仕途中人，群以挾妓昵優為事。景福戲園花旦寶珊，年少貌姣，官界昵之者眾。近因觸怒班主，驅逐出園，不准演唱。九月初十日晚演《斬三妖》一齣，適警務公所副科長陳長侯、官報總編輯孔昭炎、西分駐所巡官周瑚等在座觀劇，乃迫北區警官勒令園主尋回寶珊，登臺扮演。陳等挾昵優伶，竟不畏上憲之禁令，奇矣。」

圖287　狎優龜鑒

《點石齋畫報》絲集

原注：「福州南台某甲，性輕薄，酷有斷袖癖。一日見優人某乙姿容美麗，心悅之，招至家，效陳後主唱一曲後庭花故事。乙自是出入甲家，罔知顧忌。遂乘甲外出見客，得其妻午夢方酣，入登其榻，欲以其人之道還治其人之妻。詎甲妻驚醒，大聲呼救，鄰人集而執之。迨甲歸，大怒，命以穢器進，使乙飽嘗木樨（糞便）香味，為妻解羞。」

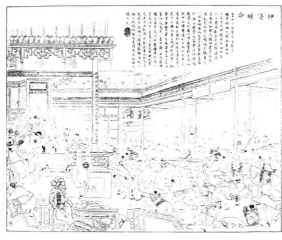

圖288　狎優釀命

《吳友如畫寶・風俗志圖說下》

原注：「營口小金有本倡家子，頗有斷袖之癖，與某班中小花旦尤狎昵。前月初班在仁大園演劇，金見旦即謔浪笑傲，罔知顧忌。魏四者，某局長隨也，見而惡之，喝阻不聽，魔之以肱，令銜恨而去。翌日某票號宴客於福合園，金偵知魏四在場，潛懷利刃而往。出其不意，直前刺之，魏即倒地，並傷及旁人，眾乃大譁。」

圖 289　吳偉業像

《清史圖典・順治朝》，
第 264 頁

圖 290　徐汧像

《吳郡名賢畫像》
徐汧，江蘇長洲人，東林名士，
清軍南下時自殺殉國。

圖 291　畢沅像

《中國歷代名人畫像譜》
第 1 冊，第 196 頁

圖 292　朱蓮芬戲裝像

《京劇史照》，第 10 頁
《玉簪記・琴挑》中飾陳妙常，
截取自清末・沈容圃繪《同光十三絕》。

圖 293　朱蓮芬戲裝像

《梨園影事・名伶合影部名伶小影》
《琴挑》中飾陳妙常，
右邊陳桂亭飾潘必正。

圖 294　潘祖蔭像

《清史圖典・咸豐同治朝》，
第 221 頁

圖 295　盧勝奎戲裝像

《京劇史照》，第 10 頁
《空城計》中飾諸葛亮，
截取自《同光十三絕》。

圖 296　何桂山戲裝像

《梨園影事・淨部名伶小影》
《嫁妹》中飾鍾馗。

圖 297　楊小朵戲裝像

《梨園影事・旦部名伶小影》
《烏龍院》中飾閻惜姣。

圖 298　田桂鳳戲裝像

《京劇史照》，第 18 頁
《烏龍院》中飾閻惜姣。

圖 299　花旦受騙

《吳友如畫寶・古今談叢圖下》
原注：「花旦小桂鳳，色藝俱佳。某雜職派委至都，
往同春園觀劇，見桂鳳而悅之，遂與往來。侑酒徵
歌，殆無虛日，所費不下二千餘金。既而虧空累累，
無計彌縫，頓生拐騙之計，囑桂鳳代購金珠玉器皮
貨綢緞等物。其時桂鳳尚以某雜職為上等闊老，一
日三餐殷勤供奉，並為賒購各物約計四千餘金，言
定某日歸銀。詎某雜職於前二日將賒得各物運往他
處，即於是夜飄然遠遁。翌晨桂鳳知覺，已杳無蹤
迹矣。現在鋪戶十一家控桂鳳於北吏衙署，差傳桂
鳳到案核奪。為花旦者以色藝騙人財物，乃更復為
闊老所騙，衣冠敗類可勝歎哉！」

圖 300　秦稚芬戲裝像

《梨園舊影》，第 95 頁
《四郎探母・坐宮》中飾鐵鏡公主。

圖 301　張蔭桓像

《張蔭桓日記》

圖 302　路三寶戲裝像

《京劇史照》，第 19 頁
《探親家》中飾胡媽媽。

圖 303　立山像

《庚子辛亥忠烈像贊》

圖 304　妙智淫色殺身

《型世言》第二十九回
在貴州麻哈州鎮國寺，僧人妙智、法明、圓靜均貪淫好色。師徒之間同性相戀，圓靜又與吏員田禽有染，進而與其婢妾姦通。田禽知曉後，使用毒計害死了師徒三人。

圖 305　光做光落得抽頭

《龍陽逸史》第十四回
襄城卞若源生前經營小官鋪子，死後投胎到濠州潘員外家。小小年紀就開始做小官，父母雙雙被氣死。二十歲上發念出家，為遊方和尚，被野伴當成了尿鱉。來至南京海雲寺，拜住持慧通為師，取名妙心，與師傅及師弟妙通、妙悟淫媾。後來離寺返鄉，不久病死，也就還完了前生孽債。圖中師兄弟正在交歡，師傅前來「抽頭」。

圖306　釋大汕自畫像

《離六堂集》

釋大汕是清初嶺南名僧，工於畫事，曾繪《迦陵先生填詞圖》（見本書第925、931頁），而攻之者則視之為妖邪淫僧。著名學者潘耒先與交好後與交惡，乃輯撰《救狂後語》等以彰其淫邪。內謂大汕在少年時曾經以色娛人：「幼無賴而色美，沈朗倩（沈顥）寵之。朗倩吳下工畫者也，故石濂（大汕字石濂）習畫士女。」（《李萊園來書》）；善畫男色之圖：「屢貌周小史割袖之圖，觀想精微，通神入妙。使人驚以為老蓮（陳洪綬）復出，仇英重來。」（《花怪》）；形止妖冶：「紅其小衣，膏其美髮。柔聲下氣，百態逢迎。」（《屈翁山復石濂書》）；蓄養優伶：「汝先以優伶一隊送彼國（越南順化阮氏政權），復將歌童二人送彼主。彼主嫌價重遣還，現在汝方丈內唱曲侑酒。」（《再與石濂書》）；師徒之間有同性戀的行為發生：「方丈侍者無非美貌沙彌，汝徒夜爭沙彌，至登屋飛瓦而不聞擯出。」（《二次致書札》）

圖307　小旦與老僧同榻

《民呼日報圖畫》清宣統元年六月初三日

原注：「甬上（寧波）新春臺花旦童綽仙，於今春三月間走失。近有人見童在城南報恩禪院中，班主即往尋之。果在禪房內與和尚同榻，喁喁私語。斷袖餘桃之事，不問可知。班主詢其何為逃此，綽仙答以為優乏趣，已在大佛前許願為僧，決不再出寺門。班主無奈，許償該僧飯資，亦不允。近班主擬控和尚以狎優之罪，僧則神通廣大，遂挽某紳為護法云。」

圖308　童雙喜之《大補缸》

《圖畫日報》第二百八十三號，清宣統二年四月二十六日

原注：「童雙喜，甬江人，小名阿三。幼時扮枱閣中戲劇，冶眉媚目，無殊絕世佳人。生平擅長遊戲各劇，如《大補缸》、《蕩湖船》、《打麵缸》等最為出色，亦能仿效京劇。當「上海」四馬路群仙舊址開演甬班時，童雙喜與徐雲標寔為班中柱石。惜甬班武場不及京伶矯健，未幾即停鑼息鼓。嗣聞雙喜因貪多金，為報恩寺某僧所狎。同類俱鄙薄之，故其名遂墜落不振云。」

圖 309　奪風情村婦捐軀

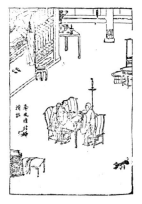

《拍案驚奇》卷二十六

圖 310
假天語幕僚斷獄

《拍案驚奇》卷二十六
俞門子是縣中林斷事的男
寵，斷事讓他以常人身份
去密訪杜氏失蹤之案。在
太平禪寺，長相清俊的他
與智圓、大覺相交。歡好
之際，智圓放鬆了防備，
把一些隱情講出。俞回去
報告，林公據此假借上天
顯應勘破了案件。大覺問
斬，智圓問徒。

圖 311　門子唐華入寺披剃

《皇明諸司公案傳》二卷

圖 312　金道士變淫少弟

《金瓶梅》第九十三回

圖 313　西山觀設籙度亡魂

《拍案驚奇》卷十七
圖中前跪者是黃妙修，左立者是他的寵徒太素、太清。

圖 314　鄭經像

《中國歷代名人畫像譜》第 1 冊，第 186 頁
鄭經是鄭芝龍的孫子，他「聘唐顯悅長子之女
為妻，端莊靜正而不相得，故多外蓄狡童騷婦
為樂」（《臺灣外志》第十一卷）。

圖 315　「夫妻」成禮

《古本小說版畫圖錄》第 13 冊圖版 944
《無聲戲》第六回。按：李漁《無聲戲》
後來更名為《連城璧》，前書第六回即後
書外編卷之五。

圖 316　陳皇后像

《百美新詠圖傳》

圖 317　《漢宮春曉圖》局部

《仇英畫集》

圖 318　懷琴春怨圖

《明清同性戀題材繪畫初探》
清雍正間華嵒繪，圖中題詩係元代
薩都剌的《題二宮人琴壺圖》。

圖319　雙室合葬太監墓

《明代宦官鐵哥們，同堂共穴500年》
除去宮女與宮女、宮女與太監，太監
與太監的「對食」也不難理解。圖中
墓主是明代中期四川蜀王府內監魏玉
和阮英，二人於成化十四年（1478）
同時入府，感情深厚，相約要「同堂
共穴，兄弟永願」，去世後遂如夫婦般
合葬在一起。

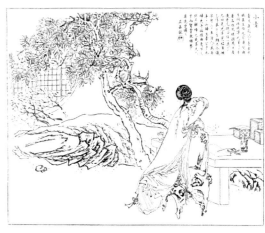

圖320　小青像

《吳友如畫寶・古今百美圖》
小青馮姓，明萬曆間人，杭州馮生之
妾。不容於大婦，只好徙居孤山別室，
與夫難得一見，而甚得戚族楊夫人之
憐愛。潘光旦先生在對她進行個案研
究時，由她與夫人彼此親密地以「妖
嬈兒」、「狡獪」相呼等現象而認為小
青可能對夫人已經具有了一些同性戀
愛的感情，見《馮小青——一件影戀
之研究》。

圖321　小青像

《新增百美圖說》

圖322　逃禪

《奈何天》第六齣
圖中鄔氏正在靜室裏參禪修行，悶不全無可奈何。

圖323　醉岌

《奈何天》第十一齣
圖中，新婚之夕闕不全在勸何氏吃酒，
不吃則打丫鬟，何氏只得勉從。沉醉之
後，成了醜夫身下的一條「醉魚」。

圖324　白紅玉像　　**圖325　盧夢梨像**　　**圖326　花姨月姊兩談心**

　　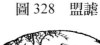

《玉嬌梨》　　　　　《玉嬌梨》　　　　《玉嬌梨》第十六回

圖327　香詠　　　　　　**圖328　盟謔**

《憐香伴》第六齣　　　　　《憐香伴》第十齣

圖 329　緘愁

《憐香伴》第二十一齣

圖 330
宣愛娘像

《林蘭香》
在清初小說《林蘭香》中，宣愛娘對林雲屏、燕夢卿皆頗有情，後來三人共事一夫，和睦相處。

圖 331　林雲屏像

《林蘭香》
此書第四回，宣、林「二小姐密室談情」，雲屏道：「我便稱姐姐作玉山玉樹何如？」愛娘當然願意：「妹妹既稱我作玉山玉樹矣，妹妹豈不是我的玉人兒了？」雲屏不想吃虧，乃道：「姐姐若果是個男子，亦還當得，姐姐偏又是女人。倘然我若變了男子，姐姐亦必定以玉山玉樹稱我。」雲屏舅母花夫人見二人形影不離，笑道：「他姊妹好似一對小夫妻。偏都是女子，若不然……，省得又商議選擇女婿。」

圖 332　燕夢卿像

《林蘭香》
此書第十一回，宣、燕兩小姐花廳談情，夢卿道：「天下有情人大抵如此。情得相契，則死亦如生；情不能伸，則生不如死。但不知此後是為情死，是為情生，可得與姐姐常通此情否？」愛娘道：「交不能久，則有情反不如無情。妹妹能與我同閒，獨不肯與我同事〔一夫〕乎？」夢卿笑道：「姐姐肯與我同事，則我與姐姐便非兩人，更可與林家姐姐合而為一矣。」

圖 333　賈府女樂

《紅樓夢》

圖 334　杏子陰假鳳泣虛凰

《夢影紅樓：旅順博物館藏全本紅樓夢》

圖 335　藕官像

《新評繡像紅樓夢全傳》

圖 336　藥（茋）官像

《新評繡像紅樓夢全傳》

圖 337　李毛兒之《送親演禮》

《圖畫日報》第二百四十八號，清宣統二年三月二十日

有關毛兒（髦兒）戲的一個傳聞。原注：「李毛兒，天津人，光緒初年蒞申，隸金桂部。工串小丑各劇，演《送親演禮》之鄉下親家母，笑貌聲音，令人絕倒。相傳後與鴇婦大腳銀珠合創一女戲班，由李教以各戲，名之曰毛兒戲。是為女戲之始，蓋班以人傳，至今『毛兒』二字猶習用之云。」

圖 338　巾幗鬚眉

《吳友如畫寶·海上百艷圖》
圖中髦兒戲演員正在做上場前的準備。

圖 339　一群嬌鳥共啼花

《圖畫日報》第二百六十七號，清宣統二年四月初十日

原注:「滬上邇來風俗日媮，好至曲院冶遊之人日眾。不特男子為然，竟有大家宅眷、富室嬌姬，儼如三五少年風流自賞，竟亦至院擺酒碰和以示豪舉者。一群嬌鳥共啼花，誠曲院中近時最特別之現象也，是不可以不繪。」

圖 340　女子冶遊

《開通畫報》第三十二號，清宣統二年十月初一日

原注:「日前晚上，〔北京〕石頭胡同景春茶室內去了一個少年，進門就挑了個排四的妓女。後來大家仔細一看，原來是位大姑娘，穿著男子衣裳。大家一樂，這個姑娘臉兒一紅，開了一塊錢就溜啦。咳，現在中國畫講男女自由，像這個大姑娘有點自由的過了火吧？」

圖 341　太太與妓女結姊妹

《民呼日報圖畫》清宣統元年六月十八日

原注:「秦淮河一帶之妓僚及番菜館，近日涉跡其間者以警界、軍界之長官為最多。每當夕陽西墮，皓月初升，又雀聲、豁拳聲、絲竹絃管之聲洋洋盈耳。最奇者，尤莫如某警官之太太與妓女小金子結姊妹云。」

圖 342　鴛鴦錯配本前緣

《醒世恒言》第八卷

圖 343　共飲圖

《鴛鴦秘譜》下卷
圖 343 至 347 描繪了女伴之間的親密接觸。

圖 344　雙女攜琴圖

《明清同性戀題材繪畫初探》
清光緒間吳友如繪，琴在古代文化中是「情」的象徵物。

圖 345　憑欄無語

《費曉樓百美畫譜》下集

圖 346　聞笛圖

《古今名人畫稿》

圖 347　簪花圖

《古今名人畫稿》

圖 348　陳敬濟（經濟）弄一得雙

《金瓶梅》第八十二回
圖中二女是潘金蓮和龐春梅。

圖 349　同床美二女炙香瘢

《續金瓶梅》第四十一回

圖 350　尼庵殺人之可駭

《圖畫日報》第一百十九號，清宣統元年十月三十日

原注：「九江南門城內康王廟，係尼僧住持。內有小尼名春山者，有姿色，平時頗不利於人口。與鐵路彈壓委員之姨太相善，彼此往來甚密。二十夜，某姨太在該廟住宿，與春山共榻。次日上三竿尚未啟戶，老尼即推戶入視，則見某姨太已被刺死。驚問春山，春山即持刀自殺。不死，復奔入後園投井，經人救起，送往醫院救治。至今早春山亦死，刻下死無對證，不知作何辦理也。」

圖 351　磨鏡圖

《中國性史圖鑒》，第 279 頁

圖 352　售賣假具圖

《中國性史圖鑒》，第 183 頁

圖 353　把玩假具圖

《鴛鴦秘譜》下卷

圖 354　高羅佩所見春宮圖之一

《秘戲圖考》卷一，圖版 4

圖 355　高羅佩所見春宮圖之二

《秘戲圖考》卷一，圖版 17

圖 356　假具互慰

《僧尼孽海》

圖 357　漢代銅製雙頭假具及兩個小石卵

《滿城漢墓發掘報告》下冊圖版 61
滿城漢墓是西漢中山靖王劉勝之墓。

圖 358　宋代雙頭假具

網絡下載：https://www.163.com/dy/article/DKMNOO
0H0514CKE0.html

圖 359　夏宜樓

《十二樓》

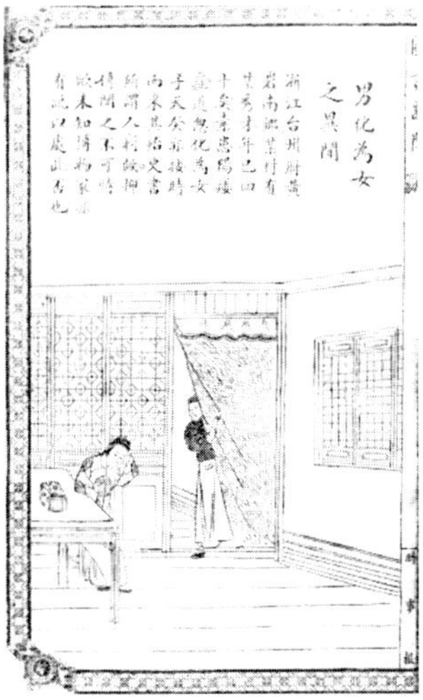

圖 360　男化為女之異聞

《輿論時事報圖畫》之《圖畫新聞》清宣統元年閏二月初
四日

原注：「浙江台州府黃岩某村有某秀才，年已四十矣，素
患陽痿症。近忽化為女子，天癸亦按時而來。其殆史書所
謂人病歟？抑傳聞之不可恃歟？未知博物家亦有說以處
此否也。」

圖 361　孝女化男

《點石齋畫報》革集

原注：「建平楊翁務農為業，膝下止一女，年十七，性至
孝。父病將不起，顧女歎曰：『汝誠孝，可惜終是女身，
吾鬼其餒矣，奈何！』女聞之，日夜露禱，願賜一子為父
母嗣續計。是夜夢一白髮嫗以袍裹蔗四寸，橘二枚納女衾
中。既醒，覺私處墳起，大驚，急白母。母隔褲探之，則
一偉男子也。欣喜過望，遍告鄰里，為之易衣冠作男兒裝
束。後為娶婦，生二子。人皆謂為孝感所致，然聞者已駭
然矣。」

圖 362　閨女化男

《輿論時事報圖畫》之《圖畫新聞》清宣統二年八月十四日

原注：「吉林尚禮社劉某有女二十一歲，春季忽遘疾如睡魔。越三日甦醒，頓失常性，終日狂言。自稱在陰曹充差，且與胡三太爺、赤腳大仙等換譜。因令其化為男子，下部已具有男體云云。因即薙髮改為男妝，遂日念經拜佛，其家族及鄰里亦目為神仙。三月間赴省參拜各廟佛像，即由省束裝晉京。現在京娶有妻，擬即東旋，其家人等聞已預備喜筵歡迎矣。」

圖 363　二穩婆驗視董尼姑

《皇明諸司公案傳》二卷

圖 364　化女

《繪圖情史》

圖 365　畸陰畸陽

《點石齋畫報》竹集

原注：「寧波石浦人王阿三，生有陰陽二體，即俗所謂雌哺雄也。年十三，父母愛其姣好，令作女郎裝束。雖蓮船盈尺，而丰致嫣然。至十七歲，傭於滬北榮錦里張彩雲妓院，已二年於茲矣。近以附輪返里，被汪包探拘入捕房。葛同轉一再研訊，令送仁濟醫館驗視，將陰陽二具考究詳明。慮其女妝有傷風化，著俟送縣遞籍，改作男裝。」